U0519915

梁漱溟论东西文化

透出人心
中西文化散论

梁漱溟 著
干春松 编

商务印书馆
创于1897　The Commercial Press

> 獨立思考
> 表裏如一

在 1975 年 3 月 28 日致香港友人周植曾先生信中,梁漱溟先生提到:

    我以拒不批孔,政治上受到孤立,但我的态度是独立思考和表里如一,无所畏惧,一切听其自然发展。

独立思考,表里如一,这八个字是梁漱溟先生始终坚守的座右铭。

梁漱溟先生1980年代中期摄于复兴门外寓所

梁漱溟先生1987年元月摄于复兴门外寓所(著名摄影家邓伟摄)

梁漱溟先生与美国学者艾恺1983年夏合影于复兴门外寓所

梁漱溟先生1987年11月在中国文化书院主办的"梁漱溟学术思想国际研讨会"上发言。左一为周谷城，左二为张岱年

目 录

一 中西文化比较

评谢著《阳明学派》 …………………………………… 3
答胡评《东西文化及其哲学》 ………………………… 25
中国文化的特征在哪里？ ……………………………… 48
东游观感记略 …………………………………………… 65
中国人的长处与短处 …………………………………… 78

二 文化自觉和乡村建设

中国民族自救运动之最后觉悟 ………………………… 93
山东乡村建设研究院设立旨趣及办法概要 …………… 178
中国之地方自治问题 …………………………………… 199
往都市去还是到乡村来？——中国工业化问题 ……… 242
中国民众的组织问题 …………………………………… 249

三 文化特性和社会构造

我们政治上的第一个不通的路——欧洲近代民主政治的路 …… 275

中国社会构造问题 ·················· 322
两年来我有了哪些转变？ ·············· 350
我的努力与反省 ··················· 370

四　超越本能与透出人心

如何成为今天的我 ················· 489
精神陶炼要旨 ···················· 504
理性与理智之分别 ················· 536
我对人类心理认识前后转变不同 ·········· 563

父亲探讨"人生问题"与"中国问题"的一生
　　——从两本书说开去 ············ 梁培恕 579
选编说明 ······················ 干春松 582

一　中西文化比较

评谢著《阳明学派》[①]

中华书局出版谢无量先生著的书有好许多,如《佛学大纲》、《中国文学史》、《中国哲学史》等等都是的;还有一种小本的学生丛书其中如《孔子》、《朱子学派》、《阳明学派》、《王充哲学》几本亦都是的。这些书我或看过,或未看过;未看且不论外,其看过的也觉得似都有可批评处。这一本《阳明学派》是最近偶从朋友案上看见的,其间可指摘处尤其多。以阳明在中国学术史上价值之大、势力之伟,论理社会上大家都应当晓得他一点学说才是,然《阳明全集》安能人人都备一部?则简明的编辑一小本以供给普通社会,原是很需要的。现在这本书听说也果是很流行,那么其间许多不妥之处如其听他这样流传,似乎不好。在谢君既作这本书供给社会需要,则我们既有所见不可不出而辨正——此亦是一种社会需要。

听说谢君此书是以一日本人所著的书作底本,大约其中错缪不妥之处或是原出于日本人,而谢君没加辨察,就沿用了。就此书以窥其原来编制,则前半似取通常讲哲学之格套,如第二篇各

[①] 此文为1922年在北京高等师范的讲稿。——编者(编者注皆为《全集》所有)

章之分列宇宙观人生观等是;后半似取阳明平日所说的话分作几堆。例如言知行合一者为一堆,言天理人欲者为一堆;言良知者太多,既为一堆,又分为数小堆:如言固有者为一堆,言致良知功夫者为一堆之类。凡阳明所说的话皆纳于此几多之堆中,其不便分属者如四句教法则又为立一堆,务使应有尽有,而无所遗漏;此即其后半各章各节所由立矣。于是其前半以敷衍格套则病浮泛不剀切,搜集一些关系宇宙观人生观的话连缀成文,于阳明宇宙观的真意人生观的真意全道不出。其后半以分堆办法则病零碎无头脑,每章或每节中将此一堆阳明的话条列排比起来便好,于阳明宗旨毫不可见,使我们看完之后心中茫然,得不到一点什么意思。又此零碎排比而成章的本都是许多阳明原来文句,绝少著者自己的话,唯于每条阳明语之前常有一两句引子,其后则有一两句收束,是著者自己笔墨。例如:

> 良知虽固有之,然知愈致则愈明。(引子)故曰"天理在人心亘古亘今无有终始。天理即良知,千思万虑只是要致良知。良知愈思愈精明,若不精思漫然随笔应去,良知便粗了"。(阳明原话)盖良知既粗,以此判断事物或至颠倒善恶也。(收束)

> 致良知之功夫愈勉愈进,日异而月不同。(引子)崇一曰"先生致知之旨发尽精蕴看来这里再去不得"。阳明曰"此何言之易也,再用功半年看何如?再用功一年看何如?功夫

愈久愈觉不同,此难口说"。(阳明原语)盖其间消息全在于心悟,而非言语所可形容也。(收束)

诸如此类,都是开头两句引子,便将阳明言语录入;然后用"盖……也"作收束。此种办法不能将阳明言语条贯起来而得其旨归已属无谓,然前之引子后之收束果作的好,亦未始不可指点出阳明意旨,使人眼下明醒,而为读者之一助。乃此一两句之引子与收束亦往往错谬不通(若更有所申论尤多误),不但不能点出阳明意思,翻且加以搅乱而失其原意,此真可为太息者。兹举其尤著者于左:

一、第三篇第二章心即理说有一段收束"陆王所谓心即理之真义,是指良知之本心,能为百行之标准者而言;而邪心私心不与焉。世或误解心即理之语,以本心与私心同类而并论之,……是岂陆王之本旨哉?"此替陆王辨明的话,似乎务在妥慎,其实陆王原旨即从此迷失而不可见。盖陆王所谓心即理者,一面固是说是理即从心而心外无理;一面亦是说是心即是理,更无非理之心。固无理非心,亦无心非理,若有心非理,还说什么心即理呢?他绝不承认一种心有理,一种心无理。换言之,即绝不承认有一种心为本心,有一种心为私心。私心即非是心,或私心即没有心,此其本旨也。孟子所谓放其心而不存者,所谓舍则亡者是也。若如著者所辨"是这种心而言不是指那一种心而言",不几使人疑心亦有非理者乎?不几使心即理者变为心非即理乎?原有精神经此一辨,完全丧失不可见矣!

二、同前章有一段引子云"阳明与朱子之异亦如西洋哲学中理性论者与经验论者之异"。按西洋哲学大陆之理性派与英岛之经验派原为争认识论上之问题而分派者,与阳明朱子之以争伦理上问题而分者全非一事;岂能比而同之?有此一比又被搅得糊涂了。

三、同篇第四章第二节良知固有论收束处替阳明辨良知非后天经验得来之义云:"天下无无因而生之物,春艺其根而后秋获其实,自然之理也。婴儿之良知虽长大始可见,然其根必植于先天;猿猱虽被以冠裳,而终不能教化使知礼义者,本性所无也。故良知固有之说未可非也"。这真是可笑极了!良知原即是赤子之心,到长大,天真已凿,反不易见,如何却说长大乃见?且藉以追证小的时必自有了呢?有此一辨证,而良知固有之义又丧失不知到哪里去了!

四、同前章第三节良知标准论引子云:"凡道德之判断无论直接间接皆自良知而出,故阳明良知标准论极其详密可。"按良知之判是非皆直接的,所以谈良知者每以镜为喻是妍是媸,随来随照。又每云"天机神应不容措力",若一加拟议思量早已不是了。安得有所谓间接判断出于良知的呢?经此轻轻加上间接两字,又把良知迷失到乌何有之乡了!

五、同前章节有一段为阳明言集义作引子云:"小善积而成大善,小恶积而成大恶;故吾人功夫当时时积聚正义。"呜呼! 集义顾可作如是解乎! 此正所谓"义袭而取"耳。阳明所谓集义即是致良知,亦即是戒慎不睹,恐惧不闻,而慎独,非寻常人认那许多为好事而天天做好事之谓也。做好事者亦便是所谓"行仁义",而此则所谓"由仁义行"也。经此一引子所谓集义者适得其反矣!

六、同前章节有一段收束云"盖良知判断之所以误皆由认人欲为天理也"。按此句直是不通! 如果是良知便不会有误,如其误必非良知,不得云良知判断有误。

七、同前章有一段云:"野蛮人判断善恶之意见往往与文明人相反,……亦由野蛮人致良知之功夫未熟"。此话从何说起?

八、同前章第五节致良知功夫论全盘皆错,容后另为辨明。其荒唐可笑之语句亦至多。如云"动之功夫在格物致知"。其实《传习录》中明明说"格物无间动静,静也一物也"。兹姑不一一列举。

九、同前章第五节良知与行为之关系论亦全盘皆错,待后辨明。其不通语句亦至多,如云"良知能戒慎恐惧,有使人不为恶之作用,盖于已行之后而戒其将来,有命令之意"。就字而牵扯,直不知所云,兹均不一一列举。

十、第五章阳明学说相互之关系有一段收束云:"欲良知之示此标准不可无良知之功,即致良知而不行,又无以见心即理之效。"既致良知而犹有所谓不行,则所谓致良知者诚不晓其果作何解?是盖犹以致知为无预于行之事也。世有如此之阳明学耶?

我们不过举这几条作例,使大家知道他的荒缪。其实这零碎指摘是无谓的,以下我们对于他书中"知行合一论"、"致良知功夫论"、"良知与行为之关系"三篇各加辨正,亦即是对于阳明宗旨稍为申明表白。我们为使阳明学说易得晓了起见,先辨其"良知与行为之关系"之非,次辨其"知行合一论"之非,最后辨其"致良知功夫论"之非。在这"良知与行为之关系"一篇里,作者以从前心理学之知情意三分法来讲良知。他说:

> 近世良心固有论者或以良心为知之作用,或以为情之作用,或以为意之作用,其说各蔽于一端。今阳明以良知之体用即心之体用,则心之三作用固同时即良知之三作用也。请以阳明之说证之。

于是他便开列知情意三项,而各以阳明讲良知的话分注于其下,牵扯傅会以成其说。每项之下又分行为前与行为后。于是他不但可以指出某为良知之知,某为良知之情,某为良知之意;并且可以指出某为良知在行为前之知,某为良知在行为后之知,某为良知在行为前之情，某为良知在行为后之情，某为良知在行为前之意，某为良知在行为后之意，奇奇怪怪，不可测度，所谓良知是什么东西，简直莫名其妙了！

例如他在意的一项之下，引阳明语"能戒慎恐惧者是良知也"便说"良知能戒慎恐惧，有使人不为恶之作用，盖于已行之后而戒其将来，有命令之意，然亦可以戒之于行为未著之前……"从戒慎恐惧一戒字扯出命令之意，以傅会心理学上所谓意志。其实戒慎恐惧另是一回事，岂可这样讲？直是荒谬。又他在知的一项之下，则藉知善知恶知是知非之语以证良知有心理学上所谓知之作用。并且后面列一良知三作用在行为前后的详表，其中指良知在行为前知的作用为"关于判断"，在行为后之知的作用为"关于详论"。良知虽不可云无判断用，然全非理论学上所讲之判断。至若详论二字则直不知从何说起？诚为胡闹。要晓得良知对于善恶是非并没有识别之用，只有一种迎拒之力。不可因其知是非的字面，便以为是知识的事。这在阳明自己原说的很明，《传习录》上说"良知只是个是非之心，是非只是个好恶，只好恶就尽了是非"。好恶即我所说的迎拒。在作者于阳明所谓良知全无理会，但摘拾阳明一二语句字而去傅会，自全无是处。

阳明所谓良知不好讲，然此时正复不必作深解。阳明他为此语原是本于孟子"不学不虑"的两句话而来。其实只就这两句话分剖去，所谓良知者已自可见。第一桩一切后天知识俱不在内，这是很明的。某为天，某为地，某为黑，某为白，某为三，某为四,……所有这一切具体观念或抽象概念都为良知所不能知。良知上根本没有这些个。第二桩其能知这些个之知非是良知。这就是说先天所有能创造、能传习、能了解这些后天知识之作用,即所谓感觉作用和概念作用(即理智)者都非良知。然心理学上所谓知情意之知,实是说这感觉作用概念作用;则举心理学上所谓知者来讲良知,良知是否包含得了? 后且直以判断详论等作用属诸良知,良知更何曾能作这许多事? 通常所谓判断作用即是概念作用,详论则尤为复合理智之事,正是要待学待虑者,如何说作良知呢? 第三桩我们试看真个不虑而知的是哪一项? 则只有痛痒好恶才相接触即时觉知更不待虑。即此痛痒好恶是良知。这项的知是有情味的知或说有意味的知,和知识知解的知不同。知识知解的知是静的知,亦即是客观性的知,而良知则为主观性的知。试看孟子的话便晓得。孟子说的人之四端,"恻隐之心人皆有之,羞恶之心人皆有之,恭敬之心人皆有之,是非之心人皆有之"。其恻隐、羞恶、恭敬,皆明为有情意的知,固不待讲,即是非之心亦不是概念的判别,而指吾人对于是非有一种迎拒的那一点。所以阳明直以好恶为说,所谓"是非只是个好恶,只好恶就尽了是非"者极得孟子的意思。就以孟子的一段话所谓口之于味有同嗜,目之于色有同美,而人心有所同然,便可以互相证明了。这种有情味的知,或有意味的知,在今日则所谓直觉。直觉不待学虑而世所谓半情半知的。譬如我们看见花而美感,此美感便是直觉。即此有美感时是知其美之时,美感与知其美非两件事;自其有所感触一面看去则为情;自其有所晓了一面看去则为知;盖即情即知者也。大抵为人讲良知就感情去指点尚无大误,若指为知识边的事则不对了。至若知情意之意则良知上固亦有之。盖无论如何复杂的情味总不出乎好恶,好恶只是心的迎拒力,行动即从这里而起。如见好花则向前赏观,闻恶臭则退后掩鼻,虽无所谓意志,而意志已存乎其间。因人每用智慧为工具,行事多出于安排决定,故有意志可指;而此则天机神应,间不容发,故无意志可见;而其实此正是真的意志所在,舍此则后之所谓意志亦不得有也。心理学上知情意之三分法本属旧说,其实意是不好独立的。

兹将谢书应辨正之点分三条重述一过以清眉目:

一、原书径以心理学所谓知的作用讲良知是不对的;知的方面以感觉和理智为主,而良知则只是一种直觉的知,不可无辨。

二、原书径以心理学所谓情的作用讲良知是不对的;良知固属情的一边,然世所谓情有非良知者,此处较细,暂不能详,而不可无辨。

三、原书径以心理学所谓意的作用讲良知是不对的,良知上未尝无意的作用在,但如云"戒其将来,戒之行为未著之前,有命令之意",则无有也;不可无辨。

总而言之,知情意原不妨说都是良知上所有的,但如原书所说则全不对矣。次当辨其知行合一论之非。在此章中作者列举十义,谓阳明知行合一之说要不出此。十义者:(一)知则必行;(二)知与行并进;(三)不行由于知未真故;(四)真知则必行;(五)不行终不能得真知;(六)知为理想,行为实现,真理想必实现,若不实现仅当名空想,不可名理想,世之空想家多而能真知实践者少,故阳明发此论;(七)知为理论,行为实际,理论之可贵与否因其适于实际与否而定,不适于实际之理论不足贵也,所谓理论与实际相违之说既阳明所决不许,故倡言知行合一以斥架空之弊;(八)知行合一为知行关系之真相;(九)知行合一之说可以鼓励实践之勇气;(十)知行合一其所谓行不限于动作兼指心之念虑而言,譬如知恶念是知,绝其恶念使不生即是行。阳明知行合一之旨究竟何在不能说的出来,乃写若许条款以臆度之,不独阳明之旨不得见,反因而更加迷晦。就中以六七两条尤为糊涂。末尾有一段更可令人失笑,原文云:"然犹有疑者知行合一果何所知而何所行乎?……若谓知恶便行恶以解知行合一,不惟异于阳明之本旨,抑亦大害于人心矣!"他不替阳明辨解还好,他这一辨解,阳明知行合一的意思倒不知道往哪里去了!此下更分四大段凑集一些阳明的话而敷衍成说,种种荒唐不可枚数,总是于阳明意思全没理会,不经他说犹可听人自去理会,一经他说乃搅乱搀杂人亦无从理会矣!今欲说明阳明知行合一的意思,不可不先弄明白他所谓"知"是什么?他所谓"行"是什么?然后方能论到合一不合的问题。此在原书作者亦稍

想到这层,所以他说:

> 至于知行合一之范围则仅限于人事,而不及自然界。盖凡政治道德一切关于人事者知之即无不可行之,若夫自然界之事能知之而即行之者较罕。故阳明言知行合一始终以实践为主,亦专就人事言之耳。

其实他这种分别还是没弄明白。此处所说知行自有所专指,而不是无范围的;但却不是人事和自然界的区分。自然界的事知之而可以行之的正多,凡人类之以科学利用自然界者何莫非知之而即行之呢?而人事正不见得像他所说知之即无不可行之。我知道如何裁兵的理,我便能裁兵么?我知道有钱可以买衣服的理,我便能有钱买衣服么?须要晓得,既说知行合一,自然这"知"是指总应要发生行为的主观上有情味的知,而不是泛指些发生行为不发生行为都不干系的知,客观性的静的知。譬如知道如何裁兵的知,和知道有钱可以买衣服的知,都是静的知,并没有发生行为不发生行为的下文可说。若是知裁兵为现在切要的知,便是主观上有情味的知。他知裁兵切要的知,与他动于裁兵的切要的情,是不可分的,假如他知道裁兵切要,而不甚动裁兵切要的情,则必是知其裁兵切要犹未真。从这种知上是总要发生行为的——即裁兵运动。知行合一是专指主观上有情味的知与其应有的行为而说,却不是以人事与自然界为区界。试看阳明答顾东桥论知行合一书,顾以知食乃食,知路乃行为问,而阳明以知味之美恶,知路之险夷为说,皆可见。又答徐曰仁问,举好好色恶恶臭作例云:"见好色属知,好好色属行。"此见字大似指视觉,而属于静的知,其实此见字非单纯视觉而实包同时直觉而言。盖色是单纯视觉可以有的,好色则不是单纯视觉所能有,必兼同时直觉乃言有所谓好色。故此见字仍属有情味的知,而非静的知。阳明弟子王龙溪答人问知行合一尝有云"知非见解之谓,行非履蹈之谓",都是辨外人以知识见解之知讨论知行合一的错误。本书作者所以发生知恶行恶的疑问,而特为慎重之辨,也便是错误在这上边。他如果晓得知恶即是恶恶,即是拒恶,而知识见解不算数,何致有这笑话呢?

　　知行之知是专指主观上有情味的知,既如上述;知行之行又是什么呢?平常大家所谓行就是"作事"而与"不作事"相分别的;但其实我们没有不作事之时。人常说"我现在没有作事";然此时你独不坐卧站立了么?无论你是坐着,是卧着,是站着,已是坐着了,已是卧着了,已是站着了。乃至你歇着,你睡着,也已经是歇着了,睡着了。不能说这些都不是事,只可说没有特别举动罢了。"作事"、"不作事"只有忙闲程度之差,初非有划然的区别可得,盖作事的时节也是我们的一段生活,不作事的时节也是我们的一段生活,无时无生活。既没有什么不"行"之时,则哪里别有所谓"行"?生活只是念念相续。作事时节也是念念相续,不作事时节也是念念相续,都是一般的照平常大家所谓"行"的去求,简直求不到;因为这样实在是看得太粗了。如其要去求所谓行,则只当就念念相续之一念上去求。我们时时是一念,在此一念上从其有所感发趣向而言便是行。更质言之,只这一念上所有的情意是行。说个行,便当就这里看;更于外求行,则真的行却将遗失。譬如看见师长,只这一念起敬即是行了;更不待起身搬个椅子与他坐而后为行。看见乞丐,只这一念生怜即是行了;更不待掏出钱物给他而后为行。搬个椅子与他坐,掏出钱物给把他,都是起敬生怜之念念相续而达之于四肢百体的。真个起敬生怜自然会如此,万一格于时势(假设为病卧在床与手边没钱),而四肢百体不得循其感发趣向者以表达于外,则只此感发趣向之念念不已既将恭敬之行慈善之行作了而无不足。倘以时势之便得有动作表达出来,则亦是将恭敬之行慈善之行作了而非有余。反之,若未曾真动敬与怜之情意,无其念念之相续,而徒有搬个椅子与他坐,掏出钱给把他之举动,则其为何种行为正未可知,要可以为恭敬之行慈善之行也。故真的行在情意,其表见于外乃有举动。若求行于举动,未有不失真的行者,旁人必要问,你说知也是说情意,说行也是说情意,然则知行岂非无别了么?答曰正是如此。知即在行上,行即在知上,知行都在一念上。只此一念自这一面看为知,自那一面看为行,知行一体非二物也。阳明说知行便是这般意思,故曰"知之真切笃实处即是行。行之明觉精察处即是知"。又曰"若会得时只说一个知已自有行在,只说一个行已自有知在"。而龙溪所谓"知非见解之谓,行非履蹈之谓",亦无非此意。《龙溪集》中此段原文云：

> 明伦堂会语请问知行合一之旨。先生曰"天下只有个知，不行不足谓之知。知行有本体，有工夫。如眼见得是知，然已是见了，即是行。耳闻得是知，然已是闻了，即是行。要之只此一个知已自尽了"。孟子说"孩提之童无不知爱其亲，及其长也无不知敬其兄"，止曰知而已。知便能了，更不消说能爱能敬。本体原是合一。阳明先生因后儒分知行为两事，不得已说个合一。知非见解之谓，行非履蹈之谓，只从一念上取证。知之真切笃实即是行；行之明觉精察即是知。知行两字皆指工夫言，亦原是合一。非故为立说以强人之信也。

即如看见师长一念起敬之例，从其知敬师长而言，则谓之知。然已是起敬了，即是行。知行都于敬师一念上见。所以要想明白阳明的知行合一论，头一桩应当晓得他有知行本来合一之意。他屡次说：

> 某今说个知行合一，……又不是某凿空杜撰，知行本体原是如此。

> 此虽救弊而发，然知行之体本来如是，非以己意抑扬其间，姑为是说以苟一时之效者也。

但在旁人谈到阳明知行合一论，总看作因勉人实行而发，对于阳明这种声明辨白绝不细心体会以求其故。其实如果不晓得知行本来合一之意,则阳明知行合一论必无从明白的。

不过此时又要晓得,既知行同在一念本来不离,何又有知行不合一的问题发生呢?则于晓得绝对不离之知行外,再须晓得有绝对不合之知行,然后进而谈知行离合问题自易明白了。所谓绝对不合之知行,即是以静的知识见解为知,以表露的举动作事为行。盖从知识见解之知,情意未著;而情意未著,绝无动作发生。所以知识见解的知和举动作事的行是绝对不能相联合一起的。在绝对不离之知行,即知即行,无所等待,不发生知行不合一问题。在绝对不合之知行,两不相及,无可等待也,不发生知行不合一的问题。知行合一不合一的问题是因这两种知行牵连错混而发生的。牵连本来是牵连,错混是人所错混。自一念之感发趣向,知行原已俱有,然苟非时势禁格,则念念相续,布达肢体,是不应当没动作的。感触恶臭之知与退后掩鼻之行本相联带。所以阳明有云:"知是行之始,行是知之成。"即于一念外更就其念念相续达于动作而说为行也。由此第一种知行之知与第二种知行之行相牵联,则于一切知过不能必改,见义不能勇为者,都发生知行不合一的问题了。其实若单就第一种知行看,当其知过见义之时,即知即行,一念俱足。当其不能必改不能勇为之时,无知无行,一念昏失,知行未尝不一也。所以说为不合一者,盖就其一念之知,以责其作为之行耳。这是因两种知行本来牵联而发生知行不合一问题的。还有因为人的错混而发生者是怎样呢?我们从一种观察客观静理的方法,产出知识见解以为我们生活中的工具;许多常识和学术都是如此。但如见师当敬,出言必信之理则非客观的静理,而为主观的情理。此理出于良知直觉,与知识见解由后天得来者根本不同。却是我们常由习惯而致错混,把这种情理也做成知识见解一般。于是自修则藉多见多闻,教人则凭训条注入,直欲强知识见解之知发生举动作事之行,结果徒增许多死板干燥之知解,而行事不逮;就发生知行不合一的问题了。其实若纯就第二种知行去看,则知识自知识,行事自行事,本不发生合一不合一的问题。只为其本身原是情理之理,被人错混到知识路上去,两种知行相错混而难分,辄即其所知以责其行事,就生出知行不合一问题。此时又有不可不知者在前一种知行不合一问题,情味之知与动作之行本相牵带,而竟知过不能必改,见义不能勇为,是犹闻恶臭而弗退后掩鼻者,自是失其本然而为一种病态。此病实吾人之通患,抑吾人所患亦唯此一病。其义容后详。求所以致此病,盖私意乱之也。阳明答徐爱问云:

> 大学指个真知行与人看:"如好好色,如恶恶臭"。见好色属知,好好色属行,只那见时已自好了,不是见后又立个心去好。闻恶臭属知,恶恶臭属行,只那闻时已自恶了,不是闻后又立个心去恶。……知行如何分得开? 此便是知行的本体不曾被私意隔断的。

阳明之意即我前边所说自一念之感发趣向以念念相续布达肢体

见诸行事者,必要如此随感即应,方为知行之本然。若知而不见有行,或又特立个心去行,便都不是了。在感既真,在应自切,应有未切,即感有未真。感之不真,由心有所牵,此有所牵之心谓之私意。方其一念有感,虽不无兴发,而力难持续,以及于念念,以达于肢体,这是根本致命伤在此知之前者。但有所感,岂其无虑?卒乃无应,由有二心。此有二之心谓之私意。这是结果性命的利刃在此知之后者。阳明之言似只属后一层,然实有此两层,特未分别说出耳。阳明每云"知而不行只是未知",即前一层"应有未切即感有未真"之意。有此两层而病态遂呈,阳明欲药此病,所以倡知行合一之论。知行合一论者指示出知行之本然者为其常态,以见世人之失其本然成为病态,而使人知所以求之。诚求到知行合一地步,即是感应真切得其常理,亦即是圣人。此其真意义也。非强为立说徒以矫时弊之谓也。

又在后一种知行不合一问题,直觉之知本来不假学虑而自足,何反求之见闻教训?且益之以见闻教训而犹不足?此又所谓失其本然而为一种病态也。此病(本来自足而兹竟不足之病)实吾人之通患,抑吾人所患亦唯此一病。盖此病与前病原是一事,前之不足于行,正此不足于知之见症耳。其所以致此,还即心有牵二之故。世人辄欲藉见闻教训以为帮补,非徒无益,适以滋惑。阳明欲药此病不得不排知识见解之非知,而指出知行合一之知以示人。知行合一论者,使人晓然必如是而后为知,而有以实致其知,此其真意义也,俗以为其意在勉人以实行者浅见也。与其谓为意在勉人以实行,宁曰勉人以致知。此时行上无可着力,若只去行则无非"行仁义"、"义袭而取",而行非其行也。故阳明之工夫曰"致良知"。

上面意思兹更简括重述如下,愿大家切记。

一、俗常看知行合一论为有所矫而强为立说是不对的;知行合一论是实理实说指出知行真相与人。

二、俗常看知行合一论在勉人以实行是不对的;知行合一论是要人去致知。

此两条是阳明发言本意。然使无世人之以良知错混到知识路上去,而谬解知行是两截事,则亦无须说个知行合一也(若说反嫌多疑)。知行合一之论自是纠正时人错误而发。

又次当辨其致良知功夫论之非。原书于此妄谓阳明有动静两种工夫,在此两种工夫下复有许多样色。其原文云:

阳明说致良知之功夫极详密。今约言之则有动静二种。静之功夫不外读书,慎独,静坐等。动之功夫在事实磨练,辅以社会之经验。动静二者皆致良知之要也。

动静二者之功夫虽当兼行并进,然亦有辨。当闲暇无事且加意于静之功夫,以免精神外驰,至于应接事物,非有动之功夫无以征其素养。故二者相须不可离。

这是他开头的两段,以下文章甚长不须具引。即此两段话荒谬离奇,信口乱说,几于字字是错。阳明功夫只是一件,故以简易直捷为世所称,何曾有动静两种? 更何曾有五六样色之多? 如此支离繁杂乃犹曰约言之乎? 读书慎独何缘乃属静之功夫? 慎独亦岂可以为某项下之一功夫? 亦岂可与读书静坐同列而并论? 至于动之功夫在事实磨练辅以社会之经验,直太离奇! 良知安事经验乎? 功夫又何能兼行并进得? 且复有辨更可为怪! 功夫岂能搁下一件换过一件耶? 其后文又谓"静之功夫终属消极方面",又云"动之功夫在致知格物",皆臆谈无据。

大约儒家种种功夫只是名目不同,或方面不同,至其内容则只是极简单之一事,更无两件。阳明尝答人问云:

> 大学之所谓诚意,即中庸之所谓诚身也。大学之所谓格物致知,即中庸之所谓明善也。博学审问慎思明辨笃行皆所以明善而为诚身之功也。非明善之外别有所谓诚身之功也。格物致知之外又岂别有所谓诚意之功乎? 书之所谓精一,语之所谓博文约礼,中庸之所谓尊德性而道问学,皆若此而已。

又《传习录》载云:

> 黄以方问曰:"先生之说格物,凡中庸之慎独集义博约等说皆为格物之事?"先生曰:"非也,格物即慎独,即戒慎恐惧,

至于集义博约工夫只一般。不是以那数件都做格物底事。"

又阳明尝言"慎独即是致良知"。又答聂双江书有云"所谓时时去集义者只是致良知"。凡此皆可证明并无两种功夫；亦非致良知或格物一总题目下包有许多样色功夫；而实种种功夫皆同为一事也。

此时当说阳明之唯一功夫是如何一回事。欲说功夫不可不知吾人为何要功夫，必先明白问题，乃能谈应于此问题而来之事情也。且就阳明之说而观，则头一层当晓得本无问题亦无功夫可用之义。盖假如我们要求什么特别另外为自己所无的东西则成为一问题，而须要有求之之方，即功夫。但在阳明却只要良知，不要什么别的东西；而良知不学不虑本身现成，岂非无问题者乎？既无问题又要功夫何用呢？假如我们以为良知犹未足，而更须如何以完成之，则亦是问题，亦须功夫。但在阳明又以良知为已足，更无须帮凑补充。则尚何有问题？何须功夫呢？此所谓本无问题，亦无功夫可用之义也。然则岂遂竟无问题亦无功夫乎？此却亦不然。问题诚是有的。盖良知虽本具，然亦不难丢掉，良知虽已足，然亦不难欠明醒。吾人当求其所以常在常明保不昏失者，此问题也。诚有以使其不昏不失者，此功夫也。

昏失是问题，不昏失是功夫，此极简单明了。所以孟子说"学问之道无他，求其放心而已矣"；一句话断得甚明，并没有许多问题，亦没有许多功夫也。于是又当进而问怎样叫做昏失呢？或所谓昏失是怎样一回事呢？可以答言昏即是失，不失不致昏；然失实无失，失只是昏。盖此心所以昏昧都是心放失不在的缘故，所谓"心不在焉，视而不见，听而不闻"是也，心如何会不在呢，为其有所在，所以就不在了。此有所在的心亦谓之放于外的心，俗常说心跑了的便是。自这不在一面说即谓之失其心，如果不失其心，绝不致昏昧，故云"昏即是失，不失不致昏"。然所谓失其心者，哪里真个便失了心呢？实不过昏昧一点，失其明觉罢了；故又云"失实无失，失只是昏"。唯一问题只是心放于外，我们前边讲知行合一说"心有牵二"便是指此。所以又谓之私心私意的，因为随感即应，过而不留才是天理之自然，亦即是公。特别着在上边是出于人之所为，亦即是有所私。故又谓之人欲，人欲犹云人为。非指声色名利。若声色名利毫不杂以人为则亦天理也。是方法不同，非内容之异。故憧憧往来胸中者固是私心私意，即一时心若无所驰逐，坦然没事，亦不可恃；路子（即方法）既熟，举心动念仍不出此也。然则功夫将如何用？只是如中庸说的戒慎恐惧。戒慎恐惧即是要此心常在之意。然说个戒慎恐惧将谓将心注念不忘则又不是。若注念在此，则如何照应事物？才一照应事物，便又失却，安有此理？且注念亦岂天理之自然？戒慎恐惧是要心里没事而息息不昧。自然的戒慎恐惧，非人为的戒慎恐惧。诚能如此则痛痒好恶随有所感无不真切，尚何有知而不行之事？随知即行无所容心。虽在动中与静亦是一般。动静只此一件功夫，谁闻有动静两种功夫？所谓致良知，所谓格物，所谓慎独，所谓操存,所谓集义,所谓去人欲存天理,乃至种种名色,其内容皆此一事。果真用功夫自须细究,自非一言可尽。若以其大意语人,则只是如此而已。

然动静的字面在阳明书中亦是有的。所谓静坐所谓默坐澄心亦阳明所教人作的功夫,但与前说并非两事。盖作功夫之初,习惯未变,若事多心忙,即难得措手改变他;不得不屏事而求静,庶有可措手,亦免其多往熟路上跑;又闲静下来良心易见,此孟子所以有夜气之说。识得良心而后可以言戒慎操存,否则不知戒个什么,操个什么?总之功夫只此一件,凡有所为无非为此。

以上辨谢书之误,申阳明之旨已竟。然其全书之中却亦有一篇尚好,即第三篇第一章讨论性善性恶,谓阳明"无善无恶心之体"仍是主性善。立有解答十条,颇敢抒己见,所见亦不错,或出谢君自己手笔也。

录自《漱溟卅前文录》,221—252 页,
1923 年 12 月。

答胡评《东西文化及其哲学》[①]

我的《东西文化及其哲学》讲演稿自民国十年发表以来,承许多位先生的不弃加以批评,这无论如何都是应当感谢的,但我一概没有置答,这在此书第三版自序中已声说过的了,适之先生的批评差不多是最后的一篇,我也一样不想置答——从他的文章披露到今天整半年了,一直没有答。今天要来作答是因为最近的一点事触动起来的。

最近《努力》停刊,适之先生在他《一年半的回顾》一文中说从某期以后,《努力》的同人是朝着思想革新的方面作去,所有前后许多政论都不如这时批评梁漱溟、张君劢的文章有价值!又陈仲甫先生在《前锋》中说梁漱溟、张君劢被适之教训一顿,开口不得,是思想的一线曙光!照这样说来,然则我是他们的障碍物了!我是障碍他们思想革新运动的了!这我如何当得起?这岂是我愿意的?这令我很难过。我不觉得我反对他们的运动!我不觉得我是他们的敌人,他们是我的敌人。我是没有敌人的!我不看见现在思想不同的几派——如陈,如胡……有哪一派是与我相冲

[①] 1923年10月28日在北京大学的讲演,由陈政笔记。——编者

突的、相阻碍的。他们觉得我是敌人,我却没有这种意思。在这时候,天下肯干的人都是好朋友!我们都是一伙子!此刻天下只有两种人:一种是积极努力的,一种是苟偷卑劣只想抢便宜的,苟偷卑劣只想抢便宜的弥漫满中国,我们同胡适之、陈独秀都是难得遇着的好朋友呀!我总觉得你们所作的都对,都是好极的,你们在前努力,我来吆喝助声鼓励你们!因为,你们要领导着大家走的路难道不是我愿领大家走的么?我们意思原来是差不多的。这是说我们同的一面。

翻过来说,我们是不同的,我们的确是根本不同。我知道我有我的精神,你们有你们的价值。然而凡成为一派思想的,均有其特殊面目、特殊精神——这是由他倾全力于一点,抱着一点意思去发挥,而后才能行的。当他倾全力于一点的时候,左边、右边、东面、西面,当然顾不到。然他的价值正出于此,要他面面图到,顾得周全,结果一无所就,不会再成有价值的东西。却是各人抱各自那一点去发挥,其对于社会的尽力,在最后的成功上还是相成的——正是相需的。我并不要打倒陈仲甫、胡适之而后我才得成功;陈仲甫、胡适之的成功便也是我的成功。所以就不同一面去说,我们还是不相为碍的,而是朋友。

论他同的一面既如彼,不同一面又是如此了。更进而言,不管他同不同,天下人自己都会找对的路。只怕不求,求则得之。不对也好,总会对的。天下人原都是聪明的,哪个地方弄错误了,他自己会发觉。错误哪里会长久,天下原都是好人,哪个是对,他会点头;哪个不该,终究不合适;都是自然的谋向对的路走去。对不对我都看得不打紧,凡是肯走路的,我都笑脸相迎。

现在说到本题了。我读胡先生的文和其他各位的批评都有同一的感想——感觉着大家的心理与我相反。我总觉得对面人比我聪明;我总觉得对面人知识见闻比我广——我是不知道什么的。对方的意思如有与我违异处,其所以不相合,其间一定有道理——是他聪明,才跟我不一样,是他凭藉材料(见闻)比我多,才跟我不一样。在大家则不然。大家似乎都看旁人比他笨,比他糊涂,甚至于是头脑错乱的。他自己似乎都懂得,没有什么不知道的。因此我最喜欢求与我不同的意思,想明白他所以与我不合的原故,而大家则否。对方人的意思在他像是不屑理会,不需理会的样子——意思曰:"这都是些糊涂见解!没有什么道理!"大家读我的书,大概都像看北京《晨报》一样,匆匆五分钟便看完了。作者确曾下过一番心的地方,他并没有在心理过一道,就在这五分钟后便提笔下批评。这种批评叫我如何答!实在不高兴作答。如果他有一天想到这个问题(东西文化问题),想要来考究考究了,自然会再找我这书去看。果然着意看了,自然会明白。所以我全然不置答。现在一定要我答,我也没有别的答法,只有指出原书请他俯察罢了。

胡先生批评的全文共分三大段,现在依次作答。

头一段中驳我不应该说:

> 东方化还是要连根拔去,还是可以翻身呢?此处所谓翻

身不仅说中国人仍旧使用东方化而已;大约假使东方化可翻身,亦是同西方化一样成为一种世界的文化——现在西方化所谓科学和德谟克拉西的精神是无论世界上哪一地方人皆不能自外的。所以此刻问题直接了当的就是:东方化可否翻身成为一种世界文化?如果不能成为世界文化则根本不能存在。若仍可以存在,当然不能仅只使用于中国而须成为世界文化。

他说:

这种逻辑是很可惊异的。世界是一个很大的东西,文化是一个很复杂的东西。依梁先生自己的分析,一家文化是一个民族生活的种种方面。他总括为三方面:精神生活、社会生活、物质生活。这样多方面的文化在这个大而复杂的世界上不能没有时间上和空间上的个性的区别。在一国里尚且有南北之分、古今之异,何况偌大的世界?(中略)若明白了民族生活的时间和空间的区别,那么一种文化不必须成为世界文化而自有他存在的余地。米饭不必成为世界化,而我们正不妨吃米饭;筷子不必成为世界化,而我们正不妨用筷子;中国话不必成为世界语,而我们正不妨说中国话。

适之先生根据的意思是:"文化不能没有时间上和空间上的

个性区别"。现在我们要反问一句。请教：科学和德谟克拉西这两个东西是有没有时间上和空间上的个性区别呢？有没有"南北之分、古今之异"呢？照我们的见解，这是有绝对价值的，有普遍价值的，不但在此地是真理，掉换个地方还是真理，不但今天是真理，明天还是真理，不但不能商量此间合用彼间合用不合用，硬是我所说"现在所谓科学和德谟克拉西的精神是无论世界上哪一地方人所不能自外的"。中国人想要拒绝科学和德谟克拉西，拒绝得了么？其所以然，就是因为"人心有同然"。讲到求知识，人心于科学方法有同然；讲到社会生活，人心于德谟克拉西有同然。一民族生活中之具体的工具或制度自是因地制宜，不足以成为世界化；若其文化所藏真价值之一点——如西方文化所藏之科学与德谟克拉西两精神——则固不成为世界化不止也。吾书旨意原甚明白，今更叙明于此，倘胡先生承认此层，则进而说下一层。

所谓下一层，即东方化必于"连根拔去"与"翻身成世界化"二途居其一，而不容他不死不活的存在。所谓东方化要"连根拔去"怎么讲呢？因为照现在世界情形看去有如此的形势。吾原书从粗细两层指点这种形势。先粗着看去，现在并不是什么东西文化对峙争衡的局面。你放开眼睛四外一望，那欧洲的一片土、美洲的半地球都是西方化的领域固不用说了；就是东方各国，凡能领受接纳西方化而又能运用的便能站的住——例如日本；凡不及或未能领受采用西方化的便为西方化的强力所占领——例如印度、朝鲜、安南、缅甸。诸如此类，不须细数，便是东方化的发源地的中国为西方化撞进门来,也使他不能不改变生活——几乎现在我们的生活无论精神方面、社会方面、物质方面,都充满了西方化。现在完全是一个西方化的世界,尚哪里有东方化的立足地?所以我们要问:东方化是不是从此绝根株了?

再细着看看,这东方化根据最深的中国是如何被西方化逐层的侵入?固有的文化是如何被西方化节节的斩伐,如剥笋一般,已剥到最后的中心根上来?最初学些西洋的几何天文,这不影响到里面。次则火炮铁甲声光化电的输入,如曾文正、李文忠等创办上海制造局,在制造局内译书,在北洋练海军,马尾办船政,凡当时的名臣奏议、通人著作、院书文课,以及所谓时务书的,都是谈说这个;这影响已深一层面且影响的很大了;然而还在肤表。再次便是甲午一败,海军覆没,知道单在火炮铁甲上着意是不行,须要根本大改革从来的学术制度:于是废科举,兴学校,修铁路,办实业,便成了中心问题,而又进入一层了。到了第四次更是戊戌变法不成,庚子受创,而政治制度之大改革又成中心问题了——以为兴学校办实业都是枝节,非立宪共和不可。这自然是更进一层,所入益深了。到第五次便是共和成功了,而十年之久,政象日非,毫无头绪,于是大家乃有一个大觉悟,知道以前都是枝末,非革新思想不可,非根本改革了中国的伦理思想——人生哲学——不可,陈仲甫为这运动作先锋,便是近年的"新文化运动"了。吾原书说道:

到了此时,已然向到两方文化的最后根本了。现在对于

答胡评《东西文化及其哲学》

> 东西方文化问题差不多是要问:西方化对东方化是否要连根拔掉？中国人对西方化的输入,态度遂渐变迁,东方化对于西方化步步退让,西方化对于东方化节节的斩伐！到了最后的问题,已是将枝叶撇开要向咽喉处着刀,将中国化根本打倒！我们很欢迎此种问题,因为从前枝枝节节的作去实在是徒劳无功,此时问到根本,正是要下个解决的时候,非有此种解决,中国民族不会打出一条活路来！

试问在这种严重的形势之下,是否不死不活的存在？不死则活,不活则死耳。其万一不死而卒活,是必有"不可磨灭"者在,有"颠扑不破"者在,有真能站得住者在——是即所谓真理,故不随时代之移易,外势之变迁以俱成过去——是即有超时间区别的价值,有绝对的价值,有普遍价值,如科学、德谟克拉西于人心有真根据。所谓"人心有同然",所谓"谁能出不由户",在这大交通的世界上是固不成为世界化不止也。岂独东方人不能自外于西方化而已哉(不指他具体的生活工具制度,指所含藏的原理)？吾意如此。原书具明,自信未为不通不伦;适之先生的驳论可曾驳得有什么干系？先生何妨前后多看看再下笔呢？

以上为胡文头一大段之前半截,次则引我书最后所提出之"世界文化三期重现说"而谓云:

> "这样整齐好玩的一条线有什么根据呢？原来完全用不

着根据,只须梁先生自己的思想就够了!"

他接着又引我的话:

> 我并非有意把他们弄得这般整齐好玩,无奈人类生活中问题实有这么三层次;其文化的路径就有这么三转折,而古人又恰好把这三条路都已分别走过;所以事实上没法要他不重走一遭。吾自有见而为此说,今人或未必见谅;然吾亦岂求谅于今之人者!

他便说:

> 是的。这三条路古人曾分别走过,现在世界要走上一条线了,既不能分别并存,只好轮班挨次重现一次了。这全凭主观的文化轮回说是无法驳难的,因为梁先生说"吾自有见而为此说,吾亦岂求谅于今人者!"

我真想不到适之先生是这样信口诬人,要一手掩尽天下目的!我原书第五章对于西方化最近变迁的趋势分就几方面去指陈其非变不可,而变化之所趋,恰是中国路子;如:

一、事实方面——即经济之变迁;
二、见解方面——即科学之变迁;

三、态度方面——即哲学之变迁；

并附第四，中国人秉持西洋思想的——即陈仲甫诸位——亦有同样的变迁。

我在每一项都举出多少客观事实，难道适之先生没有看见么（此皆三期重现说之前文，不能说不看见）？我从这许多事实上，指点出所以要变到中国路上来之故，都是铁案如山，根据确凿，声光震烁耳目；适之先生不是瞎子，难道看不见么？而居然以"完全用不着根据，只须梁先生自己的思想就够了"、"这全凭主观的文化轮回说"诬人，是何用意？

在指明西方化将变到中国路上来之后，又复就趋向之所指，分精神方面、社会方面、物质方面，来推说世界未来之文化如何是中国化，句句着实，无半点空论。而此中国化时代之后如何不能不入于印度化，则原书262页等处说的很明。因为希腊的风气至文艺复兴时期而复兴，中国化在最近未来将复兴，印度化在更远未来将复兴，故谓之"三期重现"。我自己曾于此声明道："这话不但你不信，就如我在未加推勘时亦万万不信"（259页）。适之先生不信，则已耳；或有疑，则指出可耳；或确见其不然，则逐层逐项痛驳可耳——此最欢喜愿闻。乃既不能驳，而诬人以"无根据"、"全凭主观"是诚何为耶？

此下胡先生又引我的话：

> 这条路（淑世主义，胡先生所主张者）也就快完了。在

未来世界,完全是乐天派的天下,淑世主义过去不提,这情势具在,你已不必辩,辩也无益。

他只讥诮我武断,仍是一句不驳。吾原书上文因已将这种人生态度的走到末运,从事实证明铁案如山,故曰"情势具在"。胡先生如果看了不能驳则低头去好好体会研究可也。如确见其不然,则逐层逐项痛驳可也——如此岂不快人快事哉;乃徒以笑骂了之,露出不承认之意而不言其故,岂不令人闷气!如此文章,不太无聊乎!(以上答头一段)

第二大段则批评我两种公式:

(一)西方化是向前的;中国化是持中的;印度化是向后的。

(二)西方生活是直觉运理智的;中国生活是理智运直觉的;印度化是理智运现量的。

他于头一种公式——公式这个名字是胡先生给的——驳我两条:一条印度化是向前的,不应曰向后;一条中国化以调和持中去概括。

我从种种证明而认出三家文化出于三种根本不同的人生态度:一则肯定现实生活而向前逐求,西洋人是也;二则肯定现世生活而融融自得,且以向前逐求为戒的,中国人是也;三则否认现世生活而要求脱去此世界,取消此生命的,印度人是也。其"向前"、"持中"、"向后",不过所用简号符记,以表此三个跃然可睹之生活态度者,虽尽易之亦无碍也。胡先生若根本驳我三家文化出于三根本人生态度之说,此真切要之大驳论,然而胡先生未能

（按后第三大段露有此意，而此处竟一字不及）；或虽承认其出于根本人生态度之不同，而驳某家文化不出于我所指的态度，而别有在，则亦可以为有价值之讨论，然而胡先生未能。胡先生于印度人之人生态度，初不异乎我所指"否认现世生活而求解脱"之态度，乃但就此态度上徒争其当云"向前"，不当云"向后"，不太无谓乎？况且一个肯定现世生活去求他，一个否认现世生活要解脱他，恰好相反；前者字之曰"向前"，后者字之曰"向后"，谁曰不宜？胡先生徒见其积极的奋往的精神以为非向后，抑知"向后"非"退后"，吾原文明明曰"反身向后要求"（72页），则积极奋往之意何尝不昭然？同时亦将奋往之所向之不同表出无遗。吾以为适之先生摇笔为文有何见教之处，乃不图如此之无聊也！

至其驳我中国化不能以调和持中去概括，尤为无味。他说：

> 至于那"调和持中"、"随遇而安"的态度，更不能说哪一国文化的特性，这种境界乃是世界各种民族的常识里的一种理想境界，绝不限于一国或一民族。
>
> 梁先生难道不睁眼看看古往今来的多妻制度，娼妓制度，整千整万的提倡醉酒的诗，整千整万恭维婊子的诗，……这种东西是不是代表一个知足安分寡欲摄生的民族的文化？

夫我诚糊涂极矣！我乃不知五洲大陆许多民族，其中也会有"持中调和"、"随遇而安"的态度的人，也会说"持中调和"、"随遇而安"的话；而竟认作是"限于中国一民族的"！我乃不知中国古往今来也有许多好酒好色贪物质享乐的人，也有许多歌咏酒色的诗曲；而竟认作都是"知足安分寡欲摄生"，遗漏了代表民族的"这种东西"！只可惜天下糊涂如我者众多，自东洋教授以迄西洋博士，自金子马治以迄杜威——都说西方化是征服自然的，东方化是与自然融洽优游自得的；他们竟不睁眼看看西方也有许多爱好自然优游自得的诗歌，而一以"征服自然"概之！他们竟不睁眼看看东方文化也有许多开辟荆棘征服自然的事实，而竟说征服自然是西方化所独有的！

呜呼胡先生休矣！先生而根本不承认有所谓"一种风气"、"一种色彩"、"一种精神"、"一种趋向"，而有为此言者皆属糊涂；则是天下人皆昏而公独智，亦谁能与先生争？先生万一犹承认有所谓"一种风气"、"一种色彩"……者，则指某民族或某社会为某种风气的，照例不能于此风气下无例外，亦初不必限于此处不见于他方。虽有例外，虽或亦见于他方，而犹不失为此民族此社会之风气者，大体上看去，对照看去，有其确然不可易者耳。所谓"风气"，所谓"色彩"，本来是这么个意思也。先生而根本不承认中国民族就大体上看去有他的风气，和西洋对照看去有他的色彩，则我亦何敢与先生争？先生而犹承认中国民族有他的风气色彩，则以我之糊涂固以为中国民族的风气在"寡欲知足"、"随遇而安"，而不在"提倡醉酒"、"恭维婊子"。夫我之所谓"向前改造局面"，亦犹夫杜威之所谓"征服自然"也；我之所谓"持中调和"、"随遇而安",亦犹夫杜威之所谓"与自然融洽优游自得"也。岂独我们为然,即以此征之天下,叫天下人看看,正自有确然不可易者。只恐胡先生又说天下人"不睁眼"耳。

以上答第二大段对于头一种公式的批评已竟。第二种公式的批评更无聊之极。在这公式里,我所用的"理智运直觉"、"直觉运理智"一类的话本来不妥,原文随即再三声明:

> 这话乍看似很不通,感觉直觉理智三者我们何时有用有不用呢?但我为表我的意思不得不说这种拙笨不通的话(中略),识者幸善会其意,而无以词害意。

> (上略)这许多话很拙笨不通,但我不如此说,不能见我意。

这些话胡先生不应没有看见,然而胡先生费了若干笔墨,所以批评指摘我的,仍无外我自己先声明的"拙笨不通"四字;而且所谓不通的原故仍无外我自己先叙过的:

> 现量、理智、直觉,是构成知识的三种工具。一切知识都是由这三种作用而成,虽然各种知识所含的三种作用有成分轻重的不同,但是非要具备这三种作用不可;缺少一种就不能成功的。

试问作这种批评有什么意思呢?不过于此正看出胡先生自己的

不好学罢了！人家一面声明所说话不通，一面又声明所以如此说，实含有意思，要读者体会，有不得已者在。在理应当用心体会作者这一番意思；体会不得，也应当阙疑，用不着拿人家自己声明的不通，再去责他不通。而胡先生则必要责人家不通，于人家再三声明不得已处却绝不理会。呜呼！这是学者的态度！

以上答第二大段已竟。第三大段文章很长，开头一节表示承认我说的生活就是对于宇宙的奋斗，奋斗的态度是遇到问题对前面下手……改造局面，使其可以满足我们的要求，是为生活根本的路向。此下他表示不承认我三家文化出于三种人生态度的话，他说：

> 但我们和梁先生携手同行到这里，就不能不分手了。梁先生走到这里，忽然根本否认他一向承认的一切有情都不能违背的生活本来路向！他忽然说中国人和印度人的生活是不走这"生活本来路向"的！他忽然很大度的把那条一切有情都是如此的生活本路让与西洋人去独霸！梁先生的根本错误就在此点。

一个"忽然"，又一个"忽然"，再一个"忽然"。呜呼适之先生！人家说话都是这样"忽然"的么？只有先生有脑筋，人家都是没脑筋的么？幸亏先生还赐我"根本错误就在此点"的美谥——错误的有条理；否则，我尚以为我错的是乱七八糟呢！

胡先生把人看得这般糊涂,则糊涂人作的书,胡先生自然不屑再细看的;但我想对读者指出我那"忽然"的来由,请读者取原书看一看。请先看原书65页说生活就是奋斗之后的三层修订,次则看此下所叙"人生三问题"一段;再次则看此下所叙"人生三条路或三态度"一段。盖所谓"生活本来路向"是其中之一条路,而人生当头一问题之下非走头一条路不可;当第二问题之下非走第二条路不可;当第三问题之下非走第三条路不可;看215页以下最有具体的讲明。如是则必晓然于人生果有如是各别之三条路,而不容增减于其间的。至指证中国化为第二路则请看83页以下,197页以下,各段;又209页以下处处以中国、西洋对照去说亦最易明白。至指证印度化为第三路则在85页以下暨104迄148页各段。

其实简单说去,所谓西洋化为第一路——向前改造局面的路者,仍不外杜威辈所谓"征服自然"之意;所谓中国化为第二路——持中调和,安于此局面的路者,仍不外杜威辈所谓"与自然融洽游乐"之意;至于所谓印度化为第三路——反身向后的路者,则因其否认现世生活而求解脱的态度,致其文化三方面于精神生活方面为特别畸形的发达,精神生活多方面中又为宗教的特别畸形发达,固已昭然背乎人生生活本来路向而驱也。总之,若稍肯取三方文化加以比较观察,则于吾言必有所会,似乎不是"忽然"耳。

此下胡先生便提出他的世界文化观。他说,我的出发点只是,文化是民族生活的样法,而民族生活的样法是根本大同小异的。为什么呢?因为生活只是生物对环境的适应,而人类生理的构造根本大致相同,放在大同小异的问题之下,解决的方法也不出那大同小异的几种。这个道理叫作"有限的可能说"。例如饥饿问题只有"吃"的解决,而吃的东西或是饭,或是面包,或是棒子面,……而总不出植物与动物两种,决不会吃石头。

原文大意具此,总不外申明"有限的可能说",于物质生活如此,于社会生活也如此,于精神生活也如此,都一一说到,不具录。次下,他又申明这几种可能的办法,差不多一个民族,在他长久的历史中都一一试过。盖不独限于大同小异的几种,即此小异的几种亦非各家文化分别所在,而实为各家文化史上都有的也。他说:

> 凡是有久长历史的民族,在那久长的历史上,往往因时代的变迁环境的不同而采用不同的解决样式。往往有一种民族而一一试过种种可能的办法的。

于是他举些事例证实其说,其间说到科学也是中国有的,譬如"自顾炎武……以至章炳麟,我们决不能不说是严刻的理智态度走科学的路"。他最后结束的说:

> 我们承认那"有限的可能说",所以对于各民族文化不

敢下笼统的公式。我们拿历史眼光去观察文化,只看见各种民族都在那"生活本来的路"上走,不过因环境有难易,问题有缓急,所以走路有迟速的不同,到的时候有先后不同。(中略)现在世界大通了,当初鞭策欧洲人的环境和问题,现在又来鞭策我们了;将来中国和印度的科学化和民治化是无可疑。他们的落后,也不过是因为缺乏那些逼迫和鞭策的环境与问题,并不是因为他们生活方式上有什么持中向后的根本毛病。

胡先生的文化观要具于此,我们寻绎他的意见不出左列各点:

(一)各民族都在生活本来路上走,即向前去解决环境上的问题;

(二)问题是大同小异的——有限的;解决方法是大同小异的——有限的;

(三)各文化所以见出不同,不过是时间和环境问题暂尔不同的原故;待环境问题同了,时间到了,则文化也就同了。

其正面如此,其负面便是:

(一)根本不承认西洋、中国、印度,三方文化各有其特殊的风气或色彩;

（二）更不承认他们这种不同的文化，是出于他们主观上人生态度的不同。

我们先要说他这种文章的无聊，然后再驳诘他。胡先生要自己知道是在批评他人的说法，附带提出自家的说法，对于他人的说法是不应当作为看不见的，不应当不理会的；否则何所谓批评呢？胡先生的说法恰是与我相反，在我的说法没有驳倒时，胡先生的说法是拿不出来的；拿出便是无聊。我处处拿西洋、中国、印度三方对照着指为三特殊风气，胡先生并没有去驳倒；乃至我书中所引所有谈东西文化问题的人都是对照着认为整个不同的，如金子马治、杜威等的说法，胡先生也没有提出来否决，教训大家莫这样；而只顾自己去说他的"零碎观"、"大同小异观"。尤其是我把各家从客观原因说明文化来历的都一一否决了，然后提出我的文化出于人生态度不同说；胡先生竟一字不驳，还只顾说他客观原因的论调，又说不出所以然来！这譬如我指出某人非甲，更证明其是乙；而胡先生既不驳我非甲的话，也不驳我是乙的话，却只顾说"这不过是甲"、"这无非是甲"，又说不出所以然的原故来！且还要自命为批评我来了！呜呼！先生休矣！这种文章作他干什么？

以下我们要稍向胡先生的高见致驳诘了。胡先生以为各民族都在生活本来路向上走么？胡先生以为"人类生理构造大致相同"，问题也会同，解决也就差不多，"例如饥饿问题只有吃的解决"么？偏偏印度人恰与此相反，饥饿竟不是他的问题；而

"吃"——生活——是他的问题,"吃"不是他的解决,而饥饿是他的解决!他竟全然不遵胡先生"有限可能说"的限而无限起来!原来印度人是要解脱这个生命的,饥饿就成了他的方法,在古代简直是普遍的风气,所以释迦佛在成道之前受食,他的弟子就惊畏退转。胡先生说"只有吃的解决",只能吃几种什么东西,他偏有不吃的解决,他翻过来要解决这个"吃",这是"大同小异"呢,还是根本反对呢?这是与胡先生同在生活本来路上呢,还是"背乎生活本来路向而驱"呢?

原来胡先生说我笼统,说我不该拿三方很复杂的文化纳入三个简单公式里去,他却比我更笼统,他却拿世界种种不同的文化纳入一个简单式子里去!我正告胡先生,我实在不笼统,因我并不想什么纳入简单公式,我只是从其特著的色彩指出他的根本所在——人生态度,便有例外也无干系。例如印度未尝没有"顺世外道"之反出世派;西洋未尝没有禁欲主义的旧教。然从西洋文化的特著色彩看去,其根本自是出于向前要求现世生活的态度;从印度文化的特著色彩看去,其根本自是出于反身要求解脱的态度,必不容移易,如是而已。若胡先生以"有限"去限人,结果限不了,乃真笼统耳。

我们尤其要诘问胡先生的:胡先生动辄说"环境逼迫"、"问题鞭策",是文化的来由;不知像印度这种文化是什么环境逼迫出来,什么问题鞭策出来的呢?只怕胡先生说不出来!只怕想捏造都捏造不出来!胡先生岂但对印度文化说不出来而已。高谈西方化的胡先生连他自己所谈西方化,果如何从环境问题而来,也是一样的说不出来!他原文虽以环境问题为文化的来由,但从无一点具体的说明;他对西方化只说道:

> 至于欧洲文化今日的特色,科学与德谟克拉西,事事都可用历史的事实来说明;我们只可以说欧洲民族在这三百年中,受了环境的逼迫,赶上了几步,在征服环境方面的成绩,比较其余民族确是大的多。(下面便转说到他面去了。)

好个"我们只可以说欧洲民族在这三百年中,受了环境的逼迫赶上了几步……"真会敷衍搪塞!他还敢大胆说什么"科学与德谟克拉西事事都可以用历史的事实来说明"!好呀!请先生说明!先生如果能从历史上证明欧洲文化是环境逼出来的,科学是环境逼出来的,我便斩头相谢!

我现在将我原书驳从客观环境说明欧洲文化来由的一段钞录如下,请读者看看。其余各段,如论西方社会的"德谟克拉西"和"唯物史观"的说法,如论"因"、"缘"之当分别——即我的主观客观关系说,则请检原书,此不具陈。

> 若问"科学"与"德谟克拉西"是怎么被西洋人得到的?或西方化怎么会成功这个样子?据我所闻大家总是持客观说法的多。例如巴克尔(Buckle)说的:"欧洲地理的形势是

适宜于人的控制天然,这是欧洲文明发展的主因"。又金子马治说的:"尝试考之,自然科学独成于欧洲人之手者何故?何以不兴于东方?据余所见希腊人虽为天才之民族,其发明自然科学应当有别一原因。盖希腊国小山多,土地硗瘠,食物不丰……以勤劳为生活;欧洲文明之源,实肇于此"。他又请问米久博士,米久也说中国地大物博,无发明自然科学之必要,所以卒不能产生自然科学。(下略)

在金子马治教授、米久博士以什么"食物不丰,勤劳为活,所以要发明自然科学,征服自然"去说明科学的产生,觉得很合科学家说话的模样,其实是不忠于事实、极粗浅的臆说。我也没去研究科学史,然当初科学兴起并不是什么图谋生活、切在日需的学问,而是几何、天文、算术等抽象科学(abstract science),不是人所共见的么?此不独古希腊为然,就是文艺复兴,科学再起,也还是天文、算学、力学等等。这与"食物不丰,勤劳为活"连缀得上么?据文明史家马尔文(Marvin)说:"科学之前进是由数目形体抽象的概念进到具体的物象,如物理学等的"。王星拱君《科学方法论》上说:"希腊的古科学的中绝的原故,是因为他们单在他们所叫作理性的(rational)非功利的(disinterested)学术上做工夫,于人类生活太不相关(案与金子君的说话恰好相反)。至于我们现在所享受所研究的科学,是在文艺复兴时代重行出世的。……那个时代的科学,完全以求正确的知识为目的。自文艺复兴算起一直过好几百年，科学在应用方面都没有若何的关系。所以有人说，科学之发生源于求知，而不源于应用。"

胡先生可能从这"历史的事实"证明科学如胡先生所谓"环境逼迫，问题鞭策"出来的么？希腊人之发明科学，实由其爱美、爱秩序，以玩赏现世界的态度，研究自然，来经营这些几何整理天文之类，差不多拿他作一种玩艺的。其后欧洲大陆又能继续这种研究的，也正因为到文艺复兴时代这种希腊的人生态度复兴的缘故。有了这种为自然科学之母的科学，而后英岛才产生经验科学，征服自然，增进物质幸福；也是这种人生态度的结果。读者请看我书72页以讫80页都是讲明这个。其间并引蒋梦麟先生在《新教育》中发表的《改变人生的态度》一文、蒋百里先生在他的《美洲文艺复兴史》中所作《导言》一篇，皆说明此理，昭然不疑。其实二蒋又皆本之于西洋人自己的话——如蒋梦麟本于霍夫丁（Höffding）的《近世哲学史》，盖亦人人共晓之义也。胡先生不以此义来说明西洋文化，自是别有高见，无如这个高见偏偏与历史事实不符！我不是西洋留学生，西文又不好，自知对于西洋学术文化是个外行；原想从西洋留学生倡导西方化的领袖人物如胡先生者领些教益，却不料竟是个"冒充内行"的！

我真不知道胡先生究竟看了我的书没有？你说他没有看，他却又能东一段西一段征引我的书文。你说他果然看了，他又何以对书中驳环境逼迫论的竟似没看见，对持人生态度根本论的竟似没看见?人家驳环境逼迫论,他不还驳;人家建立人生态度根本论他也不推倒;而只顾去说些什么"不过是环境逼迫……"、"只可以说是环境逼迫……"!唉!胡先生!这糊涂人作的书也许有"愚者千虑一得"之处,何妨虚心理会理会!实在没有工夫看,丢下罢了!若既不想加以理会,又且没工夫看,却偏要用点工夫拿他麻麻糊糊乱批评一阵,这为何来?岂欲欺蔽一世之人乎!

我本当将我的根本道理——"因"、"缘"分别论,主客关系论——讲明给读者,使大家了解文化来由的真相;但因为大家看原书也可以知道一些,并且下次关于玄学科学与人生观的讲演里也要谈到,所以此刻不说了。

录自《北京大学日刊》第1329—1336号,1923年11月1日—9日。
《漱冥卅后文录》19—54页,1930年7月。

中国文化的特征在哪里?[1]

今天讲的题目是"中国文化的特征在哪里?"

中国文化这一句话,如系空空洞洞,毫无内容,我们说它就很无谓,我们必须找到中国文化的特征与内容,那我们讲中国文化才有意义。不过这个题目很大,短时期内很难说得透彻,现在仅尽可能的同大家谈谈。

中国文化的特征在哪里?就是在人类理性的开发早。中国文化的长短与西洋印度的不同全在此点。我尝指出中国文化的特点有二:一是中国很早就几乎无宗教,后来亦不发达,宗教在中国文化里实占一不甚重要地位;二是中国在后二千余年中的社会构造没有什么变化,文化盘旋不进。如果大家抓住这两个特点,就可以追求出中国文化的特征,明白我所说的"中国文化的特征在人类理性的开发早"这句话。

我们就人类文化比较而论,印度过去的文明及西洋近代的文明,对于人类文化皆有很高很大的成就,同样的,中国过去的文明

---

[1] 《乡村建设》旬刊编者按语说:关于此问题,著者于1935年春"曾在中山大学略一提及,由李渊庭记录",后"又在研究部对同学讲演一次,由曹钟瑜君记录";现在此文系黎涤玄先生据两次记录整理而成。

对于人类文化亦有很高很大的成就——这里应当注意的,文明与文化略有不同;许多人往往混用。比较来说:创造已成之局面谓之文明,多少是具体些,而文化常指抽象的方式。不过这三方的文明各有其特异的色彩:如印度文明的特点是在其宗教畸形的发达。印度宗教的发达超过一切,很可以说印度过去是一宗教的民族。西洋近代文明的特点就在其具有征服自然的优越力与其征服自然的伟大成功。而中国过去文明的特点就是中国社会秩序很像是靠自力而不是靠他力维持。这是中国社会过去一种很大的成就,也就是最特别的地方。事实的确如此。中国社会秩序的维持在过去多靠社会自力而不靠上面力量或外面力量。这在中国人自己不觉得有什么特别,而在西洋人倒觉得很为奇怪。更明白的说,中国社会秩序维持靠自力而不靠他力,就是指中国社会秩序的维持是靠社会礼俗而不靠宗教教会与国家法律。中国社会里边宗教教会与国家法律都无多大势力,而最有力量的实是社会礼俗。其所以如此者就在中国社会组织构造的特殊。从其特殊的构造才有社会自力维持秩序的事情。我们看人类社会直到现在都是一种阶级统治,社会秩序的维持都是一种机械性的维持法,质言之即是靠阶级的武力。要想在人类社会找出离开武力统制而能维持社会秩序的,实在难乎其难。靠武力维持的社会秩序乃是机械的构造,此机械性的构造是不知不觉盲目地演成的。社会秩序不靠阶级统治而能有秩序,本要在人类未来的社会才能有的,而中国过去仿佛近之,此是最使人惊异的地方(注意"仿佛近之"四个字;一说仿佛近之即不是真有也)。不过中国过去做到不要阶级统治之社会秩序,乃以消极得之。中国过去社会秩序的维持认真说来,还不是到未来人类社会才有的社会秩序。

中国社会秩序靠礼俗教化维持是表面的现象,理性开发早才是深刻的所在。礼俗教化(教化并非宗教,亦非教育,却很近于社会教育)的内容就是理性,所谓自力,其内容亦即是理性。然何谓理性?何谓开发早?一句有一句的意思,不可不加以说明解释。理性就是平静通达而有情,与理智不同。理智是人类生活的工具,有区划抽象打量推理的作用。理智不蕴含情感。理性则是人类生命的本体。生物进化中,脊椎动物自鱼类、鸟类、哺乳类、猿猴类以迄人类,渐次进于理智,渐次远于本能。脊椎动物靠理智作生活,原是一种生活方法的进步,这是指所谓理智或后天创造学习说。可是因为生活方法的进步让人类生命的本质变质。人类之所以超过其他动物者就在理智的优越,复从理智开发出理性来。换言之,生物进化到人类就开出理性来。理性是人类所独有,其异于禽兽者就在此。故理性是包括理智的。人类特别具有抽象的认识力,动物则只有从具体的认识发生行动。此种具体的认识,人类固然有,而其特别处实在于他赋有一种抽象认识力,能于行动发生之前,徘徊考虑。人类此种抽象认识力对于宇宙的道理能有认识,此亦即所谓理性也。宇宙间的道理可分为二个范畴:一是事物之理,简言之为物理;一是人情之理,简言之为情理。人类对于此两种道理都有认识的能力。不过人类走的路未免各有所偏。大家如看中外书籍则可以发觉西洋书籍所讲的关于物理者独多,中国典籍所论的则情理特多。中国过去常说:"读书明理",其理乃指情理而说,非指物理而言也。理智与理性不同,认识物理的能力为理智,而认识情理的则为理性。理智是研究自然科学、社会科学的能力。人当理智强盛明锐时,感情就被屈压,如普通所说的"头脑冷静",即是理智作用强而感情不起的现象。反之,如感情激剧浓烈时,理智也被摈弃;如我们发怒、愤恨、悲哀或欢笑等一切感情被动时,就不能再计算数学,分析原质或解剖形体了。可见理智并不含蕴感情,而理性则以感情为主要成分,所以能认识情理。而理智则只能发现物理。我们人类本来理智优越,可是我们不要单注意它,更要注意的为人类的理性,此实是人类最可宝爱的东西而为动物所没有的。我们从理性可以见出人类生命的特殊来。理性发达是能把愚蔽与暴厉之气消除的。如果人类社会进到了理性的地步,人类的许多惨祸都可免除;所以我们不能不更重视人类的理性。

现在大家也许要问,中国为什么无宗教?这事孔子最有力量。孔子以前或孔子以后的人,大家都努力启发人类理性,使宗教在中国社会无法成功。理性使人往开明通达中去,叫人有自己的判断,宗教则总是使人有所信仰于外,信仰于他。宗教常常要建立一个大家共同信仰的目标,如神、上帝乃至其他种种;而孔子这一派总是让人"反省"、"问自己"、"求诸己",让人自反于理性,自己把自己的理性拿出来。更明白的说,孔子这一派人让人自信而非信他，把判断标准放在自己理性上，这实是与宗教顶不同的地方。我们知道每一时代或每一社会，对于众人的行为都有他不可少的是非好歹之价值判断的标准而无能例外的。在其他国度，社会这个标准往往从宗教来，以宗教教条或教主的独断意旨来判断人的行为善恶；标准总是放在外边。中国的孔子则不如此，他很早就让中国人对于是非好歹有其自己的价值判断。中国过去宗教法律都不占重要的位置，亦可说拿人类比较而论，道德开发的早而发达，应当说是中国人。我们看中国古代典籍内所说的就很少迷信与神话，世界各国的古代典籍恐怕没有比中国那么开明通达的了。中国社会内普遍传诵的四书，其中的话就非常开明通达，其他古代典籍都不能比的。四书里面的话通通是发达人的理性的，无论什么事情，差不多都是说："你想想看如何？"如《论语》宰我问三年丧：

子曰食夫稻，衣夫锦，于汝安乎？曰安。汝安则为之！夫君子之居丧，食旨不甘，闻乐不乐，居处不安，故不为也；今汝安，则为之。

三年丧在中国古代社会是一件大事，问题很不小，而孔子仍然将此问题放在各人自己的理性判断上，并不寄于迷信。继孔子而能发挥孔子道理的是孟子。孟子说：

是非之心人皆有之。

中国文化的特征在哪里？

> 理义之悦我心犹刍豢之悦我口。

这通通是发挥人类理性的话。儒家的路子就是发挥人类理性的路子。继孟子而发挥孟子道理的是陆象山、王阳明，他们俱是特别要人返于理性，这是很显然可见的。

中国人的确在很早的时候其理性就有相当的开发，中国宗教的不成功、社会的散漫率由于理性开发早的原故。孔子很早就启发中国人的理性，这样就伏下一支散漫的根。他将是非好歹全让各人自己判断，自律而不靠他律，宗教因以不盛。西洋古代宗教特别占势力，以宗教的信仰为众人心理的系属，以教会为社会的中心，这样从宗教而有社会团体生活。中国宗教不盛，所以就让中国社会散了。中国社会之没有团体生活即从中国没有宗教来。我刚才说任何社会都有其价值判断，如果拿西洋中国过去社会比较而说，西洋社会的价值判断从宗教来，中国社会则从道德来。道德是自律的，宗教是他律的；道德的根本在理性。孔子既然很早地就启发中国人的理性，所以中国特别富于道德而宗教自然不成功，社会也就散漫了。西洋道德与宗教不分，中国人宗教与道德、罪福与是非，分得最为清楚；中国人是非观念非常发达，行为准绳以义理为依归，西洋人则以罪福观念决定行为。在中国人对于宗教的怀疑，却并不引起道德的怀疑；宋明儒多半是无神论者，而宋明儒以最讲道德者著闻于世。如罗素所说：

> 在中国宗教上的怀疑，并不引起其相当的"道德上的怀

疑"有如欧洲所习见者。

　　于此可知西洋人对于宗教的怀疑就可引起道德的怀疑的。但必有人说中国岂无宗教，如回教、佛教及后来的耶稣教，乃至其他种种迷信，难道通不算宗教吗？这里我要答复他：拜神拜物的低等迷信行为任何社会都有，中国也不能独免。然而整个系统的宗教信仰，一大规模的宗教行为，国家制度、团体组织的宗教活动，中国有吗？在中国社会里最有势力的并不是宗教而是道理。中国人最喜说，"宗教虽多道理则一"的话；这诚然模糊笼统得好笑。不过从这句话可以见出中国人是直接地信理，间接地信教。从中国人看，一切宗教都自一个理来。有一位日本学者伍来欣造，他曾在欧洲多年，对于儒家有相当认识，他说我们在中国儒家看到理性的胜利，中国儒家不崇拜神，不崇拜上帝，不崇拜天，不看重君主国家权力或多数人民，而只把理性看得最高。当儒家将上帝、君主或多数（民意）看为最高的时候，那末他一定是理性的代表。儒家主张人应当绝对服从理性，是非好歹、对与不对，均靠自己判断。在儒家什么也大不过"理性"，理性就是"对"。所以他看儒家是理性最高主义者。这个意思我觉得很是对的。

　　西洋在中世纪时是宗教时代，理性很不发达，只是充满了迷信与固执，文化甚低，粗暴之气甚厉。西洋近代文明虽可说创造到了高的境界，但所发达的仍是理智而非理性；西洋近代科学昌明，征服自然有伟大的成功，皆是理智发达的结果，至于理性却没有随着理智的发达而有相当相应的增展。理智发达,脱开宗教的固蔽,然理性终未怎样发达,西洋近世纪的文化情势大抵如此。时至今日,西洋的文明已到了很成问题的时代!他的文明里充满矛盾与冲突,阶级与阶级间的对立厉害,国家与国家间的森严壁垒,造成了严重惨酷的阶级斗争与民族斗争。现在世界充满了惨祸!这些惨祸是从哪里来的呢?这就因为西洋人理智特别发达而理性却没有跟着有相伴相应的启发进展。利用自然的科学发达了,而人与人之间的关系的学术赶不上,因此由自然科学所产的好东西不能造福于人类,反而遗祸于人类。今日人类相杀戮的惨烈与战争的凶残,即由于理性的发达不足,不能统御善用理智科学的结果之故也。上面这些话即现代西洋许多学者,也都承认了的。

人类祸害的由来,除天灾外,就是愚蔽与粗暴了。中国古人创造礼乐,施行教化,就是要让人类愚蔽与粗暴减除;礼乐教化的内容即是理性,所以人类得救一定要靠理性。西洋人征服自然现在不能不算有很大的成功,对人类文化的贡献不小,这些为中国过去的人及印度古人所干不出来的,不得不令人赞叹。但西洋的科学技术发明不能怎样给人类造幸福,而却增大了人类的斗争,此由于理性发达之不足。从理性的发达,才能让人生命都得到安适,才能使此一社会与彼一社会相安,才能使人与人相安,而自己亦安。可惜西洋人于过去于现在都是理性发达不够;如其够的话,也不至于有这样很悲惨乱糟糟的世界局面了。

中国文化特别的地方皆从人类理性开发早而来;——任何一

点皆从此出。我们可分两点来说：一点是中国历史长，幅员广，人口多，屡被征服，屡能复兴；二点是中国社会秩序的维持多靠礼俗，社会组织构造历久不变，文化盘旋不进。现在先说第一点。我们看世界有独立自创的文化之民族差不多都完了，即存着的亦多不能独立。自古有独立自创的文化而国家尚能独立存在的，世界只有我们中国一国。我们中国文化绵延这么久，国家寿命如此之长，而且不仅如此，文化向外拓展范围亦很广大；其所以能这样的缘故就是中国文化的根本在人类理性，即是说中国文化的根本在人类生命深处有其根据。她的文化有很丰富的理性，有很深厚的根据，故能大能久；此所谓源远故流长，根深叶自茂也。在历史上中国民族有时被异族武力征服，政治一时虽失掉自主，但以文化的优越力，却终能复兴过来。我们中国以其独立自创而富于同化力的文化维持其民族生命，从时间上说，未能打断她的历史。再在空间上说，中国的疆土日开，人口日众，非由于武功，而亦是由于文化。靠武功虽能开疆拓土，但不能久；因以力服人，人家受不了，不久就反动起来。中国之所以能广土众民，乃以其文化的拓展而范围愈来愈大，所谓以德服人也。中国能以文化同化别族，能使被征服者不觉是被征服。别族同中国接触日久，觉得中国文化路子不错，心神契慕，不知不觉就跟着中国走，跟着中国文化走，而却并不起反感，觉得失掉了自己而中国化了；这就是因为中国人先抓住人类生命深处的文化根据，故旁人不能不跟他走，盖旁人亦同为人类也。中国幅员之所以广大，人口之所以众多，非由于强大的武力征服,而是由于优越的文化,由于人类的理性也。再说第二点:在中国历史上我们只看见一治一乱的循环而无社会组织根本变革的革命出现,这是由于中国社会组织构造形著于礼俗,中国社会秩序建立于礼俗之上的原故。人类历史到现在,所有国家都是阶级统治,阶级统治的社会,统治者与被统治者有一种相对之势,都以镇压或打倒对方为其出路,所用者皆为强力——武力与暴力,所以阶级社会的变革非用暴力革命不成,非从根推翻与再建社会秩序不成。有些人说革命就是阶级斗争,并不怎样错;欧洲的革命就是这么一套。中国历史上何以没有这种革命呢?就是因为中国社会组织构造特殊,中国社会组织构造伦理本位与职业分立。在社会的伦理关系中,大家以情义相连锁,彼此顾恤求相安,何来革命?在职业分立的社会经济结构中,人人机会均等,各有前途可求,眼前找不着障碍他的对方,何用革命?而况中国的社会组织构造是形著于礼俗的(每一社会组织构造形著于外而成其一种法制、礼俗,是即其社会秩序),所以中国就用礼俗教化维持社会秩序而不靠强力。找不着革命的对象,就很难革命。中国社会秩序靠一种公认的礼俗而不靠法律,这也不好革命。法律是从外面力量加于众人的,其入人者浅;礼俗则是从社会渐渐演成下去为大众所共认共习,其入人者深。中国社会秩序很少寄于法律,而多寄于礼俗,即是它少靠从外来加于人身上的东西,而多靠与他习而为一的东西。因礼俗入于人者深,故极难动摇变革,而社会秩序就这样自尔(有)秩序了。中国因社会秩序之多寄于礼俗,社会组织构造之形著于礼俗,故中国历史上无革命;没有革命即社会组织没有根本的推翻与改建,故中国社会组织构造历久不变。可是中国历史上虽无革命,而今天的中国社会则正在革命中。中国历久不变的社会组织现在已经崩溃解体得差不多了。今后必须重新创造它的新社会组织。革命原是改变一个新的社会组织,故我说中国今日正在革命中。不过中国革命很难完成,这就是因为中国社会秩序过去多寄于礼俗少寄于法律的原故。刚才曾说过,礼俗从社会中渐渐自然演成,入人者深;而法律由外面力量加入,入人者浅。法律可以一转移间大改旧观,而礼俗的改革创造则非一蹴可就。今后中国新社会组织构造也不会从礼俗转到法律,而要仍旧建筑于礼俗之上。不过所不同者,此乃一新的礼俗而已。这是从中国历史背景规定下来的必然性,实是没有办法不得不如此的事。至于中国文化盘旋不进仍由于中国理性开发早而来,此点留在后面再讲。

理性开发早是中国文化特长的原因,而其表征出来的有二点;这两点即是从人类理性发出的。——

(一)伦理　中国旧日社会非个人本位,亦非社会本位,而是伦理本位。中国是集家而成国,看一个人是某家里的人,而不是如西洋社会以前将人看成是教会的人,以后又把人看成是国家的人。中国人的社会关系是一种伦理关系,人与人都在相关系中有其情谊义务而互以对方为重。中国人天伦骨肉之情最笃切,人人亲其亲,长其长,幼其幼,人与人期于相依而不期于相离。与西洋社会风气比较很不相同。中国人生上极占重要位置的是家庭与宗族,亲戚乡党亦看得很重,其他如师徒东伙朋辈,皆推准以家庭骨肉之谊,比之为兄弟父子的关系。所以中国社会人与人的情义益以重。在西洋,社会习俗国家法律恒出之以人与人相对之势。在中国则莫不寓于人与人相与之情。故中国人之人生趣味很丰厚。此中国文化从理性开发出来在人生上的优特点之一。将来人类惨祸减免,人生平安幸福的享受与最进步的社会组织,一定要建筑在互以对方为重的人生情谊关系上;苟不如此,恐无办法。

(二)人生向上　印度人否认现世——宗教是否认现世的——看人生是不对的,看人生是罪恶的。近世西洋人肯定现世,承认欲望,追求现实幸福。中国人恰好在印度与西洋之间。中国人是肯定人生的,但他不承认将人生放在欲望上面。中国人非禁欲主义者,不富于宗教禁欲的倾向;然同时对近代西洋人欲望的人生也是不承认,而觉得骇怕的。从中国人看这两边恰好都不是人生,都不是人生的意义价值所在。中国人人生之所求者为"对"为"理"。如所谓"德之不修,学之不讲,见义不能徙,不善不能改,是吾忧也","食无求饱,居无求安,敏于事而慎于言,就有道而正焉。"——这就是他的心事,这就是他的努力之所在。中国古人严义利之辨、理欲之争,就在反对欲望的满足,求人生之合理。中国古人对人类有所认识,其所求在发挥人类向上精神,继续不断的向前扩展人类的可能性,往深处去追求他的理。这种人生向上精神是中国古人及后人所特别努力发挥的。他方似不如此。

伦理与人生向上都从理性来,而理性的内容亦就是伦理与人生向上的精神。人类自己有更高的更大的要求,其对象与欲望是不相同的东西。中国人的特长,就在他的民族精神;而民族精神就是以上所说的两点,此外再没有了。

我上面说了这么多的话,仿佛都只是说了中国文化优长的所在。这个我是原无此意的;我只是很客观地将中国文化加以剖析说明,却并无好恶爱憎于其间。可是容易让人有些误会。其实,我并不否认中国文化的短处。现在且让我们说一下中国文化的短处。天下事,长短每每相为伏倚。中国文化的短处即从其长处来。我常说中国文化是人类文化的早熟,可说这一句话道尽了中国文化的长短。原来人类有两个大问题:一个是人类对自然的问题,一个是人与人的问题。循自然之常理,人类必先完成第一期的文化,即人类对物的问题得有所解决,才开始第二期的文化。中国是人对物的问题尚解决得不够,就向第二期文化——人对人的问题——迈进了。这就是因为中国文化理性开发早了点(此所谓理性开发早是指人类对自然征服或理性开发不相当而言);盖理性之在人类是渐次开发出来的,无论从个体生命说,社会生命说,都是如此:就个体生命说必须生理发育到一定阶段,理性才能开发出来;就社会生命说,必须生产技术有相当进展,社会经济有相当进步,理性才能开发出来。中国则是社会开发理性的条件尚不够,在一个不应当开发的时候,理性竟然开发出来。换言之,即是无相应的物质基础,而理性早开发出来了。好比一个人的心理发育本当与其身体发育相应，而中国则仿佛一个聪明的孩子，身体发育未健全而智慧早开了；即由其智慧之早开，转而抑阻其身体的发育；复由其身体之发育不健全，而智慧遂亦不得发育圆满良好：故名之为早熟。而前面所说中国文化到秦以后几陷于一种盘旋不进的状态，其道理也就是这个。

中国文化的短处在社会的散漫，与文化的消极无力，这也是由于理性开发早而来；理性开发而对于自然问题的解决不够，无相副的物质基础，就见得早了。中国的散漫消极都从中国对自然创造的不够而来。此外还有一短处就是中国文化已衰老僵硬化。中国文化的短处，在这一点是更大的。理性开发早的中国文化，原本很少机械性，但因其文化历久不变，传之愈久，就愈往机械僵硬化里、衰老里去，失掉了原有的精神，所以就很不容易让人发见他里边所蕴藏富于生命意义的理性，最有精彩情趣的地方而加以欣赏。中国文化的硬化，就是被一种天然的选择，把一种本身有意义的事情变成一种手段而用它。兹举孝为例。人子对亲之孝是很可爱的事，很容易使人欣赏，这当然不是手段，其意义即在其本身。但因社会有自然的选择，社会感觉孝之好，社会要使一切人子都老实，使家庭不生问题，于是孝就被社会选择为手段；于是人人提倡孝，多方奖励孝，排斥不孝，到了硬化机械化的时候，那谁也不敢不孝，孝遂成为维持社会的有效工具。孝之本身的意义价值精神通统失了，孝之理性的生命源泉就涸竭了。五四以后颇有人把孝看为是吃人的礼教；其实当初中国文化里无所谓礼教这东西,弄到后来礼教有些地方相当于宗教;有些地方相当于法律,并较之更有力量与权威,乃是文化僵固硬化的结果。孝即其一显例。本来孝在人类生命里有其根据,换句话说,即在理性上有其根据;因后来被用为手段,故此离开人类生命的本原。本来中国文化最少机械性,因传之太久始如此;待到机械化了,原意遂失。成为非那样不可的机械习惯,就必然的惹人反感。近几十年中国的青年,因受到外面新的刺激、新的启发,苏醒了一点中国新的生命,而对中国老文化嫌厌,由讨嫌厌弃的心理进而破坏它,这也难怪。中国如此之大,长处很不易为人所认识,而文化又到了僵固机械化的境地,仿佛看不出有可爱的地方。故中国近几十年的新觉醒者乃欲脱出本国固有文化的圈而另起炉灶;现代中国的革命也就是这么一种对中国老文化起了反感而来的运动。在我看当初不反感怕也是不行的。

从近百年的事变看来,中国文化已是失败了,而所以失败的原因,就在于我们中国社会的散漫消极与文化的衰老无力,对于包围他的新环境缺乏适应的能力。今日中国社会日趋崩溃、向下沉沦,即由于它的文化病而来。中国社会的这个崩溃的趋势不到最后是不止的。待到中国文化机械僵硬化了的东西(即中国文化里有形的东西)崩溃解体彻底粉碎之后,那中国文化颠扑不破不可抹煞的真精神——理性,才能自然被人发现。现在中国文化是必须改造,中国必须建设一新的文化。而此所谓建设中国新文化,也只有重新发挥中国固有文化的精神——理性,来改造中国的社会,绝不能离开了理性而别有所创造。

据我的观测,人类前途在最近一定过分发达其理智;理智过分发达而理性无相辅并驾的发达,人类将陷于其自造之惨祸里而莫能拔。从不好处看去,人类或将要灭绝;但我是从好面看,我想不会那样,人类终归要得救。以我的测度是中国人先得救,由中国做人类理性的前驱。使人类得救,中国今后仍须发挥人类理性来建造自己的新社会;当我们中国人努力于这个伟大工作的进程中,可以理性领导人类,使人类得救。此层人将不相信,以为是太夸大、太妄想,其实不然。中国人之所以最先得救而救人类,其理由颇简单:

一是中国人类理性开发早;

二是中国文化自身破绽暴露早。

中国文化的失败先于西洋人的失败;中国文化自成一套,自成一家,而其破绽则最先暴露,——谁最先暴露,谁就最先想办法。中国是理性开发早,而人类的得救还须靠人类的理性。中国实是人类理性的先导者,中国焉不早得救而救人类?如我刚才所说,今后中国人仍须发挥人类的理性,建造其文化,在此工作中,可以使世界一同得救。

说到此地,也许有人问,中国文化果那样优美完满吗?毫无缺漏么?不错,中国文化是有缺漏的。如:

1.团体组织之缺乏;

2.科学技术之不足。

中国文化里所缺漏的这两件东西——团体组织、科学技术，而恰是西洋人近代对人类文化所创造所贡献的东西。我们现在就是要吸收西洋文化之长处优点，补充中国文化之短处缺点；我们要发挥中国文化的固有精神，将团体组织与科学技术建立在人类理性上，形成人类正常形态的文明。

中国文化是要在方法上理智上补充；西洋文化则要在人类生命的本体上求进步，理性上加补充。人类终须从理性方能得救，此毫无疑问；然许多人看不到此，因此看不出中国文化的价值。

末了，我来说一说我们中国民族自救的觉悟。在我看，中国民族自救之最后的觉悟，要由两步走到：

第一步，觉悟乡村的重要，从乡村入手想办法。现在中国已正觉悟到此一步。

第二步，觉悟中国民族精神之特殊，中国固有文化之真正价值。我们中国人觉悟到这一步，方是真的民族自觉的时候。觉悟到此一步的时候，才能有真正的民族自救的办法。

《乡村建设》旬刊，4卷25期，
1935年5月1日。

东游观感记略①

我是在上月19日离开邹平,昨天——5月19日——回到邹平,很整齐的一个月。这一个月里面,在日本住了三星期,其余的时间都在来回的路上。

在日本考察乡村工作的情形,不是一两点钟所能说得完的,现在时间来不及,因此只好仿佛出远门一趟回来,将一些新鲜见闻当闲谈一样,向大家说一说。

我想先说走的道路和日本的大概情形。看日本地图上的形势,仿佛一条鱼似的,在那一头是北海道,这一角是台湾,这南北两端我们都没有去,所去的只限于交通最便利,生产最富庶的地方,这就是日本当中的一大段。当中这一段中间是一条山,仿佛像是鱼的脊梁骨。我们所去的地方只是在山的这边(山阳),山的那边没有去,所以又只是这一大段的半边。

最先是到长崎,下船去看了一下,又接着上船到神户。在神户登岸,休息一夜;坐火车,一直奔东京。在东京住了近十天,才又望西京大阪这边来。神户、西京、大阪这三个地方离得很近,相

---

① 1936年5月20日在山东乡村建设研究院大礼堂讲演。黄省敏笔记。

去,按中国里说,都不过几十里。神户与大阪,相隔大约六十里,几乎相连在一起。西京与神户也差不多如此。在这三个地方住了四天。又去福冈耽搁了三天。末了到门司上船就回国了。所走的道路地方就是这些。当中曾经到几个县里和町村里去参观,多半是住在大都市,而白天下乡,夜晚回来睡。据说日本的北海道是和日本中部不同,是比较苦的地方。这里原有一种土人,其生活习惯各方面都是比较很特别的。像鱼身的一大段其生活习惯大体说很相同,不过据闻山那边(山阴)与山这边(山阳)的人又比较不同。山阴那边的人生活很苦,和山阳人比较起来,景况差得很远。所以这样的主要原因不在旁的,而在气候。山阴气候冷,山阳气候暖。气候所以不同,是因为海洋暖流寒流的关系。山阳这边是因为打南来的暖流,所以气候就暖;山阴那边完全是受了亚(阿)拉斯加寒流影响的改变。到山阴那边去也不远,都有火车相通。在那边有所谓最苦的东北六县。当时有许多人劝我们去看一下,那里也许和中国内地的苦况差不多。但因为时间关系来不及去看,所看的都是日本比较好一点的地方。

在日本这些较好的地方,比起中国来实在是相差得太远太远。在这些乡村里我们一点也感觉不出来那是乡村。最进步的许多都市的条件,那里都具备。如在中国大都市才能看见的豪贵汽车,日本乡村中寻常都很容易碰到。于此附带说一下日本的行政区划系统。日本是中央以下就是县。(北海称道,东京称府,与其他四十余县平列。)他们的县就等于我们的省(当然他没有我们的省大)。县政府叫做县厅。县以下原有郡的一级现已经取消。下面只有乡和村。村有村役场,町有町役场。(役就是公务的意思;"村役场"拿中国话来说,就是"村公所"。)我们去参观村役场合作社及村中小学,只拿人家的建筑来说,我们就不能比。我们研究院当初连买地、建筑、开办费综起来,才不过三五万块钱;人家村里的一个小学,就花了十多万元;我们所花的统算起来,还比不上人家小学建筑的三分之一。他们礼堂的布置很宽阔讲究,在我们看来简直像是和大学校里的大礼堂一样。我们与人家一对照,大概无论什么地方都觉得有些寒伧。

再则关于国民程度一项,我们更不能与人相比。日本每人都受过六年义务教育。差不多是人人都能看报,人人都能写字。仿佛在中国的一种很劳力的粗工,如在旅馆中伺候人的下女,在电车汽车站中卖票的车掌(车掌大多数为女的),其报酬都很有限。但她们都能写信,并且字都能写得很好。这在一般的中国人说,真是比不上。他们现在觉得六年义务教育还不够,想把教育程度再往上提高。现在正实行的一种青年教育——青年学校。这种教育虽不能绝对强迫入学,但统计起来,大概在我们看到的农村中的青年十分之八九是进入了青年学校。这样,就等于是第二期义务教育。

更如合作社,在日本也发达到了一个很高的地步。在我们看到的村中,差不多家家户户都加入了合作社,没有在合作社外头的农民。在一个村子里,只能有一个合作社。这个合作社,通通包含信用、购买、贩卖、利用四项业务。所有一切经济生活上的事情,几乎都归合作社来办。农人的农产品共同贩卖,农人的消费品共同购买,生产工具有些共同利用,资金活动合成一体。

农人的生活,都安适、愉快;自然下力还是得下力。我们看见他们的工作也很辛苦勤劳,手也很糙。但大体说来,他们的生活都非我们农民所能及的。

在农业技术上,他们也有很大进步,也很快能够时时进步;凡是一种新研究的成功,农民马上就可采用。这个在我想大概就不能不归功于农会的组织与农业教育、实业补习教育。

尤其好的,所有的日本人——男男、女女、老老、少少、大大、小小差不多都加入了组织。一村、一町都有一村、一町的自治组织。此外还有许多各别的组织,例如青年有青年团,女子有女子青年团或各处女会,成人有户主会,退役军人有在乡军人会等。(因为他是征兵的国家,人人都曾服过兵役,这也就等于受了一次教育。所以每人的能力都比中国人高。)在一家之中的主妇又有全村的主妇会。总之,一村的人都各别有其组织;也有其共同的组织——自治组织、经济组织、教育组织,交互为用,自然人民的生活就改良进步。

在这里可以说一点关于日本现在流行的全村学校的话。在大阪附近各村,他们都称全村教育;而在福冈则称全村学校,内容则相同。因为一个村里的组织太多,指导的机关亦不相同,如县厅里面农业技术人员指导农事,社会教育人员指导各种教育,合作指导机关又指导合作社的活动，这样自然开会很多。但指导合作社机关与指导社会教育的机关不同，此一组织开会与彼一组织开会也许需要同一个人去参加，时间容易冲突。为调整这种矛盾冲突，所以终发生一种全村学校或全村教育的办法。这一种办法要在统一指导乡村中各种组织的活动，鼓舞奖励其活动，使他有教育的意义，表面上就仿佛是邹平的村学了。这是关于全村学校之由来的一种说法。再一个说法，就是为的进行农村经济更生计划而有的一种社会教育工作，如训练农事技术及使各人对自己职业的看重，当然也离不开精神训练，觉得农村经济更生与社会教育有合起来做的必要。这两种说法都很对。领导我们参观的人不是指导农业经济方面的人，就是指导社会教育方面的人。在此处很像中国近些年来乡村建设与民众教育合流的样子。在我们感觉得日本社会到处都有组织，仿佛是将社会成功了一个严密的网，几乎盛水不漏。

以上是说他们的农村，下面再说一说他们的都市。他们的都市真是繁荣进步。天上、地上、地下，——上中下三层都有电车、火车来回跑。我们坐着汽车正走着，好像打雷一样轰隆轰隆从头上有电车飞过去，同时亦可望见地底下也有几十里路的隧道跑电车。我们在那里真是觉得异常纷杂忙乱。在大阪的时候，恰是市政府规定那一周叫做交通安全周，满街道上到处都贴着交通安全的标语，写了许多警告开车人的话。在这七天的安全周里，头两天就碰伤了六十几个。试想安全周还是这样，不安全更不知要怎样了。地底下走车在车中听来声音非常之大。尤其地底下两边的车对开相错过的时候,声音更大,差不多的乡下佬一到那里就准得迷糊。他的交通便利进步到不能说,在东京的车站上排列着多少站台,停着许多的车,这许多的车你开来,它开往,许多车都在要开！在这里假使没有人领导着,你真会不知道如何是好。

因为交通便利,人家就无妨散开来住,在一个大都市内无论多么远近电车的价钱都是一样的。人家散开来住,所以让大都市就越来越大。据他们说东京市一到夜间是中空的,因为办公的人、上学的人、买卖营业的人,多是住在四郊,早晨来,晚上回去的原故。神户、大阪、西京三个都市差不多都连到一起,六十里路人家不绝,仿佛像一个都市。坐车从神户到大阪,我们还以为在同一个都市里。这完全因为交通便利,所以才能够成功那个样子。在东京、西京坐的汽车,恐怕任何地方也没有这样便宜,如三五人坐的轿式汽车,在上海雇一天得花二十元,送一次也得一元,用时要打电话到车行叫来,而在东京、西京这种汽车满街都是,用不到你打电话去招呼,就好像在济南所看见的洋车一样的多。济南洋车你还得和他讲价钱,在东京、西京的汽车,你一招手他就来,来了你就坐上去,无论走多远都是五毛钱,一点也不用多费话,这真是很经济的事情。从交通发达、人口稠密这两点上就可以证明日本国家的富。据说东京人口近五百万。像上海三百多万,我们觉得已经太多,他比上海又多二百万。

日本所有的这些情形,如经济的发展、教育的普及、组织的严密等，其实理由都是很简单的，就是：日本自明治维新以后，六十年来大局完全安定，社会得以一天天往前进步。——只要安定，就可往好里去。进步，进步，几十年来还能不这样么？他们的村长，很多都是六七十岁的老头子，你一问他大都是干了二三十年村长了。年年干——一天干一点，这就不得了。社会秩序稳定，大家有轨道可循，仿佛小草小木无阻无碍地往上长，自然可以结成果实，长成大树。中国社会组织构造老是在变，老是在破坏，局面老是不安定，所以就不能有所进步。仿佛一个是向上走，一个是向下走。自然就现在日本所已长成的国家来看，很不合乎理想，你批评他也可以，但无论如何他是"长"了。我们"没有长"，因此我们的乡村问题就与日本的乡村问题不是一回事。人家的农村虽然有问题，但在其大机构中能谋救济，我们则不能有。但日本农村也正是因为有人来救济它，所以就挡住了农村的抬头。

日本农村问题是从1929—1930年才严重的。这时正是世界经济恐慌的时候，因农村问题的严重、军人的着急想找出路，在昭和五年就对中国发生"九一八"事件，昭和六年在国内又发生所谓"五一五"事件——打死内阁总理犬养毅。后来召集临时议会，就产生了农村更生计划（农村更生计划期限为五年），昭和七年就开始做，到今年恰好是第五年。他们的农村问题都是些什么问题呢？实际是与我们的问题一样，就是农产品的价格跌落，而农民消费支出则又不能少，所以农民就感受痛苦了。据说农产品价格有低落到三分之二的，甚至到售去不够运脚的程度，结果，只有让它抛在地里没有人收。在支出方面如租税的负担不能减少，日常生活必需的工业制造品的价格没有低落，或低落得缓，至少也是不能与农产品价格成为正比例的低落。如农产品是供给工业都市用，工业上制造的肥料是供给乡村用，农产品价格低落得大而肥料价格低落得很少，这样，农村就受不了。因此，大家才都着急，而有农村更生计划的产生。日本内阁有一农林省——等于中国实业部——设有农村经济更生部，来主持全国农村经济更生计划。

农林省的经济更生部对于经济更生工作，是一县有一县的计划，一村、一町也都有其极详细明确的计划。各县有各县的经济更生委员会，各村各町有各村各町的经济更生委员会。委员会的组织，有上级行政机关主管人员，有专家技术人员，有本地方自治公务人员负调查及设计的任务。举一村计划来说，在计划的开头是先行精细的调查这一村的人口、土地出产、农民收支、负债情形及一切生活状况；此为基本调查现实状况。下面就是现状批判，由委员会开会讨论，指出问题所在，缺欠所在，某处还有方法可想，或某处还应力求改进等。接着就提出计划办法来。所有这些计划，都不是空言。某事归国家负责，某事归地方负责，某事为农民自身负责，分别订定，照计划实行。例如为农民整理旧债，即由国家大批拨出款来给农民减轻利息负担，其注意之周密，连厨房厕所如何安排，家具如何购置，劳力如何使用，一年的劳力如何用，一日的劳力又如何用，钱如何花，都详细地给你规定或指示出来。

从以上来看,可以见出他们的经济更生与全村教育差不多就是一回事。我们所要考察他的也就在这一点。他们的工作和邹平、定县的工作差不多是一样,不过,所不同者,就是他们只是做对农村的救济工作,没有如我们所要创造的理想社会构造这个意思。他只是求眼前经济的复兴,只是求农村生活合理化。就工作说很多相似,就做的成绩说人家做得好得多。所以中国乡村工作,除了目标理想之外,与人家相比,只有惭愧。关于在日本所看到的情形不再多说,下面再说我对日本人的感想及关于国际问题的话。

先说对日本人的感想:(一)我以前未曾到过日本,这次开头先到长崎下船,到街市及山上去玩。这是与日本国头一次见面。在国内时觉得日本是一个外国。等到见面以后,第一个感想,就是觉得不像到了外国。本来日本人长的和中国人很相近,房子构造从外面看也差不多,到处映到眼里都是中国字。山上大概都有庙,庙的建筑更像中国,庙里有碑,碑文上都是中国字,念起来都是顶好的古文。这能算到了外国吗?于此我想起茹春浦先生所说的话,他说"日本人是中国人的外孙子"。真是如此。他当初的确是传受了中国文化。似乎日本人也可以算是中国人的一种。

(二)日本人人都有信仰——日本人有几点长处。第一个容易给我们印象的就是有信仰。就大多数的日本人说,他都有一个信仰。信神、信佛——真信。如陪我们上岸去的轮船茶役,第一个庙他进去,第二个庙他不进去。据他说:"我信的神不是那个,所以不方便进去。"从这点可以见他信得真切。如果都信就等于都不信了。在东京一招手就来的汽车夫的面前或身上都供养或佩带他们所信的神,神与神不同,各人有各人的神,在神的名号之下写"御守"两字,就是保佑之意。

日本乡村到处都有神社,神社前面都有一个牌坊(鸟居),日本人来往走过都有一个敬礼表示。不单乡下人是如此,村役场里面也供神,在会议厅里面设有神龛。又不单村役场是如此,小学校里也有,大礼堂里也有,无处不有。大概学校里供神不能随便供,他是供开天辟地以来开日本的大神,仿佛是说现在的天皇就是从那里来的。我们参观一个小学校,每一个讲堂都供着神,小学生一进门行一回礼,放学行一回礼。再到大规模的工厂里面也有神社的设备,供着从古代历史传说下来的神。我们参观川崎造船厂,工人约万余人,也要在神前行礼开会。大体说除了极少数知识分子仿佛无甚信仰外,大多数都是有信仰的。这是一层。再一层就是日本现在的统治阶级教育家等也很注意这问题,颇有制造信仰的样子。原来有信仰,而后人心才可以安定有勇气去生活。日本几十年来政治的稳定实在靠此精神的安定。但现在日本已到了要改造的时期,社会问题已经显见,旧日信仰已经动摇。因信仰动摇你就去造信仰,是不会发生力量的。所以今后日本人的信仰一定是越往减少、动摇中去。就人类说这是个进步,就一时的社会说这是很危险的。日本前途一定要不好。这是极可注意的一点。

（三）礼貌谦恭——日本人的进退周旋的确谦恭有礼貌。不过，有时过火。公务人员和交通人员更是客气得厉害，我们在火车上看见检票的人一进门就先摘帽鞠躬，咀里说着"对不起，请先生们都把票拿出来让我拜见一下"。清扫车室的夫役，不时地来清扫烟头瓜子皮，每次进门，也都先鞠躬，说"对不起，我要将车扫一下，很快地就扫完，绝对不敢妨碍大家"。一进站房，剪票的人就不住的嚷"多谢，多谢！"。一出站房，收票的人又不住的嚷"招待不周！"这真是太和气了。常见西洋人也学日本人鞠躬，大高个子一躬到地，心里老觉得要发笑，仿佛觉得有些怪特别。日本人的谦恭礼貌完全是从小学教育培养出来的，这种精神真可佩服。据说在日本两人争论也是互相责斥"你没有礼貌"的话，仿佛所争的就在此。从这点可见他们对礼貌的重视。

（四）清洁——清洁干净不单是贫富问题，他是处处喜欢干净，他住的地方也让他不能不讲究干净，一进门就得脱鞋，在房子里只能穿不带土的拖鞋；所以就不能不讲究干净。这种好清洁的好习惯就必然要勤。唯有勤才能获得生活上的趣味。

（五）好游览旅行——这点也很让我们惊讶奇怪，到处磕头碰脑都是游览的人。在我想，这与交通发达一定互为因果关系。我们在日本看见火车站或旅馆到处都写着引人游览的广告图画，什么藤萝遍开咧，什么温泉开放咧，什么牡丹盛放咧，等等。在交通机关也给你预备得很周到，处处给你以种种方便，所以游览的人特别多。我们有一天到奈良去,——这是日本的一个古迹,游览的人遍山遍野都是。我们看了真是觉得惊奇,不知他们究竟为什么这样喜欢游览,游览的人士都是有组织的,——约占十之七八。小学生、中学生、男学生、女学生都非常整齐可爱。除去学生有组织之外,老头子、老婆子也都有组织,也结成团体到处去参观游览。此外,还有一种人在日本叫做行脚(中国佛家有行脚僧,日本行脚就是指着好游览的人),他们穿着行脚所特有的装束,戴大草帽,穿粗壮的衣服,背着行囊,挂着拐杖,到处去游览。从各方面都可以说明日本人的好游览!这也实在是他的长处。中国人也很应该去效法他。中国许多人有钱就去抽烟喝酒打牌,不去游览,我想如果中国人把用在无聊的消遣上的钱转用到游览上,一定可以给中国人一个很大的变化。在心理上可以活泼兴发,在生理上能使身体健康,从这里更增进社会文化,这实在是最有益的事。

(六)勤劳——我们到村役场或小学校等公共机关去,机关不小,用的杂役很少。这与房舍的建筑也很有关系,村役场一进门就是一面大柜台,上面都装着可以活动推拉的玻璃窗,每一窗户前面写明户籍、征兵、土地、储蓄等等的小牌,村民有事可以直接到窗前去办理,柜台里面就是办公桌,所以用不着传达,当下什么事情都可以马上办完。村公所与合作社常是连在一起,这样当然不用人,即用也不过一两个人就够了。如若有人去参观,当然就忙不过来,这时办公的人都来帮忙。有一次我们在一个村役场吃饭,饭是我们自己带去的,主人为我们预备了一点茶汤水果,送来的是工友,收家伙却进来一个女子。当时并不知道她是谁,及至进去参观,这个女子正在教室指导学生作学,并有许多教员同坐在那里和她研究教学法。还有一次也是在乡下参观而没带食物,并且在乡村也买不出来,没有法子,只好请主人替我们代办。他们临时给我们做饭、端饭、伺候的都是他们学校里的女教员。教员都这样做,青年学生更可想而知了。这种好习惯也是我们应该效法的。

最后稍说几句关于国际问题的话来作结束。日本内部矛盾固然严重,但仍可维持一个段落,还不如我们在国内所想象的那样迫急;从对外——对中国、俄国——说,战争也不能很近,因为许多症结使他不肯也不敢轻于一试。就形势说他是得不打且不打,据说他在战争上的准备对付俄国还不够;但天下事也很难预料,说不定逼到不可开交的地方也就会打起来的。不过,就目前说,似乎还有一点空。这里边有许多话,暂且不说,这仅是结论的话。

《乡村建设》半月刊,6 卷 1 期,
1936 年 8 月 16 日。

中国人的长处与短处[①]

厅长,诸位先生,诸位同学:

兄弟很愿意同我们青年朋友谈话。今天觉得很抱歉的,就是大家站着来听。好在今天天气不算热,诸位的辛苦或许少一点。今天要讲的题目就是"中国人的长处与短处"。

近百年来,我们的民族,遭遇了一种不幸的命运,一直到今天,我们的民族还是在危难中,这是大家都看到的。在这种情形之下,证明了我们不能适应环境,证明了我们中国人的失败。这中间中国人定有许多短处,所以才有这样失败,这是常常听见人家说到的。我们承认中国人是有许多的短处,不过中国人的短处是从哪里来的?我们相信短处是从长处来的,中国人的短处为诸位所看到的,其实都是正从他的长处来的;中国人今天的失败,都是从他过去的成功而来的。中国人的短处正是由他的长处而来的,那许多长处将来是可以救活我们的老民族,复兴我们的国家的。这些话也许有人相信不及,现在我愿意先从短处来说到长处,希望大家在听后都能有一个自觉!希望全中国的人也都能有

[①] 1937年6月10日在成都省党部对高中学生讲演。萧仲泉速记。

中国人的长处与短处

一个自觉!

我们自己的短处长处在哪里？如何纠正我们的短处,而发挥我们的长处？我们没有时间详细的说,在这许多长处短处里面,今天特别举出好多人常说中国人的"自私"来讨论讨论。在今日国际严重压迫之下,民族正在危难的时候,顶需要国家意识及团体行动。而中国人此皆甚缺乏,不很讲究,可是身家观念倒很强,如此对照起来显得中国人格外的自私。关于这个问题,我们也相当的承认,事实上也不好加以否认。记得我在三十年前,年纪很小的时候,读到梁任公先生的《新民说》,在那里面特别提到这个问题。他说中国人缺乏公德,私德极讲求。当时我不大懂那话。我想"公德"、"私德"是两回事吗？为什么中国人缺乏公德呢？而从事实上看来,中国人似乎的确缺乏公德,中国人自私心重。自私是怎样一回事呢？大家都知道人类是社会的动物,人类的生活是跟社会不能分离的,离开了社会就不能生活,自私便是跟社会分离开了,是反社会的。假若中国民族真的有这样一个大的缺陷,那中国还能在天地间存在吗？然而中华民族不但能够活到今天,并且居然能成了这样广土众民的国家,民族生命不但没有消灭而且还延续维持了四千多年的历史。他自己独特的文化,维持住他的民族的生命这样几千年,一直到现在,这不能不说是为他独有的成功。这种成功绝不是偶然的。若果说中国人真是像刚才说的那样自私,是反社会的,我就不能想象他为什么能有这样的伟大成功,民族的生命独特的文化维持这么久,那他老早就应灭亡了。由这点看来，我不相信中国人是自私。而一般人常常骂中国人"自私"！"自私"！难道是中国人血里带来自私，难道是先天的吗？我不相信中国人会先天的格外的自私。我相信如果说自私，那么中国人自私，外国人也自私。一定说中国人格外的自私，这是从哪里来的？这问题需要研究讨论。到底中国人自私不自私？自私到底是先天的，还是后天的？这是值得我们大家研究的。不过这个问题的解答，恐非短时间所能做到，就是再讲三次五次十次八次都是讲不完。现在我只简单的说一说，将我们研究的结果告诉大家。

从一面说，中国人的自私是由他特殊的社会构造里来的。这个意思就是说，中国的社会与外国的社会不同。中国人的自私是从他特殊的社会构造里训练成功的。假定我们暂时承认中国人自私，这种自私就是从社会训练出来的，养成这样一个自私。那么这还是一个习惯问题，而不是先天的问题。中国的社会怎样的跟外国不同？这个问题很大，一时不容易说明。我研究的结果，可以用两句话说明中国社会构造的特殊：（一）叫做伦理本位。（二）就是职业分立；意思就是说，在这个社会里有职业而无阶级。当然这是一个比较的话。在中国有职业而缺乏阶级，阶级对立的形势没有成功，中国社会里的职业是分立的，所谓七十二行不是对立的。在中国旧日的社会差不多让中国人在经济上、政治上，乃至于受教育的机会上，几乎人人机会均等，各有前途可求。中国固有社会差不多都是这样。为什么人人机会均等，各有前途可求呢？因为还没进步到工业社会，只有农业，还是以农业为主的时代。土地自由买卖，遗产均分，兼之蒸汽机未发明，小规模的生产工具，人人能有，于是在经济上造成了一个均等。说到读书，人人能念，并可以从考试制度进入仕途，造成中国人在政治上的机会均等。总而言之，政治上、经济上，与受教育的机会上，在中国过去的社会都缺乏垄断，而各有前途可求，富贵贫贱升沉无定。在这个的社会里，没有阶级与集团，因之没有集团生活，而散漫消极，各奔前程，就造成了刚才所说的自私。

其次再讲伦理本位。中国人是缺乏个人与团体这两个极端，不但没有这两个极端，而且对这两点的观念也是不大清楚。中国人不但对国家观念不清楚，即个人意识也不清楚。中国人既没有团体，也没有个人，他们有的只是一个家。家庭、家族在中国人的生活里，占了极重的地位，有极深的关系，因为中国人把家庭、家族看得非常之重，所以在生活的方式中，只知道有自己与家庭，与外国人的生活完全不同。这种家的观念，不但是在家庭、家族盛行，并且将这种观念推之其他，例如：师生、东伙、邻右，社会上一切朋友侪辈，皆比之父兄的关系，或兄弟的关系。在中国旧社会里，无论政治、经济、教育、文化上的社会关系，都让他家庭化伦理化，一切相关系的人，彼此皆有应尽之义。在这个伦理本位社会里，不单是师生如父子，即每个人对于四面八方的关系都是这样，大家彼此都要负责，就是说我对于父母负责，对于叔伯负责，对于舅舅负责，对子女负责，对兄妹负责，对血统有关系的人都要负责,对妻要负责,对妻党也要负责,而且对朋友也得负责,我今天没有钱,如果你是我的朋友,或是我的学生,便要给我钱帮助我的生活。所以每个中国人要对四面八方有关系的人负责,四面八方也要对他负责,每个中国人对每个中国人都是互相负责,彼此皆有应尽的情谊。如父义当慈,子义当孝,兄之义友,弟之义恭,以及夫妇亲戚朋友,这个并不是空话,是在事实上表现的。这样伦理关系在经济上有特别的表现,在中国没有个人财产,财产都是家庭的,父子、夫妇、兄弟、孙祖都共财,族有族产,家族亲戚朋友都有分财通财之义。可是外国则不然,外国人的财产是个人的,他们不但父子兄弟异财,夫妇也异财。不如中国一切相关的人,随其亲疏厚薄,都有其自然应尽之义。中国的伦理关系,就是情谊关系,也就是表示相互间的一种义务关系,有句俗语:"有上三家穷亲戚,就不能算富,有上三家富亲戚就不能算贫。"如有两个熟人同在饭馆里吃饭各自开钱,是绝没有的事,多半是大家争着开钱,意思就是说你的是我的,我的也是你的,在钱财上不分彼此,因为是这样的中国人,天然形成相互的负责,互相顾恤,生活上就有无形的保障。所以说到中国社会的组织,职业分立、伦理本位八个字算说尽了。职业分立就是机会均等,各有前途可求。伦理本位就是一切相关系的人,皆有其情谊而互以对方为重,在生活上大家互相保障,互相负责。那么,像方才所说的伦理本位的意思,若是大家连锁起来,便会很容易救济中国社会的散漫了吗?有些外国朋友曾经同我讨论这个问题。他们问我中国的伦理可以救济中国的散漫吗？我说不是,中国社会散漫倒是从伦理来的,中国人缺乏公德,都是从伦理来的。再进一步研究,伦理本位是从哪里来的？方才说过,中国人的家庭关系较外国人来得特别重,中国人人都有家,难道外国人没有家吗？不是的。外国人怎会没有家呢？不过中国人的家庭关系在社会里较之外国人显得特别重罢了。这个原因,主要的是由于中国人缺乏集团生活而来。因为中国人缺乏集团生活,也没有集团生活的反动,因之也缺乏个人的观念。中国人总是身家观念重,家庭的关系格外看重,而集团与个人才显得很轻。比如说吃饭,中国人是几个人共同吃一桌菜,而外国人吃饭虽然也是在一桌,但菜却是每个人各自分一份,由这里也可以说外国人吃的是团体饭和个人饭,中国人吃的是家庭饭。由吃饭的法子,就完全表现出了中国人是家庭的不是团体的,可是也没有个人。不但是吃饭如此,就是住房子也是如此。中国人住房子总是以一家为单位,西洋人差不多是以村落为单位。他们的村落里有一座教堂,中国人则大半聚族而居,村中有一姓或几姓的祠堂,每一家庭都有供奉祖先牌位的厅堂。从这吃饭住房子看来,中国人充分表现家庭观念,西洋人则表现团体与个人观念。关于这一类的情形,话是说不完的,现在只是指出要点来告诉大家,就是刚才说的,西洋人很早就有集团生活。其集团生活乃是从宗教演成的,宗教就是西洋人集团生活的开始,西洋人集团生活的锻炼就是由于宗教。中国则缺乏宗教,或者说很早就没有了宗教,社会构造很为特殊,前面所说的

"职业分立、伦理本位"八个字,便是中国社会的写实,因此,中国人就很缺乏团体生活。西洋人在中古时代就过的集团生活,那时不但宗教的权力很大,就是经济上也不是放任主义,而是干涉主义的基尔特社会制度。但是人民在集团生活中感到团体的干涉力过强,抹杀个人太甚,很觉不合适,于是发生反动,有个人主义自由主义的提倡。个人主义自由主义行到近代,又发生很多流弊,于是思潮上又有一个反动,集团主义的空气复高唱入云,如共产主义、法西斯主义都是严格的集团主义,都是团体高于个人的。这样看来,西洋人自中世纪到现代,都是在集团主义个人主义里头兜圈子。中国人过去过的是伦理生活,在历史上并没有集团主义个人主义的思潮,也没有个人为重,抑团体为重的问题。中国人生活的单位就是家庭,是介于集团生活与个人生活两极端的中间。因之中国人的身家观念很强,他心目中最关切的,莫过于他的家庭或有伦理关系的人,对国家对社会就不感到亲切,所以就缺乏公德。处处看起来,都似乎觉得中国人自私。他的根源是从中国社会的散漫来的。其实中国人并不自私。中国人只是身家观念重,一身一家的念头重,而非自私。怎么他的身家观念这样的重呢?因为他的生活,靠家庭靠自己,并不靠什么团体,从何引起他的团体观念呢?他的生活又不靠国家,又何从养成他的国家观念呢?没有这样的事实,又从哪里生出观念来?中国人的生活就是靠家庭及其伦理关系的人。过去的中国人可以关门过日子,读书中状元,用不着团体。某人发了财,是他自己的努力,不是团体给他发的财，读书中状元也都是个人的事情。他的生活与团体不发生关系，怎能勉强造成他的团体观念呢？民国几十年以来的社会组织，都是消极散漫惯了，国家不管人民，人民也不问国家的事情。而且这个国家太大，看不见边际，对于国家的观念因之也就模糊。而在欧洲则小国林立，国际竞争剧烈，国家对外竞争要靠人民，人民也靠国家保护，是以国家与人民的关系就亲切。中国地域太大，文化又高于周围的民族，几千年来没有国际竞争，国家与人民不生密切关系，他的生活上最亲切的只是一身一家，其余有关系的则是亲戚朋友、乡党邻里。不像外国人有宗教、职业、阶级、民族种种集团。西洋人离开了团体和国家就不能生活；团体国家与自己的生活有密切的关系，所以团体国家观念就强，热心于团体国家的事情，从此锻炼出许多公德。因为在他们的生活上公就是私，私就是公，公私打成一片，为自己就是为公，为公就是为自己，这样公私打成一片，才能锻炼培养成公德。公德是一切团体所需要的好习惯，要个人对团体的生活有良好的习惯，一定要团体生活联合成为一回事。如果公是公，私是私，要他舍私为公，这是难办到的，不能责之众人的。舍私为公，是一种豪情侠义，这种豪情侠义在中国社会里倒是常有的。我们中国人虽然缺乏公德，但是急公好义的人却是常有的，不过急公好义与公德是两回事，急公好义就是刚才说的为公而牺牲他自己，这是一种超凡的举动。这种超凡的举动，在散漫的社会才有的，因为大家只知道有身家而不知道有公众，对于公益事情就由豪情侠义、急公好义的人来作。大家知道京剧里面有一出剧叫《状元谱》,是说陈伯玙没有儿子要为善修补路,他说:"我也曾为儿女朝山拜庙,我也曾为儿女补路修桥。"这个修桥补路的事情,就是急公好义,就是一种善举。本来修桥补路这一类事情在今天是建设厅的事情,不过那时候,这些事情没人管理而成为急公好义人的善举了。这就是中国社会的散漫,显出中国社会没有团体,不能运用团体的力量来解决问题。说到这里有一个普通人容易犯的错误观念,常说中国人自私,中国重个人主义,这些话是不对的。个人主义是在集团生活发达后才有的,是集团主义的反动,他主张尊重个人,发展个人,是一种很有价值的主张,并不像随便乱说的个人主义自私,一般中国人对个人主义误解误用了。在中国个人主义是不会产生的,因为中国人没有集团生活。中国人亦不见得就自私,不但不自私,而且大公无私莫过于中国人。上面说过中国人他是身家观念重,可是也时有很广大的观念,那就是中国人常谈的天下。中国念书的人开口天下闭口天下,常以天下为公、四海一家为他的理想。中国人是富于世界观念的,狭隘的国家主义和民族主义在中国没有,中国人对于世界向来是一视同仁的。不过天下这个话太大了,这个观念太空了,天下是无边的太宽了,于他的生活不能亲切,于他生活最亲切的只有身家。中国人一大就大到天下,一小就小到身家,而介乎中间的团体是没有的,对于国家观念是不清楚的。而外国人与我们恰恰相反,外国人对于家庭观念不强,有的只是集团观念,对于团体意识个人意识非常清楚,却没有天下这个观念,这个观念对他是很淡漠的。外国人有的是不大不小的团体观念,过的是不大不小的国家和集团生活。他们处处为国家和集团利益打算,其所谓公就是大范围的自私。西洋人最不好的,就是他可以为他的国家和团体不讲理,违背公理的来抹杀是非。团体的情感很狭隘,有的是团体的自私心。中国人则不然,中国人真是天下为公。集团生活很容易发生斗争,而斗争又加强集团的力量,团体与斗争、斗争与团体一定是相连的。凡是一个斗争发生,就不容易消灭。要能应付这个斗争,这就要加强团体的力量。团体的组织力加强,团体的干涉力加强,完全是由于斗争来的;没有斗争团体非散不可。斗争造成团体,团体造成斗争,西洋人就是如此。不独是西洋人,凡是外国人过的都是团体生活。而中国人过的生活是散漫而和平的。中国有一句老话太好了,而是外国人听不懂的。一句什么话?是说:"有理走遍天下,无理寸步难行。"有理可以走遍天下,不讲理便遭大家的鄙视,这个话太好了。从这个话可以看出中国人是大公无私,看出中国人离心力发达。这个话真是要散漫的中国人才能够讲得出来;有宗教集团、职业集团,以及其他很多的阶级集团的国家的人,不能够说出这个话。因为一到团体,便不能讲这一个"理"字;个人的感情原来能够讲理,而团体的情绪,总是冲动,总是没有理性的。个人有理性,团体缺乏理性。"有理走遍天下,无理寸步难行",这两句话在外国是说不通的。大家不相信这个话,因为现在世界明明白白是有理倒寸步难行,"九一八"事件中国有理,日本没有理,而中国到了国际联盟却寸步难行。日本不讲理,他的武力可以走遍天下。今日真是有强权无公理的世界!我们中国人相信有理走遍天下,愿意这样干,大家的心理都承认,如果没有理,就该输就该吃亏,中国人所要的是"理"。说到这里就知道中国人反对自私,没有自私,中国人是最公平的。在道理上中国人是最公平的,而事实表现的却似乎自私,这是哪里来的?这是身家观念重来的。中国的社会构造:一面养成身家观念重,一面养成天下为公四海一家的精神。西洋人那个社会,则是一面构成团体生活,一面养成个人主义。身家观念重,是中国人的短处,可是天下为公四海一家这个观念,却是中国人的长处;这类观念是西洋人所没有的,所不发达的。

现在讲的时间已经是很长了,想来结束几句。我的结论,就是说中国原来的社会构造很特殊,大家平常所说的中国人自私,就是从其社会构造的特殊而来的。中国社会构造特殊的特征,就是我们平常爱说的散漫。中国人的散漫,的的确确是中国社会构造特殊的特征。所谓散漫是怎样讲呢?他是无所分亦无所合;就是不十分"分",亦不十分"合",分得清楚合得清楚不叫散漫。中国社会所以散漫,就是分也不分清楚,合也不合清楚,因为这个缘故,就缺乏团体观念和国家观念,而富有天下观念,富有大公无私的心理。这是老的中国社会如此,从今天往前去,不能不变,不能不走上团体的道路。但是中国人往前走团体生活的路,却不能用机械力硬造,要硬造必有那机械力才行。中国人的团体生活是要由散漫走上去的,是要由自私走上去的。西洋人虽然有团体生活,虽然很早就有团体,但他是从不知不觉演成的。中国人是要由自觉的到团体生活,这个由自觉造成的团体生活,是不妨碍他的天下观念,是不妨碍他四海一家的精神的。中国人的团体生活往前去,要发挥他天下为公四海一家的观念,并且要发扬他"有理走遍天下,无理寸步难行"的精神;可是同时要增强他的团体生活,运用组织来提高他的团体生活,这是我们看到中国一定要走上这一路线。不错!往前去的中国就从散漫到组织。可是从何处入手呢?据我们研究的结果,是要从乡村入手。因为中国人缺乏个人生活,同时缺乏团体生活,他所有的就是家。中国国家可说是集家而成一乡,集乡而成县,集县而成省,集省而成国。中国这个散漫的国家,一定要求组织,但我们求组织,如果从家入手,那就太小,从国入手又太大,事实上不能一步登天,所以要从乡村入手。先求乡村有组织,人民有乡村的组织生活,一步一步的做到国家的组织生活。这个组织一定要自觉的去求才可以成功。这是个自觉的组织,是世界上所没有的。世界上所有的国家,他的组织不是自觉的。中国今日从乡村完成这个组织,完成中国的大社会组织。等到中国完成了这种自觉的理性的国家组织,他就可以领导全世界,领导全人类。只有中国人就没有狭隘的国家观念,才没有狭隘的民族意识,以中国人大公无私四海为家的精神,就能够稳定世界的和平,就能够为人类谋福利,否则像西洋人日本人那样的横暴强霸,是永远没有和平日子的希望。他们的团体自私心很重,他们的爱国心,就是他们团体的自私心。他们的团体自私心太重太强,就必定引起斗争。斗争是人类前途和平的大障碍,要求人类前途和平,就非打破这种团体自私心不可。打破这个自私心,只有中国人才有资格。时间很久,我们就止于此罢。

《四川教育》,7、8期合刊,
1937年8月。

二 文化自觉和乡村建设

中国民族自救运动之最后觉悟

一　觉悟时机到了

我在本刊第一期,《主编本刊之自白》一文中,说明我现在的见解主张,是由过去几年的烦闷开悟而得。这是我个人的开悟么？这是中国民族的开悟！中国民族以其特殊文化迷醉了他的心,萎弱了他的身体,方且神游幻境而大梦酣沉,忽地来了膂力勃强心肠狠辣的近世西洋鬼子,直寻上家门；何能不倒霉,不认输,不吃亏受罪？何能不手忙脚乱,头晕眼花？何能不东撞西突,胡跑乱钻？……然而到今天来,又何能不有这最后的觉悟！

天下事,非到得最后不易见出真相；非于事过后回转头来一望,不能将前前后后的事全盘了然于胸。我们今天固已到得这时机,真是所谓"可以悟矣"！

二　所谓近世的西洋人及西洋文化

说到西洋人,就是指其近世的而言;这好比说到印度人或中国人,就是指其古代的而言一样。今之所谓西洋人和所谓西洋文化,实在是到得近世才开出来的玩艺。

在1800与1900年间,欧洲经过一次大革命。其结果,相沿传下之封建制度,君主、贵族、特权、驿车、烛光为特征的欧洲文化归于破产。代之而起者,即今日之所谓西洋文化(western civilization)。这个文化的特征,乃是平民主义,选举制度、工厂、机器、铁路、汽车、飞机、电报、电话和电灯。(中略)是以在1750与1850年间,欧洲之进步已可比拟由石器时代而进于铜器时代。或是由铜器时代而进于铁器时代。而在此同一百年内,无论亚洲人或非洲人,仍然沿袭故旧,其所生活所作为于所思想者,实与其祖先数千年前之情形无稍差异。

世界是一个悠久而辽阔的大地,实际上已有无数年代的发展;在其历史上,并不是第一次才有各种不同的文化存在。古代希腊、埃及和巴勒斯坦文化极相悬殊,然各能平行发展,毫无抵触。即在十八世纪时,欧洲、亚洲,与非洲之文化和野蛮，也是各自循其历史而发展；纵然有时交换理想、宗教，或货物，且亦不免有冲突的发生；但就全体说，实在没有多大关系。但是十九世纪之新欧洲文化，则变更一切了。这个文化是一种好战喜争与支配利用的文化；而其这种威吓形态，是许多原因助成的。因机器之发明，交通运输方法大为进步，缩短了世界的空间距离。在十九世纪以前，因交通运输之困难，致各大陆与各种文化间完全孤立绝缘；虽然有征服和殖民的事实，但是多属偶然，而且没有多大影响。

这个由产业革命所发生的新西欧文化有一个特质，就是在欧洲以外完全是掠夺的。就经济方面说，必须多数市场与大宗原料。产业愈工业化，则开拓新市场与新原料来源愈为必须。因此发生了对于亚洲、非洲、澳洲与南美洲的经济侵略。这便是在各洲民族感觉新文化压迫力的第一方法。临于亚洲与非洲方面的这种压迫具有其特别形式，使十九世纪之帝国主义迥异于前世纪之政治侵略，或文化竞争。因交通运输上机器之发明，给欧洲人以绝大权力，使能开拓远方土地以达其工商业之目的。至如工业机器之发明与新式工业之兴起，则已完全变动了世界自然力的均衡（balance of physical power in the world）。在十九世纪以前，各大陆文化平行发展，此一文化并无压服彼一文化之优势。亚洲军队为争此优势，常能与欧洲军队接战；非洲人亦能恃其毒箭、湖泽、丛林与蚊虫以求自卫，而与肩荷枪弹腰带水瓶之欧洲人相抵抗，但是这种情形不久就完全改变了。亚洲人之生活及战术与其十二世纪时之祖先无异者，顿觉其已陷于新式枪炮、军舰、飞机、铁路各种利器之重围中；更有为彼所未见且不识者，即所谓近代国家内新式工业之有组织的权力（the organized power of modern industry in a modern state）在。这样一来，无论亚洲人，或非洲人，都没有抵抗欧洲人意志的力量了。

所谓"近代国家内新式工业之有组织的权力"一语，实足显明十九世纪帝国主义与欧洲对世界关系上之另一特质。在由产业革命所发生，并由盲目经济势力所引诱，以谋操纵亚非两洲市场与出产之制造家、商业家和资本家的背后，更站立了一个由法国革命与拿破仑战争所产生之富国强兵的国家主义的近代国家。这种国家的政府权力常有意或无意的、直接或间接的，被其资本家利用以侵略其他洲土民族，而达到自私自利的目的，这事实极为显著，其影响至足惊异。曾有一次迅速而极凶恶之世界征服为人类历史上所罕见者。在1815与1914年间，亚洲、非洲与澳洲几全部皆直接或间接屈服于欧洲国家威力之下。

这是英国学者乌尔弗（Leonard Woolf）近著《帝国主义与文化》书中一段导言，所说虽是普通，而话甚简捷。我于此，不愿用我自己的笔墨，来叙述西洋人和西洋文化；一则是自己在学问上的自信力不够，二则是恐怕人家对我亦信不及。我只从这里面指出请

大家注意之点,则我的意思即尽足表达了。我请大家注意者三点:

一、西洋人是新兴的民族,西洋文化是从近代开出来的新玩艺;

二、西洋文化是以如飞的进步,于很短期间开发出来的;

三、西洋文化具有如是特异地强霸征服力及虎狼吞噬性。

这三点亦都是普通常说到的,然我为促大家注意,更引乌尔弗书的一段,不厌求详地证明他。

> 法国革命、拿破仑战争与产业革命把欧洲的社会结构完全变更了。散居村落的农民因以改变而为工商业的城市居民。这些十九世纪工业化的国家较之十八世纪的农业国家远没有自给自足的可能,所以不能不发展一种组织完密而复杂的国际商业制度。我们可说这个时代是机器、工厂、股分公司、资本主义、工业商业及财政国际化的时代。这是关于经济方面的情形,再看政治方面,这确是由君主政体或贵族政治转向所谓德谟克拉西政治的一个过渡时期。在这个过渡期间,各工业国家的政治权力转移到新兴中间阶级(new middle class)的手里;尤其是这个阶级里面有势力的份子如财政家、工业制造家与商人操纵了政权;所有政府机关是完全仰承这个阶级的意旨。而这个时期文化的特色便是工商业的权威,公私财富的累积,物质事物的先占,理性和科学的心理态度,物质昌盛的理想与自由平等的思潮。

我们由新文化的几种特色看去,就知道其影响绝对不仅限于欧洲,而必然的趋势是要向外扩展冲压到亚非两洲的民族与文化,随着新运输方法的进步,经济势力更强迫此新文化扩张其经济关系到更为广阔的范围,新兴城市的居民必须由国外输入食物才足以自给,新式制造工业必须有热带出产的原料供给;而机器廉价出产品的发达,更有搜掠世界矿产的必要。这样一来,其结果便有国际贸易的大扩张。同时向欧洲工业制造家原料供给地的各洲,也更加重要成了销纳欧洲工业出产品的市场。而且因为欧洲各国保护关税主义的盛行,不易开拓市场,是以欧洲工业制造家更觉有在亚非两洲多觅新安全市场的必要。

这个经济冲动不可避免的结果,便是欧洲工商业化的新文化和亚非两洲民族的短兵相接。而第一次接触实在是经济的。非洲、印度、锡兰、中国与日本开始认识西方文化,是由于商人及贸易公司的关系,当然在这新文化的后面也就感觉了欧洲国家的威力。因为文化所包含的,一半是实质的事物如火车、飞机、军舰和枪炮,一半是人们内心的信仰和欲望。说到这里,我们似乎相信人们头脑中的理想很能决定他们的历史及其文化的命运。如十九世纪欧洲人的头脑中有些事情思索着,就必然的先之以商人在亚非两洲的试探,继之以欧洲国家的干涉。我们知道"经济竞争"(economic competition)在十九世纪的欧洲是一个基本理想。税率与保护关税政策是这个竞争里面的武器,厉行保护关税是给工业制造家和商人一个很大打击。所以亚洲与非洲的富源和市场还未及完全开发的时候,就变成了这个国际经济竞争的对象。在这个竞争里面,各国的商人与资本家自然要请求本国政府的援助。欧洲列强利用这个时机,一面可以夺取并统治国外的领地,一方为其商人和工业制造家开拓了良好的市场与原料来源。这样一来,便是剑及履及的旗帜随着商业走,商业跟着旗帜跑了。

影响帝国主义历史的另一种思想,便是可以代表十九世纪文化之一种特色的国家主义的爱国心(nationalistic patriotism)。欧洲的国家主义很早就变成了一种宗教,以国家为其尊崇的物象。不久帝国的理想和国家主义者爱国理想发生了密切关系。一个帝国比较一个欧洲国家大,乃是一个更大的国家;而一个更大的国家比较一个小的国家在国家主义者的心目中是一个更大的偶像。所以欧洲商人对于国外市场的竞争就随着爱国者对于国家光荣竞争的心理而更加奋进了;因为在亚洲或非洲获得了一块土地,在一方面是经济的获利,而在他方面又是爱国者的天职。

既是这样,所以附着经济竞争、实用效率、开拓武力和国家主义各种理想的西方文化,便直接袭击了亚洲与非洲。但是除此以外西方文化还带了一类由法国革命所得来的理想。这便是德谟克拉西、自由、平等、博爱和人道主义。这些理想对于帝国主义后半历史有极大影响,就是激起了殖民地或被压迫民族的反帝国主义运动。

以上我们只是由欧洲的观点来考察这个问题。然亚非两洲的形势也是这个问题的一个部分。当新文化在欧洲开出这样茂盛之花的时候,亚洲人与非洲人仍然是在他们固有历史所遗留下来的情形之下过生活。如果我们稍为考察中国、日本及印度的情形,就知道这些民族依然生活在一种组织牢固的村落社会;这种社会是古代文化的产物,而这种文化的特色是安静的、宗教的、形式的,与西方文化截然不同。这些东方民族已经发展了他们本身精巧形式的政府制度、社会阶级、国民传说、伦理标准、人生哲学、文学艺术和雕刻。至如非洲方面虽然大都是原始民族,但是他们渐渐有了特殊形式的社会和政府制度。(中略)

我们知道挟着西方新文化而与亚非两洲相接触的原始冲动是经济的。凡是替帝国主义作先驱的欧洲工业制造家和商人,他们来到亚洲与非洲都是有一定经济目的,就是贩卖棉花或棉布而收买锡铁、橡皮、茶叶,或咖啡。但是在西方文化的复杂经济制度之下进行这种业务,必须使亚非两洲的整个经济制度适合或同化于欧洲经济制度而后可。这种同化工作已经由欧洲工业制造家、商人、财政家或欧洲政府在其威力、指挥和利益之下积极推行。在这个过程里面,殖民地人民的生活完全改变,固有文化的基础多被破坏,而给他们感触最大的,就是坐视异国政府用威力来强制推行一切外来的事物。

我们相信以前世界上一定没有像这样剧烈的事情发现过。

我再请大家注意认识的,便是西洋文化里面,资本主义的经济,新兴中间阶级的民主政治,近代的民族国家之"三位体"。继此又可认识出其富于组织性,而同时亦即是富于机械性。乌尔弗书中亦说:

> 我们试将今日欧洲的政府、工业、商业、财政各种精密制度和十八世纪的简单制度比较,就可知道近代文化和过去文化的差别所在,各种制度的精细与复杂确是近代文化的要害之点;如果除掉了这个精细与复杂要素,我们就立刻转到了前世纪的生活状况与文化形式。

所谓精密复杂就是组织性,亦就是机械性,其文化的强霸征服力和虎狼吞噬性,实藉着这组织性机械性而益现威力,并成为不可勒止的狂奔之势。凡走上这条文化路径的民族无论在欧在美抑在东方如日本,都成为世界强国,所谓"帕玩"(Power)者是。就从这个名字,其意可思了。其实这一个字所含的意味,亦就可将西洋全部文明形容得活现,所以有人说西洋文明即可称之为"帕玩"之文明(日本人金子马治尝为此说)。

要而言之，近代的西洋文化实是人类的一幕怪剧。这幕怪剧至今尚未演完；我们上边所举，更未足尽其万一。我们还应当要举说他侵略非洲、印度时演出怎样贪残惨酷；——注意，这是与个人贪残惨酷不同的文化之贪残惨酷。我们还应当要举说他在民族社会内演出怎样强悍猛烈的大规模阶级斗争，——例如1925年的英国大罢工。我们还应当要举说他在国际间演出怎样明争暗斗以迄1914年空前的世界大战之爆发。我们还应当要指出他在最近未来又将演第二次世界大战。我们还应当要推论他——这幕怪剧——将演到什么地步而结局。自一面言之，这幕剧亦殊见精彩，值得欣赏；然而不免野气的很、粗恶的很。

三　中世的西洋社会和他们的文明程度

现在我们自不免要追问：这幕热闹剧是怎样发生的呢？那须回头看近世以前的——中世纪的——西洋社会和他们的文明程度。

中世纪的西洋社会是所谓"封建制度"（feudalism）的。此封建制度在北欧、西欧、南欧各地方不能都一模一样；更且是其中有些情形，已不易确考，各历史学家社会学家的说法亦都不一样。但我们如不晓得这封建制度，则中古千余年间之欧洲史即茫然无从说起。他大概是这样：那时社会都是靠农业，而土地则都分属于君主、大小诸侯、僧侣寺院、骑士等所有；其从事生产的农民，或曰农奴,则附于土地之上而亦各有所归属。于是社会中显然成为两大阶级:一面是领有土地者之贵族僧侣,一面是占绝对大多数而服役的农奴。各领主于其采邑(manor)大多是形成一个一个的村庄;领主宅第居于中央;农奴绕居其四周;其外围,即为耕地;又外为林地;又外为公用牧场之草地。农奴为领主耕耘,服定期及临时劳役,节日纳贡,尤要在绝对服从。据说:①

一、农奴不经领主的承认,不能离去他的采邑,而到别个采邑。

二、农奴应依照领主所命令的方法与分量而从事任何的勤务。

三、当领主认为有收回之必要时,农奴应将其一切之人与物权奉还领主。

农奴不能有任何权利;他的不动产不用说,就是动产亦完全属领主所有。② 又亚西来教授说:从 Glanvill 时代到爱德华四世时(十五世纪)的法理论上,都说农奴绝对不应有任何的所有权。此外,农奴还要常受种种琐细的干涉与束缚。例如:不得领主许可,不能结婚(有处领主还享有所谓初夜权);不得领主许可,不能卖牛;女子出嫁到外方,要课其父母一定赔偿金;等等。

在这时,统治权是随着土地所有权的。领主在他的采邑中,有些职员小吏督管或料理种种事务。更其要紧的,则有"采邑法庭",其裁判官便是领主的管事人充任。据说:③

---

① W. Page: *The End of Villainage in England*,今此据《中世欧洲经济史》(民智书局译本)。

② Maine: *Early and Custom*,今据同前书。

③ 《世界社会史纲》,132页,平凡书局译本。

> 每个"采邑国家"的管理,差不多都由同一原则组成的。国家机关是与封主(领主)的经济管理机关合在一起的。
>
> 封主个人的佣仆,也好似国家的官吏一样。如马舍管理员、封主的寝室侍从、文件保管员以及酒室等,一面替他们主人照料门户和经济,同时又为国家管理机关的指导者,料理军队财政法庭和行政等事务。愈大的独立的封主,实际上亦愈少为佣仆,而多为国家的高官。

所谓政事或行政就是这样。政治大权操握在贵族领主手中,而贵族多是不读书没教育,世代作威福,不晓得什么政治的。

采邑的经济,是专为满足私自的地方需要,不为销售而生产。他是自给自足的、完全闭锁的经济;因为每一个采邑都是离开其他采邑而可独立的;差不多不取任何东西于外方,亦不为外方生产任何东西。除非当时封建地主想要贵重的武器,或丝织的长套、金石嵌的装饰品等,才须转向外来的商人。

近代资本主义社会,就是从这样封建制度社会开出来的。货币盛行,工商业发达起来,交换经济打破了闭锁经济,封建制度才站不住,而资本主义代兴。故尔封建制度的毁灭,以经济进步为主因,而人为的革命助成之。其毁灭时期,在欧洲各处遂亦迟早不同:英国是在十七世纪,大概从依里莎白女王时起,到"三十年大战"时代(1558—1648年);法国是在十八世纪,1789年大革命时,国会乃议决废除农奴制度;德奥又在法国之后,如普鲁士在十九世纪初叶者是;俄国则直待至十九世纪,1861年才有解放农奴的命令,而且实际问题还并没解决。

我叙说这些个干什么?我意在请大家注意认识几点:

一、在中世西洋社会,是一阶级这样绝对地压制并剥削他阶级;自非惹起大反抗、大冲决而翻过来不可。

二、社会中似这般绝对地压制与剥削,普遍地存在着,显出文化很低的征候。(无论从施者或从受者那面看。)

三、似此野蛮低下的西洋社会,实距今不甚远的事;——一二百年前的西洋人,其文明程度便是如此可怜。

请大家先记取这三点。我们将再检看中世纪西洋人的文明程度。于此,则就要看他们的宗教。这不但因为中世纪千余年间,是整个的宗教时代;更为宗教是那时文化中心之所寄,文明程度之最高点,我们先看宗教在当时的势力:①

> 教会为欧洲中古最重要之机关;中古史而无教会,则将空无一物矣。
>
> 中古教会与近世教会——无论新教或旧教——绝不相同。言其著者,可得四端:
>
> 第一,中古时代无论何人均属于教会,正如今日无论何人均属于国家同。所有西部欧洲无异一宗教上之大组织,无论何人,不得叛离,否则以大逆不道论。不忠于教会者,不信

---

① 何炳松编译:《中古欧洲史》,127页。

教义者,即叛上帝,可以死刑处之。

第二,中古教会与今日教会之端赖教徒自由输款以资维持者不同。中古教会于广拥领土及其他种种金钱外,并享有教税名曰 Tithe 者。凡教徒均有纳税之义,正与吾人捐输国税同。

第三,中古教会不若今日教会之仅为宗教机关而已,教会虽维持教堂,执行职务,提倡宗教生活,然尤有进焉。盖教会实无异国家,既有法律又有法庭,并有监狱,有定人终身监禁之罪之权。

第四,中古教会不但执行国家之职务,而且有国家之组织。当时教士及教堂与近世新教不同,无一不属于罗马教皇。为教皇者有立法及管理各国教士之权。西部欧洲教会以拉丁文为统一之文字,凡各地教会之文书往来,莫不以此为准。

教皇既统治西部欧洲一带之教会,政务殷繁,可以想见,则设官分职之事尚矣。凡教皇内阁阁员及其他官吏合而为"教皇之朝廷"(curia)。

此外为主教者,并有管理主教教区中一切领土及财产之权。而且为主教者每有政治上之职务。如在德国,每为君主之重臣。最后,为主教者每同时并为封建之诸侯而负有封建之义务。彼可有附庸及再封之附庸,而同时又为君主或诸侯之附庸。吾人使读当日主教之公文书,几不辨主教之究为教士或为诸侯也。总之,当时主教义务之繁重,正与教会本身

> 无异。
>
> 教会最低之区域为牧师。教会之面积虽大小不一,教徒之人数虽多寡不等,然皆有一定之界限。凡教徒之忏悔、浸礼、婚礼等仪节,均由牧师执行之。牧师之礼拜堂,为村落生活之中心,而牧师则为村民之指导者。

这在中国人看来,未有不诧怪者,为什么宗教僧侣要称王作帝,负起政治上责任来? 又为什么能取得这大势力? 这就为他们对于他们以外的人——无论下层阶级或国王贵族——实为最智慧、最有知识教育,为文化之所寄的原故。希腊罗马的文化,经那北方过来的野蛮民族侵入破坏之后,秩序大乱,文物荡然;而先时由东方传过来的希伯来宗教教士则能为之保存一些。历史家说明当时的情形云:①

> 西罗马帝国政府虽为蛮族所倾覆,而蛮族卒为基督教会所征服。当罗马官吏逃亡之日,正基督教士折服蛮族之时。昔日之文明及秩序,全赖教士之维持:拉丁文之不绝,教会之力也;教育之不尽亡,亦教士之力也。
>
> 教会之代行政府职权,并非僭夺,因当时实无强有力之政府足以维持秩序,保护人民,则教会之得势,理有固然。凡民间契约、遗嘱及婚姻诸事,莫不受教会之节制;孤儿寡妇之

---

① 何炳松编译:《中古欧洲史》,22页及28页。

保护,人民教育之维持,均唯教会之是赖。此教会势力之所以日增,而政治大权之所以入于教士之手也。

据说西罗马帝国瓦解以来六七百年间,教士而外,直无通学问者;所以在十三世纪时,凡罗马人欲自承为教士者,只须诵书一行以证明之。因为这样,所以"各国政府之公文布告,端赖教士之手笔;教士与修道士无异君主之秘书,每有列席政务会议俨同国务大臣者,事实上,行政之责任亦多由教士负之"。①

基督教士既然成了彼时社会最高明的先生,则我们只须看当时那基督教高明到如何程度,则中世西洋人的文明程度可知矣。但我们要叙说旧日基督教的迷信可笑、顽固可怜,和十六世纪教会的腐败罪恶,实不胜说,我们只须看为宗教起的惨杀恶战,绵亘与蔓延,无穷无已,便足令中国人咋舌!"宗教改革"运动起后:

> 英王 Henry 曾亲身审判信奉 Zwingli 主张之新教徒,并引据圣经以证明法督之血与肉,果然存在于仪节之中,乃定以死刑而用火焚杀之。1539 年国会又通过法案曰"六条"者;宣言基督之血与肉果然存在于行圣餐礼时所用之面包与酒中;凡胆敢公然怀疑者,则以火焚之,至于其他五条,则凡违背者,初次处以监禁及藉没财产之刑,第二次则缢杀之。
>
> 女王 Mary 在位之最后四年,虐杀反对旧教者前后达二

---

① 何炳松编译:《中古欧洲史》,134 页。

百七十七人；多用火焚烧而死。

Charles 第五曾下令严禁人民信奉路德等派之新教。据 1550 年所定法律，凡异端不悔过者则活焚之；悔改者亦复男子斩首，女子受火焚之刑。在 Netherlands 地方人之被杀者至少当有五万人。

1545 年法国王下令杀死新教徒 Waldensian 派之农民三千人。

1572 年 8 月 23 日之晚，法王发令杀死巴黎之新教徒不下二千人。消息既传，四方响应，新教徒被杀者至少又达万人。①

我们更不必多举了；其发生之长期内乱与国际战争亦不必说他。为什么他们多用火焚活人呢？因为不愿令他流血；流血便不合教会法律了。这便是当时的宗教之程度！中国历史何尝没有惨杀的事；然而像这样愚谬凶顽的大规模举动则没有。中国社会何尝没有迷信；然而像这样浅稚的愚迷，容在社会之下层或妇女有之而已。一是代表一社会文明最高点的上层，一是社会里程度低陋的下层，二者固不得同论。

我们于此可以明白，像前面所叙那蛮不讲人理的农奴制度所以能行，正为那时人是这般愚蠢的原故。我记起民国十七年夏间，有一日陪同卫西琴先生去访朱骝先先生。卫先生原是德国人，而朱先生则亦留德多年。因为谈乡村小学教育问题，卫先生

---

① 何炳松编译：《中古欧洲史》，277—281 页。

极称中国乡下人之聪明可教,而极不主张官府去厉行所谓义务教育。他说德国国家厉行的义务教育,于许多乡间全无好结果。朱先生赞同他的话,因而说出一件他亲自遇见的事。他说,他曾由德国某地移居某地(此地是一矿区),照例到警察那里去登记注册;适先有一廿余岁女子亦在办这手续,乃见那女子竟不能书写自己的姓名。他始而颇诧讶,后才明白官办义务教育之无实,和德国乡下人生来的蠢笨。于是他们两位就齐声叹息。中国乡下人资质怎样胜过德人,因为中国乡下人是没曾受过一点伤;而德国乡下人则是从那酷虐的农奴制度下解放不过两代,千数百年的压制锢蔽,受害太深,脑筋不开化。当时听过他们的话后,使我益深深省识得所谓封建制度和中世纪西洋人的粗蠢愚昧。

历史家称欧洲中古之世为黑暗时代(Dark Age),盖有由然。

四 由中世到近世的转折关键何在

在今日说起来,似乎再没有文明过西洋人的了。即在仿佛百般看不起西洋人的我,亦不能不承认他在人类文化方方面面都有其空前伟大的贡献。二百年前尚那样野蛮,何以忽地二百年后一转而这样文明呢?前此似乎一无可取,现在何以忽地有这么多的成就出来呢?这个转折关键何在?这个转折关键,如我从来所认识,是在人生态度的改变。

我在《东西文化及其哲学》上,说明中国、西洋、印度三方文化之不同,是由于他们人生态度的各异。近世的西洋人,舍弃他中世纪禁欲清修求升天国的心理,而重新认取古希腊人于现世求满足的态度,向前要求去;于是就产出近世的西洋文化。此我十年前之所认识的,至今没变,而历久愈新,愈益深刻。这论调亦非独创自我,西洋历史家哲学家盖多言之,中国人亦有取而申言之者,我不过更加咬定,更体会得其神理其意义。读者最好取前书一为审看,今不暇多说,我们只能说两句。

我们先说欧洲中世的人生态度。欧洲中世的人生态度,是否定现世人生的,是禁欲主义;其所祈求乃在死后之天国。这是基督教教给他们的。基督教以为人生与罪恶俱来,而灵魂不灭当求赎于死后。历史家说:

> 古代希腊人与罗马人之观念,对于死后不甚注意,无非求今生之快乐;基督教则主灵魂不灭死后赏罚之说,其主义乃与此绝异,特重人生之死后。因之当时人多舍此生之职业及快乐,专心于来生之预备。闭户自修之不足,并自饿自冻或自笞以冀入道,以为如此或可免此生或来世之责罚。中古时代之著作家类皆修道士中人,故当时以修道士之生活为最高尚。①

相传中世教会以现世之快乐为魔;故有教士旅行瑞士,以其

---

① 何炳松编译:《中古欧洲史》,26页。

山水之美不敢仰视,恐被诱惑者。在这态度下,当然那为人生而用的一切器物、制度、学术如何开得出来？一世文化之创新,不能不靠那一世聪明才智之士;聪明才智之士倾向在此,还有什么可说呢？同时我们亦可看出,那封建制度所得以维持存在,是靠多数人的愚蠢;多数人的愚蠢所得以维持存在那么久,是靠为一世文化所寄的出世宗教。

然而人心岂能终于这样抑郁闭塞呢？无论锢蔽得多久,总有冲决的一天。果不其然,当中世之末,近世之初,有"文艺复兴"、"宗教改革"两件大事;而西洋人的人生态度,就于此根本大变了;——完全转过一个大相反的方向来。所谓"文艺复兴"便是当时的人因为借着讲究古希腊的文艺,引发了希腊的思想,使那种与东来宗教绝异的希腊式人生态度复兴起来。即我在前边揭出的:"舍弃他中世纪禁欲清修求升天国的心理,而重新认取古希腊人于现世求满足的态度,向前要求去",是也。他把一副朝向着天的面孔,又回转到这地上人类世界来了。所谓"宗教改革",则我在《东西文化及其哲学》上,说的明白:

> 所谓"宗教改革"虽在当时去改革的人或想恢复初时宗教之旧,但其结果不能为希伯来思想助势,却为第一路向帮忙,与希腊潮流相表里。因为他是人们的觉醒;对于无理的教训,他要自己判断;对于腐败的威权,他要反抗不受;这实在是同于第一路向的。他不知不觉中,也把厌绝现世,倾向

来世的格调改去了不少。譬如在以前布教的人不得婚娶,而现在改了可以婚娶。差不多后来的耶稣教性质,逐渐变化,简直全成了第一路向的好帮手,无复第三路向之意味。勉励鼓舞人们的生活,使他们将希腊文明的旧绪,往前开展创造起来,成功今日的样子。①

蒋百里先生在其《欧洲文艺复兴史》导言中,亦说的好:

> 要之,"文艺复兴"实为人类精神之春雷。一震之下,万卉齐开;佳谷生矣,莠稗亦随之以出。一方则感情理智极其崇高;一方则嗜欲机诈极其狞恶,此固不必为历史讳者也。惟综合其繁变纷纭之结果,则有二事可以扼其纲,一曰人之发现,一曰世界之发现。(The great achievement of the Renaissance were the discovery of world and the discovery of man.)人之发现云者,即人类自觉之谓。中世教权时代,则人与世界之间,间之以神;而人与神之间,间之以教会;此即教皇所以藏身之固也。有文艺复兴而人与世界乃直接交涉。有宗教改革而人与神乃直接交涉。人也者,非神之罪人,尤非教会之奴隶;我有耳目不能绝聪明;我有头脑不能绝思想;我有良心不能绝判断!此当时复古派所以名为人文派 humanism 也。

---

① 《东西文化及其哲学》,第三章"答案讲明的第三步"一节。

好了！炸弹爆发了！那北方森林中的野蛮民族，一副精强的体力、新鲜的血轮，将出得山来，就遇着闭智塞聪禁欲藏精的宗教，紧紧地圈收锢蔽，一直郁蕴积蓄到千年之久，现在迸裂发作起来了！而文艺复兴便是他的导火线。这一发就不可收。什么"宗教改革"、"工业革命"、"民主革命"、非美亚澳四大洲的侵略、地球上有色人种的征服、世界大战、"社会革命"……所谓近世西洋文化的怪剧，就是这样以奔放式而演出来的。而同时亦就是因这要求现世人生幸福的态度之确立，一世之人心思才力都集于这方向而用去；于是一切为人生利用的学术器物制度，才日新而月异，月异而岁不同，令人目眩地开辟出来。① 你问他为什么忽地一转而为世界顶文明的民族？就是为此。你问他为什么忽地有这么多成就出来？就是为此。

我曾于《东西文化及其哲学》上，指说近世西洋人所为人类文化之空前伟大贡献，综其要有三；征服自然的物质文明，科学的学问，德谟克拉西的精神是已；而审是三者无不成功于此新人生态度之上，因一一为之说明，读者可取来参看，此不多及。现在要请大家注意者，仍在此态度：

第一，要注意这态度为重新认取的，与无意中走上去的

---

① 蒋梦麟先生在《新教育》（第五号）有《改变人生的态度》一文，述丹麦哲学家霍夫丁氏之言，极论文艺复兴为人生态度之改变之意。以为人生态度不同，则用力方向以异，而文化之有无开创成就系焉。其开首数语极扼要：我生在这个世界，对于我的生活，必有一个态度；我的能力就从那方面用。人类有自觉心后，就生这个态度；这个态度的变迁，人类用力的方向亦就变迁。

大不相同;——他有意识取舍理智判断的活动。

第二,要注意这态度,盖从头起就先认识了"自己",认识了"我",而自为肯定;如从昏瞢模糊中开眼看看自己站身所在一般;所谓"人类的觉醒",其根本就在这一点。(闻蒋百里先生译有《近世"我"之自觉史》一书正可资参考)

第三,要注意这态度,就从"我"出发,为"我"而向前要求去,一切眼前面的人与物,都成了他要求、利用、敌对、征服之对象;人与自然之间、人与人之间,皆分隔对立起来;浑然的宇宙,打成两截。

总括起来,又有可言者。一即这时的人,理智的活动太强太盛。这是他一切成功之母;科学由此而开出;社会的组织性机械性由此而进入;西洋文化所以有其特异的征服世界的威力全在此。一即个人主义太强太盛。这亦是他一切成功之母,德谟克拉西的风气由此而开出;经济上的无政府状态,资本主义、帝国主义由此而进入;西洋文化所以有其特异的虎狼吞噬性盖在此。

五　中国人则怎样

中国人则怎样?中国人与西洋人是大不同的!而有些人则以为中国人只是不及西洋人,不认为是"不同"。却是谁不知道这"不及"呢？但我则以为是因其"不同"，而后"不及"的；——如果让我更确切地说，则正因其"过"，而后"不及"的。

谁不知道这不及呢？以烛光和电灯比较，以骡车帆船和飞机火轮比较，一则未进，一则进步很远，还用说么？不独物质生活如此；社会方面、学术方面、精神方面，我早都比较过是不及的了。然而请不要这样简单罢！自世界有学问的人看去，中国之为不可解的谜也久矣！"亚洲的生产"、"东洋的社会"不是在马克思亦不得不以例外而看待么？马克思不是只可以亚洲的政治历史来证经济的停顿，而不能解明其经济所以停顿的原因么？① "中国社会到底是什么社会？""封建制度还存在不存在？"不是绞尽了中外大小"马学家"的脑汁，亦没有定论么？② 奥本海末尔(Oppenheimer)作《国家论》，将世界上历史上一切国家都估定而说明得；却不是独指中国国家的特别例外么？我是见闻极陋的人，而我

---

① 顾孟余先生《社会阶级论中几个根本问题》文中有云："亚洲的政治历史实在是马克思一个难题。他曾说，"这种旧者死去新者复生的，然而在形式上永远不变的自足社会，这种简单的生产机体，是了解亚洲社会永久不变的神秘的钥匙。这个很特别的亚洲社会中，不断的表演国家的兴亡朝代的更易。至于这社会的经济要素的构造，是不受政治风潮影响的"。马克思的意思，是要用亚洲的政治历史，说明经济停顿，社会亦随着停顿，这个道理，由一方面讲，固然不错；但是我们于此自然而然要提出一问题，为什么亚洲社会的经济停顿？其原因究在哪里？

② 此问题已成国内论坛聚讼之点，多少论文和成本著作都出来了。始而是中国共产党领着国民党喊打倒封建制度的口号，而国民党有学问人如顾孟余先生便先来否认中国封建制度的存在，惹起多少辩论，乃至今则共产党如陈独秀派亦出而否认了！据说俄国干部派与反对派剧烈政争，曾以中国问题为争点；而所以争则原于对中国社会认识之不同。干部派认中国是半封建的；杜罗斯基则认封建早没，资产已立。《三民》半月刊(第4卷第67期)宇心君《俄国党争与中国革命》一文，可参看。

偶然翻书所遇着这以中国历史中国社会为古怪神秘难解之谜的言论，在东西学者简直不可胜举；我亦没留心记数，更不须多数说以自壮。凡不肯粗心浮气以自蔽自昧的人，自己尽可留心去看好了。

我只指出两大古怪点，请你注意，不要昧心欺人，随便解释，或装作看不见：一是那历久不变的社会，停滞不进的文化；一是那几乎没有宗教的人生。这两大问题，如果你要加解释，请你莫忙开口，先多取前人议论来研究看！如你又要说话，我仍请你莫开口，再沉想沉想看！你真要说话了，我何敢拦；然而我希望宽待一时！这是于你有益的！

这中国社会的历久不变、文化的停滞不进，原为谈社会史者谈文化者所公认，更无须申言以明之；然仍不妨说两句。我们说中国不及西洋，然中国的开化固远在近世的西洋人以前。当近世的西洋人在森林中度其野蛮生活之时，中国已有高明的学术、美盛的文化开出来千余年了。四千年前，中国已有文化；其与并时而开放过文化之花的民族，无不零落消亡；只有他一条老命生活到今日，文化未曾中断，民族未曾灭亡，他在这三四千年中，不但活着而已！中间且不断有文化的盛彩。历史上只见他一次再次同化了外族，而没有谁从文化上能征服他的事。我们随手摘取一本《世界社会史》上的话：①

> 中国的文明，好像一个平静的大湖，停滞不动。这样的

---

① 上田茂树著（施复亮译）：《世界社会史》，46—47页、81—84页。

文明,自然不难吸收同化那经由土耳其斯坦而间接输入的印度文化的精髓——佛教。

当古代西洋文明没落以后,于中世纪的黑暗时代,历史的本流处于干涸状态的期间,中国文明的大湖反而现出了最汪洋的全盛时代。

那在第四世纪北方侵入来的所谓五胡蛮族,不久也被这湖水所吞没而同化了。这些蛮族,在北方建立了十六个几乎完全与中国文明相融合的国家,在晋朝灭亡后,约有一世纪半南北朝时代的战乱之间,与南方诸国相竞争相混合。到了第六世纪末叶,中国又渐渐统一于隋朝了。

其后三百余年间隋唐两朝的治世,使中国成为当时的世界中最安定的文明国,达到繁荣的绝顶。那破坏于秦而复兴于汉的儒学,在这期间大为发达,产出绚烂流丽的诗文;又发明木版印刷术,因之唐朝的宫廷有了藏着几万册典籍的图书馆。那佛教,也因为与印度直接交通,输入名僧经书,以致迅速地普及起来;各流各门的钟楼伽蓝,耸立于一切深山冷谷之内;幽雅庄严的佛书、佛像,把当时美术的显著的进步流传于今日。然而就社会全体来说,并没有产生什么本质的进步,和根本的变化。他们的经济生活,依旧一点没有脱离古代以来的旧套,在土壤肥沃的大平原里保守着那祖先传来的农业生产力所生的社会制度;中国人便安然的在这种静稳和幸福的范围内过活。商业与货币,虽然已经有了相当的发展,但决没有像古代希腊那样在社会内获得重要的地位。市场上物物交换,还流行得很广。这里并没有农奴制度,连兵农的封建的阶级差别,也不甚明确。万物宽裕而且悠长的这个巨大的社会,却妨碍了那奔放不羁的冒险的活跃和独创的发展。

在唐朝末年,虽有了与阿拉伯的海上贸易者通商,与沙拉星文明接触,及基督教的输入等历史事件,也不能成为什么动因和刺戟,连以前北方蛮族侵入在这沉滞的人类大湖里所掀起的那样表面的波纹也没有。

长期的安逸和倦怠,在支配者的宫廷里,产生了阴谋、紊乱和虐政。一般民众,只是糊里糊涂地期待天命的变革,"真命天子"的出世,即欢迎新的较善的支配者出来代替。但这只是改变支配地位和国号的政治上的大事件,决不是像上述那种生产力的发展阶段相异的社会集团间的阶级或民族战争一样,引起社会的本质的变革。

到了成吉斯汗的孙子忽必烈汗,遂夺取中国的南部,把宋朝灭亡,建设了连结欧、亚两洲的一大蒙古帝国;这诚然是流入东洋史上中国文明的大湖里的外来蛮族的最大的浊浪。然而就是这个浊浪,也仅仅浮动于这悠久的大湖的水面上,并没有像侵入罗马的日尔曼人那样掀起了根本倾覆湖床的怒涛;不过一百年光景,在十四世纪的中叶,又被中国的原住民族明朝所灭亡了。

中国民族在今日好比七十老翁,而西洋人只是十七八岁小伙。如

果简单地说,中国社会中国文化不及西洋进步;那就如说七十老翁身体心理的发育开展太慢,慢至不及十七八岁的孩子阶段! 社会生命或不可以个体生命相拟;然而这一类"进步太慢,落后不及"的流俗浅见,则非纠正不可。

普通人总以为人类文化可以看作一条路线,西洋人进步的快,路走出去的远;而中国人迟钝不进化,比人家少走一大半路。所以说"产业落后","文化落后",落后! 落后! 一切落后! 然而我早说过了:"……我可以断言,假使西洋文化不同我们接触,中国是完全闭关与外间不通风的;就是再走三百年,五百年,一千年亦断不会有这些轮船火车、飞行艇、科学方法和德谟克拉西产生出来。"[①]他将永此终古,岂止落后而已! 质言之,他非是迟慢落后;他是停滞在某一状态而不能进。束缚经济进步的土地封建制度,像欧洲直存在到十七八世纪的,在中国则西历纪元前二百多年已见破坏了;而却是迄今二千多年亦不见中国产业发达起来。这明明是停滞在一特殊状态;万万不能说作进行迟慢。大概许多有眼光的学者都看出是停滞问题,而不是迟慢的问题。但一般人模糊无辨别力,多将停滞与迟慢混说不分;这于学术上,可以贻误很大。

现在我请求读者大家赐予十二分的注意! 我们在前面指出西洋文化是以如飞的进步,于很短期间开发出来的;现在我们又知道中国文化是入于停滞状态既千余年;我们就应当怪问:他为

---

① 《东西文化及其哲学》,第三章,"中国文化的概说"一节。

什么飞?而他为什么停?这一飞一停,岂是偶然的么?谁若没脑筋,谁可不发此问;如果不是没脑筋的,他就要大大怪问不解,非得到惬心贵当的解答不能放过!

其次,我将请大家看历史上中国文化第二大古怪处——几乎没有宗教的人生。

今日国内论坛上,第一热闹事,即封建制度尚存在于中国社会否的聚讼;一面令我们觉得此讨论追究的不可少;一面又令我们觉得此讨论追究的好笑。中国社会到底是什么社会?这是非弄清楚不可的,在这工作中,从经济的社会史眼光以为观察研究必不可少;而且是基本的,必须先作。那封建制度尚存在否,便成了当前不可避的问题。为什么又好笑呢?当为此研究时,实先有中国社会之历史的发展和西洋走一条路线的一大假定;——因现在这经济的社会史眼光是由西洋社会养成而锻炼的。然而这一大假定不免是好笑的笑谈!大约亦必须本此假定而研究下去,然后自见其好笑,乃能取消此假定。然在聪明点的人,知于大关目处注意,则亦何待如此;只消从大体上一看,便明白二者不可相拟。偏有人执着地说:①

> 只要是一个人体,他的发展无论红黄黑白大抵相同。由人所组织成的社会亦正是一样。中国人有一句口头禅,说是"我们的国情不同"。这种民族的偏见差不多各个民族都

---

① 郭沫若著《中国古代社会研究》自序。

有。然而中国人不是神,不是猴子,中国人所组成的社会不应该有什么不同。

"中国人所组成的社会不应该有什么不同"!好了!中国社会方在未进状态,不敢与西洋现代社会比;比中世罢。请你看中国像欧洲中世那样的宗教制度、教会组织在哪里?欧洲那时可说是完全在宗教下组成的一社会;中国历史上曾有这样的社会吗?欧洲那时几乎除了"教祸"、"宗教战争"就没有历史;然而像这样的纪载似不容易在中国历史上找出一二页!这类最容易触起人注意的大关目,都看不见,他尚何说。

然我欲大家注意者,尚不在组织制度之间。有眼光的人早应当诧讶:中国人何竟不需要宗教?——从历史上就不需要?!——从其二千多年前历史上就不需要?!中国社会之"几乎没有宗教的人生",是比无论什么问题都值得诧怪疑问的。罗素论中国历史相传的文化,最重大之特殊点有三:一是文字以符号构成,不用字母拼音;二是以孔子之伦理为标准而无宗教;三是治国者为由考试而起之士人,非世袭之贵族。实则其余二者远不如"无宗教"之可异。自西洋文化之东来,欲以西洋政治代替中国政治,以西洋经济代替中国经济,以西洋文学代替中国文学,……种种运动都曾盛起而未有已;独少欲以西洋宗教代替过中国无宗教的盛大运动。此因中国有智慧的人无此兴味,且以在西洋亦已过时之故。然由此不发生比较讨论,而中国无宗教之可异,乃不为人所腾说，则是一件可惜的事。

人类生活难道定须宗教么？宗教又是什么？照我的解释，所谓宗教者都是从超绝人类知识处立他的根据，而以人类情志上之安慰勖勉为事者。① 人生极不易得安稳；安之之道乃每于超绝知识处求得之；为是作用者便是宗教。人类对他果需切至何程度，只能于其作用发生后见之。我们知道人类文化上之有宗教，是各洲土各种族普遍存在的重大事实。文化每以宗教开端；文化每依宗教为中心；非有较高文化，不能形成一大民族；而其文化之统一，民族生命之久远，每都靠一个大宗教在维持。从过去历史上看是如此。这就尽足客观地取证其有自然的必要。我们又知道，宗教在人类文化上见衰势，乃由挽近人事有下列四点变动而来：一，富于理智批评的精神，于不合理性者难容认；二，科学发达，知识取玄想迷信而代之；三，人类征服自然的威力增进，意态转强；四，生活竞争激烈，疲于对外，一切混过。然而历史上的中国人固不具此条件。于是我们不能不问：二三千年前历史上的中国人果何以独异于他族而得逃于此"自然的必要"？果何所依恃而能使宗教不光顾到中国来？此讵非怪事？谁能说中国人没有迷信，然而中国人没有一大迷信——整个系统的宗教信仰。谁能说中国人没有宗教行为；然而中国人没有一大规模的宗教行为——国家制度团体组织的宗教活动。似此零星散见的迷信、无大活动力的宗教行为，实不足以当偌大民族统一文化中心之任。（亦显然地

---

① 《东西文化及其哲学》第四章，"宗教问题之研究"一节。

不在此，而别有在。）以偌大民族、偌大地域，各方风土人情之异、语音之多隔、交通之不便，所以维持树立其文化的统一者，其必有为彼一民族社会所共信共喻共涵育生息之一精神中心在；唯以此中心，而后文化推广得出，民族生命扩延得久，异族迭入而先后同化不为碍。然此中心在那样古代社会，照例必然是一个大宗教无疑的。却不谓二千年前中国人之所为乃竟不然——他并没有这样一个大宗教；讵非怪事耶？

我们为什么不说，"中国没有宗教"；而说，中国"几乎没有宗教"？这是几层意思。"几乎怎样"，意即谓不是"干脆怎样"。中国如我所说，原是一种暧昧不明的文化；他就没有干脆的事。此其故，待后说明。一般人就因不明此理，总爱陷于无益的聚讼纷争；如争什么"中国是封建社会"、"中国不是封建社会"等类。其实从其"几乎是"言之，则几乎是；从其"几乎不是"以为言，则亦不是也。彼固隐然有其积极面目在；但你若不能发见其积极面目，则未有不徘徊疑惑者。或致不得已从其负面（消极方面）而强下断语，如说："只有在与'前资本主义的'同其意义而应用时，我们可以把中国社会的构造唤作封建制度。"[①]照此例推之，则亦可说："从其前于科学发达而言，则中国可以说作有宗教"，岂非笑话！是否封建，有无宗教，本不干脆；倘更有意为之曲解，则更没办法矣。然你能从大端上发见其积极面目，固将知其不是也。

---

① E. Varga 著《中国革命的诸根本问题》一文中有此语，此语实不通。此岂非说，以其不白故谓之黑乎？

替代一个大宗教,而为中国社会文化中心的,是孔子之教化。有人即以孔子之教化为宗教;这就弄乱了宗教固有的范型。孔子的教化全然不从超绝知识处立足,因此没有独断(dogma)、迷信及出世倾向;何可判为宗教?不过孔子的教化,实与世界其他伟大宗教同样的对于人生具有等量的安慰勖勉作用;他又有类似宗教的仪式;——这亦是我们只说中国几乎没有宗教,而不径直说没有宗教的一层意思。孔子之非宗教,虽有类似宗教的仪式亦非宗教,这在冯友兰先生《儒家对于婚丧祭礼之理论》一文中,说得很明。① 这篇文全从儒家固有理论,来指点儒家所有许多礼文仪式,只是诗是艺术而不是宗教。他们一面既妙能慰安情感,极其曲尽深到;一面复极见其所为开明通达,不背理性。我们摘取他总括的几句话于此:

> 近人桑戴延纳(Santayana)主张宗教亦宜放弃其迷信与独断,而自比于诗。但依儒家对于其所拥护之丧礼与祭礼之解释与理论,则儒家早已将古时之宗教,修正为诗。古时所已有之丧祭礼,或为宗教的仪式,其中或包含不少之迷信与独断。但儒家以述为作,加以澄清,与之以新意义,使之由宗教而变为诗,斯乃儒家之大贡献也。

此下他就丧葬祭各礼,一样一样指点说明,皆饶有诗或艺术的趣

---

① 冯君此文见燕京大学《燕京学报》第三期。

味,持一种"诗"的态度。他并且指说,不但祭祀祖先如此,对任何祭祀亦持此态度。儒家固自说:

> 祭者,志意思慕之情也。忠信爱敬之至矣,礼节文貌之盛矣。苟非圣人,莫之能知也。圣人明知之,君子安行之,官人以为守,百姓以成俗;其在君子以为人道也;其在百姓以为鬼事也。
>
> 日月食而救之,天旱而雩,卜筮然后决大事,非以为求得也,以文之也。故君子以为文,而百姓以为神。

儒家所为种种的礼,皆在自尽其心,成其所以为人,没有什么要求得的对象。像一般宗教所以宰制社会人心的,是靠着他的"罪"、"福"观念;——尤其是从超绝于知识的另外一世界而来的罪与福,存在于另外一世界之罪与福。而孔子对人之请祷,则曰,"丘之祷也久矣!"对人之问媚奥媚灶,则曰,"不然,获罪于天无所祷也!"又如说,"非其鬼而祭之,谄也","敬鬼神而远之","未知生,焉知死;未能事人,焉能事鬼"。其全不想借着人类对另外一世界的希望与恐怖,来支配宰制人心,是很明的。这样如何算得宗教?

现在我们可以说到本题了。中国没有一个大宗教,孔子不是宗教,都已分明;则历史上中国社会人生是靠什么维持的?这"几乎没有宗教的人生",怎样度日过活来?这非求得一个答复不可。当那古代没有科学,知识未充富,理智未条达,征服自然的能力不大而自然的威力方凌于人类之上,谁个民族社会不靠宗教为多数人精神之所寄托而慰安,所由约束而维持?乃中国人有什么本领,能超居例外?宗教在古代是个"乘虚而入"的东西;何独于中国古代社会,宗教乃不能入?这些问题,谁若没脑筋谁可不想到;如果不是没脑筋的,他就要大大怪问不解,非得到惬心贵当的解答,不能放过!

六　解一解中国的谜

中国的谜(古怪可疑之点)本来随处可以发见;只怕不留心,留心多着哩!我今姑举上边两大疑问而止。凡欲了解中国人和中国文化的,从此入手去求了解,便可豁然。这好比那大门上的锁窍,得此窍即可开此锁而开门看见一切。我一面指出锁窍,请大家有心人各自试探研究;我一面将再贡献一把钥匙,备大家试探时的参考采用;同时我亦借此说明,我前所言中国之于西洋是因"不同"而后"不及",因"过"而后"不及"的所以然。

我这把钥匙还是在《东西文化及其哲学》所提出的:

> 人类生活中,所遇到的问题有三不同;人类生活,人所秉持的态度(即所以应付问题者)有三不同;因而人类文化有三期次第不同。

第一问题是人对于"物"的问题,为当前之碍者即眼前面之自然界;——此其性质上为我所可得到满足者。

第二问题是人对于"人"的问题,为当前之碍者在所谓"他心";——此其性质上为得到满足与否不由我决定者。

第三问题是人对于"自己"的问题,为当前之碍者乃还在自己生命本身;——此其性质上为绝对不能满足者。

第一态度是两眼常向前看,逼直向前要求去,从对方下手改造客观境地以解决问题,而得满足于外者。

第二态度是两眼常转回来看自家这里,反求诸己,尽其在我,调和融洽我与对方之间,或超越彼此之对待,以变换主观自适于这种境地为问题之解决,而得满足于内者。

第三态度——此态度绝异于前二者;他是以取消问题为问题之解决,以根本不生要求为最上之满足。

问题及态度,各有浅深前后之序;又在什么问题之下,有其最适相当的什么态度。虽人之感触问题,采取态度,初不必依其次第,亦不必适相当;而依其次第适当以进者,实为合乎天然顺序,得其常理。人类当第一问题之下,持第一态度走去,即成就得其第一期文化,而自然引入第二问题,转到第二态度,成就其第二期文化;又自然引入第三问题,转到第三态度,成就其第三期文化。

此其所由树立,盖从人类过去历史文化反复参证而得。古希腊人

之人生盖类属第一态度,其文化即发于此;古中国人之人生盖类属第二态度,其文化即发于此;古印度人之人生盖属第三态度,其文化即发于此。总之,所谓世界三大系文化者,盖皆有其三不同之人生态度为根本。然综观人类文化至于今日,实尚在第一问题之下;而古之人唯希腊态度适相当,又不久中断;中国印度则均失序不合,其所成就既别有在。近世之西洋人乃重新认取第一态度而固持之,遂开人类文化新纪元,大有成就;迄于最近未来,殆将完成所谓第一期文化。① 在最近未来第一期文化完成;第二问题自然引入。人类必将重新认取第二态度,而完成所谓第二期文化。如是第三问题又自然引入;第三态度又将重新认取,而完成所谓第三期文化。此余前书大意,欲得其详,必审原书。

如果让我解一解中国的谜——顷才提出的两大古怪问题,则我仍将用我从来用以解开一切文化之谜的钥匙来解。

历史上的中国社会为什么不需要宗教?我的回答是:中国因为走入人生第二态度故不需要宗教了!既没有一个大宗教,则其一大社会之人生所由安慰而勖勉,所由维持而进行,又靠什么?我的回答是:他所靠的是代表人生第二态度所谓孔子一派的思想学问礼俗制度。

近二三百年来西洋人为什么飞?而近千余年来中国人为什么停?我的回答是:从中古欧洲史看去,他既郁蕴有非冲决奔放不可之势,一旦得人生思想之新解放,恰不啻由代表第一态度之

---

① 请参看《东西文化及其哲学》,第五章"因经济改正而致文化变迁"一节。

人生观使这冲决奔放得一根据，得一公认；而恰好在人生第一问题下正需切这第一态度，以开发其第一期文化，种种恰好凑合，集全力以奔注于一点，如鱼得水，如虎生翼，安得不飞跃起来！中国文化的所以停滞，因其不持第一态度，就根本地冷怠了在第一问题上之进展；而处于第一问题尚未解决之下，以基础条件之不备，环境之不合，其发于第二态度之文化亦只能达于可能的最高度而止，这样交相牵掣，就陷于绝境，苟外缘之不变，即永无新机杼之可开出；不停滞，又何待？其历久不变的社会，即此中重要现象之一，尽其社会构造之特殊，虽出于第二态度之人为调制，而究必以其在第一个问题上所得几许成就为下层基础，今在第一个问题上既无复进展，则社会其何由变？

关于答案的前提说明，既有前书，非此所及。所以我们就从解明答案说起。

宗教这样东西饥不可为食，渴不可为饮，而人类偏喜欢接受他，果何所谓呢？这就因为人们的生活多是靠着希望来维持，而他是能维持希望的。人常是有所希望要求，就借着希望的满足而慰安；对着前面希望的接近而鼓舞；因希望之不断而忍耐勉励。失望与绝望于他是太难堪。然而怎能没有失望与绝望呢？恐怕所希望要求者不得满足是常，得满足或是例外哩！这样一览而尽，狭小迫促的世界，谁能受得？于是人们自然就要超越知识界限，打破理性酷冷，辟出一超绝神秘的世界来，使他的希望要求范围更拓广，内容更丰富，意味更深长，尤其是结果更渺茫不定。一般之所谓宗教就从这里产生；一般宗教，莫不以其罪福观念，为宰制支配人心之具，而祈祷禳祓成了必不可少的宗教行为，亦就为此。① 如果我们这个解说不大错，则我们倘无所希冀要求于外，宗教即无从安立。这无所希冀要求于外的人生态度非他，即我所谓人生第二态度者是。历史上的中国人所以既不具挽近西洋致宗教于衰微的四条件（如前第五段所陈），而能独若无所需于宗教，而宗教亦于中国古代社会独若不能入者，只是因周孔的特别聪明教化，大大修正了或变化了当人类文化初期所不容少的有所希冀要求于外的态度，而走入人生第二态度的缘故。

说到中国的人生，俗常都以为孔子的教化实支配了二三千年的中国人，而西洋人对于中国之所知，更只于孔子的伦理而止；其实孔子的教化久已不得而见之，所贻留于后者不过是些孔子的语言道理，其影响到人生的势力是很勉强的，真正中国的人生之开辟一定前乎孔子，而周公当为其中最有力之成功者。周公并没有多少道理给人；——他给人以整个的人生。他使你无所得而畅快，不是使你有所得而满足；他使你忘物忘我忘一切，不使你分别物我而逐求。怎样能有这大本领？这就在他的"礼乐"。自非礼乐，谁能以道理扭转得那古代社会的人生！自非礼乐，谁能以道理替换得那宗教！中国文化之精英，第一是周公礼乐，其次乃是孔子道理。（孔子只是对于文武周公所创造的中国文化，大有所

---

① 此固未能概括所有宗教，较高宗教或面目不改，而内容意义变异；更高宗教则或面目内容全变；然一般之宗教则固如此也。

悟的一个人。)礼乐之亡甚早甚早,即真正的中国人生湮失已久已久。周秦之际已是王道衰,霸道起,两相争持之候(孙中山先生尝以王道霸道分别中西文化颇洽);汉代去古未远,收拾余烬,仅存糟粕,仍可支持,至魏晋而衰竭,不复能维持矣,印度文化之佛教由是以入;唐代佛教盛行,中国人生(内容兼面目)于此呈一变例,由此异化之刺激而使固有路子稍得寻回,则宋人是已;然内容虽见活气,外面缺憾实多;明代继有发明,而其味转漓;有清三百年虽有颜李不世英豪,惜与墨子同为缺乏中国人的聪明者,自不足以继往开来;而大体上中国的人生远从两千年(汉)近从八百年(宋)递演至此,外面已僵化成一硬壳(体合人情的伦理渐成不顾人情的礼教),内容腐坏酵发臭味(儒释道三合化为文昌帝君教,读书人咸奉之,贪禄希荣迷信鬼神);自欧化东来予一新颖而剧烈之刺激,近数十年乃一面为硬壳之破裂崩坏,一面为腐臭之宣播扬达;苟非残生将次断命,便是换骨脱胎之候。盖不独于今日为西洋所丑化了的中国人不足以见所谓中国人生,即倒退六七十年欧化未入中国之时,固已陵夷衰败至最后一步,不成样子;——几乎从无宗教复返于有宗教。乃不谓罗素于民九来中国住得一年,对中国人生犹复称美不置;他一而再,再而三地说:[①]

> 吾人文化之特长为科学方法;中国人之特长为人生究竟之正当概念(a just conception of the ends of life)。

---

① 罗素著:《中国之问题》,中华书局译本,191、195、4、186页。

中国人所发明人生之道,实行之者数千年;苟为全世界所采纳,则全世界当较今日为乐。

吾人深信自己之文化与人生之道,远胜于他族;然苟遇一民族如中国者,以为吾人对彼最慈善之举莫若使彼尽效吾人之所为,此则大过矣。以予观之,平均之中国人虽甚贫穷,但较平均之英国人更快乐。

其在中国,人生之乐无往而不在,斯中国之文化为予所赞美之一大原因也。

好动之西洋人处如此之社会,几失其常度,而不知向日所为之目的何在。及夫为时渐久,乃知中国人生之美满可贵;故居中国最久之外人即为最爱中国之外人。

素称冷静客观的罗素亦许独于此有偏见而扢扬太过,然总不能毫无故实。这就为中国人虽丧失他祖先的俊伟精神,而数千年之濡染浸淫,无论如何总还有一点不同处。中国的人生无他,只是自得——从自己努力上自得——而已;此即其东别于印度,而西异于西洋者。此"自得"二字可以上贯周孔精神,而下逮数千年中国社会无知无识匹夫匹妇之态度,虽有真伪高下浅深久暂千百其层次而无所不可包;此实为一种"艺术的人生",而我所谓人生第二态度,其所以几于措宗教于不用者,盖为此。

前引冯友兰先生论文,谓中国儒家将古代宗教修正为诗,盖正是以礼乐代宗教耳。在初时,非周公礼乐不能替换得宗教;然二三千年来为此一大民族社会文化中心之寄者,则孔子道理也。我们前说,"以偌大民族、偌大地域,各方风土人情之异、语言之多隔、交通之不便,所以维持树立其文化的统一者,其必有为彼一民族社会所共信共喻共涵育生息之一精神中心在;唯以此中心,而后文化推广得出,民族生命扩延得久,异族迭入而先后同化不为碍",正谓"极高明而道中庸"的孔子之遗教。此中心在那样古代社会照例必然是一个大宗教——中国原来是需要宗教的,但为有了孔子就不需要他。这好比太阳底下不用灯,有灯亦不亮一样。孔子的教训总是指点人回头看自己,在自家本身上用力;唤起人的自省(理性)与自求(意志)。这与宗教之教人舍其自信而信他,弃其自力而靠他力,恰好相反;亦明明是人类心理发育开展上一高一下两个阶段。却是人们一经这样教训,要再返于那下阶段就难了。所以虽礼崩乐亡,而中国人总不翻回去请出一个宗教来,——不再用灯,散碎的宗教迷信不绝于社会间而总起不来,——灯总不亮。中国人自经孔子的教训,就在社会上蔚呈一大异彩,以道德易宗教;或更深切确凿地说,以是非观念易罪福观念。

罗素在他著的《中国之问题》中,曾深深叹异中国人没有"罪"(sin)的观念;又说:"在中国'宗教上的怀疑'并不引起其相当的'道德上之怀疑',有如欧洲所习见者。"[1]中国人向来要凭良心讲理的,谚所谓"有理讲倒人","什么亦大不过理去",皆足以

---

[1] 罗素著:《中国之问题》,35、189页。

见。凡我们之有所不敢为者,自恶于不合理,知其"非"也,欧洲人则惧于触犯神和宗教教条,认为是一种"罪"。这个分别很大。一是诉诸自己理性而主张之,一是以宗教教条替代自己理性而茫无主张。在中国社会虽然道德上传统观念时或很有权威,足以压迫理性,然此唯后来硬壳已成时有之,非古人原初精神。孔孟原初精神,如所谓"是非之心,人皆有之","理义之悦我心,犹刍豢之悦我口","君子不安故不为,汝安则为之",皆彻底以诉诸自己理性判断为最后准归。欧洲社会只是有宗教,以宗教为道德,中国社会才真有道德。这个关系很大,必须一为申论:

一是因诉诸自己理性,而抽象理解力大进,不复沾滞于具体的特殊名象仪式关系等。中国人最喜说"宗教虽多,道理则一"的话,诚然是模糊佝侗的好笑。然亦正见其不注意表面名色仪式等,而注意各宗教背后抽象道理。这实是进了一阶段。

一是因反省而有自己抑制及对他人宽容的态度。欧洲人信一宗教为真,则以其余宗教为必假;由其宗教上之不宽容(religious intolerance)彼此仇视,致有遍欧洲千余年之教祸;中国人实无此偏见隘量与暴气。罗素云:"中国人之宽容,恐非未至中国之欧人所及料;吾人今自以为宽容,不过较之祖先更宽容耳。"又云:"道德上之品性为中国所特长,……如此品性之中,予以'心平气和'(pacific temper)最为可贵,所谓'心平气和'者。以公理而非以武力解决是已。"①这实比欧人进高一阶段。

---

① 罗素著:《中国之问题》,194、211页。

一是因大家彼此都要讲理,而又有其一社会所共信共喻之理(孔子道理),又有平和从容以讲理的品性,故社会自然能有秩序,不假他力来维持。旧日中国社会之维持,第一不是靠教会的宗教,第二不是靠国家的法律;——或者只可说是靠道德习惯。辜汤生先生尝讥西洋社会不是靠僧侣拿上帝来威吓人,便是靠军警拿法律来拘管人,①而西洋人自己亦说:"中国国家就靠着这千万的知足安乐的人民维持,而欧洲的国家没有不是靠武力来维持的"。② 好像宰制中国人的是公理,而宰制西洋人的是强权。我们很勿须客气地说,这实比欧人要高一阶段。

一是因讲理之风既开,人心之最高倾向乃唯在理。理是最能打动中国人心的东西。他实最有服善之勇气与雅量。虽然无论哪个民族哪个社会于其不相习的道理都不易接受,中国亦何能独外,然而恐怕没有再比中国人接受这样快,冲突扞格这样少的,因为他脑中的障蔽最少。科学与德谟克拉西,中国人皆以理之所在而倾向之。中国人之革命率以趋赴真理之态度出之;其革命势力之造成,乃全在知识分子对于一道理之迷信与热诚的鼓荡。他并

---

① 辜鸿铭先生以英德文写著《春秋大义》一书以示西人,其中有云:西洋之教人为善,不畏之以上帝,则畏之以法律,离斯二者虽兄弟比邻不能安处也。逮夫僧侣日多,食之者众,民不堪其重负,遂因三十年之战倾覆僧侣之势力而以法律代上帝之权威。于是继僧侣而兴者则为军警焉。军警之坐食累民,其害且过于僧侣,结果又以酿成今日之战。经此大战之后,欧人必谋所以弃此军警,亦如昔之摒弃僧侣者然。顾摒弃军警之后其所赖以维持人间之平和秩序者将复迎前摒弃之僧侣乎?抑将更事他求乎?为欧人计惟有欢迎吾中国人之精神,惟有欢迎孔子之道。(原书未见,此就李守常先生《东西文明之根本异点》一文所引录者转录之)。

② 德国 F. Müller-Lyer 著《社会进化史》,陶孟和译,第 62 页。

没有经济上的必然性,却含有道德的意味,这个关系中国革命性质问题甚大,当别为文讨论之;此刻我们只指出请大家注意,中国近三十年一切改革或革命大抵出于所谓"先觉之士"主观上的要求,而很少是出于这社会里面事实上客观的要求。以前一切的贻误全由于此,但今后却仍无法舍此路而不由。

古时的中国人心思之开明远过于西洋,简直是不可同日而语,——西洋人唯入近世乃趋于开明耳。然我欲请大家注意者尚不在此。孔子使人心开明,宗教不起,而代之以道德,是固然已;但人类是何等难对付的东西,岂是"人心开明,宗教不起",就算行了么?人心开明,正可以嗜欲放纵;宗教不起,正可以肆无忌惮;文化毁灭,民族衰亡,并不难由此而致(希腊罗马之往事殆即如此)。开明不难,开明而能维持其开明实难。这似就是靠道德了!却是老生常谈的道德教训就能行了么?开明是孔子的长处之易见者,而其真正的长处乃在开明的背后更深的所在。苟不能于此有所识得,即不为识得孔子,亦不能识得中国人生和中国文化。

人类是何等难对付的东西!古代所谓"圣贤英雄",莫不以愚蔽他为好的对付;孔子乃独去其障蔽,使他心思开明,而后对付他,这是何等的大胆!这其中又是何等手段!一般人之对付犹非难,聪明人之对付实难。聪明人都是好怪的,你不显出些神奇高妙新鲜希罕的玩艺收罗不住他。孔子乃独以老生常谈、浅近平庸的东西摆在你眼前,说在你耳边,仿佛都是让人看了不起劲、听了要睡觉的,而他却不怕你不要。这是何等的大胆!这其中又是何等手段！大胆是空有的么？手段是随便就有的么？自非有极高的眼光极深的见解，将人类是怎样一个东西，人生是怎么一回事，完全洞彻了然于胸，其何能如此！呜呼，圣矣！这真可以俯视一切！（孔子不俯视一切，我替他俯视一切；孔子亦无大胆，无手段，抑本无对付人类之意，我替孔子作说明，不得不为是引人注意的说词耳。）

生物进化到人类，实开一异境。一切生物，均限于"有对"之中，而人类则以"有对"超进于"无对"。——他一面还是站脚在"有对"，而实又已超"有对"而入"无对"了。这就是说，一切生物，无法超离其"个体对外性"，——或简云"对外性"，因有时或为个体之集团故。他总要一面有所利用凭借，一面有所对待反抗，这是他辗转逃不出之局；而人类则可以超乎此。人类唯以超有对，故能有超利害的是非心，故有道德。人类唯以超有对，故能有真的自得，故生活非定靠希望来维持，更不必靠宗教来维持希望。人类唯以超有对，故能洞开重门，融释物我，通乎宇宙万物为一体。我们今日乃深有味乎中国人之言："仁者人也"，"仁者与物无对"。除非中国人数千年白活了，于人类文化无所发明，无所贡献则已，如其有之，则我敢断言，便是他首先认识了人类之所以为人，——认识了人的无对。有此认识者非唯孔子，然孔子实承前而启后，凡数千年中国人生中国文化所为与西洋大异其趣者，要唯以中国古人有此一点认识，前后相承，勉力趋赴，影响所被演成前所谓人生第二态度之所致耳。人生第二态度之于"无对"或即之,或违之,"虽不能至,心向往之",百变不离其宗。然人生第一态度则正是人之"有对性"所表现发挥。中国人之精神与西洋人之精神,各有其在人性上之根据;然西洋人盖自人与一切生物所同具之点出发;中国人则自人性中所以异乎一切生物之点出发。此问题太大太大,他日当为《人心与人生》一书专论之。

孔子就因为把握得人类生命更深处作根据,而开出无穷无尽可发挥的前途,所以不必对付人,而人自对付了,——人类自要归了他的辙。看似他收罗不住聪明人,而不知多少过量英豪钻进去就出不来。看似他了无深义,令人不起劲,而其实有无穷至味,足以使你"不知手之舞之,足之蹈之"。他是"极高明而道中庸",你不要以为他平平常常就完了;——他比任何神奇者更神奇,他比任何新妙者更新妙。罗素在他书上说:"孔子之功何在,予实不知;读其书,大都注意于小端之礼节,教人以在各种之时会,处己之方法。"① 泰戈尔对我谈,他诧异像孔子这样全非宗教而只是一种的人事教训,为什么亦能在社会上有根深蒂固伟大而长久的势力?② 他们只见其处处剀切人事的许多教训,而没发见他整个精神、一贯之道;外面的"中庸"看见了,内里的"高明"没看见。当然要对于他的价值和势力,生疑发闷而不解。其实假使孔子只中庸而不高明,只有许多教训和礼制而没有整个精神、一贯之道,中

---

① 罗素著:《中国之问题》,186页。
② 泰戈尔来北京,徐志摩先生劝我与他为一度之谈话,我原意欲有请教于他者,不期乃专答了他之问。此段谈话将来须另为文叙述之。大致是因杨震文先生以孔子为宗教之一,泰戈尔则不承认孔子为宗教,引出他对孔子不解的凤疑,而我答之,当时多劳志摩先生为我翻译。

国的事倒好办了;——他不足以范围聪明人,聪明人很可以另开他路。中国人所为深入于人生第二态度,南北东西一道同风,数千年而不变,聪明才智之士悉向此途中之学问或事业用去(唯唐宋佛教禅宗收去聪明英豪不少),有如印度人之深入第三态度,聪明才智悉用于宗教者,以孔子大启其门,深示之路,后之人采之不尽,用之不竭,遂一入而不能出也。不然,则局于第二态度不可能,而人生第一态度或有可能已。唯人生第一态度隐昧开不出,就耽误了中国人!

你看科学为什么偏出于宗教障蔽最强的欧洲,而为什么中国人心思开明,无为之障蔽者,却竟尔数千年亦没有科学产生出来? 这是什么缘故,你能回答么? 这就为两眼向外看(第一态度)与两眼转回来看自己(第二态度)之不同而已。两眼向外看则所遇为静的物质,为空间(其实化宇宙为物质,化宇宙为空间耳;曰遇物质遇空间,特顺俗言之),为理智分析区划所最洽便适用之地。回来看自己则所遇为动的生命,为时间、①为理智分析区划所最不便适用之地。西洋天才英伟之伦,心思聪明向外用去,自就产生了物质科学和科学方法,更以科学方法普遍适用于一切。中国天才英伟之伦,心思聪明反用诸其身,其何从而产生物质科学和纯乎理智把戏的科学方法邪? 其所成就盖早与西洋殊途;然而没有科学,就耽误了中国人。(老庄思想及道教、佛教或属第二态

---

① 为近三十年西洋哲学上之一新意义的"时间",非俗常所说者。俗常所说为分段的时间,盖以空间的法式移用而来。此为西洋哲学接近东方哲学之一大变迁,非此处所及说。

度或属第三态度,亦以此同为耽误中国人者,顾究非中国人生之正宗主脉,关系影响不如是重大。)

孔子不单耽误了中国的科学,并且耽误了中国的德谟克拉西。礼乐亡失,中国人所受用者为孔子之遗教;然此可粗判为思想学问及礼俗制度之二大部。思想学问仅为少数人所得享;礼俗制度乃普及于全社会。礼俗制度之时代性地域性极重,本不同乎思想之有个人性;以礼俗制度属诸孔子非诬则妄。然中国之有"伦理",孔子似极有力,此伦理又为数千年礼俗制度之中心骨干,无甚大之变化。于是孔子乃有其任何哲学家、教育家、政治家对于人群所不能有之伟大而长久的势力。(此种伟大而长久的势力唯大宗教有之,然孔子固非宗教,此泰戈尔所以疑也。)中国人如果像罗素所说那样安乐幸福,亦唯此伦理之赐;中国人如果像前两年的时髦话有所谓"吃人礼教",近两年的时髦话有所谓"封建遗毒",亦唯此伦理之赐。

伦理者,盖示人以人生必为关系的;个人生活为不完全之人生。男或女,孑然一身,只好算半个人;必两性关系成立,全整人生乃于是造端;继之以有父子,又继之以有兄弟。——此即所谓家。家而外,又从社会关系而有君臣朋友。人生实存于此各种关系之上,而家乃天然基本关系。故所谓伦理者,要以家庭伦理——天伦——为根本所重;谓人必亲其所亲也。人互喜以所亲者之喜,其喜弥扬;人互悲以所亲者之悲,悲而不伤。外则相和答,内则相体念,心理共鸣,神形相依以为慰,所谓亲也。人生之美满非他,即此各种关系之无缺憾。反之,人生之大不幸非他,亦即此各种关系之缺憾。鳏、寡、孤、独,人生之最苦,谓曰"无告";疾苦穷难不得就所亲而诉之也。此其情盖与西洋风气不孤而孤之(亲子异居,有父母而如无父母),不独而独之(有子女而如无子女),不期于相守而期于相离,又乐为婚姻关系之不固定者,适异矣!家为中国人生活之源泉,又为其归宿地。人生极难安稳得住,有家维系之乃安。人生恒乐不抵苦,有家其情斯畅乃乐。"家"之于中国人,慰安而勖勉之,其相当于宗教矣。① 故中国社会以家构成,而西洋人昔则以每个人直接宗教,近则以每个人直接国家。我们或者可以戏称西洋人生为单式的,中国人生为复式的。(以经济上农业工业之殊,解释中西人之有家无家,仅为片面理由。)

现在我有请大家特别注意的,中国人不期于此引入我所谓人生第二问题是也。伦理复式的人生,使得中国人触处发生对人的问题,——如何处夫妇,如何处父母子女,如何处兄弟乃至堂兄弟,如何处婆媳妯娌姑嫂,如何处祖孙伯叔侄子乃至族众,如何处母党妻党亲戚尊卑,如何处邻里乡党长幼,如何处君臣师弟东家伙伴一切朋友,……如是种种。总之,伦理关系罩住了中国人,大

---

① 王鸿一先生尝有如何解决三世两性问题之说,据其所见,则中国人正是以家庭伦理代宗教。三世者,过去、现在、未来;两性者,男女两性。禽兽但有现在,人类则更有过去观念、未来观念。宗教为解决三世问题者,是即其天堂净土,地狱轮回之说也。中国人则以祖先、本身、儿孙,所谓一家之三世为三世;过去信仰寄于祖先父母,现在安慰寄于两性和合,未来希望寄于儿孙。较之宗教的解决为明通切实云云。

有无所逃于天地之间之概；故如何将此各种关系处得好乃为第一问题。于是当人类文化初期，本在人对物的问题之下，其人对人问题尚不迫切地到达人面前的，乃不期而到了中国人头上，迎面即是，无从闪躲。而此所谓人生第二问题者乃与第一问题绝异其性质的，如我前所开陈——

> 第一问题是人对于"物"的问题，为当前之碍者即眼前面之自然界，——此其性质上为我所可得到满足者。
> 第二问题是人对于"人"的问题，为当前之碍者在所谓"他心"，——此其性质上为得到满足与否不由我决定者。

宇宙本来在"我"——每一生命为一中心，环之之宇宙皆其所得而宰制；但他人身体在内，他心不在内；以他心为别一生命，别一"我"也。我们对他人身体有绝对制服力（性质上如此），对于他心无绝对制服力（性质上如此）。所谓"性质上为我可得到满足者"，得到满足与否亦不决定，但性质上为我可得到满足者；我不但有力于决定此问题，且其力为绝对的，以对方之"物"静故也。所谓"性质上为满足与否不由我决定者"，我固可有力于决定此问题，但其力只为相对的；如何结果尚待他来决定，而不由我，以对方之"心"动故也。由是而吾人对付问题之态度乃不得不异：对付人生第一问题，宜用人生第一态度，而对付人生第二问题，乃不能不用人生第二态度。——一往直前的办法、强硬征服的办法,专于向外用力者于此皆用不上。我们此时实只有"反求诸己","尽其在我"而已。例如不得于父母者,只有两眼转回来看自家这里由何失爱,而在自己身上用力,结果如何不得期必,唯知尽其在我,此为最确实有效可得父母之爱的方法。其他一切关系均不出此例。盖关系虽种种不同,事实上所发生问题更复杂万状,然所求无非彼此感情之融和,他心与我心之相顺。此和与顺,强力求之,则势益乖;巧思取之,则情益离;凡一切心思力气向外用者皆非其道。于是事实上训练出来的结果,乃不得不以第二态度易第一态度矣。然继此更有可言者。

伦理关系之弄得好,本在双方各尽其道;然此各尽其道只许第三人言之,当事之双方则只许先问自己尽其道否,——此先为永远无尽之先。故由此大家公认只许责己不许责人。伦理上之双方多有尊卑长幼主客轻重不同之势,虽曰各尽其道,而责重则在一方,亦人情所恒有。故孝弟之训多于慈友之勉。伦理关系期于合而不期于离;有时合之不能,离之不可,则相忍为国,以无办法为办法。事实上其真出于离,或真能行合之道者既不多,则归于两相忍隐耐受者其在十之八九。故由此养成国民的妥协性与麻痹性。凡此或为道理之推论,或为事实之所演,皆第二态度之余义。试问以如此态度,在上之威权其何由推翻?谁都知道,"德谟克拉西"是由西洋人对于在上者之压迫起而抗争以得之者;所谓平等与自由,实出于各自争求个人本性权利而不肯放松,以成之均势及互为不侵犯之承认。然而从数千年伦理生活所训练出的人生态度,所陶养的国民性,你怎能想象他亦会有这么一天开出这些玩艺来呢?

然而德谟克拉西之不得出现于中国,尚有更有力之原因在,即中国社会组织制度之特殊性是也。中国制度之特殊不一而足,此处所指盖在其与西洋对照有全然相异之形势——西洋制度完全造成一种逼人对外求解决的形势,而中国则异是;中国制度完全开出你自己求前途的机会。欧洲中世的封建制度,我们已于本篇第三段《中世的西洋社会和他们的文明程度》叙说过了。西洋近世的资本制度的大概,则人都知道。他们这一古一今的两大制度,虽然外表上不同的很,然而骨子里有其一致的精神。在封建社会里,一个农奴生下来,他的命运前途就决定了,——就要如前所叙的那样为奴。全部农奴的命运实在操握在封建领主手里;然而那封建领主方面的命运呢?其实亦握在全部农奴手里,——农奴若造反起来,他们亦就身家覆亡。于是全社会造成一种形势:你的命握在我手,我的命握在你手;我非打倒你没出路,你非制住我,没活命。总而言之,非向外冲去,别没有造自己命运,开自己前途的可能。在资本社会里,其形势亦复如此。一个人生在无产阶级家里,他的命运亦就规定下了,——就是要作一辈子工。全部劳动阶级的命运都在资本家手里握住。然而资本家方面呢?如果劳动阶级起来推翻资本制度,夺取生产机关,他们亦就覆亡。劳动阶级非向前干,无法开拓自己的命运,资本家亦只有严阵以待,不敢放松一步。形势逼着人对外求解决,对外用力,这就是前后两大制度的一致精神。然而中国制度其所形成的趋势,恰好与此相反,他正是叫你向里用力。在中国社会中,一个人不拘生在士农工商什么人家里,其命运都无一定。虽然亦有有凭借与无凭借之等差不同,然而凭借是靠不住的。俗语说的好:"全看本人要强不要强"。读书人可以"致身通显",农工商业亦都可以"起家",虽有身份不同,而升转流通并没有一定不可逾越的界别。从前人读书机会之容易,非处现在社会者所能想象,没有一点人为的或天然的限制,只要你有心要读,总可以读成。至于为农为工为商,亦一切由你,都无所不可。而从中国的考试制度,一读书人能否中秀才、中举人、中进士、点翰林,……就全看你能否寒灯苦读,再则看你自己资质如何。如果你资质聪明又苦读,而还是不能"中",那只有怨自己无福命,——所谓"祖上无阴功","坟地无风水",……种种都由此而来。总之,只有自责,或归之于不可知之数,不能怨人,就便怨人似亦没有起来推翻考试制度的必要。——力气无可向外用之处。你只能循环于自立志,自努力,自鼓舞,自责怨,自得,自叹,……一切都是"自"之中。心思力气转回来,转回去,只能在你本身上用。尤其是读书人走不通时,要归于修德行,更是醇正的向里用力。还是所谓"反求诸己","尽其在我",只有那条路。说到农业工业商业的人,白手起家不算新鲜之事。土地人人可买,生产要素非常简单,既鲜特权,又无专利。遗产平分,土地资财转瞬由聚而散。大家彼此都无可凭恃而赌命运于身手。大抵勤俭谨慎以得之,奢逸放纵以失之;信实稳重,积久而通;巧取豪夺,败不旋踵。得失成败皆有坦平大道,人人所共见,人人所共信,简直是天才的试验场,品性的甄别地。偶有数穷,归之渺冥,无可怨人。大家都在这社会组织制度下各自努力前途去了,谁来推翻他?

尤可注意的是中国的皇帝,他是当真的"孤家寡人",与欧洲封建社会大小领主共成一阶级,以与农民相对的形势大不同。除了极少数皇亲贵戚以外,没有与他共利害的人;而政权在官吏不在贵族,又失所以扶同拥护之具。官吏虽得有政权,是暂而非常,随时可以罢官归田;而他生长民间,所与往还因依之亲戚族众邻里乡党朋友一切之人,又皆在士农工商之四民,其心理观念实际利害,自与他们站在一边。于是皇帝乃一个人高高在上,以临于天下万众,这实在危险之极!所以他的命运亦要他自己兢兢业业好生维持。此时他不能与天下人为敌,只能与天下人为友,得人心则昌,失人心则亡。他亦与四民一样有其前途得失成败之大道,其道乃在更小心地勉励着向里用力,约束自己不要昏心暴气任意胡为。有所谓"讲官"者,常以经史上历代兴亡之鉴告诉他而警戒他,有所谓"谏官"者,常从眼前事实上提醒他而谏阻他,总都是帮助他如何向里用力,庶乎运祚其可久。于是举国上下每个人都自有其命运,须要你"好自为之",而无障碍其前途的死对头,非拼不可。(虽偶有例外,然大体如是,原则如是,谁亦不能否认。)这社会是何等巧妙的结构!真成了一个"自天子以至于庶人壹是皆以修身为本"之局!

照此制度所形成的形势，的确是使天子与庶人皆以修身为本，但天子与庶人能不能以修身为本，却仍是问题。换言之，照此制度的确使人有走人生第二态度之必要，但人能不能应于此必要而走去，固未易言。这里至少有两层问题。一层是人生落于第一态度则易易，进于第二态度则较难。人眼向前看，自是开初一步，及至转回来看自家，已是进了一层；人力向外用去，自是开初一步，及至转回向里用力，乃更大进了一层。反省、节制、自家策勉，所需于心理上之努力者实甚大，而不反省、不节制、不自策勉，乃极易易不成问题之事。一层是人生第二态度固于此时有必要，而第一态度于此时亦同有其必要。盖从人与人的关系以为言，此时固以第二态度为必要，而第一态度殆无所用之，——此其异于西洋社会者；然从人与物的关系以为言，则此时固以第一态度为必要，而第二态度又殊不适用，——此其不异于西洋社会者。两个必要交陈于前，两个态度乃迭为起伏交战于衷，数千年的中国人生所为时形其两相牵掣自为矛盾者此也。由上两层困难，第二态度虽为中国人所勉自振拔以赴之者而有时失坠，数千年的中国社会所为一治一乱交替而叠见者此也。

天子而能应于此制度形势上的必要，而尽其兢兢业业以自维持其运祚之道，四民亦各在其道上努力开拓他们各自的前途，本来谁亦不碍谁的事，哪里会有问题？于是制度见其妙用，关系良好，就成了"治世"。——此治世有西洋中世社会或近世社会所不能比的宽舒自由安静幸福。天子而不能应此必要以兢兢业业，而流于懈散的第一态度（这差不多有其一定时机的，此不详说），或民间出了枭雄野心家大发展其雄阔的第一态度（这亦差不多有其一定时机，此不详说），那便天子碍了庶人的事，庶人碍了天子的事，而问题发生，于是制度失其妙用，关系破裂，就成了"乱世"。——此乱世迫害杂来，纷扰骚乱，不同于民主革命或社会革命有一定要求方向及阶级营垒。治乱问题就存于天子与庶人彼此向里用力，抑向外用力之间。由此数千年得一大教训就是消极为治。虽然孟子尝倡导行仁政，而经验的结果，大家都颇知道还是不必有政治的好，——国家政府不必作事为好。有人说一句妙语："近代的英国人，以国家为'必要之恶'，中国人自数千年之古昔，已把国家当作'不必要之恶'了。"①政治虽不必要，但教化则为必要；此所谓教化并不含有一个信仰，只是教人人向里用力。②人人向里用力，各奔前程，则一切事他们都自谋了，正无烦政府代谋也。——这正是最好的"中国政治"。如此天子及代表天子之官与庶民之间，乃疏远而成一种无交涉状态，免得相碍相冲突，而庶乎得较久之相安，真有所谓"无为而治"之概。（王荆公不明此理，所以为呆子。）

此万国所无之国家制度，已臻妙境，寻不出复有何人必要来推翻他，但循环之继续，而无根本之变革；——但循环于一治一乱而无革命。其不能有革命是铁的；其不能有德谟克拉西之产生

---

① 长谷川如是闲作《现代国家与中国革命》有是语，见《东西学者之中国革命论》，152页。
② 中国的法律政治都含有教化，而《圣谕广训》一类之物，更为其具体表现。

是铁的。中国人虽自古有比任何国民更多之自由,①而直至于今,人权仍树不起保障,亦不能比于任何国民。这个古怪矛盾似乎不可解的现象,于此可得其解。其自由非自由也,人人以向外用力为戒而收回之,大家各得宽放舒散耳,人权保障必须有不可犯之强力,即人人向外要求形成之气势,此则于中国历史上永不能望见其开启之机者也。

利害祸福本相倚伏,今若问创为此制以赐福于中国人者谁,或始作俑者谁,则孔子脱不了干系,——亦止于有干系。此巧妙之结构制度果从何产生,本不易言,大体上不能不认其人为调制者多,而物的方面影响者少。所谓人为调制似乎有三点可言者:

一为伦理复式人生之推演。 伦理关系本始于家庭,乃更推广于社会生活国家生活。君与臣、官与民,比于父母与儿女之关系;东家伙计、师傅徒弟,社会上一切朋友同侪,比于兄弟或父子之关系。伦理上任何一方皆有其应尽之义;伦理关系即表示一种义务关系。一个人似不为其自己而存在,乃仿佛互为他人而存在者。此固不能取人类所恒有之"自己本位主义"而代之,然两种心理一申一抑之间,其为变化固不少矣。由是一切从"自己本位主义"而来之压迫对方剥削对方的事实,虽仍不能免,而影响变化亦不少矣。迫害对方之西洋制度所为不见于中国,而中国制度迫害性所为最少者其在此乎。此制度之伦理化固出于人为。

一为人生第二态度之应用。 从中国制度看去,调和性非常

---

① 孙中山先生尝说西洋人以前是没自由,而中国人以前是自由太多。

之重;此似为第二态度应用之结果。第二态度之应用,本为屈己让人,故"让"字遂为中国人之一大精神,与西洋人由第一态度而来之"争"的精神,正相映对。而其结果见于事实者,一则为互让,一则为交争。遇有问题,即互相让步调和折衷以为解决,殆成中国人之不二法门,世界所共知。① 又中国人自古有其一部"调和哲学",为大智慧者与庸众所共熟审而习用。由此哲学之所指示,则"凡事不可太过",而调和实为最妥当最能长久不败之道,所谓"亢龙有悔,盈不可久","人道恶盈而好谦","有余不敢尽",……此类教训深中于人心,其影响于临事之措置者甚大。于制度之订定,更务为顾全各方,力求平稳妥贴,期望长久,乃果然这种制度就长久起来,一直二千多年犹不能见其寿命之边涯。而审此思想实唯好反省的中国人擅长之,一往直前的西洋人所无有,故亦为第二态度之应用。溯其注意调和之始,固又属人为。

一为讲理的精神之表现。 从中国制度看去,国家有超乎社会中任何一方而立于第三者地位之公平性,此似为中国人讲理的精神之表现。奥本海末尔(Franz Oppenheimer)著《国家论》,谓一切国家皆成立于一阶级压迫并剥削其他一阶级之上,然其演进之趋势,则最后将脱却阶级性而成为"自由市民团体"。此"自由市民团体"所为异于前此之国家者,赖有一种官吏制度为"公共利益的公正无私的守护者",而近代国家中之官吏制度则其萌芽也。官吏制度实为近代国家之一个崭新的要素;——假使无此新

---

① 罗素于中国人之喜欢互相让步曾再三言之。

要素之加入，近代国家将无以异于前此之旧型。盖近代国家虽仍为一阶级（资本阶级）压迫并剥削他一阶级（无产阶级），但间之以官僚政府，不同于封建国家以领主贵族直接行之。此由国家金库为给养之官僚制度——立宪国家之君主实亦在内的一个官吏——为两阶级间有第三者出现之渐，将来社会阶级不存在，将更进至无所偏党。他曾说中国国家为最近于自由市民团体者。其以中国官僚制度出现最早，且大体上无阶级剥削关系存在于社会之故么？① 中国是不是近于他所谓自由市民团体不敢说，但比欧洲今昔国家均见公平意味讲理气息则似可相许。所谓"天子一位"，"世卿非礼"，皆其自古要讲理的口气，而社会间太不公平，说不过去的事，中国人实怯为之。假使非由此表见，而有人为之调制，则何能破世界历史上国家之常例，而奥本海末尔所为期之于世界未来者，独于中国先见其影？

好了！我们因为说明中国人如何没有宗教，而靠孔子遗下的思想学问礼俗制度而生活，不知不觉将中国之不能有科学，不能有德谟克拉西，乃至文化之停滞不进，社会之历久不变亦牵连说及，——因为这都是受孔子之影响的。我们截止于此，总束两句。

吾人不知中国人其由人生第二态度引发而且形成其第二问题欤（指伦理及其他礼俗制度），抑从人生第二问题的形成而蹁

---

① 顾孟余先生极戒人滥用"阶级"一词。他以为"阶级"的特征，在生产工具生产工作分属社会之两部分人，一部分人据有生产工具，而他部分人专任生产工作，造成剥削和被剥削的关系，如欧洲中世封建社会的阶级或其近世资本社会的阶级者是。由此中国社会，在他看来大体是职业社会而不是阶级社会。见其在《前进》杂志所写各文之中。

启其第二态度欤:其数千年的生活往复此二者之间,相牵相引,辗转益深,不可复出,以致耽误人类第一期文化则事实也。吾人每语及东方文化——无论中国或印度——必举其古者以为言;盖东方的文化和哲学诚有一成不变,历久如一之观,所有几千年后的东西还是几千年前那一套,一切今人所有都是古人之遗,一切后人所作都是古人之余。此与西洋文化和学术,花样逐日翻新,一切都是后来居上者,适异其道,虽戏称之曰"演绎式的文化"亦无所不可。是何为其然?是盖自中国文化上之特别地无宗教与印度之只有宗教为文化上畸形发达者既显示其非循夫自然之常矣。又何为而有此"非常"?吾不欲举斯宾格勒(Oswald Spengler)人生创造历史都是突然而来之说,今亦不暇述我的"一切皆缘而无因"之说,更不暇批评冒充科学的唯物史观。① 这样向上追问去,便入于玄学范围(自由论或机械论),须待专论也。我只请大家留意此"非常",认识此"非常",而知历史如中国者,正未可以西洋历史进行之一路线概之。西洋历史进行之一路线,盖以"向外用力"的第一态度,于人生"对物"的第一问题下演出者也。他这样最能解决第一问题,其一切社会进步,均随其第一问题之逐步解决而进步,照第一问题之形式而解决。明白言之,其社会上层

---

① 斯宾格勒 Spengeer 德国近年一奇伟之思想家,从其特殊文化史眼光,著《欧洲之沉沦》一书,震耸全欧。他反对一切机械的历史观,而谓人生创造历史皆突然而来,非肤浅的因果观念所能解释。我的"一切皆缘而无因"之说,《东西文化及其哲学》曾一略见,将来于《人心与人生》一书中详之。唯物史观喜从客观立言,其精神略近科学。若能谨严自守,就事论事,未尝不有几分科学价值;若跑进玄学里面硬有所主张,不问诚伪,皆属玄学,不得再自号科学。

建筑之政治法律风俗道德为被推进的,以机械规律而进步,以物理形式而解决,殆亦有如唯物史观家所说者。本来人类文化之初,莫不在第一问题压迫之下,第一态度即以自然必要而无问何洲土何种族而皆然;其文化演进之序,自有类似从同之点,而一与其对物问题之进展相应。此实为使唯物史观家相信他们的所见可以普遍适用之故。然不虞中国历史上之伦理及一切相缘而来之礼俗制度,是从人生第二态度照着第二问题来解决,来建造的。明白言之,此虽亦不能不有其一定经济条件,然非被经济进步所推动者,实出于人为调制,意识地照顾于事先。于是竟倒转过来而从社会上层牵制了他的下层之进步发展,自陷于绝境!

关于西洋文化中国文化在近世一飞一停,西洋社会中国社会一变一不变的问题,自以产业革命(Industrial Revolution)之或见或不见为其最重要关目。虽西洋之飞,中国之停,皆有其存乎产业革命之前者,然其产业革命或见或不见,则其社会文化或大变化或不变化之所以分也。产业革命与工业资本主义殆相连之一事,故其问题亦即中国何为而不进于工业资本主义?论者于此辄比照西洋往事而为解释。或以为中国不是海上国家如英国,从其自然地理上不能有殖民地之扩大;①或以为西洋于经济上不能自

---

① 中国手工业何以不能往前发展到近代工业?决不由于中国没有强力的政权与自然科学,而主要的是因为中国商业资本太狭,及中国不能有殖民地的扩大。(拉狄克:《中国革命运动史》,克仁译本,28页)而中国所以没有扩大殖民地是由自然地理条件,详言之,中国不是海上国家如英国。(见《新生命》3卷5号《托洛斯基派之中国社会论》,第6页)。

足,而中国能自足,尤向前发展之必要;①或以为中国无大量资本之聚积与自由出卖劳动力之多数劳动者;②或以为中国封建制度虽已破坏,而犹有所谓封建思想封建势力,桎梏着资本主义不能作进一步的发展。③ 诸如此类,大抵都归于无此需要,或某条件之未备,或某障碍为之抑阻。这是何等浅薄没力气的话! 人类只有主观方面的不贪,绝没有客观的满足不需要之事。以十六七世纪欧洲人向外发展的渴望热强烈寻求,回证他们经济的不能自足;以中国安于其农业上的生产方法和商业的贸迁流通,回证他们的可以自足,何其无意味! 全不理会那时欧洲人冒险进取精神和他的贪欲——这是从他人生态度和郁蕴的力气而来;全不理会中国人精神又另从一途发挥去,和他的淡泊寡求。从自然地理上解说西洋中国产业革命之见不见,工业资本之成不成,如果中国在自然地理上的差异居然会到这程度,则论者原初想将产业革命工业资本说成人类文化上普遍一定的阶段,却恐说成是局于欧洲

---

① 何以欧洲人要找寻东方贸易有这样的热烈? 这显然可以看出他们经济力之不足。(中略)中国历史上每一期扩大的经济区域都可以使那时这种社会满足,于是代替封建社会的商业农业结合而成的小资产阶级社会遂这样长久地存在下来。这只可供环境主义的解释。(梁园东:《中国社会的基础》,见《中国问题之回顾与展望》,196 页。)

② 见朱新繁著:《中国革命与中国社会各阶级》,56 页。

③ 顾孟余先生分析中国社会而为之结语云:这个构造可以叫做一个"为封建思想所支配的初期资本主义";思想是封建的,保存这个思想的有圣经贤传;经济与社会倒是初期资本主义的。陶希圣先生则更诘以圣经贤传是什么势力保存着的,而为之说云:士大夫阶级的势力表现于政治则为官僚政治,对战斗团体的依赖性及对生产庶民的抑制性是官僚政治的特征;表现于社会上人与人的关系则为隶属关系;表现于思想则为等级思想。这种社会实具有封建社会的重要象征。工商业资本主义在这种势力桎梏下没有发展的可能。这种势力只有叫做"封建势力"。

一隅所特有的现象了。说封建制度虽已破坏,犹有封建势力抑阻着经济进步,不知制度既破坏者抑阻力强大,还是有制度存在者抑阻力强大?有制度在抑阻不了西洋人,而制度破坏却抑阻了中国人,这是什么道理?假定其犹有所谓封建思想势力,亦只有主观的无力,容他残存,不好说作客观的有力,阻我进步。客观的阻碍可以说没有的。你只看见他所为生产主于自给自足,大体上只是地域经济未进于国民经济耳。你只看见他商业资本早见于数千年之前,而自然经济犹滞于数千年之后,为大可异耳。你绝寻不见客观上有什么闭锁障阻他往前进的大形势存在着。欧洲中世封建下的土地支配制度,手工业的基尔特组织,所为经济上之闭锁抑阻,中国初未有之,而中国却总是不前进,是其故必有在矣。我非能断言诸此推论一一绝无影响关系,然举轻末不足数者,大言之以为原因在是殊无聊,而一般人之耳目或不免为所蔽,不可以无辨。

  我们首先要一眼看明,这是陷入顿滞一处盘旋不进的绝境,而后"进行迟慢"与"客观阻碍"等说乃一切刊落不必更提。其次很容易看出,其往昔成就大有过人之处,其全体表现自有积极精神,则知其既向别途以进;产业革命之不见,工业资本之不成,固有由矣。更次乃见其所遗之一途固为所遗而不进,其向别途以进者亦卒有所限而止于其可能之度,而同时又还以此所牵,不能复回向于彼一途。彼此交相牵掣,是即绝境所由陷,而后产业革命之不见,工业资本之不成,乃决定矣。倘更能参伍错综比较寻绎,以发现世界各系文化之所以异趣,与人类文化转变之前途,则知中国文化者盖人类文化之早熟,如我往常所说者。① 好比一个人的心理发育本当与其身体发育相应,或即谓心理当随身体的发育而发育亦无不可。而中国则仿佛一个聪明的孩子,身体发育未全,而智慧早开了;即由其智慧之早开,转而抑阻其身体的发育,复由其身体发育之不健全,而智慧遂亦不得发育圆满良好。质言之,中国不是幼稚而是成熟;虽云成熟,而形态间又时显露幼稚,即我前说的"非循夫自然之常"是已。

循夫自然之常理者,必先完成人类第一期文化,乃开始第二期文化。所谓人类第一期文化之完成,以人对物的问题得解决为度,——恩格斯有几句话将这界划说得很清楚:

> 社会掌握生产手段的时候,商品生产已取消,同时生产物对于生产者的支配亦已取消。在社会的生产内部,以计划的意识的组织而代浑沌的无政府状态。个人的生存竞争亦随着停止。接着,人类在某种意义上决定地与动物的王国分离,由动物的生存条件进至真正人类的生存条件。围绕着人类,而在今日已是支配着人类的外界,于此时乃服从于人类的支配与统制,而人类对自然乃开始为意识的真实的主人。②

人类必自此以后,乃逼近于人生第二问题(人对人的问题),而引

---

① 参看《东西文化及其哲学》,第五章,"世界文化三期重现说"一节及"我们现在应持的态度"一节。
② 参看千香译《社会进化的铁则》,74页。

生第二态度,入于第二期文化。① 顾不料数千年前之中国,当农业略有进步,商业资本初见之时,去此界度尚远,而已迈进于第二态度第二问题之途,向内而不向外,勤于作人而淡于逐物,人对物的问题进展之机于是以歇。此其中重要可指之点,殆在商业资本虽有,而始终不成其为商业资本主义以演动于社会,产业革命乃无由促成。产业革命工业资本之不成,社会组织结构自无由变。虽数千年中国人之所为,忽于物理,明于人事,而人事之变卒所不能尽;而由物理之忽,科学及科学方法不能产生,学术发达上乃大有缺憾与局限;所谓向别途以进者亦止于其可能之度,即谓此。此时亦更不能返于向外逐物之第一态度,以牵于既进之精神而不许也。进退两所不能,是其所以盘旋一处,永不见新机杼之开出的由来。大抵一切不能前进之事,莫不有此一种交相牵掣的形势在内,——只有此交相牵掣其为力乃最大也。中国文化之所以停滞不进,社会之所以历久不变,前就礼俗制度本身言之,特言其一义,语其真因乃在此。

我们重说几句结束这一段。中国数千年文化,与其说为迟慢落后,不如说误入歧途。凡以中国为未进于科学者,昧矣！谬矣！中国已不能进于科学。凡以中国为未进于德谟克拉西者,昧矣！谬矣！中国已不能进于德谟克拉西。同样之理,其以中国为未进于资本主义者,昧矣！谬矣！中国已不能进于资本主义。不能理会及此,辄以为前乎资本主义社会,而称之以封建云云者,此犹以

---

① 参看《东西文化及其哲学》,第五章有关段落。

前乎科学而判中国为宗教,实大不通之论,极可笑之谈,为学术上所不许。中国之于西洋,有所不及则诚然矣;然是因其不同而不及;或更确切言之,正唯其过而后不及。时至今日吾侪盖已察之熟而辨之审矣。

七 我们一向的错误

我以1893年生,其时中国人不幸的命运,早已到来好几十年,而一天紧似一天了。其次年,便是中日甲午之战,中国人的大倒霉,更由此开始。而我们许多先知先觉,所领导的中国民族自救运动,亦于此加紧的、猛烈的进行了。(康梁一派变法维新运动、孙先生的革命运动,均自此猛进)。我真是应着民族不幸的命运而出世的一个人啊!出世到今天(1930)已是三十七年,所谓命运的不幸,已非止门庭衰败,而到了家人奄奄待毙的地步。民族自救运动就我亲眼见的,前后亦换了不知多少方式,卖了不知多少力气,牺牲不知多少性命,而屡试无效,愈弄愈糟,看看方法已穷,大家都焦闷不知所出。究竟我们怎么会到得这步天地?事到今日,不能不回头发一深问。

这自然是我们数千年文化所演的结果。我既曾说过:

譬如西洋人那样,他可以沿着第一条路走去,自然就转入第二路,再走去,转入第三路,即无中国文明或印度文明的输入,他自也能将他们开辟出来。若中国则绝不能,因为他态度殆无由生变动,别样文化即无由发生也。从此简直就没有办法,不痛不痒真是一个无可指名的大病。及至变局骤至,就大受其苦,剧痛起来。他处在第一问题之下的世界,而于第一路没有走得几步,凡所应成就者都没有成就出来;一旦世界交通,和旁人接触,哪得不相形见绌?而况碰到的西洋人偏是专走第一路大有成就的,自然更禁不起他的威棱,只有节节失败,忍辱茹痛,听其蹴踏,仅得不死。国际上受这种种欺凌已经痛苦不堪,而尤其危险的,西洋人从这条路上大获成功的是物质的财,他就挟着他大资本和其经济的手段,从经济上永远制服了中国人,为他服役,不能翻身,都不一定。至于自己眼前身受的国内军阀之蹂躏,生命财产无半点保障,遑论什么自由?生计更穷得要死,试去一看下层社会简直地狱不如,而水旱频仍,天灾一来,全没对付,甘受其虐。这是顶惨切的三端,其余种种太多,不须细数。然试就所有这些病痛而推其原故,何莫非的的明明自己文化所贻害,只缘一步走错,弄到这般天地!还有一般无识的人硬要抵赖不认,说不是自己文化不好,只被后人弄糟了,而叹惜致恨于古圣人的道理未得畅行其道。其实一民族之有今日结果的情景,全由他自己以往文化使然:西洋人之有今日全由于他的文化,印度人之有今日全由于他的文化,中国人之有今日全由我们自己的文化而莫从抵赖;也正为古圣人的道理行得几分,所以才致这样,倒不必恨惜。(此几分是天然限定的,即前云"有所限"是也。)①

中国的失败自然是文化的失败,西洋的胜利自然亦是他文化的胜利。我们前曾说过西洋便是一种强力,②现在要补说一句,中国文化的特征正是弱而无力。

文化随人产生,人随文化陶养。岂唯中国文化非失败不可,中国人亦是天然要受欺侮的。罗素在他所著《中国之问题》上说:"欧洲的人生是以竞争(strife)、侵略(exploitation)、变更不已(restless change)、不知足(discontent)与破坏(destruction)为要道;而中国人则反是。"又说:"中国人之性质,一言以蔽之,曰与尼采(Nietzsche)之道相反而已;不幸此性质不利于战争,然实为无上之美德。"又说:"世有'不屑战争'(too proud to fight)之国家乎? 中国是已。中国人之天然态度,宽容友爱,以礼待人,亦望人以礼答之。"③大概一种特异处,单看不易见,两相对照,便易看得出;自家看不出,人家却易见。东西人诸如此类的说法,实不胜征举;要皆所见略同,而都不明其所以然。试寻绎我前边的话,便自

---

① 《东西文化及其哲学》,第五章,"我们现在应持的态度"一节。
② 本文第二节之末引日本人金子马治说西洋为帕玩(power)之文明,又本文第四节之末尾指出西洋文化有其特异征服世界的威力在人心向外,科学发达,而社会以进于组织性机械性。反之,中国文化所以弱在人心向内科学杜闭而社会特别散漫。
③ 罗素著:《中国之问题》,中译本,11、74、192页。

明晓。近世的西洋人是新兴民族而又曾被宗教关闭过,绝似小孩子关在书房,一旦放学,准他任情玩耍,自尔欢奔乱跳、淘气冒险打架破坏。(先时颇可喜爱,久而闹的太凶,就不免讨厌,而且损伤亦太多。)而中国民族则正好像年纪大、更事多,态度自宽和,举动自稳重了。理会得此层,更须加意理会:

> 一则是从人类与一切生物所同的"有对性"出发的人生第一态度;
>
> 一则是向往人类所以异乎一切生物的"无对性"的人生第二态度。

西洋人自近世以来,大发挥其人类的"有对"精神,真是淋漓尽致!(此句话无贬无褒,即褒即贬)。这在今日风气将变之会,回看当年是尤其清楚的。今日无论在经济上、法律上、政治上,一切学术思想,都从个人本位主义翻转到社会本位思想,更易感觉那近世来个人主义之强盛,而弥漫一切。本来一部近世史,就是一部个人主义活动史,就是人的自我觉醒开其端。从认识了我、肯定了自己,而向前要求现世幸福、本性权利;后来更得着"以'开明的利己心'为出发"的哲学论据,"以'自由竞争'为法则"的社会公认,于是大演其个体对外竞争的活剧;所有征服自然的物质文明、打倒特权阶级的民治制度,一切有形无形、好的坏的东西,便都是由此开发出来。大概好一面,便是打倒排除许多自然障碍、人为障碍；不好一面，便是不免有己无人，恃强残弱——例如资本主义、帝国主义，此为两眼向前看、力气往外用，必有的结果，原不足怪。然在我们正为太不具备他这种精神了，正为与他恰相反了，所以一旦相遇，当然对付不了他。自鸦片之役以来，所有我们近八十多年间的事，就是为这种强力（西洋文化）强人（西洋人）所欺凌、侵略、颠倒、迷扰的痛苦史。我常说，现在眼前的种种、身受的种种，实不必气恼着急，叹息发闷，更不用呼冤喊痛；你若看清中国这一套老骨董是怎样，再明白西洋那一套新玩艺是什么，试想他们相遇以后该当如何，则今日的事正一点一毫都有其来历，无足异者。从来中国民族在文化上的自大，很快地为西洋之实际的优胜打击无存，顿尔一变为虚怯之极。方当受欺吃苦，民族命运危殆之时，我民族志士仁人，先知先觉，未有不急起以图自救者；而内审外观，事事见绌，不能不震惊歆羡于他，所以自救之道，自无外学他。始而所学在其具，继所趋求在其道，自曾文正李文忠以迄共产党，虽再转再变，不可同语，而抛开自家根本固有精神，向外以逐求自家前途，则实为一向的大错误，无能外之者。所谓"屡试无效，愈弄愈糟"者，其病正坐此。由是他加于我之欺凌侵略，犹属可计，——漆树芬先生一部《经济侵略下之中国》计之甚悉，推阐甚明——而我颠倒迷扰以自贻伊戚者，乃真不可胜计！吾人今日所食之果，与其说为欧洲人日本人所加于我者，宁曰吾人所自造。此由今以溯观近四十年间事，不难见也。

　　近四十年间民族自救运动，总算起来，可大别为一个前期，一个后期。此前期后期者,非果我所自成分段则然,特以西洋近事有此转变,思想有此迁易,其所以为我刺激者,前后分殊,于是我亦被动的截然有二期。所谓欧洲之变易者何也?其始也制造帝国主义,其继也则打倒帝国主义,以是成其近世潮流,与最近代潮流焉。感受着欧洲近世潮流——其最有力之刺激则近在眼前之东邻日本——而讲富强、办新政,以至于革命共和,虽其间尽多不同,而总之结晶在一"近代国家"的目标。此即所谓前期运动。感受着欧洲最近潮流——其最显著时期,即在欧战一停之后,其最有力之刺激则西邻之俄国——而谈思想主义,采取直接行动(五四、六三以来各运动),以至于国民党改组容共,十五年北伐,纵其间不尽一致,而总之背后有一反资本主义、反帝国主义的空气。此即所谓后期运动。于前期种一有力之因,则练新军是也;辛亥革命由之以成功。然十余年军阀互哄之局,非食其赐乎?于后期种一有力之因,则培养共产党是也;十五年北伐赖以成功。然两湖粤赣其他各省焚杀之惨,不知多少有才有志好青年为之葬送,非食其赐乎?又有贯乎前期后期而种一深且远之因,则全不对题的教育制度是也。今日社会现象种种皆成问题,非食其赐乎?任举一事,何莫非自己铸错?

又试观廿年间,凡今之所谓祸国殃民亟要铲除打倒者,皆昨之沐受西洋教育或得西洋风气最先,为民族自救的维新运动革命运动而兴起之新兴势力首领人物,初非传统势力老旧人物。已往之研究系北洋派固皆此例,而眼前之南京政府不尤其显著乎!近二三十年间事正为维新革命先进后进自己捣乱自己否认之一部滑稽史。其关乎私人恩怨、喜怒为用者此不说，且言其一时所谓公是公非者。始则相尚以讲求富强，乃不期一转而唱打倒资本主义帝国主义矣！始则艳称人家的商战以为美事，今则一转而咒骂经济侵略以为恶德。模仿日本之后，菲薄日本；依傍苏俄之后，怨诋苏俄；昨日之所是，今日之所非；今日寇仇，昨日恩亲。所谓"不惜以今日之我与昨日之我挑战者"，自己之颠倒迷扰，曾无定识，固自白之矣；改过虽勇，宁抵得贻误之已大。自救运动正是祸国运动，时至今日吾愿有真心肝的好汉子一齐放声大哭，干脆自承；即不自承，而事实不已证明之乎！

何为而颠倒迷扰如此？则震撼于外力，诱慕于外物，一切落于被动而失其自觉与自主故也。是又何为其然？则以有清一代实中国文明外面光华内里空虚之候。吾前既言之矣："中国的人生远从两千年（汉）近从八百年（宋）递演至此，外面已僵化成一硬壳……，内容腐坏酵发臭味，……盖不独于今日为西洋所丑化了的中国人不足以见所谓中国人生，即倒退六七十年欧化未入中国之时，固已陵夷至最后一步，不成样子"，民族精神浸浸消涸，自不胜外来新颖剧烈的刺激。虚骄自大之气，瞬即打破，对西洋国家乃不胜其景慕。我们一向民族自救运动之最大错误，就在想要中国亦成功一个"近代国家"，很像样的站立在现今的世界上。这不但数十年前，一般人的讲富强是如此，便试问，今日大家的心理，果真明断不存此想，又有几人呢？原只有十三年后容共期间的空气,稍为不然,然而现在又随着反共潮流,而消散了那股盛气,模糊了那刚刚萌露的方针;"近代国家",仍是多数人理想的梦!曾不知近代国家是怎样一个东西。他的政治背后,有他的经济;他的政治与经济出于他的人生态度,百余年间,一气呵成。我国数千年赓续活命之根本精神,固与之大异其趣,而高出其上,其何能舍故步以相袭?至于数千年既演成的事实社会,条件不合,又不待论。乃一切不顾,唯亟亟于摹取追踪,于是:

> 乍见其强在武力,则摹取之;乍见其强在学校,则摹取之;乍见其强在政治制度,则慕取之。乃其余事,凡见为欧人之以致富强者,罔不摹取。举资本主义的经济组织之产物,悉以置办于此村落社会而欲范之为近代国家。近代国家未之能似,而村落社会之毁其几矣!①

迨所求既不得达,正在穷极思异,而欧洲潮流丕变,俄国布尔塞维克之成功尤耸动一世;于是我们亦掉转头来又唱打倒资本主义帝国主义。最近五年间,表面上为国民党领导着,精神上为共产党领导着的革命高潮,遂应运以实现。所谓共产党其物者,从其所以解决政治问题社会问题的方向来看,则诚然一变于欧洲之故;而从其所由出发的人生态度来看,则正是从来西洋人根本精神赤裸裸地表现,最彻底地发挥。沿着"功利主义"、"自由竞争"的理

---

① 引自《河南村治学院旨趣书》。

想,而出现的资本主义社会,演到大家都受不了的时候,自然要从个人本位主义翻转到社会本位思想;然当社会本位的经济将现未现之时,则正是经济抬到最高位,人们视线所集中,摆开阵营大事决斗之际。以"唯利是视"解释人类行为,以经济一事说明社会一切现象的"唯物史观",就成了人们的指针。而共产党便是最擅长以战阵攻取之略,巧用之人群社会的。人类"有对性"的发挥,固非此不算到家,而西洋人所耍的把戏,这亦就为其极轨。乃不谓夙讲理义是非、最耻言利,夙爱礼让和平、最恶相争的中国民族,亦抛丧他祖宗高尚伟大精神,跟着人家跑,而不复知耻。盖自光绪年间讲富强,已开其渐,今亦不过更达于赤裸裸耳。无论前期后期运动,一言以蔽之,总皆一反吾民族王道仁义之风,而趋于西洋霸道功利之途(孙中山先生在日本讲演,对中西文化作此分判)。然讲功利,则利未见,而固有之农业反以毁,民生日以蹙;讲强硬,尚武力,则武力之施、强硬之果,不中于人而中于己。凡今日之"穷且乱",正由三十余年间唯尚"利与力"而来:一言可以尽之矣。

呜呼!数十年间,颠倒迷扰的可怜,亦可怜极矣!时至今日,其可以知返矣!一民族真生命之所寄,寄于其根本精神,抛开了自家根本精神,便断送了自家前途。自家前途、自家新生命,全在循固有精神而求进,而向上,不能离开向外以求,不能退坠降格以求。只有发挥自己特长,站在自家原来立脚地上以奋斗,离开不得这里一步。譬如一个忠厚老实者,一个精明强干的漂亮人物,你受欺负是一定的,相形之下,觉着人家种种可羡是一定的,然而你索性老实到家,发挥你忠厚的精神,不要学乖弄巧。你要学,学不来,并失忠厚。所谓邯郸学步,并失故步,匍匐而归,真为善譬。今之救国不得其方者,还要出洋考查,真是可笑已极!古人说的好:"归而求之有余师",如再不赶紧回头,认取自家精神,寻取自家的路走,则真不知颠倒扰乱到何时为止矣!

然而,错自是一向都错了,但天然不能不有此错。譬如他以拳来,我自然要以足挡;他手中握着利刃,我自然亦要急觅个家伙。以御他为自救之道,以学他为御他之道,此盖必有之反应,未假思索者。仿佛机械的反射运动一样,未有自觉的意识。在今日不可不悟昨非,而却不容责当日之错——当日无论是谁,亦要错的了。即因错误而生出的灾祸痛苦,似亦并不冤枉。好比流行传染病,要不传染已是不行的,倒不如小染其病,而得一个免疫性。到今日可算是种种的病都传染到了,如果不是体不胜病,则今后吾民族其必有回苏之望乎!

八　我们今后的新趋向

无论前期运动后期运动,我们皆见其始盛,继衰,终穷,由极有力的高潮退落归于无力。自其加于社会的结果言之,始而都像是好消息;继而影响远近,实际地感受到了,似利弊互见,希望未绝；最后则祸害酿成，社会上的痛苦乃有长足的进步。前所谓"愈弄愈糟"者，盖真痛心绝望之言。方其造端经始，亦非没人看到其将酿乱贻祸，预断其错误失败；然个人的先见可以有（究不能彻见真切），社会则是没有先见的。当一世之人心思耳目方有所蔽之时，要扭转得这社会倾向，实有绝对地不可能。远从世界来的剧变，将这数千年历史长久不变的庞大社会卷入旋涡，而扰动发生的大转大变，其波折往复非有偶然；我们已往的错误或者一一皆是铁的。然即今事后，有些人犹不能悟，于兹后期运动途穷之际，或则复返于清末民初的旧梦，或则激进于共产党，总之囿于西洋把戏的圈而不能出，则未免太笨！且由此而民族自救运动的新趋向为其所蔽，不得大开展，则是我们所为不能已于言者。

关于这些错误的批评，我将分别为四篇文字，在本刊上继此陆续发表，其目如次：

一、我们政治上的第一个不通的路——欧洲近代民主政治的路；

二、我们政治上的第二个不通的路——俄国共产党发明的路；

三、我们经济上的第一个不通的路——欧洲近代资本主义的路；

四、我们经济上的第二个不通的路——俄国共产党要走的路。

现在只想对于至今执迷不醒的通蔽，说一句话。此所指之通蔽，便是他们大家总以为：我的药方还没吃下去，不能怪我的药方不对。有此一段谬误心理横亘在衷，所以总不死心，总不服气，更不往旁处去想。在法治梦想家,便谓:法治何曾在中国实行一天来?都是不照法去行,毁法弃法,所以才致今日之乱。在作党治梦的先生亦是责某某毁党弃党,全不按照党治路去走;如果没有个人独裁,没有小组织,没有新军阀的割据,则党治实行,三民主义的建设岂不早见?夫谓法治未行,党治未行,我亦何能否认,抑且亦半点都不想否认。我想这正是药不对症的证验。政治上的路向不是有形的药水,你可以眼看他吞下去,再验他效果的。要问一条政治的路向是否合我们之用,就全看其用得上,用不上,以为断,而更无其他可以为验者。中国民族既曾往这条路向(法治或党治)上努力来,即可于其努力之无成,进行之多乖,而判知其不对症。其所以始终未见实行者,正以其实行不去也;若实行得去,便已对症,早任何话不必说矣。谓必实行后,再看其对症不对症者,此不通之论也。更细审之,并不是谁毁法弃法,谁毁党弃党,而实在是方方面面自大端以迄末节,皆见出法或党无可树立得起之机;所谓实行不去,正非推论之词,固有可征。乃以归罪某某所为,未免太看重个人;天下事固不如是偶然也。——试以这两层研思之,其或可以省悟乎?

不管你怎样执迷,民族觉悟的时机是已到了。自近年以经济上将资本帝国主义揭穿,一切欧化的国家——或云近代国家,是一个什么东西,亦既明白矣。"欧化不必良,欧人不足法",是后期运动在中国人意识上开出的一大进步,①此时还要复返于前期

---

① 参看《河南村治学院旨趣书》。

中国民族自救运动之最后觉悟

运动，真是所谓思想落伍，谁则能从公等之后者？清末民初旧梦之又作，不过是后期运动落归无力之时，观念上的一时回溯耳。自最近两年于革命热潮过后，沉下来讨论中国革命问题，乃补作中国社会之历史的研究一段工夫；今后之革命运动将非复感情冲动的产物，而不能不取决于理性。此时还要激进于共产党，谁则能从公等之后者？这不过是短于智慧而富革命性的朋友，于后期运动穷促之际，显出的一时急迫神情耳；后期运动讵以是而为进一步的开展哉！要知今日已是西洋化的中国民族自救运动之终局。前期运动过去了，后期运动过去了，再不能有第三期。就中国一面言之，一向懵懂糊涂，既没认清他人，又不了解自己者，由事实之推演而逐步进于认识与自觉。就西洋一面言之，西洋戏法到得共产党这一步，亦就穷了，更没什么新鲜的了！中国人学西洋，学到这一步，亦就完了，更没什么可学的了；不觉悟，亦会要觉悟了！今后除非中国民族更无前途，即亦没什么自救运动再发动起来，如其有之，此新运动之趋向，将不能不从"民族自觉"出发。

所谓从民族自觉而有的新趋向，其大异于前者，乃在向世界未来文化开辟以趋，而超脱乎一民族生命保存问题。此何以故？以吾民族之不能争强斗胜于眼前的世界，早从过去历史上天然决定了，而同时吾民族实负有开辟世界未来文化之使命，亦为历史所决定；所谓民族自觉者，觉此也。以吾民族精神早超过一般生物之自己保存性，而进于人类所有之宝爱理义过于宝爱生命之性;吾人今日正当宝爱此民族精神,而不以宝爱民族生命者易之;不然者,苟为生命之保存而不惜吾民族固有精神委于尘土,则顽钝无耻,岂复得为中国人哉!所谓民族自觉者,觉此也。中国人其果如此而不知耻也,则是其生机已绝矣!复向何处有前途?中国人其果知耻而至死不易吾精神也,则是其所以生者方劲然以在,何忧前途无活命?中国人其果审于世界文化转变之机已届,正有待吾人之开其先路,而毅然负起其历史的使命,则民族前途之恢张,固又于此日之志气卜之矣。所谓民族自觉者,觉此也。

呜呼!中国人虽不识此义,而西洋高明之士则有识之者矣!罗素于其所著《中国之问题》开首即云:

> 中国今日所起之问题,可有经济上政治上文化上之区别。三者互有连带关系,不能为单独之讨论。惟余个人,为中国计,为世界计,以文化上之问题为最重要,苟此能解决,则凡所以达此目的之政治或经济制度,无论何种,余皆愿承认而不悔。①

此其意盖宝爱中国文化上之精神,宁牺牲其他,不愿稍损及此也。又有云:

> 由华盛顿会议之结果观之,远东问题欲得一乐观之答

---

① 参看罗素著:《中国之问题》(中译本),1页。

> 覆,较前更形困难;而国家主义军国主义苟不大发达于中国,中国能否独立?此问题也,尤难答覆。余不愿提倡国家主义军国主义。但爱国之中国人苟以不提倡何以图存为问,恐无辞以对。余研究至今,仅能得一答覆。中国实为世界最忍耐之国家,历史之永久,远非他国可比,他国终不能灭之;即多待亦不妨也。①

此实为最有深情与高识之言,细味之,可为堕涕。更于其书结末处,谆谆焉郑重言之不已:

> 余于本书,屡次说明中国人有较吾人高尚之处;苟在此处,以保存国家独立之故,而降级至吾人之程度,则为彼计,为吾人计皆非得策。
>
> 中国政治独立所以重要者,非以其自身为最终之目的,乃以为中国旧时之美德与西洋技艺联合之一种新文化非是莫由发生也。苟此目的不能达,则中国政治之独立几无价值可言。
>
> 苟中国之改良家……而开创一种较现今更良之经济制度,则中国对世界可谓实行其适当之职务,而于吾人失望之时代,与人类以全新之希望。余欲以此新希望,唤起中国之新少年。此希望非不能实现者。唯其能实现也,故中国当受

---

① 参看罗素著:《中国之问题》(中译本),8页。

爱人类者极高之推崇。①

呜呼！贤矣，罗素！伟矣，罗素！即此言其当受吾人极高之推崇。如我向者之所测，世界未来文化正是中国文化之复兴；罗素之言，果"非不能实现者"，我能信之②。我匪独信之也，抑又深识其所以然之故，而窃有见乎其达于实现之途术，——是即我所谓村治或乡治是已。我将于本刊陈其议，约分为五篇文字，继此陆续发表，其目如次：

一、村治在解决中国政治问题上的意义。

二、村治在解决中国经济问题上的意义。

三、村治在解决中国文化问题上的意义。

四、村治在解决中国教育及其他问题上的意义。

五、倡行村治的方法。

罗素以政治经济文化三问题中，必先文化问题，其言虽是，其计则左。中国问题原来是浑整之一个问题，其曰三问题者，分别自三面看之耳。此问题中，苟其一面得通，其他皆通；不然，则一切皆不通。中国之政治问题经济问题，天然的不能外于其固有文化所演成之社会事实、所陶养之民族精神，而得解决；此不必虑，亦不待言者。吾人但于此政治经济之实际问题上，求其如何作得通，则文化问题殆有不必别作研究者。倘先悬一不损文化之限

---

① 罗素著：《中国之问题》（中译本），241、253页。
② 参看《东西文化及其哲学》第五章。

定，而文化为物最虚渺，则一切讨论皆将窒碍，陷于捉空，问题或转不得解决矣！我之研究中国问题，初未尝注意有所谓文化问题者，而实从政治经济具体问题之研索，乃转而引出比较抽象的文化问题之注意，此愿为朋友告者也。

我们于是恍然，中国人今日之痛苦，乃大有意义。使吾人倒返于百年以前之中国社会，或无今日之痛苦；然而正是文化上生不得生，死不得死，"无可指名的大病"，更无一毫办法。西洋文化之撞进门来，虽加我重创，乃适以启我超出绝境之机，其为惠于吾族者大矣！凡今日一切问题皆若不得解决者，正以见问题之深且大，意义不寻常，而极勉吾人之为更大努力，以开此人类文化之新局也。呜呼！吾人其当如何以负荷此使命！

九　附志

我为此文方竟，乃得见汪精卫先生的《两种模型心理之瓦解》一文，殊有可以互资参证处，不胜欣喜！用摘取其文附志于此。

汪先生文云：

> 孙先生致力国民革命，凡四十年，而三民主义尚未能实现，探其原因，由于两种模型心理为之障碍。
>
> 第一种模型便是十八世纪自由主义之制度。（中略）试

> 观自甲午以来,从事于政治的改造者约分为二派:其一是主张君主立宪,便是以普日为其模型;其二是主张民主立宪,便是以美法为其模型。(中略)举例来说,如最近所谓"人权论"者,亦属于此一派的。(中略)这一种以十八世纪之自由主义的宪法为无上模型的心理,便如一座砖台塌下来,虽然还有不少残砖剩瓦,然其为坍台,已无可辩护了。
>
> 当这种模型心理坍台的时候,第二种模型心理继之而起,萌芽于民国九、十年间,至十五六年间而极炽烈。(中略)换句话说,即是一般青年心目中的中国改造,已换了一个模型,不是法美式而是苏俄式了。这一种模型心理至十五六年间,到了沸点,亦就从此下降,至于今日,已降至冰点,更无再有上升的希望了。

这话说得何等响亮干脆!让我们更无进一步的话可说。还有汪先生结束的话,亦非常好:

> 两种模型心理瓦解之后,一般青年最大烦闷,是关于中国之改造,到底采取哪一种模型才好呢?在青年心中,失了回答的勇气。(中略)要除去青年的烦闷,惟有供给青年以一种合理的适用的改造中国的模型。刚才说过孙先生关于改造中国,已有整个计划,见于三民主义,及种种方案。这些计划,在原则上,已经建立起来,只在条理上,还有待于一般

同志的充实研究。举个例来说,"耕者有其田"是一个原则,而实行的方法,则有待于诸同志之研究,这是孙先生于十三年8月23日农民运动讲习所指示于一般同志的。以此为例,其他可推。(中略)必如是,始可为整个的模型。因为整个的模型,必须中国人自己制造出来,决不能求之于外国;外国之所有,仅足为整个模型之参考材料而已。

我们想要说的话亦不过如是,差不多不必更赞一词。或补充一句解释的话:所谓"整个模型必须中国人自己制造出来,不能求之外国"者,此不单有自然地理的关系,而民族历史的关系乃更重大。从数千年绝殊于西洋的民族历史演下来,一种绝殊于西洋的社会组织构造,和社会风气、民族特性,乃是使我们没法步趋于人家的历史,摹拟乎人家的社会,而不能继续我们自己的历史,以创造我们自己的社会的根本缘故。

我但祝望这两种模型心理果真如汪先生所说的瓦解,大家一齐断念于他。我但祝愿中国必须自创模型的认识,在大家心目中日益深刻,则吾民族自救运动的新方向,其必可大开展无疑也。

录自《中国民族自救运动之最后觉悟》,27—100页,
1933年,中华书局。
《村治》,1卷,2,3,4期,
1930年6月16日,7月1日,7月16日。

山东乡村建设研究院设立旨趣及办法概要

> 山东乡村建设研究院筹备招生,同人因推院长梁仲华先生撰写此文,期与招生简章一同发布,借作本院创立意义及内容办法之一种说明。其后仲华先生以所事过忙,不遑执笔;执笔之责,终于落归我身上。乃就同人所夙昔讨论者,综取大意,写成此篇;既经同人采用公表,复以载诸本刊。合用声志于此。①
>
> 梁漱溟

中国原来是一个大的农业社会。在它境内见到的无非是些乡村;即有些城市(如县城之类)亦多数只算大乡村,说得上都市的很少。就从这点上说,中国的建设问题便应当是"乡村建设"。

假使中国今日必须步近代西洋人的后尘,走资本主义的路发达工商业,完成一种都市文明;那么,中国社会的底子虽是乡村,而建设的方针所指犹不必为乡村。然而无论从哪点上说,都不如

---

① 此为刊于《村治》时著者所写之按语。

此的。近代西洋人走的这条路,内而形成阶级斗争社会惨剧,外而酿发国际大战世界祸灾,实为一种病态文明,而人类文化的歧途,日本人无知盲从,所为至今悔之已晚矣;我们何可再踏覆辙?此言其不可。西洋其实亦何尝愿为工商业偏欹的发展,都市的畸形发达;然而走资本主义自由竞争的路,则农业是要受到桎梏,乡村是要归于衰落的。在他们那地势、那时际,犹且吃得住,索兴走上工商业的偏锋,回头再谋救济农村;在我们如今则万万吃不住。此言其不宜。抑更有进者,我们今日便想要走西洋的道儿亦不可能。在这世界上个个俱是工商业的先进国,拼命竞争,有你无我;我们工商业兴发之机早已被堵塞严严地不得透一口气。正不是愿步他们后尘或不愿的问题,而是欲步不能了。因此,除非没有中国建设问题可说;如其有之,正不外谋其乡村的发达,完成一种"乡村文明"。

所谓乡村文明,初非与都市文明相对峙的;"乡村的畸形发展"是没有这句话的。因为乡村发达就是它的文化增高,物质设备,近代都市的长处不妨应有尽有,亦可说"乡村的都市化";则是调和了,而非趋于一偏。而且乡村文明的开发,天然是要植基于经济上一条平正路子的。前面说过,农业在资本主义下受到桎梏;那么,农业的发达是在什么道儿呢?那便是"合作"。工业国家所以救济其农村的方策在其农民的合作;农业国家(如丹麦)所以立国之道在其农民的合作;即以共产为旨归的苏俄,其入手处亦要促进其农民的合作。西洋所以陷于工商业之偏欹发达的,全从个人本位自由竞争而来。合作既异乎所谓个人本位,亦异乎所谓社会本位,恰能得其两相调和的分际,有进取而无竞争;由此道而行,自无偏畸的结果,并不是利于农业者,又将不利于工业。唯此农业工业自然均宜的发展,为能开出正常形态的人类文明;而唤它为"乡村文明"的,以其为由乡村开发出来的文明也。此由乡村开发出来的文明,一切既造于都市文明的国家大都不容易去成就它了;只有中国人尚未能走上一条路,前途可有此希望。那么,亦就是只靠中国人负此伟大使命。从此义言之,中国的乡村建设不单在它自己是没有疑问的,而且具有如是重大关系、深远意义在!

我们且不说远的吧。摆在眼前最大的问题,不是许多人没饭吃么?天灾待赈先不计;自求官谋差,投军从匪,以至官无可求,军无可投,匪无可为,与西洋失业又自不同的一种劳力过剩,年年逐增未已,情形何等严重而急迫!就从解决这问题上说,那么,又是应当走农业路而不应当步趋于工商业;——这是几如东西之异途的。现在资本主义下的工商业,只是发财的路而不是养人的路。不要说它在中国没有发达的可能,便发达到美国今日之盛,亦不是有七百万失业之众么?农业则不是发财的捷径而正是养人的路,尤其是从"合作"发达起来的农业,最是养济众人的一条大道。诚然,中国所患在生产不发达;但这不是徒然生产发达能了的事;其中更有如何得均宜地发达,和如何分配问题在;不可不注意。而想要农业发达,不是农业片面的事;在其社会的方方面面

（政治、经济、教育）都有密切关系，而实为整个乡村的事。如此方方面面都顾到的促兴农业，换句话说，那便是"乡村建设"了。——只有乡村建设，促兴农业，能解决这多数人没饭吃的问题。

更进一层，试问这许多没饭吃的人何由而来？其始大都是安住乡村的；皆由不得安于乡村而来。最易见的，频年兵祸匪祸是破坏乡村，偏迫着人离开乡村散荡在外觅食的；数十年来与此乡村社会全不切合的西式学校教育，是专门诱致乡村人于都市，提高他的欲望而毁灭他的能力，流为高等乞丐的；轮船火车的交通，新式工商业的兴起，都市文明的模仿，皆是诱致人离开乡村而卒之失其简易安稳的生涯的。更其有间接而致之于此的普通形势，则自欧人东侵以来，一面以他们对我之侵略，一面以我们对他之模仿，经济上、政治上、教育上，内外两重一致的朝着侵渔乡村摧抑农业的方向而猛进；乡村乃日就枯落凋敝。然而中国所有者，则只是乡村，只是农业。使果得如日本人之机缘凑合走上工商业的路，亦还算别开生机；无如国际资本帝国主义者又将此路压挤得严严的。于是乃前后无路，以致没饭吃的人一天一天增加，还有什么结果可得？民族生命其犹得维持至今者，盖唯赖吾农民之过人的勤勉耐劳与过人的节约耐苦。因此，离乡流荡无归者固属没饭吃；其株守乡井者亦多在生活最低线以下，与饥饿没什么分别的。

那么，我们可以明白了，今日的问题正为数十年来都在"乡村破坏"一大方向之下；此问题之解决唯有扭转这方向而从事于

"乡村建设";——挽回民族生命的危机,要在于此。只有乡村安定,乃可以安辑流亡;只有乡村产业兴起,可以广收过剩的劳力;只有农产增加,可以增进国富;只有乡村自治当真树立,中国政治才算有基础;只有乡村一般的文化能提高,才算中国社会有进步。总之,只有乡村有办法,中国才算有办法,无论在政治上、经济上、教育上都是如此。

现在中国社会中吃饭最成问题的,似更在受过教育、有些知识的那般人。在简拙的旧农业上用不着知识分子;而像前所说农民勤苦的习惯能力,他又已没有;因此,在农业道上没处养活他。况他生活欲望已高,亦自然要竞趋于都市的。但这没何等工商业可言的国家,都市中又何曾替他们开辟出许多位置来?于是就都拥到军政学界来了。其无处安插之苦,生存竞争之烈,已是有目共睹,无烦多说。大局的扰攘不宁,此殆为有力原因;他们固自不同乎无知无识的人比较好对付的。

乡村向来是在文化上、在政治上、在经济上全都被都市占了上风的。有知识的人均奔向都市,乡村乃愈加锢蔽愚昧;亦愈加没人理会,没人注意;因之,其所受政治上的压榨与经济上的剥削亦愈甚。智力与金钱与权势三者原是相连环的:愈愚,愈弱,愈贫;愈贫,愈弱,愈愚。而此时都市人染接欧风,生活欲望愈提愈高,政治上名色愈出愈多,经济上手段愈来愈巧,其压榨剥削于乡村者愈厉。因既无工商业为对外生财之道,都市人生活的奢费自唯仰给于乡村,直接间接无非要农民血汗。乡村凋敝,都市亦无所托；军政学界的生存竞争愈烈，大局扰攘益无底止。因果相寻，都市上一天一天知识分子充斥拥挤，乡村中愈感贫枯；过剩的过剩，贫乏的贫乏，两趋极端；其势愈亟，其象愈险，而中国问题亦以愈陷于无法解决！

其实何必这样自走死路呢？不单为民族着想，这样是走死路；即为知识分子个人计，这亦是愈走愈窄，终于无幸的。大家尽想吃一碗现成饭，而且要吃便宜饭；安得有那许多现成而且便宜的饭可吃？——只有自家创造出饭来吃才行。尤其知识分子不要自家看得太贱，自承是个高等乞丐，只好混饭吃。在教育发达的国家，受过教育的人或者是不希罕的；在中国社会则云何不足珍贵？无论如何要算一社会中有力量的分子；民族自救的大任，除了我们更将靠谁？须知民族的兴亡，系于乡村的破坏或建设；而其关键正在自家身上。只看脚步所向，一转移之间，局面可为之一变的。大家一齐回乡，骈力作广义的促兴农业功夫——乡村建设工夫，开出乡村建设的风气，造成乡村运动的潮流，则数十年来乡村破坏之一大方向，又何难扭转过来？自身的出路、民族的出路，一一于此可得；不过总要自己去求罢了。

在都市过剩的知识分子，好像没得用处；然而挪到乡村来，其作用自现。即最无多少知识能力的，在乡间至少亦有两种伟大作用：

1. 乡村最大病症是愚蔽，从他的一知半解，总可替乡下人开一点知识,最低程度亦能教乡下人认识几个字。

2. 乡村最大缺憾是受到祸害没人理会,自家亦不能呼唤人注意;而他则容易感觉问题,不似乡间人疲钝忍默,亦有呼喊的工具——即文字。

第一种作用,好比为乡村扩增了耳目;第二种作用,好比为乡村添了喉舌。如果不是回乡来作土豪劣绅,图占村间人的便宜,则我想此两种作用是一定可以见出的。尤其是回乡的人多了,此作用必自然发生无疑。果真化除得几分乡村人的愚蔽,果真乡村人受到祸害能呼喊出来,中国民族前途便已有了希望;乡村建设便算成功了一半。其作用还不伟大么?

若是较有能力的知识分子,其在乡间将见出第三种更进一步的作用,那便是替乡间谋划一切建设事宜,好比为乡村添了脑筋一样。

所谓乡村建设,事项虽多,要可类归为三大方面:经济一面,政治一面,教育或文化一面。虽分三面,实际不出乡村生活的一回事;故建设从何方入手,均可达于其他两面。例如从政治方面入手,先组成乡村自治体;由此自治体去办教育,去谋经济上一切改进,亦未尝不很顺的。或从教育入手,由教育去促成政治组织,去指导农业改良等经济一面的事,亦可以行。但照天然的顺序,则经济为先;必经济上进展一步,而后才有政治改进教育改进的需要，亦才有作政治改进教育改进的可能。如其不然，需要不到，可能性不够，终是生强的作法。我们从事乡村建设，原是作促进社会进步的功夫，固不能待其天然自进；然于此中相因相待之理不知留意，建设必将无功。

所谓乡村经济的建设，便是前所说之促兴农业。此处所说农业并概括有林业、蚕业、茶业、畜牧、养鱼、养蜂、各项农产制造等，——一切乡村间生产事业皆在内。所谓促兴农业又包括两面的事：一是谋其技术的改进，一是谋其经济的改进。技术的改进，是求生产的品质与量数有进益，诸如改良种子，防病除虫，改良农具，改良土壤，改良农产制造等事皆是。经济的改进，是求生产费之低省与生产值之优厚，一切为农家合算着可以省钱或合算着多赚钱的办法皆是；其主要者即为各项"合作"。如信用合作、产业合作等。这两面的改进自有相连相需之势，即技术上的改进，每有需合作才能举办者；而合作了，亦会自求其技术的改进。二者交济，农业之发达是很快的。农业果然兴起，工业相因而俱来。或应于消费的需求，径直由消费合作社举办；或为农业原料之制造，由产业合作社而举办；其矿冶等业则由地方自治体以经营之。由此而来的工业，自无近代工业所酿的危害。在适宜情形之下，农民并可兼作工人；近代工人生活机械之苦于此可免，那是文化上更有意义的事。

说到政治一面，大家都常听到"要赶快完成地方自治"——包涵乡村自治——一句话；其实这是未假思索之言。政治都是以经济为背景的。照原来中国乡村的旧经济状态，本不会有"欧化的地方自治"。——"地方自治"是欧洲政治里面的一回事，故冠以欧化字样；普通所说，类多指此。照现在中国一天一天枯落的乡村，更没法子有这事实现。非待中国社会经济有进展，是不会完成"自治"的；然而中国经济问题又不会走上欧洲那条路，中国终不会有那种"地方自治"是很明白的。中国经济问题的解决，天然只有一条路如上所说者，因此中国亦将自有其一种政治（包涵地方自治）。中国从合作这条路去走，是以"人"为本的，不同乎资本主义之以"钱"为本。又从乡村而建设起来，层层向上建筑，向大扩张，虽然合作社的联合中枢机关在都市，而其重心则普遍存于各乡村。由是，其政治的重心亦将自普在乡村，普在人人。像欧洲那样"钱"膨大起来驱使人，而人转渺小；又由都市操纵国权，乡村轻末不足齿数，上重而下轻者这里都不会有。可以说欧洲国家政权好像偏起而耸立的，此则是平铺安放的。尤其是个人本位自由竞争的经济，其经济属私事，政治乃为公事，二者分离。此则合作经营，即私即公；经济与政治固可以不离为二。孙先生遗教曾说，地方自治体不单为一政治组织，抑并为一经济组织，指示甚明。大概事实上，亦非借经济一面之合作引入政治一面之自治不可。不然，则虽将区村闾邻按照法令编制起来，自治公所的招牌悬出来，至多不过奉行上面命令办些行政事务而已；不能举自治之实。

眼前若成立自治组织，宜注意担任自治公职者之人选，取谦谨平实一流，使其消极地少些流弊。其积极的功用，则要以能和睦乡党尽诱导教育之劳，使于自治生了解生兴趣者为最上。

乡村建设之教育一面，眼前可做之事甚多；而要以民众教育为先，小学教育犹在其次。民众教育随在可施，要以提高一般民众之知能为主旨。经济一面、政治一面之得有些微进行，统赖于此。内地乡民之愚暗，外间多不深悉，一为揭看，便将兴叹无穷。倘于此多数民众不能有所开启振拔，则凡百俱不相干，什么都说不上。丹麦之兴，盖全以其农民教育为推动力；其事有可仿行者，但非下乡之知识分子倾注于农业改良研究，为其先导不可。

乡间礼俗的兴革，关系乡村建设问题者甚大。不好的习俗不去，固然障碍建设；尤其是好的习俗不立，无以扶赞建设的进行。所谓合作，所谓自治，都与从前疏离散漫的社会不同。人与人之间关系日密，接触日多，所以行之者必有其道。此道非法律而是礼俗。法律只可行于西洋，行于都市；若在中国社会，尤其是在乡党之间是不行的。何况有法律，亦要有礼俗才行；即法律之行，亦莫不有资于习俗。古时如吕氏乡约等，于此是一种参考；第如何因革损益，大不易言。

以上就乡村建设三面，略陈其义；其具体事项，若者先办，若者后办，如何办法，则各处情势不同，要在谋划的人善为揣度，不能一概而论。一则要看当地是什么情形，一则要看自己是什么力量。乡村建设的事，什么人皆可作，政府作、社会团体作、私人居乡亦可作。所以力量是不一样的。力量不一样，自然作法不一样。地方情形,又有地理的不同和人事的不同。就地理说,不但南北异宜,即一省之中,一县之中,正复不能一样。总要因其土宜为之兴利,因其所患苦为之除害。例如苦旱的地方,自然要兴水利;——怎样兴法又不一样。产棉的地方,自然改良棉种;或棉种已有办法,而须指导其为棉花贩卖合作,亦不一定。他如山地可以造林,交通不便者急须修路,等等不一。人事不同者,如其社会经济情形不同,政治情形不同,教育情形不同,或风俗人情不同等。万般不齐,随宜施设,说之不尽。但有三桩事可以提出来说说的:

一则地方不靖者,莫先于举办乡村自卫。孙先生遗教,原有警卫完成再及自治之说。最近国民政府为肃清匪祸安辑地方计,亦极力督促地方保卫团之成立。诚以秩序未安,人心不定,一切建设无从谈起。中央及地方政府法令所示,仅属一种大概办法;认真去作,仍须当其事者悉心讲求。最要众志归一,先安内部;先清内部,则根本已立。无论平常时或有匪患时,都应该作此功夫。

一则地方有红枪会或其他帮会组织者,亟宜作一种化导工夫,务使其尽相当之用而不为害。乡民愚昧而有组织,且为武装组织,其危险性实大。第一,要化导他向开明进步的方向去;不然,必将为乡村改进的绝大障碍。第二,要慎防他势力扩大,为人利用,酿出祸乱。这是一件最不易对付的事;

然只许用软功夫,不可以强硬手段摧毁之,——这是违背乡村建设之理的。

一则鸦片毒品发现流行的地方,亟宜公议查戒杜绝之方。毒品流行,为祸最烈;然其始必自村中有不务正业之游民,又每与娼赌等事相缘,实为村风败坏的问题,非单独的一件事。唯靠乡中老成端正之士,团结一致,共负起挽救整顿之责,建树良好村风,别无他法。此虽为法律所厉禁,却终非外面官府力量所能及的。

在今日纷纭复杂的中国社会,问题岂胜枚举,方法何可预定。只要认清题目,握定纲领,事情到手,自有办法;——即不然,办法亦无难讲求。我们总括上文大意,以为我们的题目和纲领,即此作结:

题目便是辟造正常形态的人类文明,要使经济上的"富"、政治上的"权"综操于社会,分操于人人。其纲领则在如何使社会重心从都市移植于乡村。乡村是个小单位社会,经济组织、政治组织皆天然要造端于此的;一切果从这里建造起来,便大致不差。恰好乡村经济建设要走"合作"的路,那是以"人"为本的经济组织;由是而政治亦自形成为民主的。那么,所谓富与权操于人人,更于是确立。现在所急的,是如何遵着这原则以培起乡村经济力量、乡村政治力量;这培起乡村力量的功夫,谓之乡村建设。——乡村建设之所求,就在培起乡村力量,更无其他。力量一在人的知能，二在物资，而作用显现要在组织。凡所以启发知能，增殖物资，促进组织者，都是我们要作的。然力量非可由外铄；乡村建设之事，虽政府可以作，社会团体可以作，必皆以本地人自作为归。

山东省政府为谋本省的乡村建设，经政务会议议决而有本院——山东乡村建设研究院之设立。所有一切办法，或秉承省政府命令所示，或由院拟订呈请省政府核准备案；其既经公表之文件，则有本院组织大纲、本院学则及课程。兹分项撮要，概叙如次。

本院所要作的事，是一面研究乡村建设问题，一面指导乡村建设的实施。本院内部组织，即准此而分为：

一、乡村建设研究部；

二、乡村服务人员训练部；

三、实施乡村建设的试验县区。

乡村建设研究部的命意，约有两层：一层是普泛地提倡这种研究，以为学术界开风气；一层是要具体地研究本省各地方的乡村建设方案。大概初创之时，以前层意思为多；渐渐才得作到后一层。——因为这不但要萃集各项专门人才，并且要有几个机关协同着作才行的。此项研究生的招收，原是要受过高等教育者为合格；不过亦不愿拘定大学专门毕业的资格，致失奖励知识分子转向乡村去的本意，所以又有"同等学力"的规定。大抵以具有较高知识，对于乡村问题向曾留意者为合适。其研究程序，先作一种基本研究；——那便是乡村建设根本理论的研究。次则为专科研究；随着各人已往学识根柢的不同，和现在兴趣注意的不同，而自行认定一科或数科研究之。例如原来学农业的，就可以从事于农业改良研究；而现在有志于乡村教育的，就可以从事于乡村教育研究。各科的范围宽狭不同，细目亦得别为一科。但科目的认定，必取得研究部主任的审量许可；作业的进行，须听部主任及教师的指导。本部课程，除间有必要外，不取讲授方式；或个别谈话，或集众讨论；并于南北各大学聘有特约导师担任指导，以函授行之。修业期限，规定二年；但于修业期间，得有研究结果，提出论文经部主任及导师评定合格者，亦得请由院长核准予以提前结业。

此项研究部学生，差不多都要到觅求职业的时期，颇难再由家中供给费用，所以本院定章，除供给膳宿外，并给予津贴每月十元。其学有专长者，在适宜情形下，并得在院中兼职兼课（训练部功课）；要无非掖进有志，扶助苦学之意。将来学成结业，自本院希望言之，实以留院服务为期。因本院训练部第二期必须扩充办理，正多需才之处。以是本院学则，于此有"酌留本院服务"及"呈请省政府录用"之文。

本院第一届招生，研究部限招三十名。并以一切费用均出公家供给之故，其省籍即限于山东本省。但为提倡这种风气起见，外省自备资斧请求附学者，亦得酌量容纳；其名额不得逾本院学生十分之一。

乡村服务人员训练部和特定之试验县区，是从"指导乡村建设的实施"那一面工作而来的两个机关。我们对于实施乡村建设的进行，计划着第一步要预备到乡村服务的人才。这不须说，当然是要就地取材的，其条件略如下开为合适：

一、世代居乡，至今其本人犹住家在乡村的。——这是为他不失乡村生活习惯，尤其要紧的，为是他熟谙乡村情形。

二、曾受过相当的教育（略如初中），具有普通知识的。——非有知识和运用文字的能力，不能为公众作事。

三、年纪在二十岁以上，三十五岁以内的。——这是为年力正富可以有为，而又不要太年轻。

大概果能具此三条件的人多是在乡村教过学或曾任乡村公职者；亦可说是于乡村服务有些经验的。因其受过相当教育，年达二三十岁，而没有升学或作事于外，则其末后居乡的几年总不免要作点事的；其升学或作事在外而新回乡的，成数必然很少。前项闷守乡村的，诚未必是俊才；然在这知识分子回乡尚未成风气的今日，舍此更无可求。后一项新回乡的，或有英发之士；而多年在外，情形隔膜，亦是缺欠。无论哪项人，非经一度训练之后，总还不能担任乡村建设的工作。此所以有乡村服务人员训练部之设。所要训练于他的，约计有三：

一、实际服务之精神陶炼。——要打动他的心肝，鼓舞他的志趣,锻炼他吃苦耐劳、坚韧不拔的精神;尤其要紧的,是教以谦抑宽和处己待人之道。

二、为认识了解各种实际问题之知识上的开益。——非有一番开益其知识的功夫,则于各种实际问题恐尚不易认识了解。

三、为应付解决各种实际问题之技能上的指授。——例如办公事的应用文、办合作的应用簿记、办自卫的军事训练等。

必须受过了这三项训练,而后乡村服务人才的条件才得完具。因此,本院于训练部的课程,有五大部之安排:

甲、党义之研究;概括三民主义、建国大纲、建国方略,及其他等目。

乙、乡村服务人才之精神陶炼。

丙、村民自卫之常识及技能之训练;概括自卫问题研究、军事训练、拳术,及其他等目。

丁、乡村经济方面之问题研究;概括经济学大意、农村经济、信用生产消费各项合作、簿记、社会调查及统计、农业常识及技术、农产制造、水利、造林,及其他等目。

戊、乡村政治方面之问题研究;概括政治学大意、现行法令、公文程式、乡村自治组织、乡村教育、户籍土地各登记、公安、卫生、筑路、风俗改良,及其他等目。

我们为实行"就地取材",所以对于招生特别仔细;为训练得有实功,所以对于课程不得不认真。所谓招生特别仔细的,就是训练部学生的招收,由招考委员会分组出发到各县,召集当地人士,宣布乡村建设的意义和本院进行的办法,唤起地方上人的同情愿来参加,而后分区就近考试。——其如何分区分届招生办法详后。所谓课程认真的,则有部班主任制和一年到头不放假的办法。

　　本院训练部学生以四十名为一班,班置班主任及助教各一人。班主任对他一班的学生之身心各方面活动,皆负有指导照管之责;凡学生精神之陶炼、学识之培益、身体之保育锻炼等,固自有各样的课程作业,但必以此班主任的指导照管作为训练的中心。所以班主任有"应与学生同起居共饮食"、"以时常聚处为原则"的规定。学生每天都要自己写日记,这日记亦是由班主任为之阅改。各班学生成立其自治团,凡经本院划归该部自行办理之教务、庶务、卫生清洁等事,亦都是在班主任指导之下,进行自治。各班主任之上,更由部主任总其成。——是所谓部班主任制。

　　训练部课程期以一年结业,这一年到头是不放假的。不但不放寒暑假,并星期例假及一切纪念节假都没有。一则是因为功课多,而修业期短,不得不加紧。一则是农家生活除农暇外,没有哪天放假停工之说;本院期在养成乡村人才,于此不合农业社会的习惯,应予矫正。在此一年之中,每日廿四小时生活,依昼作夜息分为二大段,排定公共生活时序表,全院遵守。例如自某时起床,盥漱,朝会,健身拳术,早餐,作业,午餐,作业,晚餐,洒扫,作业,写日记,夜息为止;大家同作同息。计午前、午后、晚间三个作业段共八小时。这虽似太紧张,行起来却亦很自然。因所谓作业包括种种活动,不定是讲课读书。尤其是星期日多为出院外的活动,如野外操练、巡回讲演、乡村调查等。

仔细取材之后,尤恐学生中有难于造就的,所以有随时甄别的办法。本院学则规定:"学生在修业期间,本院得随时就其资性体质思想行为,加以甄别而去留之。"认真训练之后,临近结业,犹恐其有出外作事难副所期者,因而本院学则有规定云:"本院期在培养实地服务人才,凡学生结业必须具有解决乡村各种问题之知识能力及勤劳奋勉之精神;其有修业期满而不足以副此者,本院得缓予结业。"

以上都是说本院如何预备乡村建设人才的办法。但这招生之事,山东省一百零七县实不能同时举办,此其困难有二:

一、本省各地方情形不同——鲁西不同鲁东,鲁南不同鲁北——要同时了解它,研究它,替它想办法,势所来不及;而这是在训练学生时,多少要指点给他的。尤其是在指导实施时,要帮他解决地方上的问题;普泛地照顾,万照顾不到。

二、训练后回本地作事者,每县人数若过于单少,则事情不易进行;假定每县十人左右,同受训练,便达一千余人。本院人力、财力一时均有不及。

因此，本院计划划分区域，分期次第举办。其区域即以本省旧日行政区之四道为准。现在第一届招生，即就第一区旧济南道属廿七县先行办理。将来第二届或就第二区旧济宁道属办理；或力量宽裕，第二、三区合并举办，亦不一定。

第一届之廿七县，除指定之试验县特别招收四十人外，每县招取人数规定八人至十人；其总数约为三百人以内。招考委员会拟分五组出发，分赴各县宣传后，就济南、邹平、蒲台、惠民、泰安五地点举行考试。其报名手续、考试项目等，另详招生简章。

在储备人才的时候，即应就一地方试行乡村建设，这有两层用意：

一是训练学生不徒在口耳之间，更有实地练习试做之资。

一是以此为各县乡村建设的示范，以此为本省乡村建设的起点。

故此特由本院请省政府指定一县为本院之试验县区。此试验县区的条件，要以地点比较适中，县份不过大，不甚苦而亦非富庶，不太冲繁而交通又非甚不便者为合适。现已奉省政府指定，在离胶济路周村站三十余里之邹平县。照本院组织大纲规定，本院院址应即设置于此，并以该县县长兼本院试验县区主任。县长人选亦经发表；将来尚须成立一委员会，以为设计进行之机关。

又在训练上为学生实地练习之资，在乡村建设上为各地示范者，尚有本院农场。农场场址亦随本院置于试验县区内。举办之初,规模有限,必须应于实际需要次第扩充之。例如棉业试验、牧畜试验、蚕桑试验,或者其他,审其为地方所切需,陆续添办。或商请省政府农矿厅举办,协同进行。我们总希望有个可以为试验县区及第一区其他廿六县,农业技术改良上之一研究指导机关的农场。

然我们对于建设进行,颇主张先侧重经济上种种合作。其确实计划,此时尚不能言。我们将先举行两个调查工作:一,试验县区的农村经济调查;二,第一区其他廿六县的农村经济调查。前一调查工作,有训练部的本县学生四十人为助,当易进行。后一调查工作,拟向省政府请款举办。必此两调查办完,如何建设,方有计划好商量。

至若建设的实施,在第一届学生训练期间,所可着手者只限于试验县区。在第一届学生结业回乡服务时,其他廿六县始能着手。训练部各县学生回乡如何服务,与各县建设实施从何着手,殆为一个问题。本院于此,有两种策划:假使各该县政府秉承省政府命令,于此乡村建设之事从上面有所兴举(例如县农场、县农民银行、县自治筹备事宜、县办民众教育等类),自应照本院学则所规定,分派各地方或发交本县服务;其所着手之事,即因所兴举而定。假使上面机缘不好,或政府未暇兴举,或徒有名目难期实益,则各该学生应各回乡里,在本院指导之下,自行办理一种"乡农学校"为宜。此种"乡农学校"的办法,随宜解决当地问题,俾信用渐孚,事业自举;其详须待另陈。

总之，事属创举，须一面试做，一面规划，有难于预定者；待第一届办过后，当可开出些道路来。

录自《中国民族自救运动之最后觉悟》，207—225页，
1932年9月，村治月刊社。
《村治》，1卷，11、12期合刊，1930年11月16日。

中国之地方自治问题①

中国现在有许多人很注意提倡推行地方自治,但有许多困难问题。这可以从过去的事实看出来。"地方自治"这件事,在中国倡议实行始于前清光绪三十四年,已经有二十多年的历史,日子不算很短了;可是直到现在仍然看不见一点踪影,还在倡议之中,全国任何地方,都无其可行之端倪。这就可以证明此事推行之困难。光绪三十四年,满清预备立宪,筹备地方自治,颁布一个城镇乡自治章程,每县之中县城划为城区,较大的市镇划为镇区,多数乡村划为乡区。宣统二年山东开始着手进行,许多县设立地方自治讲习所,训练自治人才。筹备下级——城镇乡为下级,省县为上级——地方自治。至宣统三年训练人才后,即实行划分城镇乡,山东有好多县都如此办理。宣统三年就是辛亥年,革命成功后,仍然继续进行,城镇乡设立议事会,县有县议会,省有咨议局;在清末民初,省县议会在全国各省差不多都成立了。可是现在反倒找不到,转回头来重新提倡进行设立,其实现在要进行设

---

① 据《乡村建设论文集》编者李澂所写之此文"弁言"中说:"《中国之地方自治问题》一稿,乃先生于廿一年十二月出席第二次内政会议前所讲于乡村建设研究院者,当时澂为笔记,曾呈先生阅过,而未及改订。"

立的议会,二十几年前都已实现成立过。到了民国三年,袁世凯政府时代,一半因有许多困难推行不动,一半因袁氏认为地方自治虽好,但须作预备工夫,不能即行办理,主张从缓进行,所以让袁氏取消了,城镇乡自治章程不算了,地方自治讲习所也不办了。后来到了民国八年,北京政府的内务部,旧事重提,另行制定自治章程,命令各省筹备实行;但因政局屡次变更,南北分裂,扰攘不宁,又于无形中搁浅了。这时联省自治的声浪甚盛,是以一省为一自治团体,二十几省自治团体,连合起来组织一个中央政府。当时倡此议最力者为广东陈炯明、湖南赵恒惕;广东曾实行县长民选——广东实行县长民选更闹许多笑话,——湖南实行省长民选,赵恒惕氏即为民选省长。在这联省自治声浪甚高之时,湘、粤、赣、浙四省,都定有地方自治法规——我都看见过——但因军阀互相打仗,赵恒惕被唐生智撵跑,陈炯明被孙中山赶去,大局变化,联省自治的呼声也就随着消灭了。接着就是中国国民党十三年的改组,十五年的北伐,十七年的全国统一;从十七年起,地方自治运动又起。有好些省设立自治筹备处。湖南就是这样,曾设立自治人员训练所,大规模的训练人才,举曾任湖南省长的曾继梧先生为自治筹备处长,从十七年至十八九年约数年之久。又江苏江宁县亦进行地方自治,设立村治育才馆;浙江则设立地方自治专修学校;凡此皆是从民国十七年开办,不过有的从省来作,有的从县来作。从县作的除江宁县外,还有孙中山先生的家乡——中山县亦办地方自治,定为全国模范县,有大批的款项,派好多党国伟人筹备办理。到了今日,无论从县作的,从省作的,所有地方自治统统失败,所有地方自治机关统统取消了！只听见取消,没听见有人反对取消;取消之后亦无人可惜。如湖南花费二百余万款项,经历数年之久的工夫;毫无成绩,只有取消完事。假若办理地方自治真有好处则必有人拥护,取消必有人出头反对。现在虽然尚有存在的,如浙江的地方自治专修学校,还有中山模范县不好意思取消,不过都是没有办法,人民很感痛苦。我在《敢告今之言地方自治者》一文中曾详细说到中山县的情形,大家可以参看。现在统起来说,在过去经验上告诉我们,地方自治经多次提倡统统失败！他所办的事情,只不过筹经费,定章程,立机关,派人员,人员虚掷经费即完了！而现在中央又提倡乡长民选,区长民选,县长民选,省长民选,但困难多端,与昔日并无分别。这次南京开内政会议,大概就是讨论"地方自治在中国为什么不能成功"的问题。我下月将出席该会的专家会议,现在先将我对此问题的意见,向大家讲讲。

　　先讲一个最根本的意思,就是我们说到地方自治,必须注意而不可忘记的是:"地方自治"为一个"团体组织",要过"团体生活";实行地方自治,就是实行组织团体来过团体生活。地方自治是一不完全的名词,应是地方团体自治;普通我们说话把团体二字省去了。等到地方自治组织成功,应称为地方自治团体。现在大家不单在字面上忽略"团体"二字,即在事实上进行地方自治时,亦常常忽略了团体本身,而太着意于另一方面,——就是上级官府所委托的事。照例说，地方自治亦应奉行上面的政令，兼办官府的委托；不过大家太着意于此，太着意于国家行政，而忽略了地方自己本身是一团体。如大家一提到地方自治，便想起中国古代的所谓乡、党、州、里……；其实这许多都是自上而下的"编制"，而不是有他自己的"团体组织"。所谓地方自治，必须地方本身是一个团体组织。如一个村庄是一个自然形成的团体，而且是有他"自己"的团体组织；若自上面划分范围，名为乡、党……那是编制而非组织。组织是"主动"的、有"自己"的；编制是"被动"的、"属于人"的。地方自治就国家往下说，是一个编制；而就其本身说，则为一团体组织，实是具有两面的性质。现在要注意的是当我们办地方自治时，当然着重在地方团体的自治组织，而其对上之义不居重要地位；即重在团体本身之组织而不重从上而下之编制。组织是有其"自己"的，可以有自己的主义，而且是有生命的，有历史的，有事可进行的，有开展发达可言的；编制却恰好相反。现在大家偏重于其编制一面而忽略其组织本身，则地方自治之失败，乃必然矣。

地方自治之不易推行于中国，其困难即在组织能力、团体生活为中国社会素所未有。中国民族数千年的生活是"非团体的生活"，其习惯亦是"反团体的习惯"，故无组织能力；地方自治即是团体组织，而组织能力恰为中国所无，这是唯一的困难。地方自治之"自"非指个人而言，实指地方民众；如地方民众不能自成一体，则此"自"乃空洞无物，"自"既没有，则治亦无从治起。必须有

"自"始可言"自治";必须有地方团体,始可言地方自治。吾人今日唯一所苦,即在吾社会没有"自"——团体,亦就无法自治了。

什么是组织？什么是团体？是我们现在要回答的问题。按理说,许多人合在一起,有一共同目标,有秩序的去进行,以求达其目标,就是团体组织了。如果我们去分析的话,则共同目标、大家合起、有秩序、去进行,是必要的四个条件。现在我们于此须加以解释。有两句话是顶重要的：第一句话就是在团体里有秩序的去进行其目标时,必是机关分职；团体中各管各的事,你管这个,他管那个,大家合起来去进行其共同的目标,机关虽分仍为一体,大家分开作事,而所作之事仍为一个,这就是所谓组织了。第二句话就是团体构成分子,个个必须有其自己的位置。大家要注意团体不是一块东西,一言团体,就显然是多数分子合在一起的；但如多数分子合在一起之后,而即失掉原来每个分子的存在性,那就不成其为团体了。所以团体一面是有共同的结合,一面是在结合里还有构成分子的位置。如共同结合后,止看见团体而看不见分子,就不是团体。这团体的机关分职,与团体结合中不失构成分子的位置,是组织团体顶重要的两个意义。现在举例以明：如同学大家在此组织一个饭团,大家都意在吃饭,就是共同目标；大家合在一起吃饭,就是团结；大家吃饭不起纷扰,就是有秩序；大家吃饭本身,就是进行；大家选举人员管理炊事,就是机关分职；饭质之好坏、饭费之多少,凡吃饭的同学都可发表其自己的意思,就是不失团体构成分子的位置。这一个饭团的组织,就是一种理想的团体标准最进步的团体形式。团体生活,就是团体构成分子的共同生活,他是"活"的、有进行的。在进行中,个个构成分子都可参加意见,所以是活的;如由少数人作主,而多数人不能发表意见,那就失掉了团体的意义。这种团体有活动有进行,分子有位置能说话,就是理想的团体组织。可是事实上并不如此。人类社会已经有很长的历史,而这种理想的团体,至今不但在中国没有实现过,即在文化很高的西洋社会亦没有实现过;只可说是人类此时的团体生活正在往理想进步的组织里进行而已。刚才所说最进步的团体形式,如同学饭团的组织,所以能够成功的原因,是因为题目简单,人数较少,又有教育程度,种种条件合在一起,所以就容易成功;反之如题目复杂,人数众多,程度很低,则此理想的最进步的团体形式就不易组成了。我们知道人类生活,最重大最紧要的团体就是国家,而国家的构成就完全不是按照这种形式;人类历史虽很久,文化虽很高,而国家团体生活,还未作到如是境地。从人类有史以来,所有的国家,都不是由构成分子个个同意而组成的。这句话包含两个意思:(一)即国家的构成,是由强迫来的——不是大家同意的;(二)即国家的构成,是无意识的——不自知的。世界所有的国家都是如此组织成功,并没有实现过理想的最进步的方式;不过最进步的方式,虽未实现过,而人类团体生活,的确是往最进步里走。比如西洋近代历史就发生一很显著的走向进步的变化,就是对于国家的组织发生一个崭新的要求,由无意识而变为意识的,由强迫而变为同意的;这就是十八世纪法国卢骚的《民约论》所引起的变化了。《民约论》在西洋国家的变化上，发生很大的影响；西洋国家由封建专制，变到民主共和，其转纽全在此思想之鼓励。《民约论》中说："人类原有天赋权利，各有自由，不得干涉；但人类不好单独生活，须组织团体，愿意把自己的自由让出，成立国家以管理大家。国家就是这样由民约同意组织成功的。"这个思想虽不合历史事实，却是一个很对的理想；让国家由强迫不自知的形式，而进于意识的同意的组织，确是由不进步往进步里走，不过现在仍然没有走到最进步的境地罢了！于此我们应当注意的是国家越变成了民治的，则其国家就越成了出于大家同意的有意识的最进步的团体组织。地方亦然，地方越变成了自治的，则此地方越是一个进步的团体组织。团体生活亦是很进步的生活。我们现在可以说到本题了："地方自治"就是让地方自成一团体，而往前共同生活；像刚才所说有意识的团体生活就是自治，有了团体组织才有自治。现在我们所苦的是没有团体组织，没有自治的"自"，虽有"治"亦属无用；所以大家要注意"自"字，不必注意"治"字；有了"自"字，自然可以"自治"了。

　　现在我们可恍然明白地方自治止作"编制"工夫是不行的！因为编制只是让某一地方有所属，乡属于区，区属于县……有所属是使一地方没有"自己"而属于"他"！所以编制不能有"自"，而只有"他"，必有组织才能发生"自己"，才能"自治"。现在政府提倡自治，单作编制工夫是不会有结果的！政府应作促进组织的工夫，站在旁边帮助地方，使自治组织由无而有就对了。我们已经知道，政府提倡自治，单注重编制的不对；我们尤应知道想要地方自治在中国实现是有顶大的困难，因为地方自治，须要团体组织，而团体生活组织能力，恰为中国一向所无，今欲使其实现，真不是一件容易的事。中国提倡地方自治差不多有三十年的历史，而总不成功，为大家所深怪不解；其实应当怪异的，是当初大家把这件事情，看得太容易了！如当初大家认清其困难，而慎重从事，则地方自治，必不能失败到如今日的一无结果也。

现在从事实上来说明中国社会的没有组织能力，和缺乏团体生活。所谓"团体"，我们须从两面去观察：一面自团体内部而言必须合而亲切；一面自团体对外而言，必须分有界限。对外不分，对内不合，不能名为团体；具备内合外分的两面，才算一个团体。可是中国人恰缺乏此两面的精神——一面缺乏内部的公共观念，一面缺乏对外的分别界限。例如在人类团体生活中，最容易有分界的，莫如国界；而中国人向来对于国界，就根本模糊不认真。中国从古就是世界主义者，讲天下太平，不与人分家，单单自己国家好了不算完事，世界大同是他的理想，中国几千年来都是这样子。"爱国"二字，在中国系一新的名词，圣人的教训、旧日的书籍，完全找不到。从前虽有所谓"忠君爱国"之说，然所谓国者乃是专指君主而言，并非指国家团体；所以中国人最缺乏国家意识，像西洋人（如法德）国家意识之强，在中国可说完全没有。为什么中国人对于国家意识这样薄弱，对外不分、对内不亲呢？第一个重要原因是因为中国国家太大,像中国这样大的土地,若在西洋,可有二十余国之多。在欧洲是许多小国林立,此疆彼界,历史上彼此常常交战,成为世仇;这样就逼着他们对外不得不分,对内不得不合,遂演成了严密坚强的国家组织。所以欧洲的国家才是真正的国家。比如德法二国,世有仇怨,时相戒备,设计国防,预备战争,其中一国如防备稍疏,他国即乘机侵扰,人民即不得安宁;所以他们人民的生活与国家发生密切关系,国家生活在他们人民的生活上占很重要的位置。如把国家观念从法国人或德国人的头脑中抽掉,他们几乎就不能生活的;这是因为他们自己生活完全要靠国家来保护的缘故。中国自秦汉以来,差不多都是大一统,国家非常之大,虽有时发生敌国外患,但因地域辽阔,一部分人民纵受摧残,而全体民众,却受不到多大影响;如晋之东迁,宋之南渡,在历史上是不常有的变动,几乎成了例外的样子,所以人民的生活与国家疏远不相关联,国家团体存在的必要,人民简直感觉不到。加之人民程度太差,知识低劣,仅能有具体事物观念,缺乏抽象的理解力,国家既是一抽象观念,普通理解力低的人,实不易具有;国境既大,人数又多,国家意识之形成,实为至困难之事。还有一个重要原因,就是中国古代文化甚高,环伺中国的邻国文化都低于中国,没有与中国平等的文化,不易发生敌对竞争的心理;他对于南蛮北狄、东戎西夷,一向即抱鄙视的态度,包含怀柔,不屑与对;对抗的局面不成,国家的界限自不易有。以上是从中国民族对外关系上说明其国家界限不易发生之由来。

现在再从中国内部以观其国家与人民之关系为如何。从中国过去情形说,人民之于国家实在无多大关系。人民自己过日子找不出哪一点必须与国家发生关系,顶多不过是被动的交纳钱粮,消极的打打官司而已;此外再找不出什么积极的关系来。这种情形的所以演成是从两面来的:(一)是中国国家向少与外国对抗之势;如上所说欧洲小国林立,互相敌对,互相防备,政府为对外计,对于人民当然持干涉态度,政府之于人民,差不多如军队中总司令之于兵士一样。当国家与国家互相敌对之际,政府对人民不仅持干涉态度,且含有帮助人民的意思,所以国家与人民之间关系甚为亲切。中国国家既是大一统时候居多,差不多没有什么对外的问题,国家之于人民,既不干涉,亦不帮助,完全放任,听其自生自灭,以消极不扰、端拱无为为治,这样人民对于国家当然不会有亲切观念,所以彼此便成功一种疏散不相关连的局面。(二)是中国社会内部没有阶级;中国人不但对外没有国家观念,对内亦无阶级意识。"意识"二字,亦可诠为"自觉";自己觉着这是自己的国家,自己觉着这是自己的阶级,此疆彼界的情形,如欧洲国家意识之强明,阶级对立之严重,在中国完全没有。中国国家的统治力操诸个人的掌握,而不在阶级手里;中国只有统治者,而无统治阶级,这是一向中国政府对于人民不得不采取放任消极之最大原因。假如是阶级统治,则共利害者多,统治力量强,政府对于人民虽强施压迫,人民亦无如之何。中国恰是一人在上,万人在下,只有统治者而无统治阶级,统治力单弱,不敢压迫人;如其倒行逆施,妄用权力,则叛乱必生,皇帝个人的命运立有发生危险之虞。所以他为自己前途计,一面消极无为,不扰人民;一面开放政权,与天下士人共之。中国过去的考试制度,给读书人开出向上的机会,人人都可赴考作官;同时在经济制度上土地可以自由买卖,工商业因无大机械的发明,生产简单,亦甚自由。人人都可自谋出路,单看自己能力如何,因为这种种关系,中国人在社会上的成败升降,是顶容易的,成了一种个人自由竞争的局面。这样就把中国社会给散了,让中国人只有身家观念,读书中状元,经营工商业,辛勤种庄稼,都不过为身家打算,光辉门庭而已!中国从古圣人虽反对私利,而社会组织制度使中国人除了身家观念外,再不能找出什么公共团体连带关系来。或者乡里宗族,多少有连带关系,但亦无若何具体组织以对外;所有人们的活动都属个人,而无共同活动。团体活动在中国从前社会,简直发现不出。所谓"士农工商"四民之中,士农最为散漫;团体连合,在工商业里还可找到,士农简直没有。可是士农为构成中国社会的主要分子,因为士人虽然人数很少,但为社会中的优秀分子,是社会的头脑,而中国人口百分之八十几是农人,人数占最多,所以士农,是中国社会的主要分子。中国从前的士人读四书五经,甚为简单,实不需要团体进行;农民种地,顶多一家子去种,或者雇几个人帮忙就行了,更不需要结合大的团体。在中国从前社会实在找不到团体的必要,不但小团体不必要,即大的国家团体亦不必要;不像西洋人没有国家,即不能再往前生活。如法德二国不具有强大的国家力量,则他国即要侵略烧杀,人民当然无法往前生活——所以国家生活在他们成为一个必要。在中国,国家种族阶级……种种界限都没有;对外不分彼此,不相敌抗;同时内部相互的关系亦不亲切。中国实是一个不分不合的散漫社会,所谓"一盘散沙"正是这种情形绝好的形容语句。他不单是没有组织——自动的团体组织,且连自上而下的编制亦疏忽。很显明的证据,就是国家不丈量土地,不调查人口,对于自己的土地、人口,完全没有精确的统计;中国数千年来都是这样子,清代更是如此。

中国社会散漫的情形,若从其政治生活,经济生活、社会风尚三面加以考察,更易明白。中国国家对于人民,放任消极,既无组织,又无编制,国家与人民很少发生积极的关系,这是在政治生活上让中国社会不能不散漫的原故。中国以往的经济是自给自足的,人民日常生活用钱向外购买物品的需要很少,点灯的油自己可以榨,穿衣的布自己可以织,吃饭的谷自己可以种,人与人在生活上不发生连带关系,很可以关门过日子,几与老子所说老死不相往来的神气相仿佛。这与西洋社会比照着看,更为显明:西洋社会经济生活连带关系是很密切的,在一千几百万人的大社会中,大家饮用一个自来水公司的水,点灯用一个电灯公司的电,一旦自来水源发生障碍,磨电机械有了损坏,水电断绝供给,社会立刻发生问题。中国社会,与此恰好相反,人人可以闭门生活,没有密切的连带关系;这是在经济生活上让中国社会不能不散漫的原故。现在再从中国社会风尚说明中国社会散漫的原故。个人可以有特殊嗜好，有他最爱讲究的事情；同样社会亦有其风尚，亦有最爱讲究的事情。支配中国数千年人心风俗的无形势力，莫过于儒释道三流派。而儒家在中国社会占最主要的位置，所以中国大多数人爱讲究个人道德、伦理、孝弟、贞节、忠义……凡此皆是个人与个人关系的讲究，如子对父孝，弟对兄悌，妇对夫贞，友对友义……而不是团体生活中分子对整个团体关系的讲究。中国人既好讲究个人伦理道德，便不能不漠然于整个社会团体的关系。况且中国数千年来，表面上固是儒家的教训占最大的势力；可是社会风尚的骨子里，"黄老无为"的气习，实大过于儒家。黄老派在西汉时就很盛行，到了晋魏之间的清谈派，"无为"的风气就更厉害了；大家既然清谈无为，哪里还会有什么团体活动共同生活呢！我们现在再看佛家：儒家重伦理，道家尚无为，佛家更进一层，捷直厌弃红尘，否认人生，要出家当和尚，这么一来，就更无团体活动之可言了！所以团体生活，在中国从前简直是不会有人讲到的。大家的好尚，都是反团体的；则社会安得不散漫呢！这是在社会风尚上让中国社会不能不散漫的原故。

中国过去的政治生活是端拱无为放任消极的，经济生活是自给自足不相关联的，社会风尚是背反团体共同活动的，种种条件凑合成了中国社会的散漫性。近百年来，这个庞大散漫的国家，遇到了与其恰好相反的，特别以团体组织力见长的近代西洋国家，其失败乃是历史之必然！近百年来，西洋文化的战胜，胜于其组织能力；中国民族的失败，败于其散漫无力。中国国家虽地大人多,以其散漫,遂等于无力;散漫无力,实为中国近百年来所以失败的唯一原因! 中国旧有的文化(一切文物制度礼俗习惯),亦随着实际上的失败打击,根本动摇破坏,不复能用;时至今日,已不容我们敷衍生活,非根本改弦更张不可了。我曾经说过:"中国在历史上从来没有研读外国书籍,讲究外国道理,有如今日者!"今日中国的情形,为历史上的中国从所未有;对历史上的中国言,实为一根本的变革。历史上的中国,在武力上虽曾经数度失败,而在文化上总占胜利,从未失败;到得今天,我们的文化,遭遇到从所未有的难关,真真是失败了! 事实上逼迫着中国人非转变不可,这时代真是中国文化的大转变期。"地方自治"这件事,如果能够成功,正是中国文化大转变期中的一事;因为"地方自治"与从前中国社会的散漫生活根本相异,完全为一新的方向。文化的大转变何时成功,地方自治的新方向,何时才能踏得上去。文化大转变的何时成功,实是很难说定的事情;政府下命令要地方自治克期成功,真是谈何容易! 中国社会的散漫生活,已经有几千年的历史,素无组织团体的训练习惯;旧有的风习制度虽于二十余年短期中间破坏殆尽,新方向的转变形成岂能于二十余年的短期中间望其实现!"地方自治",我们如看成是一"大的文化转变事业"才算是懂得他的意义;如认为是容易的平常的行政事务,可算是没有懂得今日中国的地方自治问题了。我们上边曾经说过,大家不应怪异地方自治的难于成功,因为假如你认识清楚地方自治是中国文化大转变的一个新方向,那么,你对他的难于成功,就毫不觉其可怪了。

地方自治的难于成功,其原因究竟何在?现在再从中国人的心理习惯及物质经济加以分析说明。从中国人的心理习惯去观察,有两个大缺乏点:第一缺乏"纪律习惯"。我们知道纪律在组织与编制二者之中都很重要,组织与编制都是关乎多数人的事情,而多数人有秩序的向一个目标进行,必赖纪律之维持;如无纪律维持,则秩序必乱,事情亦无法进行。所以团体生活,纪律是最重要的条件。中国人最爱随便,缺乏纪律习惯,在社会公众问题上尤其显著;梁任公尝说中国人私德不错,公德不行的意思,即是指没有纪律说的。西洋社会与我们恰好相反,他们的公共生活很有纪律;比如在欧洲的电影院或大戏院,并无警察管理,观众均须按先后次序购票进场,很自然的遵守纪律,不能为自己便利,越次而行。中国人如遇此种场合,那就非争先恐后,一塌糊涂不可了。还有常常听他们留洋学生说,从西洋回国到上海海岸下船,看见乱七八糟的情况,心里必发生一种奇异的感想,假如外国人初次来中国看见此种情形,必要以为发生了什么特别的事故。中国人之于纪律真是最欠讲究:开会很少秩序;戏园中观众彼此谈话,声音嘈杂,所以戏子就非大声唱不可。团体生活如无纪律,则必发生困难,事情无法进行,这个习惯恰为中国人所无。(我在《我们政治上第二个不通的路》一文中,曾谈及此,大家可以参看。)第二缺乏"组织能力"。组织能力,就是多数人在一块商量进行事情的能力。一人作主,不是组织;听人支配,亦非组织;大家商量进行,才算组织。这个能力,亦为中国人所最缺乏。中国近几十年来,渐有团体生活,几十年前,社会上所没有的党派会社,近年成立甚多。但我们如留心去看,所有团体统统组织不好,大家都犯一个毛病;就是团体分子热心者太热心,冷淡者太冷淡。即在一人,当热心时,总愿意把团体的事情,归他一人支配管理才痛快;如发生问题,心情冷淡,他对于团体事情便不加过问,好歹不管。分子对于团体,应当是参加进去,尽其分子的力量;对于团体事情不能不管,可也不能归一人管。要归一人管,那就是把持,非起纠纷争闹不可了。分子是团体的分子,尽其分子应尽的力量就对了。而中国人不能如此:个人在团体中,热心时,便要把持,心冷时,拂袖而去矣!这完全是因为中国人一向没有团体生活训练习惯的缘故。还有中国人在团体开会时,自己的主张如通不过,旁人主张,亦不赞成,不服从;团体事情之进行与否,他都可不去理会,甚或故意阻碍团体事务之进行。这都是因为中国人可以离开团体而私自过日子,所以他于团体生活的进行就可以不去积极的注意。若社会上人人非团体事情有进行,则自己不能生活时,就不能如是随便;自己主张虽通不过,亦必服从他人意思去进行团体的事情,进行总较好于不进行。西洋社会恰是如此。中国社会,一向无团体生活,故服从多数的习惯、组织团体的能力,均极缺乏。中国人在历史上都是关门过日子,很少发生关联公共的事情,就是有了公共的事情,亦全由皇帝宰相出主意解决,老百姓不过被动的听话服从,当顺民而已。中国社会对于"公事"原来即如此,主脑领袖作主命令,多数人民被动顺从;直到现在的乡村仍是这样。乡间的公共事情,如由乡间领袖,或地方官吏拿主意,农民都可听话,事情自易解决。如领袖或长官召集大家开会商议,则大家各具意见,议论纷纷,事情反倒无法施行;此时领袖长官即出主意,亦商量不拢来。这就是因为大家没有组织能力的缘故。组织能力,就是会做团体中分子的能力;中国人不是好自己一人作主,即作顺民听话,所以不会作团体的分子。他一向都是关门生活惯了,现在来过团体生活,多数人在一块商量作事,不能随自己意思爱如何便如何,必须彼此互相照顾,他实没有如此耐烦的能力。如何去作一个团体分子的能力——组织能力、纪律习惯,是中国人素所缺乏的;我们现在要想实现地方自治、国家民治,就必须注意养成新的心理习惯才行。一人新习惯的养成,尚非一朝一夕所能济;现在要让四万万人的大社会,在心理上发生一根本的转变,由被动变为自动,由散漫进于组织,由消极趋于积极,要他克期成功,真是作梦!以上是就人的习惯能力方面说明要想让中国地方自治成功非作心理培养启发的工夫不可。现在再说物质经济方面:地方自治,不能单靠人心习惯的转变,物质经济的转变亦甚重要;如果经济事实不逼着使人转变,则新纪律习惯、新组织能力,亦很难养成。经济是眼前脚下最实在的事实,事实不变,无实际的鞭策逼迫,一切均不易变。中国以前的经济是自给自足的,大家闭门过日子,彼此在生活上,无连带不可解的关系,所以不能产生连带意识。如在实际上社会发生连带关系,人民不能各自去谋生活时,社会连带意识,自然就会产生(如家庭在经济上有连带关系,故有连带意识)。固然事实上在社会里可以发生连带关系的,不止限于经济一端;而经济确是使社会发生连带关系的重要条件。西洋社会即因生产技术与生产组织的进步,把人联合在一起了;日用寻常的生活需要(如自来水、电灯、电车……),都有一个总的预备,大家生活互相连带,关系密切,团体自治的需要乃自然发生。中国社会,事实上不需要团体共同活动,虽去强迫组织,必无成功之理。现在办理地方自治,划乡划区,该乡该区的人本无连带关系,你从上头强行加以区划,认此小范围为一自治团体,那是毫无用处的;必在事实发生具体变化,人与人互相关连需要,团体生活自然形成,地方自治自然可讲了。所以经济的连带关系是很要紧的。现在提倡地方自治,完全忽略此点;不在经济事实上促进大家的连带关系,而只从编制上忙碌区划,这是地方自治失败的一大原因。假若社会上经济进步,关系密切,则此刻地方自治所要进行的公众卫生、交通、教育,皆易办理,而团体生活习惯,亦自易养成。新习惯新能力的养成,实须靠物质环境的进步;必须事实逼迫我,非具有此新习惯与新能力,生活就要发生困难,而后新习惯新能力才可养成。现在之地方自治,是被动的,从上面强施,划乡划区,乡民自己不知道是什么意义,没有积极的目标,没有活动进行,更不会发生连带关系;顶大的结果,不过是行政上或者较为便利而已。

从上面的分析研究,我们知道中国人在心理方面缺乏组织能力与纪律习惯;在物质方面,缺乏经济上的连带关系;无怪地方自治之困难多端,不易成功! 但是我们因为他困难,就不进行了吗? 当然是不能这样的! 如何促成地方自治,如何使中国人会过团体生活的办法,我们已有研究,此时无暇去讲;现在要讲的是如想促成地方自治,有四点必须注意:

第一,新习惯新能力(纪律习惯、组织能力)的养成,必须合乎中国固有的精神。如不合乎中国固有的精神,必不易养成。此中含义甚多,姑举例以明:中国的旧精神是崇尚情义的,社会的组织构造是伦理本位的;西洋人是讲究权利的,其社会组织构造是个人本位的。团体生活之于中国如有可能,则必从其固有情义之精神以推演,而不能如西洋权利之奔趋以成功。西洋从权利观念出发,故其社会须赖法律以维持;中国从情谊义务出发,故其社会唯赖礼俗以生活。过去数千年的中国恒循由此道以生活,今后我们的社会岂能根本异其途辙? 唯有团体生活与团体生活的习惯、组织团体的能力,在中国是新的方向,为前此所无;然而这些无非是人与人之间的关系问题(人当然无法单独生活,必须加入社会共同生活,则人与人自然发生关系),吾中国人素重伦理,义以待人,卑以处己,则此问题,苟得其道,解决何难? 现在唯一的问题,就在今后我们要过团体生活,人与人间的关系往还更加密切,事业进行的交涉接洽更加频繁,所谓行之必有其道,我们究应走哪条道路而已! 以我们的推断,我们确认中国今后之团体生活,仍须接续中国过去情义礼俗之精神。如不此之图,而欲移植西洋权利法律之治具于此邦,则中国社会人与人间之关系问题、团体组织新习惯之养成问题,必永无解决之希望!今之言地方自治者,乃至中央政府之自治法令,相率抄袭西洋之余唾,从权利出发使社会上人与人间均成为法律之关系;譬之乡间,乡长之于乡众,或乡众之于乡长,均成为法律之关系。大家一谈地方自治,必云训练民众行使四权(选举、罢免、创制、复决);其实大家若稍澄清头脑,加以研究,则必发现自己蹈犯重大显明之错误。权与义恰好相反:权是"我能怎么样,你不能把我怎样;我有自由权,你不能干涉我……";而义是由情而有,情是对人关切爱惜之意,父之慈爱其子,子之孝养其父,兄之爱护其弟,弟之敬重其兄,朋友之过失相规,乡里之患难相助……均由彼此相与之情,而有其各自的义务——我对你应如何,不应如何如何,衷心蕴藏深厚热烈之情感。由情而有义,隐然以对方为重;父以子为重,子以父为重……彼此交相爱重,交相感应,趋于合而不趋于离。西洋社会一切从个人出发,以权利为重,人与人间彼此成一对待争持之局面,其情味与此土迥不相同矣。如今日之地方自治法令,乡长与乡民之权各有规定:乡民如不服从乡议会之议决、乡公所之命令,或触犯刑法,乡长即可检举,甚至逮捕送官;乡长如有渎职情事,亦可由乡监察委员会、乡民大会,检举罢免之。凡此皆是抵制对抗的安排,彼此对待手段粗而且硬,并非领导乡民彼此爱惜团结,而是领导乡民打架捣乱。乡监察委员会,如实行检举乡长,则委员与乡长成一对敌之势,乡间公共事务必无法进行。又中国人自爱之情甚重,如全县乡民开会罢免乡长,则此乡长之感情,必受莫大之损伤;将不能一刻居矣。乡长犯法,乡民不加以忠告;乡民有罪,乡长不加以劝戒;径行法律解决。此以检举之法飨彼,彼以罢免之方回敬,互相伤损,毫无情义,此种法令,全从无情义处着眼想办法,使彼此制裁抵抗,而无爱惜尊重之意;乡村社会将沦于纷扰捣乱之局,而永无宁日。所以"四权"实是使人民捣乱打架的工具;西洋行之甚便,中国仿之,只受其毒害而已!这完全因为中西历史不同、社会组织不同,所以合于彼者未必能适于此也。西洋国家恒有敌国外患相煎迫,故其社会内部团结力重。大而国家,小而社团,因其团结力强大之故,恒易用团体之力压迫分子,轻忽分子过甚。个人受制于团体者重,屈抑太甚,实不甘心,又加社会事实之变化推演,为抵制团体伸展个性计,所谓"个人自由权"之要求,于是乎生,此其一也。西洋国家为阶级统治,阶级统治之权力,必强且大,同时被压迫阶级之屈抑不得伸亦必更烈,亦缘社会事实之变迁进步,被压迫阶级群起谋有以抵制反抗压迫阶级、统治阶级,于是所谓"个人自由权"之要求,乃更炽,此其二也。西洋社会上面统治力强,团结力重,实为下面人民发生"个人权利"要求之因。大家试留心去看西洋政治制度,其国家组织法或根本法,防备牵掣的意思,大于向前作事的意思。这全由于当初政府压迫人民太甚,人民被迫不得不抵抗政府;政府为大势所迫,亦不得不发生变化;这样争持的结果才产生了这种彼此牵掣平衡(政府有政府的权,人民有人民的权),政治得以推动,社会赖以维持的现代政治制度。于此大家更应注意西洋社会，一面因为他有敌国外患，一面又因为他有团结习惯，故虽上下彼此牵掣抵制，而仍可巩固团结，不致分裂离散。中国社会则不然，中国社会原来就很散漫，所谓中国人无五分钟的热度，无三个人的团体，这话亦许过甚其词；但中国人难于团结合作，乃为人所共知无可讳言之事，而我们今日之唯一所苦，亦就在此。现在推行地方自治，仿用西洋办法实是故使之分！在原来散漫消极向无团结习惯的中国社会而安排西洋制度，使其社会彼此牵掣抵制，本不易合而乃故使之分，非打架捣乱，即成呆定不动之死局矣！此乃势所必然，有非人意所可左右者！西洋制度其尚可行于吾社会乎！故吾人之意，欲使中国社会有团结组织，欲使中国人民过团体生活，必须发挥中国固有之情义精神，用礼俗维持推动，往前合作。礼有"谦"义"敬"义，人在团体生活中，"谦"以处己，"敬"以待人，互相感召，情义弥笃，则团结合作之路，在中国社会其尚有一线可通可行之曙光乎！如大家仍不觉悟，袭西人机械之法而不知矫正，使吾社会陷溺于"彼此对敌"、"彼此抵制"、"无谦无敬"之粗野境域，为日愈久，受害愈深，那就只有"地方自乱"，非所谓"地方自治"了！吾人旷眼四观现社会受西洋之毒甚深甚深，人贻之乎，自取之乎？今之言地方自治者实不可不一审之也！大家尤应注意者，今后中国社会如不恢复崇尚礼俗之固有精神；处人处己，如不出之以谦敬爱惜之情，而仍出之以抵制牵掣之法律态度，取法而遗情，重律而忽礼，则中国问题永无解决之日，中国社会仍无匡复之期矣！何则？

法律乃机械的、呆板的、无生机的,呆板机械的办法,行之于中国社会,固无可通之理也。诚然西洋制度有许多长处,吾人必须学以用之;四权原义亦未始不好;但吾人只可如其分际的师取其意思,而不能毫无斟酌的径行其办法。如于彼我情势不加审察,昧昧焉生强以为之,则组织团结之新习惯,必无法养成,地方自治之失败也,正为应得之果。故欲地方自治成功,新习惯必合于旧精神,此应注意之点一也。

第二,我们欲促成地方自治,应注意政治与经济天然(注意"天然"二字)要合一。我们上边已经说过,要想地方自治成功,须赖经济进步。经济进步则人无法闭门生活,在经济上必发生连带关系,由连带关系而有连带意识;连带意识发生,地方自治之基础即树立矣。西洋地方自治,是经济进步所促成的,但西洋经济与政治不合一,在经济上走个人本位之路(财产是个人的,虽父子夫妇,亦分而不合),人人在经济上自由竞争,不知不觉的,由于生产技术与生产组织的进步,使个个散开的人发生连带关系,地方自治,因以促成。西洋社会组织团体,共营合作,并非由于先见的有意的安排,而是基于生产技术(如大机械的发明)的进步。生产组织(如大公司、大工厂的创设)的进步,于不知不觉中,使人在生活事实(如坐电车、喝自来水、点电灯……)上,发生了连带关系,即在消费享用一面连到一块,而生产制造一面则属于个人私有(即资本家)。此时所谓地方自治是某一意义团体的生活,可是在经济上是个人管个人的,穷富甜苦至不均一;这种个人本位自由竞争的经济,他们说是"经济上的无政府状态"。所以我说他们经济与政治不合一,在经济组织之外,又有政治的组织。西洋地方自治组织,即是属于政治的组织,中国地方自治如果成功,大概政治与经济天然要行合一。中国地方自治不单为一政治组织,同时犹为一经济组织。本来孙中山先生在地方自治实行法上,即有地方自治,政治与经济合一的话;此次南京内政会议邀我出席,他们邮来几个问题,让先研究,其第一问题,即是"如何实现总理遗教中地方自治政治与经济合一的主张"。我们应当知道:地方自治成功与否,政治经济的合一与否,并不是什么主张或理想的问题,须看自然形势以为定;如不看社会自然形势,而只是在主观上理想什么,或主张什么,则此理想与主张就能够成功吗?天下好的理想、妙的主张,多着哩!所以从理想与主张出发,单止想圆满某人的理想,或实现某人的主张,是错误的。"地方自治",实是天下大事,岂能靠一人之主张、一人之理想,所能成功?必须要注意"天然"形势,其庶几乎!西洋近代经济,是由个人本位自由竞争,因生产技术的进步,不知不觉的、不期然而然的,让社会发生一种生活上的连带关系、连带意识;地方自治很自然的就形成了。可是在经济上他们是走个人本位、自由竞争的路,个人只为他自己营谋,不但彼此不相照顾,而且此人之失败反有利于彼人之成功,彼人之成功正有资于此人之失败,形成一种剧烈竞争的局面。再则因为经济是以个人为本位的,大家只为自己打算,盲目的奔求个人的利益,整个社会的利益,无总的安排,无总的计划；国家政治，除消极的维持秩序外，在经济上是任人竞争，谁成谁败，谁生谁死，政府一概不管。因此西洋近代经济便发生一种矛盾现象：一方面生产过剩，价值过低，不便出售，常有销毁之事（美国烧麦之事，报纸常有记载），一方面生活无法维持，呼求救济者犹盈千盈万，这就是他们所谓经济上无政府状态了。但是一社会中，如在经济上有一总的计划、总的安排，按照此社会中的人口土地，农业工业能够生产什么，大家需要什么，给他一个总的打算、总的解决，有一个总的脑筋；这样就是有政府的经济，亦就是社会主义了。我们为什么说中国政治经济天然要合一呢？这是因为中国社会，有一自然的形势，使中国的政治经济不得不归于合一。（自然形势，是最有力的，我们必须看清楚他；即有理想与主张，亦必须合乎自然形势，不然就是空想。）中国社会，自其旧的组织构造崩溃、政体变更、皇帝推倒之后，使原来即患散漫的社会，更加散漫，更无何物足以维系于其间；中国今日最急切的问题，当无逾于新组织构造如何创造开辟的问题。而新组织构造，天然须由乡村从新起手，创造开辟，天然是"乡村自救"。一人一乡村一地方……无法自救，必须散漫之社会，作一广大之团结联合，而后乡村乃可言自救；而团结合作必须从乡村萌芽。乡村无论进行何事，必须有赖于"合作"，在经济上更是如此。中国如走西洋个人本位自由竞争的路，则中国经济必不能进步，故欲中国经济进步，必"合作"乃可。我们即撇开中国特殊情形而单就普通经济原理立论，欲发达农业，必不能走个人本位自由竞争之路,任何社会皆是如此也。西洋近代经济,由工业而进步,所以能够走个人本位自由竞争之路(即资本主义);当初西洋经济,若从农业起手,必不能循此路以进步。所谓经济进步,无非是生产技术与经营组织的进步,此种进步,均从小规模进于大规模,从零碎生产进于大批生产(当然不能说是无限制的大,但大体上总是往大里走;如不是由小而大,经济即不能进步)。这种情形,都是竞争的结果。当竞争时,胜利者吞并失败者的一切,资本由小而大,劳力由散而集,由小规模经营而到大规模,由零碎生产而到大批,都是经过如此的历程而来的。农业进步亦需要大规模的经营,与工业同;但是如走竞争路子,则演成相持之局,无法径行吞并。个人要进行大规模的农业经营,除非在新开垦新拓殖的地方,有其可能;中国立国已久,人口土地分配,无特别悬殊偏畸之病,实无其可能也。农业既不能走竞争吞并的路,其经营复须相当的大规模,则舍农民同意的自觉的"合作",殆无他途。这就是因为在农业上走个人本位路,得不到由自由竞争而胜利吞并的结果,有如工业者然;故只好让大家自己自动的、有意的去"合作"了。这不单在中国应当如此,农业原理天然要如此的。比如工业国家救济农民除在经济上采取"合作"办法之外,再无其他方法可用;在以农立国的国家如丹麦,更是这样;再如共产主义的俄国,欲在农民社会实现其主义,亦是除领着农民走合作路外,再找不出其他办法(最终目的虽是共产,而起首不得不走"合作"的路)。总之,要想救济农民,或农民自救,凡关于农业上的问题,非"合作"莫办。合作是大家彼此帮忙,彼此依靠之义;"合作"可以产生一个社会的脑筋,对于经济可以有一总的计划、总的安排、总的解决。由小范围的合作组织,连合成功一个大范围的合作连合,可让社会对于经济有一总计划,按照消费而生产,不含营利的目的;这正是由合作路走到经济上的有政府状态。经济与政治合一,是天然要如此的;因为政府对外代表全国人民,对内统治全国人民,政府是国家的脑筋,现在经济一面如有总计划、有政府、有脑筋,则二者的合一乃是必然的。其所以然,大家亦许不好想象,现再就我对于此事的观测多说几句:大家首先要知道政治与经济的合一,并非骤然可以作到;就是"合作"亦非骤然可以成功——由小范围的合作,逗拢为大范围的总连合,乃至合作程度之由浅而深,均非骤然可以作到。不过我们望见中国经济的方向,是往合作里走;合作渐渐由小而大,由浅而深,往进步里走,乃是理势之所必然。我们前边讲过的"团体生活"、"连带意识",……在眼前的中国亦很难成功;事实上非有困难问题紧逼着大家,使大家自觉的连合起来自救,同心协力,解决大家本身的问题,连合团结,锻炼出组织能力、纪律习惯,则散漫的中国社会,实无法进于组织,所谓"合作"、"团体生活"、"地方自治",均无法使之成功实现。现在中国社会有两个最真切最实在紧逼着中国人非团结不可的问题:就是治安问题,与生计问题。如乡间有土匪扰乱,大家即练红枪会,这就是大家连合起来解决自己治安问题的团结,这是由于治安发生问题,逼迫着大家非团结自卫自救不可。但武装自卫的团结,并不是培养中国人组织能力的顶合适的路,这样的团体,不容易成功一个顶好的组织,不容易启发中国的民治精神,不容易养成中国人的组织能力。我们前边已经说过,所谓组织能力,就是会作团体分子的能力;关于团体公共的事情,天然由分子参加,公开商量进行,这就是民治。国家越是民治的,地方越是自治的,则其团体组织越是进步的合适的。反过来说,如国家或地方,越远于民治,则越不是一个合适的团体,或竟不像是一个团体。武装自卫团体既是一种军事的组织,对外有事,天然要求应付敏捷,不容商量,领袖易于独断;对内维持,天然须要纪律严明,不容松散,兵士须要绝对服从;如果不是这样,军事运用必不能灵活,必不能有效。所以在此种武装自卫的团体里,天然容易产生豪强的领袖,不易培养民治的精神、合作组织的能力、团体生活的习惯。只有生计问题,能逼迫着中国人合作,是养成中国人团体生活习惯、合作组织能力的最合适的道路:第一生计问题是最切实的,不容淡漠视之;第二生计问题不像军事组织的过于含有"对外性"、"临时性",——武装自卫团体含此性质甚浓,逼人服从领袖,容易产生豪强。生计问题可以很切实的引人过团体生活,会作一个合作社的社员,就会作团体的分子;会作团体分子,就有组织能力。从解决中国经济问题而引导中国人"合作",训练中国人使作最好的合作社员(顶关切顶尽心于他的社务,而不独自作主,就是最好的合作社员),是训练中国人会作团体分子的最合适的办法。恐怕要让中国地方自治成功,形成地方自治团体,除"合作"外再无旁路。他恰好一面可以改变中国人的心理习惯,训练培养新的能力;一面因他进步,亦即经济进步,自然的使大家生活问题各方面发生连带关系,在事实上欲分而不得,地方自治,自然随合作的成功而亦成功了!这真是再恰好合适没有了!如与西洋比较,则西洋社会,由散而合,是缘于经济进步,——生产技术进步,经营组织进步,虽在经济上是个人本位自由竞争各不相谋的,但于不知不觉中,使西洋社会形成联带关系。中国经济问题的解决,是自觉的、有意的走"合作"路,社会连带关系从事实上自然促进的时候,就是经济进步的时候。西洋的团结,是不自知的,中国的"合作"将必是自觉的。中国社会将因解决生计问题而走"合作"路,社会连带关系日趋密切,越往前走,关系越要密切,散漫之病自可随之解决;组织能力在事实上即可受到训练,团体生活不求而得。这样就由经济问题的解决引入政治问题的解决,由经济上的农民合作引入政治上的地方自治,政治与经济自然的合一,地方自治组织,同时亦就是经济组织。所以在我们看来,这不是什么主张与理想的问题,而是事实所趋,形势所归,不得不尔。还有应注意的,就是这种事实确非骤然可以作到,不过我们望见终有这样的一日就是了。现在热心提倡地方自治诸公及政府当局,实应该转换眼光,改变用力方向!政府欲促进地方自治,在地方自治本身实无工夫可作,作亦白费力气,倒不如着眼注意农民合作,用力促进农民合作,反可间接收促成地方自治之效。"合作"应当如何促进?实是很重大的待研究问题。现在政府对于地方自治欲收急效,要克期完成,而完全忽略经济一面,实在是不对的作法。我们可以说,经济不进步,地方自治必无成功之望。必使为公就是为私,为私就是为公,急公好义与为私图利合为一事,则地方自治始可谈也。西洋社会,从其国家生活与阶级利害上,经历长久之训练,个人私事与团体公事,发生密切之关系,拥护公权即所以保障私利,故国民与国家、分子与团体,休戚相关,其势不可一刻分。中国社会,今后果进于团体组织,亦必须公私合一,始可成功。而公私合一最有效最妥当的当然是经济上走"合作"路,由经济问题引入政治问题,政治与经济合一,则地方自治当然可以完成矣。

第三,中国将来无论地方或国家政教天然要合一。中国的政治如脱离了"教",则必不会有办法的。我们前边所说的新习惯新能力的养成须合于旧精神,政治经济合一,与现在所说的政教合一,三者都与西洋恰好相反,恰好是两条不同的路。中国目前要想地方自治成功,必须经济合作;但无论是经济合作,或地方自治,都必须经过教育的工夫才会有办法。中国人缺乏组织能力、纪律习惯、科学知识,我们须作启发训练培养的工夫,这些工夫就是教育。如不经过教育功夫,则政治与经济均无办法。人类文化,本来是会不知不觉的往前进步,但中国此时实须要有意的自觉的去改善、补充,促进我们自己的文化,这就是一种教育工夫,亦可名之为社会教育,他是要有意的有方向的培养多数人的能力,促成大社会的进步。乡村建设运动,所以与民众教育相似者,就因为他是一种领导农民进步的运动。至于我们中国政教何故天然要合一呢？一切事情,何故均须装在教育里去作呢？这个意思如果要研究明白确定须要许多话来讲明。我在《中国问题之解决》一文中,会列举现在国内各党派对于中国问题之解释;比较研究之后,指明他们对于中国问题都没有认识清楚,解决中国问题的动力何在,亦来认识确定。同时说明中国问题很特别,与其他社会全不相同,其他国家的问题皆是社会内部问题,革命即内部问题的暴发,且其问题亦很简单,或要求政治上权利平等的民主革命,或要求经济上平等的社会革命,或受外族统治要求民族平等的民族革命,进行题目都很简单。而中国问题则殊为复杂,且非发自内部,而是由外面引发的。中国革命实非社会内部问题暴发,而且问题很复杂,政治、经济、社会……种种问题,实难指明确定问题性质之所在,只好叫做"文化问题"了。我常用八字说明中国革命问题,即"文化改造,民族自救"。本来问题总不外乎二者,一是社会内部的问题,一是受外族统治的对外问题（如印度朝鲜之于英国日本）,非此即彼,总不外乎二者。我说中国问题是"文化改造,民族自救",表明他既非社会内部问题（阶级斗争）,亦非对外问题（民族斗争）。因为我们并未干脆的被外族统治如印度、朝鲜者然,如我们落到印、鲜的地位,除了与英日拼命斗争外再无其他办法。但我们的问题尚未到此地步,我们受其经济侵略者重,在政治上没有直接受其统治。再者我们此刻的问题非打倒外国人即能解决,中国现在不是急于和外国人拼命而是急于使自己社会进步的问题。所以"民族自救"非对外的民族斗争,非内部的阶级斗争,而是文化改造社会进步的意义。中国问题必如此才可解决。

中国民族几千年来有他自己很特别的文化,且很高深。不过他的文化有一缺点,就是"散漫消极和平无力",所以虽很高深,而不能与人争强斗胜。创造此文化、代表此文化的汉族,在战争时常常失败,屡次被外族武力征服,但是汉族虽常被外力征服,而征服他的外族在结果上却每每被汉族同化。外族武力征服我们是一时的,我们文化同化他们却是永久的,最后胜利总归我们。这是一种文化的胜利。这种高深而和平无力的文化,传递绵延数千年而颠扑不破;其他民族文化皆可毁灭,而我们的文化则独否。可是到了近百年来,世界交通,东西相遇,我们所遇见的外国人亦有很高的文化,与往昔中国人所遇到的外族,如蒙古、满洲、突厥等完全不能相比,他们的文化都低于中国,而此次所遇到的外族,——西洋人,其文化与中国比较,究竟谁高谁低,实不敢说;但可说此二个文化是很不相同的,而不能说人家的文化低于我们。当这两个很不相同的文化相遇,中国文化的弱点(和平无力散漫消极)完全显露出来,社会的一切无不根本动摇;不单打仗失败,外交软弱,而且文化自信力亦根本失掉,自己不敢信任自己。从前中国被满洲人武力征服,但在文化上依旧自信,而不把满人看在眼里。这次与西洋人会面,文化根本动摇,完全不同往昔。往昔只有外国人跟中国走,念中国书,讲中国道理;而此次中国却跟外国人走，念外国书，讲外国道理；这就是表明中国文化的根本动摇，旧社会组织、构造、风俗习惯，乃至一切文物制度，均被破坏而崩溃了。所以此刻的中国问题，只是新文化的建造开辟问题，或者是旧文化的补充改造问题；既非对外敌对，亦非内部冲突，而只是我们社会自己生长进步的文化问题。我们既然认识清楚中国问题的性质，那么我们现在应当有意的认准方向，赶紧去作推进社会的工夫；此工夫亦即教育工夫。中国此时一切应兴应革的事业，均须放在教育里去作。此所谓教育非以个人为对象，而是以社会为对象，所以是社会教育。我们在前面曾说地方自治与经济合作均须养成新习惯新能力，而新习惯新能力的养成显然就是教育工夫；这就是说政治经济教育三者合一，则中国问题才可解决。但此义尚浅，我们还须有进一层的阐明。我们刚才所说"教"的意思，较为宽泛，识文字、学技艺、求知识都算教育。而真正严格去说，则政教合一之"教"范围甚狭，他是特别指"关乎人生思想行为之指点教训"而言；再明白点说，政教合一之"教"，差不多就是道德问题。在其他过去历史上的民族，"道德"一事常归宗教包办，故我们政教合一之"教"与宗教有关，可包宗教。但在中国从来"教"与宗教没有关系（宗教与"教"在中国本即无甚关系）。此政教合一之"教"乃道德问题，名之为教育或宗教两不合适，"教化"二字庶几近之；故所谓政教合一，即政治教化合一也。

我们上边曾说中国地方自治有四个应注意之点，而此四点与西洋恰好相反，非出诸故意，乃天然如此。中国政教，天然要合一。而西洋政治与教化分,法律与道德分,其所以然是因西洋当团体生活进步时,团体须尊重个人——团体构成分子;换言之,就是个人不承认团体过分的干涉他的自由,所谓过分的干涉,是指超过了大家公事的范围而干涉到个人的私事而言。在西洋公与私的疆界划的很清楚,团体大家的"公事"大家商量作主办理;与团体或他人无关系的"私事"就由个人自己作主,国家与任何人皆不得干涉(此即所谓"个人自由权")。西洋近代法律不是中国古人眼中的有规矩管束之义的法律,而是保障个人的自由,不让别人或国家来侵犯的。西洋所谓犯法是妨碍大家及国家团体的秩序,如此国家就得干涉,此时警察与检察官代表国家为原告,犯法的人为被告,逮捕后由法官来审判治罪。这是刑事,国家不许人妨碍团体秩序,所以才这样作。如系关乎个人的交涉、债务的事情,则为民事诉讼;人民彼此互相争讼,由国家来审判,保障个人私权。但事情于团体或别人毫无妨碍,单是个人自己的事,无论怎样不道德,国家团体或他人均不能管,因为是个人的自由,别人不得干涉。这是西洋近代的法律思想。法律与道德是完全分开的。在清末时,因受西洋法律思想的影响,政府要修订法律,发生一新旧争论。比方寡婶与侄和奸,按中国旧法律判断,要凌迟处死;而按西洋法律判断,则未犯罪,——因他二人愿意,未妨碍团体或别人,所以就不得干涉治罪(但叔如生存而有此事,则应治罪,因侵及夫权也)。可是在中国旧日法律与道德不分,对于这种事情,当然感到不合适,目为逆伦,不能承认。二者意思不同,出发着眼点不同,结果差别很大。大概西洋国家在近代因讲究不干涉个人,故法律与道德分,政治与宗教分。个人信教自由,思想行为,无碍于人,则人不得干涉。国家尊重人民,团体尊重分子,为西洋近代的民主精神,很有道理,我们不全反对。不过他的出发着眼点不同;法律与道德分开,若用之于中国,老实不客气地说,是完全不行的。这里边有很大的原故,大家必须注意。就是从人类有历史直到现在,国家都是在不知不觉中,无意识的组成,目标并不甚清楚。但当它正在进行组织成功的时候,隐然有他奔求趋赴的目标存在;我们从旁观察自可看出。我们现在可以说西洋人是为满足欲望而组织国家。西洋人对于人生的观念与我们不同,他看人生是欲望的人生;人生天然有许多欲望,满足这许多欲望人生之义就算尽了。所谓尊重个人自由就是尊重个人欲望。国家一面消极的保护个人的欲望,不妨碍个人的欲望,一面还积极的为大家谋福利,帮助个人满足欲望。故西洋政治可谓"欲望政治"。组织国家是为满足欲望的。我们知道所有的国家,都是不知不觉演成的,而中国今后却要有意的组织团体,自动的合作,自觉的团结生活。但组织团体必须有一明白切实的目标,而后团体始有进行,组织始可成功。我们现在讲地方自治,就是让中国人自动的组织团体。但组织团体要干甚么? 自动的组织团体要从哪里动起? 如果单单拿一个谋生存满欲望的意思来作组织团体的目标,而欲从此处让中国人自动的如何如何,实在打不动中国人的真心,拔不出中国人的真劲! 因为历史上的中国人,——

中国古人，已经提出一个更高更深更强的要求，此要求比谋生存满欲望的要求更高更深更强，此要求即所谓"义理"之要求是也。中国人所读的四书，完全讲究此理。他把穿衣吃饭生活放在第二层：如"食无求饱，居无求安"，不求安饱而求安饱以上的；如"就有道而正焉"，作人作事正诸有道以求其"对"；如"德之不修，学之不讲，是吾忧也"，所忧不在他而在"此"。此要求比图生存谋福利的要求更高更深，在人心深处有其根据。当人类尚未觉悟及此，从浅处引动或可有效。但他既已觉悟深处高处，今从浅处动之，实动不了，即动亦发不出真力量，无真力而动，恐亦只成一如北平俗语所为"糊笼局"而已。所以如不从人生向上之义来打动中国人的真心，引发中国人的真劲，则中国地方自治，必不能成功，组织国家亦无希望。这全因真心不动，真力不出，则无论进行任何事业必不会有丝毫结果。反之如要使中国人组织团体，只有靠引发中国人的真精神以担当之；而真精神之引发，又非单从图生存满欲望所能济。故在中国如公私分清，则团体组织不成；政治与道德分开，则国家组织亦不能成功。而且组织国家非先提出标明道德与法律合一不可。如此的团体生活不单是图生存过日子，而且还有领导大家向上学好之意。孙中山先生说"政治是众人之事"，那只是西洋政治的"的解"；中国未来的团体生活将不但管众人之事，而且寓有人生向上互相勉励之义——就是政教合一（把众人生存的要求，与向上的要求合而为一）。再具体明白的说，如中国宋代蓝田吕氏乡约，就是从此意出发。他的乡约组织,是一个很好的团体生活,大家连合起来,在方方面面如经济治安……种种事情均行合作;但大家相勉向上则居第一义。他的乡约共有四条:(一)德业相劝,(二)过失相规,(三)礼俗相交,(四)患难相恤。这是一种乡村组织,中国地方自治大概是要这样的。可是现在我们要问如此的组织是在干什么呢?他标的很明白,是要干德业相劝、过失相规的;这个团体很特别,在西洋是找不到的。西洋恐怕只有宗教、政治、经济的团体,而没有这样的组织。乡约是大家自动的相勉于人生向上之途(这在西洋是很新鲜的),在此相勉向上之时即含有互相照顾之义。为我们生活的方便计,种种合作,如防卫匪患、组织仓库……有其必要时即进行合作。自卫就是政治组织,仓库就是经济组织,无论政治或经济均行放在乡约的组织里,此组织只好叫他为"教学的组织"。政治、经济、教化,三者合一炉而共治之。而教化实居首位。此政治、经济、教化三者合一之组织,乍听之仿佛是一很高的理想,其实不然,在此刻谁要想到乡村去使乡村进步,他非让乡民连合共同努力不可;而让乡民连合努力,如政治、经济、教化三者不合一则事情必作不通。现在乡间最急切的事情,是整顿人心,与革除陋风弊俗。乡间的不良分子如在根本上无办法则乡村事业实无法进行。可是对乡村不良分子必须按照中国办法,以情义相感,方可感化;如靠法律制裁,则必归无效。在中国自治团体组织里,从爱惜关切之情,对乡村不良分子,加以劝导管教,则他慢慢可以学好;可是这与西洋尊重个人自由的道理就完全不合了。如禁止缠足，按西洋法律道理讲，则人尽可自由缠足，他人不得干涉，国家不得过问。所以革除弊风陋俗，必须由教学组织从情义出发，勉其向上才行。若以法律干涉，则不合法律的道理。再则弊风恶俗问题即靠法律亦解决不了；如鸦片、海洛因、金丹、吗啡等毒品，靠法律或警察来查禁，在都市或可发生些许影响，可是在乡村就无许多警察去查，禁止更不可能。这必须用"教"的办法，从爱惜的意思出发，使大家自动的禁绝，则此问题算有解决的可能。此教的工夫必须由团体去作，而此团体又必是教化、政治、经济三者合一的团体。这并不是什么高的理想，事实形势所趋必然这样。

大家已经知道我们现在所讲的与西洋恰好相反，但我们果真与西洋毫无相同之点么？我们经过长久深刻的研究观察，才发现我们所讲的正合乎西洋最新的趋势，最新的道理，真是巧妙之至！如西洋近代政治经济分开，可是现在正有要求合一的倾向；西洋近代政治不主张干涉个人自由，可是如缠足、吸毒品……自己残毁自己，自己不爱惜自己的事情，在西洋新法学道理亦主张干涉。西洋近代法律思想是个人本位、权利观念的，最新的法学思想是社会本位、义务观念的。此种思想上的变动，关系很大；以前讲个人应有什么权利，现在讲个人应有什么义务。社会本位以社会为重，个人本位以个人为重。现在的新法学虽亦讲尊重个人自由，但讲的意思与前不同。国家所以尊重个人自由，是要让个人充分发展自己的才性与可能；如果个人不爱惜自己残毁自己时，国家就要加以干涉。因为如仍让你自由，与尊重个人让你自己充分发展自己的愿意,就不相符合了。从这一点上可以见出我们政教合一的主张,与西洋新法学思想是很相合的。本来西洋近代政治上,有两大精神:一是尊重个人自由,一是服从多数,二者均为中国所无。中国一切事在过去历史上均是由皇帝或皇帝代表者作主,人民大家常居被动地位。西洋关于多数人的事情,大家共同作主,一切均靠"多数表决",无论选举或其他事,均服从多数。所以西洋近代政治,又叫"多数政治"。刚才说过如尊重个人自由,公私界限划清,则政教不得合一。现在我们还可以说若服从多数,政教亦不能合一。为什么呢?因为政治是众人之事,而众人之中糊涂人常居多数,贤智者寥寥无几,现在政治上的服从多数,无异是让"贤智者跟着糊涂人走";而从"教"来说则应让"多数人跟着贤智者走",二者恰相剌谬。所以说服从多数,则政教是不能合一的。不过在事实上我们政教合一的要求——服从多数、尊重贤智二者合一的要求,与西洋最新的政治学说,很有符合相似之处。西洋最近流行一种新的政治制度,叫做"专家政治"。政治问题的解决,尊重专家或学者的意见,不必服从多数。西洋科学发达,所以尊重智者(学者专门家)。中国人看重德行,所以尊重贤者。尊重贤智与服从多数,在西洋政治上将要融会变化,慢慢合一,而在中国政治上一向即富于尊重贤智之精神,今后社会团体生活发达,则政教二者天然趋于合一。

我在前边已经对大家讲过,人类历史到现在所有的国家团体都是强迫构成的,都是于无意识中不知不觉的组织成功。中国未来的团体生活恰好是要有意的自觉的出乎自然要求,而不是强迫的,中国将来如能组织国家则将非强迫所可成功,而是自觉的意识的自然的渐渐演成,开一历史之新例。因为是出乎自然的要求,非可强迫的,所以他缺乏强制力,须多靠精神力——精神感召力。如多靠强制力,那还是法律统制的局面;而社会等到不靠法律的强制力来统制的时候,那就非靠"礼俗"来维持不可了。礼俗是自然慢慢演成的,法律是强制造成的。西洋近代社会,完全靠法律统制,一刻都离不开。历史上的中国人,本靠礼俗生活,而离法律远甚。今后中国仍然要走礼俗的路,他天然不会变到法律的路。所以此刻的中国问题唯在新礼俗的如何创造开辟,而绝不是由礼俗维持再变到法律维持的问题。如果变到法律的路,则政教就分了。如仍走礼俗的路,则政教仍是合的。譬如乡约就无一点法律意味,完全是礼的结合。将来中国地方自治,如果成功,必要建筑于礼俗之上,而法律无能为力。但现在大家所提倡的,乃至中央所推行的,完全是法律的事。所以只有失败,没有成功。今后大家如不彻底觉悟,改变方向,而仍靠法律来推行地方自治,结果仍然是要失败的。所以我敢断言,中国地方自治,要想成功,必须从礼俗出发,进行组织。而礼俗的地方自治组织,亦就是情谊的、伦理的,与教学的地方自治组织——政治与经济,统属于教学的组织之中,而教学居于首位。这就是政治、经济与教化三者合一之地方自治组织。

第四,中国地方自治,不是普通的地方自治,而是特别的地方自救。原来"地方自治"一句话,是对国家的行政而言,——地方二字,是对中央说,在民主政治的国家里,国家尊重地方的意思(仿佛尊重个人自由似的),让出一部分权归诸地方,使地方有"权"去作他自己的事情;不必由中央政府来直接行政,管理地方的事情。国家让出权来使地方按照地方自己的情形与可能,商量作主进行自己的事情要比国家来直接处理或者更为便利,更为良好。所以地方自治是这样由国权演下来的,是先有国家最高权,而后分出地方自治的"权"。中国现在,完全不是这样的情形。中国的地方自治,不但不是由国家演出,而倒要先从小范围开手来建设国家。普通是先有国家,后有地方自治。中国恰好是要倒转过来,先从小范围组织慢慢联合扩大,最后成功一个国家组织。认真说来,中国现在,很不像一个真正的国家,因为国家的基本责任在维持秩序,保障人民生命财产的安全。国家须一面防御外侮(侵略土地、杀人放火),一面镇压内部变乱,必须外人不来侵略,内部一切事情均有轨道,均按法律礼俗来解决进行,才算是有秩序的国家,或真正的国家。如果不是这样,国家一切事情均靠武力解决,而不循轨道,成功一种群雄割据的局面,那就不是国家了。所以武力军权,必须统一,只许国家操有,甚至维持地方治安的警察权,亦须统属于国家之手,不许微有分割,而后国家秩序始可维持。如武力不统一,那就只有扰乱了。我曾对大家说"现在中国破坏乡村最大的是政治的力量。而政治力所以破坏乡村,是由于政权多的缘故。政权多的背后是武力多,武力多则凡操有武力者彼此戒备防范,招兵、买枪、筹饷,无不需要大批钱财。这大批钱财只有从乡民身上剥削压榨。这是军阀平时对乡村所施的破坏。一旦操有武力者彼此决裂冲突,实行开战,对于乡村的破坏更大(如此时的四川)。武力多、政权多,对于乡村的破坏是必然的、不容逃避的。所以此时乡村无法再靠政权,只有乡村自救了。现在湖北江西等处政府提倡人民自办保卫团,人民自己可以有武力,这等于政府宣布"政府不能维持人民生命财产的安全,人民自己保卫自己罢!"政府对于最低限度的维持治安责任都放弃了,还能为人民谋福利么?所以中国的地方自治不是地方自治,而是地方自救。——"地方"二字非对待中央,乃小范围之意;"自治"二字,实是自救之义。这个事实的真确非诬,从各地方自己可以有武力一点就完全证明了。

这个世界万国所无的地方自治,实非政府所能办,天然是一社会文化运动。中国此刻最高唯一的国家权力尚未树立起来,所以地方自治无法由上推演(上指政府),而须从下往上生长,由小往大开展,慢慢建设新的国家。我们的乡村建设运动,就是想从乡村自救运动、社会文化运动,慢慢来建设一个新的国家。贤明的政府当局假若从旁帮助我们的社会文化运动,那就是尽了他促成地方自治的最好责任。要知道政府如不帮助乡村自救,如不促进乡村建设,那就只有破坏乡村、摧残乡村了。天下事固每每如此,非建设即破坏,非建设方向即相反的破坏方向,故政府实应觉悟及此也。

现在我们应当结束了。中国文化运动由乡村起手,慢慢由小往大开展,从下往上生长,经过长久的培养演进,文化运动必可成功。那时的中国,名之为国家可也,不名之为国家亦可也。人类历史在今日以前,国家与社会分而为二;在今日以后,国家与社会将合而为一。好像社会生长发育,国家自然没有了;名为社会尚属合适,名为国家不甚相符。一切国家均将如此,而中国独先成功。这是人类历史演进自然的变化,将来事实归趋必是如此,而在目前却是一个最新的理想。

《乡村建设论文集》第一集,155—196 页,
1934 年 11 月,山东乡村建设研究院出版。
《山东民众教育月刊》,4 卷 9 期。
1933 年 11 月 25 日。

往都市去还是到乡村来?

——中国工业化问题①

今天想谈都市与乡村问题。前天潘一尘先生向我说:"胡适之先生来,要我们往都市去;梁先生来,要我们到乡村来。我们究竟该怎样呢?"那天我没有明确答复潘先生。其实问题不是这样子,乡村与都市不是相反的。大概胡先生及他的朋友于此都有一种误会,如《独立评论》载有吴景超先生及胡先生几位的文章,认为我们到乡村来的路子不对。他们几位的思想是感受西洋近代潮流,今日的美国是他们认为很好的世界;个人主义、自由主义、近代工商业文明,是他们满意憧憬的东西。本来信仰什么主义,憧憬什么世界,含有个人"好尚"问题在内;个人好尚尽可自由,实用不着反对。不过他们希望中国社会仍走个人主义、自由竞争、发达工商业、繁荣都市的路,则为主观的梦想。我敢断定是做不到的事。我们如果不徒逞主观的偏见,而从经济问题客观事实上来平心静气研究中国将要有的出路时,可以看出胡先生他们这

---

① 1935年2月14日在南宁广西普及国民基础教育研究院之讲演。李渊庭记录,经著者过目。

条路,已经完全没有可能。同样的,有人希望中国走另外一条路——走集团主义国家统制的路来开发中国的产业,进行中国的经济建设(亦许国内倾向这条路的人还要多一点,比较更有势力),如单从经济问题的立场来看,这条路实有十分的可能与必要;而胡先生他们的路则没有一分可能。无奈因为政治条件的不合,这条路与胡先生他们的路,在中国同样的不可能。自然胡先生他们的路之不可能,还更进一层——在经济问题本身上即不可能;而后一条路则在政治上不可能。我们的乡村建设乃此二者之外的第三条路。

前年中国经济学社在青岛开第十届年会,我曾讲《解决中国经济问题之特殊困难》,说明中国经济建设的政治条件之不具备,前后二条路都走不通。那时,我只点出问题,没有提出我们的路,希望大家考虑解决。我们的路——第三条路,是历史上的中国社会构造,经过了近百年的转变一定要有的。我们不是主张如此,而是事实将要如此。胡先生所憧憬的路,是由他个人的好尚而来;我们是对中国问题有客观的了解,却非主观的作梦。胡先生总以为我们倡导知识分子到乡村来的风气,是要人吃苦,勉强大家不享舒服;这是违背人性,或人性难堪的事。其实,我们哪里是如此!我们实没有这种意思。这真是胡先生的误会。中国社会此时如果有舒服可享,我们何苦不去享受呢?我们倡导知识分子下乡推进乡村建设运动,全然不是从这些意思而来。我并且可以说:"中国民族的能否复兴再起,中国社会的能否繁荣进步,定规要看中国社会能否工业化。"胡先生听了,定会觉得奇怪,以为这不是梁先生口里说出来的话罢!

所谓工业化,要在生产技术的进步。此于中国今日社会至为必要,无法否认拒绝。但如何工业化呢?这不能用哲学的口吻立论,须从事实上研究其如何能才行。于此,我们可以说:乡村建设是中国工业化唯一可能的路。——我敢说这句话。我们这话不是从主观要求说的,而是从客观事实研究出来的结论。预先存一些浮浅的思想来看问题,在我们是没有的。我们要知道:中国工业不是没有起来的问题(欧战期间有显著的抬头),而是起来之后又被摧残的问题;换句话说:中国此刻不是贫的问题,是不能富的问题,是贫而益贫的问题。你要睁开眼睛来看:中国工业近几年不如前几年,目前更不行!所有华商纱厂、丝厂、火柴业、面粉业……统统被压迫被摧残,呼喊救济,岌岌不可终日。中国银行近年来每年刊行一本报告,很有价值,于全国产业状况、进出口贸易、金融……有一总的调查报告,并有推论;是研究中国经济问题很好的参考材料。胡先生如果肯把中国银行报告读一遍,亦许不随便讲话了。

我们要谈工业,须从两面看:一是资本问题,工业生产之要件是什么? 一是市场问题,工业生产之出路在那儿? 我们须知中国工业无在国外求市场的可能。我们的纱布、面粉、火柴……能输往国外销售吗? 必无此事! 这是因为国际间关税壁垒严森,我们的工业制造品不但不能出去,并且人家不顾成本的厉行倾销,以我们为尾闾。事实上我们日用品不是统统用洋货吗？所以中国工业，只有在国内求市场了。国内市场是什么？当然是占全人口百分之七八十的农村，和寄托在农村上面的大小都市。试问现在农村经济破坏，一般购买力低落，工商业如何能单独发达起来？目前中国工业的衰退危殆不易维持，最有力的因子之一是农村破坏（自然不全如此，国际的严重压迫亦是有力的因子）。如不顾这点，而讲发达工业，繁荣都市，只是闭着眼睛说话！

更要知道：现在是中国整个社会向下沉沦，逐渐往崩溃里去。——农村崩溃是第一步，都市破坏是第二步。先前中国奢侈品的工业还较好，现在亦不行了；天津上海各大都会都很萧条，没有买卖可作。上海银行家为什么注意农村，救济农村，投资农村呢？即全由农村破产，出入口贸易一齐锐减，都市亦不了，所引起来的。本来金融流通全靠出入口贸易活动，土货由内地运到外埠出口（如华北由天津青岛出口之皮毛、花生米、鸡蛋、牛……西南由广州出口之桐油……），洋货由外埠入口运到内地。土货出去钱进来，洋货进来钱出去；有出有入，金融遂尔流通。这是平等的情形。近年来，内地农村加紧破坏，天灾人祸纷至沓来，农业生产不行，输出锐减；即使丰收，亦受种种障碍，输不出去。土货输出既不行，洋货输入自减低（近两年来的国际贸易无论出入口都大形减少，可为明证）。这样一来，金融哪能不停滞起来！银行家哪能不着急想办法来救济农村，扶植农村呢！？前几年现金集中上海，充斥拥挤，于是信用过度膨胀（以二十一年为最）；而现在上海又发生现金缺乏的恐慌。这是内外交互影响,促使中国经济愈为枯窘。现在要想转移大势,只有从增加生产入手,才有办法。如单从金融货币想法,是不够的。我们现在为什么缺乏白银？这固然由于美国人为抬高银价、收买白银所致,而更要紧的是由于国际贸易的入超。① 现在我们想救济入超,只有先从农业着手,工业实来不及啊！

工业与农业有一根本不同的地方,就是工业竞争性大,农业则较和缓。我们用土法种地,比较可以立足；而用土法开工厂,是完全不行的。现在中国农业工业虽同受国际的打击压迫,可是农业方面,尚可喘息；而工业则最为紧迫,即因工业竞争性激烈的缘故。再则工业生产的重要条件是资本、机器,适为我们所最缺；而农业生产的重要条件为土地,这在我们是现成的。我们的目的可以是振兴中国的工业,却要紧的,眼前用力须在农业。在第一是因为工业后进国照例必以农产出口,换回机器,而后工业可兴；第二是在我们的经济生活上目前急须喘气,增加农业生产是可能的,马上于工业上想办法实无可能。我们分析中国每年的入口货,农产品实占半数,米、麦、棉、糖、面粉,统统有大量的入口。

---

① 记者案:廿三年中国银行报告论国际收支平衡问题有云:"中国白银之流出,近因固由美国之购银,而远因仍根于国际支出之超过。……实则近年上海存银之增加,而中国各地输出入不能相抵,不得不以现洋输出相抵；积蓄于上海者不过洋商暂时存贮,藉图投资利益,无异输出国外之准备。故去年报关出口白银共二亿六千万元,而上海洋商银行存底减二亿二千一百万元,天津洋商银行存底减四千一百万元,此二亿六千二百余万元,即二三年来全国各地抵付进口之代价,而入于洋商银行之手。今见有利可图,并谋资本安全起见,一举而运至国外。是白银流出之远因,仍不能不归结于连年入超之差额,彰彰明甚矣。"可作参证。

这些不是我们自己不能生产的东西，为什么还让他大量的入口呢？中国一向依为出口大宗的是农产，现在居入口大宗的又是农产；而我们于农业原有很厚的根基，则眼前抵补挽救之道只有在农业上先想办法。讲求丝茶改良以增出口，增加米麦棉……的生产以抵制外货，实是最可能的事。我们于此稍作工夫，即有效果。例如近年大家提倡推广最宜于纺细纱的长绒棉，据蒋迪先先生说：中华棉业统计会估计去年较前年增加棉田四百三十五万三千五百五十六亩（见《社会经济月报》，第1卷第12期），所产的多半是长绒棉。即以邹平而论，去年共产长绒棉数千包，卖给青岛华兴纱厂，代替美棉却较美棉便宜。大家稍一用力，风气开动，其效立见。中国纱厂的痛苦，是在花贵纱贱，因为纺细纱须用美棉，而美棉很贵，遂有此现象。我们如果再加努力，增加本国长绒棉的生产，即可不用美棉，减少纱厂的痛苦。再如米的输入问题，自增加洋米入口税之后，已见好转。所以要解决中国经济问题，开发中国产业，不存成见心中空洞的人，定规要从农业入手。农业生产增加，农民购买力增加，工业才可兴起。二十二年中国银行报告，根据事实指明：纱厂面粉厂设在内地者容易立足，设在通商口岸者不好维持。盖一则接近原料生产地及市场（内地农村），一则恰好相反，遂尔如此也。于此，可以证明中国工业完全要靠农村一点。不过这只是一种过渡时期的现象。将来中国是要农业工业结合的，生产辗转递增，——在农业由恢复而前进程中，农民购买力增加，许多工业乃因需要刺激而兴起。中国工业，只有站在非营利的立场,以我们自己的原料劳力来行生产,而满足我们自己的需要(大范围的自给自足),成为一种乡村工业,才能立足。从上边所举内地工厂容易维持这一点,完全证实我们这种理想的可能。(邹平现在正拟作坐于原有棉业合作社之上经营纱厂的实验)

这个问题,非短时间内所可讲明。简言之:中国根干在乡村;乡村起来,都市自然繁荣。可是如走近代都市文明资本主义营利的路,片面地发达工商业,农业定规要被摧残,因为农业不是发财的好道,在资本主义之下,农业天然要受抑压而工业畸形发达(这亦是我们中国不能走资本主义路的缘故)。我们不能像日本已经撞过这一关,工商业起来,可以回头来救济农村,而是不容再破坏农村,再抑压农业。所以此刻我们唯有到乡村来。救济乡村,亦即救济都市;如往都市去,不但于乡村无好处,于都市亦无好处。——路线恰好如此!

《乡村建设》旬刊,4卷28期,
1935年6月1日。

中国民众的组织问题[①]

诸位！在讲这个题目之先，兄弟有两点抱歉的话要说：第一是到得很迟，我原定14号乘飞机动身，但是云雾太重，飞到舟山，又折回上海，昨早再起飞，下午才到，因为时间不早，也有点疲倦，未得赶来讲演。这是第一点抱歉的地方。第二点是不曾写个纲领先分送大家，使大家听起来比较要清楚点，因为我说的北方话，或者对广东的朋友，恐怕不能完全明白。这是第二点觉得对不住的地方。

这次讲习会派定我讲《中国民众的组织问题》，想大家早已知道。但是这个问题，包括很多，就是要讲一年半载都可以。现在我们只有四点半钟，而要在这四个半钟头里，来讲一个这种大题目，就不能不用简略概括的话来说。这个意思，就是只能拿出结论来说，还有许多解释说明的话，恐怕不及说到了。

现在想分下面三步来讲：

（一）绪论，是讲民众组织问题在我们社会教育上之重要；

（二）本论上，是讲几个关于民众组织或者说为中国求民众

[①] 1936年1月16、17日在广东省立民众教育馆社会教育讲习会讲演。

组织的几个原理原则；

（三）本论下，是讲几个关于民众组织或者也可以说为中国求民众组织之几个问题。

我把本论分原则和问题来讲，是因为原则可以由我们认定，而问题却要费商量，要临时斟酌后才可以去做的。

一 绪论

我自己本来不是学教育的人，对社会教育更不曾讲求过。不过我这几年来对于乡村建设的工作，被教育界和社会教育界的朋友看作一种社会教育的工作，认我是同行伙计。但是我自己当初并没有当作教育来做，我也不知道我的工作是不是社会教育的工作。因为我起初只是认定去做乡村工作。我先声明对于社会教育我是一个外行，然后我再来讲我这外行对于中国社会教育的看法。我的意思是以为中国此刻是一个文化大转变时期，这一个文化上的大转变，是从近百年世界大交通中国被新环境包围所影响而生出来的。我们中国人现在所要做的工作，就是做文化上补充改造的工作。照我的认定，此刻我们应当做改造中国的文化和补充中国文化的工夫。这个工夫，我就叫它做社会教育。或者也可以说，我认为中国此刻办社会教育事业的人，应该做这种改造和补充中国的文化的工夫。所以在我看中国社会教育的工作，就是完成中国革命,来改造中国文化,来补充中国文化。

然则我们要做些甚么工夫呢? 如果说补充,补充甚么? 如果说改造,改造甚么? 我的意见,则以为有两点应当做的工夫:就是"科学技术"和"团体组织"。这两点也就是我们固有的文化中所缺乏的,所以我们在中国文化补充和改造上,应当于此两点注意。

在上面两点中,第一点容易给普通人看到;但是这大家容易看到的,反不如第二点重要。因为第一点不过是方法或者工具,而第二点乃是运用这方法或工具的主体,当然重要得多。这两点在中国是缺乏的,在西洋却很优长。这个意思,没有时候多讲,我只希望大家自己多去考虑。在我自己感到,中国除上二点之外,没有其他之缺乏,尤以第二点为最重要。所以要做文化改造的工夫,我们要从此去做。我刚才又说过社会教育即是改造文化,所以从事社会教育工作的人,也应以上面第二点为最重要。在目前中国最大的问题,不知大家看出没有,我以为那不是外患,而是本身的政治机构不健全,或者说得更明白点,就是我们国家没有组织好,没有成一个好的团体或健全的国家。因为中国社会本身没有健全组织,所以外患严重。如果在这团体组织问题我们能成功,也就是我们民族复兴的时候。所以我们更可以明白这第二问题最重要,而我们也应当来用心研究。

以下我再来说明我们中国为什么缺乏团体组织。大家要知道,中国缺乏团体组织,自然是中国的短处,不过不是从短处有短处,而是从长处上有短处——即是说:正因为有一个长处才有一个短处。如果想说明中国文化的长短,很不容易,现在也没有时候详细讲,请大家去看我其他已发表的东西。但我愿意告诉大家,指出来中国和西洋所走的不同的路,这个不同的路,开始就在宗教。在中国是缺乏宗教,至少可以说,像西洋天主教耶稣教那种宗教,我们是没有的。这有没有宗教,正像是分水岭,把中国和西洋分开来,各在一边。从有宗教,就有团体,没有宗教,就缺乏团体。人类从今日以后,欲有团体,或者不一定要靠宗教;但在以前,却一定要靠宗教,才有团体,这是真理。也没有时间讲,只可以告诉大家是如此。

中国因缺乏宗教,故中国所走的路,是非宗教的或反宗教的路,用我的名词,可以称为理性的路。走这理性的路,就让中国人散漫,西洋走宗教的路,就使西洋人成团体,让中国和西洋的文化不同。宗教自然不是唯一的因素,但是却是其中最重要之一;并因其他因素,在中国适足以帮助更散漫,在西洋适足以帮助更成团体。譬如中国很早就是农业社会,而这种社会,就天然要散漫而不能有团体的。若在西洋,最初是海上的国家,从海盗才到商业。我们平日说西洋是工业的国家,我们不能说不对,但是要知道西洋近代工业是从商业而来。我想与其说西洋是工业的国家,不如说他们是商业的国家,比较确当些。从游牧与商业,都比较容易结队合群,但是农业就不然。现在却告诉大家中国和西洋走的不同的路,从因素讲,固然很多,从结果讲,最大的特征就是西洋人是集团生活,而我们是散漫的生活。如果大家更想知道西洋人如何成功了这种集团生活，现在时间太短，不能多讲。我常用八个字来说明中国社会成散漫之原因，就是"伦理本位、职业分立"。如果大家去看我们在邹平出版的《乡村建设》半月刊，就可以明白这个意义。因为西洋过的是集团生活，又因为它团体力量强，所以从团体反映出有个人。（团体与个人，正如左与右，缺一不可，虽是两件事，但是对照的。）在西洋史中，可以看出西洋社会的演变，通是在这团体对个人或个人对团体一个问题上。从前已经有团体，到了近代，才在团体中把个人抬头；直最近二十年间，又再把团体抬高。西洋最缺乏的家庭生活，最易见的团体和个人。中国人刚刚相反，就只有家。家本来人人都有，西洋人亦不能说没有家，因为人必有两性的生活，跟着有了小孩，就成为家。可是在中国的家庭观念特别重，家族关系特别重。这为什么？正因为缺乏团体，就反映不出个人，所剩下的，就只有家。在西洋团体力量太强，家的问题就掩盖了、隐没了，而在中国，却只显露出家的一回事。

现在借两件眼前的小事（实在也不是小事）来看中国人的散漫：第一譬如吃饭，西洋人吃的是集团饭，一人一份，即算有今天在座这么多的人，只要有张大餐台就行。若是中国人就不同，因为菜是集中的，只能供给五六个或七八个人吃。所以人数太多，就要分成许多小桌面，各各围起来吃才行。这可称做家庭饭，只有一家几个人来吃最好。西洋人可称做吃团体饭，一方面合起来成为团体，但一方一人一份，仍显出有个人，这与中国社会完全不同。第二件讲到住屋是一样。中国人住宅一定要有个厅（北方称做堂屋），这个厅堂是供祖先和祭神用的，这里面虽含有近宗教的崇拜或信仰，可是终有个"家"的小范围。若是西洋人，就只有为专为睡和吃而安排的住屋，并没有供祭祖先的厅堂，因为他们村落中必有大礼拜堂，虽和我们一家中的厅堂相仿，但是范围就由家扩大成一个团体了。

现在我再指出三点来告诉大家，不过没有时间来详细讲述。凡人的生活上，有三个重要方面：就是宗教、政治和经济。这三方面在西洋无不是"集团"的，而在中国，就无不是散开或"伦理"的，通是以家为出发点，也以家为归宿点。譬如中国的经济，既不是个人本位的，也不是社会本位的。在西洋二三百年来都是个人本位的经济，现在更要求社会本位的经济。若讲到中国的政治，也不过是把国家看做家庭放大的一个东西而已。所以中国没有国家，本来也不是一个国家，就是很多有见识有眼光的西洋学者，都有这种见解。这个东西，也许是高过国家的社会，也许还不如。总而言之，它不是一个国家。——这个意思也是不能在短时间内详细说明的。

刚才对大家说过，宗教和团体相联，现在要告诉大家一件更重要的事，就是团体和斗争相联。就是说：从团体易发生斗争，从斗争也易使人有团体。竞争虽和斗争不同，但是也有点相近，所以体育家常借竞争而锻炼人的团体生活，就是这个意思。中国人刚和这相反，老是散漫的、和平的。因为越散漫，就越和平；而越和平,也就越散漫。散漫既与和平相联,斗争又与团体相联,所以中国是个散漫而和平的社会,而西洋是个集团而斗争的社会。以前是如此,今天也还是一样。不过两方面的文化虽说不同,但是并没有高低的分别,只可以说是各有长短。好,现在想大家或者可以明白我刚才说"中国缺乏团体,固为短处,但是短处是长处上来的"这句话的意思了。

现在再告诉大家何以中国今日需要团体生活,答案就是家庭生活不够。以前怎么样,现在无从知道,并且他们也已经过去了。但在近百年来,完全不同,因为今日的世界,已经变了不和平的世界,如果不讲求团体生活,恐怕会过不去。在今日的世界上,由西洋人布满了斗争和竞争,使我们散漫而和平的中国人会不能生存。如果再不结成团体,就会不能自保。中国人原来是和平的,今天还是一样;但是要想求自保,就非有团体不可。所以我刚才说我们眼前最大的问题,不是外患而是散漫,如果我们的民族社会成功了一个健全的团体,什么都不成问题,外患自然也会没有了。所以如何使我们社会成一健全的团体,实为我们眼前最重要的工作。

刚才我指出现在是一个斗争的世界,尤其在三二百年来,从西洋人鼓动出来的这些大竞争;而在这些大竞争里面,主要的又是经济竞争。所以我说大家称西洋为工业国家,不如说它是商业国家或资本主义的国家。中国人此刻受压迫最大,不是日本武力,而是由经济竞争来的压迫,每一个中国人都要受到,而且是很大的压迫。西洋人在经济竞争上有一个极优越之点,就是"科学技术"。但是现在不仅有一个优越之点。一个已经令到我们没有办法,现在除了有很进步的经营方法和技术以外,更利用他们第二优越之点"团体组织"来竞争。我们焉有不失败的道理?今日西洋从苏联到其他资本主义的国家,都走统制经济和计划经济的路。所谓统制和计划,即是团体的,他们由国家统制来竞争,即是以集团来竞争,中国人于此全无办法。因为我们没有国家,也没有团体,由我们的农民或商人,个人直接和他们成一个大单位的国家去竞争,自然只有失败。苏联、日本、英、美各国,无不走统制保护的路,都是整个国家、整个团体,力量非常之大。我们只靠一二商人,和他们国家竞争,哪会有办法?所以在中国自然不能经商,也不能耕种。有了生产,也是卖不出去,结果,一切商业、农业、工业,通通被其破坏。所以中国人今日更不得不注重团体组织,尤以在经济上应当联合起来以求自保。譬如农民不论在种稻或养蚕,通通非联合起来不成。如果能够联合成一种合作组织,然后才可以利用科学技术,用进步的方法去做。此刻中国人非从团体组织,确无从自救,也无从引入科学技术。非有此两点到中国来补充中国的文化,中国就不能自立。

二 本论上

上一段属于绪论,是说明中国社会需要团体生活的理由。以

下再讲本论上,就是在求组织时,我们应注意的几个原则:

(一)第一个原则是应该求进步的团体组织。所谓进步是对不进步而言。不进步的团体组织,是指在一个团体中多数分子是被动的。反过来说,如果团体中多数分子通是有主动作用的,才可算做一种进步的组织。所以我们为中国社会求团体组织,就应当求进步的组织。并且不止从主观上有此要求,也是一个客观的事实。就是说在客观上也一定将如此的。这个意思就是说,从今天后如果有组织,就一定是进步的。至于何以会这样呢?正因为中国是一个散漫的社会。如果要求组织,一定是要从中国人自觉里求组织。这样,必定是多数人做主动,如是这个组织,就是一种进步的无疑。虽说现在很多人还缺乏此种自觉,需要人去启发,可是我们也只能启发其自觉,很难有其他的办法(其他办法指不经自觉而成团体)。社会教育很重要,它的重要就正在启发中国农民求组织的自觉。因为大家没有自觉,则组织是不能成功。在西洋以前的团体(譬如宗教)并不是由自觉而组织,所以不能算是一种进步的组织。直到近代,才渐走向进步之途,即是说,渐渐变成多数分子为主动;也即所谓民主。在中国就不然,无团体则止,如有则必定是自觉的。这是今日的时代和环境不同,自然令它如此。这个意思也因为时间太短,不能再深谈。

(二)第二个原则是应该从小范围做起。这点是和第一个原则相联的;要承认了第一个原则,才好讲这第二个。因为一种自觉的进步的组织团体,实不易做到。在从来缺乏这种习惯的中国更难。我们现在不能希望立刻组织成整个之大社会。要先从小范围入手,在小范围里培养和练习,到结果成功一整个中国的组织。请大家注意:这种培养和练习他们的团体生活,即是社会教育。从小范围入手,在中国大概即是乡村。中国本为乡村的集合体,所以想最后成为整个中国的组织,须应先从乡村入手。

(三)第三个原则就是我们应从切近生活的事实来促进组织。这个意思是说组织非空言可以成功的,而要从切近生活的事实来促进。有了一点组织,就能使我们的生活或社会有一点进步;如是,社会更有组织。组织推进社会,社会促进组织(社会就是指生活事实)。总之,必要令组织和事实切近。譬如说养蚕是顺德人生活上之一大事实,我们就可以养蚕来组成合作社,促进生产,使他们生活较有进步。既有进步,科学技术就越多,如是就更进步,跟着也就更有组织。这样,我们就可从养蚕这件事来促进和培养顺德人的组织。总之,组织不能离开事实。所以我们办社会教育,领导民众组织,应当在他们的生活事实上想办法。所谓生活事实,是很多的,一时也举不尽,概括点说,就是生活上一切问题、一切困难的问题。所以我们总应使农民从组织的力量来解决他们生活上的问题,借着解决问题而成功组织。这是第三个原则。

(四)第四个原则是要从伦理本位求组织。这点比较难讲;用一点钟来讲,恐怕也不算长,不过今天只能简单点来说。在西洋的团体组织，不外两个本位：一为个人本位，一为团体本位或者叫社会本位。这两种主义在西洋是互为消长。刚才说过西洋人从来是集团生活，而在集团生活里，常常颠倒于个人和团体孰重。在中世纪的时候，团体力量强，团体重要，所以个人在团体中就无地位而被看轻。到了近代，就发生一种反动——对于力量很强的团体的反动——而变成以个人为重，如是要求个人在团体中的自由，即所谓自由主义。从团体里，划出一个疆界——个人的疆界。在这疆界里，团体不能干涉。所以一个人的生活有两方面，一方是个人生活，一方是他参加团体的生活。后面这一种和团体有关系，可以受干涉，但是在个人的私事无妨有(于)他人时，就有个人的自由了。这种就是所谓自由权。这里划分了公私的疆界，抬高了个人在团体中的地位。同时，每个人都可以参与公家的事情。譬如参予政治（所谓参政权）。我是一个公民，我在团体中，就可发挥我的主张。这些自由权和参政权，都是从个人主义发达后才有的。这样，个人在团体中的地位抬高，变成团体中多数分子做主动，即是进步的团体组织。这种现象在西洋近代才有，所以西洋近代思潮，就是个人本位或者自由主义的思意（潮）。但是到了最近，又起一种对于个人本位的反动，再主张团体或者社会本位。现在讲统制，个人在团体中的地位变低，时受团体干涉。今日的共产党或法西斯，正是这一种的代表。所以刚才说在西洋这两种主义互相颠倒、低昂不定，总在这两方面反复。若在中国求组织，就不能用西洋那两种本位，而应用伦理本位。为什么不能走那两个本位呢？因为西洋近代的个人本位，是集团生活太强（即是团体干涉太过）的反动。如果我们中国历史也是集团生活太强，我们也可以走这条路。因为天下事不能偏，偏了之后，就应来补偏救弊。一件事情在开始不一定偏，但到末流，常变成偏。所以集团生活太过，就用个人生活来补救。到了个人主义的末流，又趋于偏，如是又起反动而补救。因为我们的历史背景是散漫的，我们从没有集团生活，而个人本位对集团生活是离心的方向；对于我们完全不对，所以西洋近代思潮和中国最不相宜。那么，团体本位，又何以不适用呢？照表面看，在中国很需要团体本位，它对于中国应很适用。然而仔细去研究，这也不对。因为团体本位一定要讲干涉，讲统制，结果使多数人成被动。中国农民存有两种不好的毛病，一是散漫，一是被动。中国农民，在政治上全是被动的。从来散漫，所以没有团体；即算有个团体，也是一种多数人为被动的团体。这两个毛病是相联的、同时的，如果能够救散漫，必定同时要能治被动；二者异出同流，一个医好了，另一个自然好，不会去一个留一个的。所以我指出第一个原则说：如果中国人有团体，必定是进步的。如此，我们可以知道，团体和个人，不能偏重。不然，就一定会失败。但是西洋两种主义对于中国都不适用，都不能有助于我们中国人。这样，大家定要说："我们走均衡像天平一样的路吧！"但这也不行。走路是要有方向的：譬如叫你向东，你可向东走；向西也有路走，向南向北，也是一样。如果告诉人走路，既不说向东，又不说向西，又不向南，又不向北，结果是无从走起。走天平的路，也几乎是没有路可走的。现在我们有一个最好的路，也是中国人的老路子，就是伦理本位。现在让我来讲伦理本位。

甚么叫伦理？伦就是伦偶——即是二人彼此相关。换句话说，就是人生必定在相关系中。天地间不会只有一个人的道理，一个人亦是不能活的。人生下来，必有其相关之人，人就在这彼此相关系中而生活。彼此相关系，而互以对方为重，这样就叫做伦理。在相关系中，彼此互相尊重，这个就是伦理。譬如主人和客，主应敬客，客人敬主；父母和子女，父母应以子女为重，这就是慈；子女也应以父母为重，这就是孝；又兄应友爱，弟应恭敬，即是兄对弟和弟对兄，彼此互相有义务；——这通是所谓伦理。

人类有两种不同心理，就是欲望和感情。我们所应注意的是：在欲望中，以自己为主；而在感情中，就只见对方而忘了自己。两种心理很不相同的。中国之伦理，即从感情来。譬如父母之爱子女，完全忘记了自己。为小孩做了不少的事，自己并不知道，甚至可以为小孩而牺牲。这通是从感情来。如果在欲望中就不然。欲望是利己的。所以中国的伦理关系，纯是感情的关系。中国的社会，偏重伦理情谊；西洋的近代人所发达的，通是欲望。现在我不想来比较两者间的异点，我只借此来说明我们求组织的一个原则。因为个人本位、团体本位和天平的路，在中国通不可走，所以我主张走伦理本位。但请勿误会，所提出的伦理本位是指家庭本位；我所主张的，是相关系中，互以对方为重的一种道理。如果再说明白点,我是团体中一分子,我应以团体为重,而团体对我,也应以我为重。或者说:在团体立场,不要以团体为重,应以个人为重;而在个人立场,应当尊重团体,并且互相尊重个人。这样一来,结果自然能平衡。不过这不是走天平的路,因为走天平的路是没有方向的。但是现在我已清清楚楚告诉你一个有方向的路,——即是尊重对方。走这条路,可以发达情谊,可以医治中国人的散漫和被动两个毛病。

因为发挥伦理意思,大家认识了在相关系中,那就不但不能散漫,并且应当求增进关系,在互以对方为重处求增进关系。所以伦理可使人增进关系。每个人都以团体为重,对团体为向心的,则此团体自能合起来而成功,正与那种使人分散、对团体为离心的个人主义相反。不过我现在提出这个伦理,比以前的伦理要进步,因为以前只有父子、兄弟、夫妇之伦,而缺乏团体与个人之一伦。所以现在可以加多一伦,成为六个,或者把君臣之伦,改成团体和分子,那么,我们大家多了这一伦,我们的社会,就会不至再散漫了。

同时团体尊重个人而个人地位即抬高,则团体的事,就应请问大家,征求大家同意,这样一来,又能将被动转自动。同时个人的自由即树立起来。中国想成功一个民主的社会,必定靠团体(或者国家)能尊重每一个人才行。如果认团体有尊重个人的义务,然后大家才能从被动改为自动,而这个团体才能算得是个进步的组织,所以我们应根据伦理本位来求组织。

（五）第五个原则为发挥人生向上之精神来组织团体。关于这一点，因为没有时间，我暂时不讲。不过在另一讲题《乡村工作人员修养法》里，可以说说。

三　本论下

第三段为本论下，是讲关于求民众组织所遇到的几个问题。上面已经说过，原则可以认定，而问题却是要费斟酌的，是要因地制宜和因时制宜的。我先讲出我们所想到的几个问题：

（一）步骤问题；

（二）指导问题；

（三）目标问题；

（四）成分问题。

现在先讲所谓民众组织的步骤问题。这是指什么呢？因为有人主张先从编制到组织，也有人主张直接就做组织。一个办法是先经过编制做个过渡，一个就不要；究竟是哪一个好？这是一个步骤问题。我可举个例来说。譬如广西很重训练民团，就是把民众编制起来，在训练中有编制，在训练后也有编制。所以民团虽说也是一种团体，不过是一个编制的，多数分子是被动的而不是自己主动的一种组织。大家都在一个编制之下，虽有团体性，但不能算是进步的团体。也许将来广西民众经过民团编制和训练之后,它可以转变成一个进步的团体组织,但现在不曾做到。还有十多年前山西的村政,是很有名的。在民国十七年北伐完成后,中央内政部指导各省自治,就很多摹仿它的地方。这也是编制之一例。它的开始,并不叫村政,而是叫六政。何谓六政呢?就是有三件积极要做的事,三件消极应做的事,合起来六件,称为六政。譬如造林,是一件积极的事;禁烟放足,就是消极应做的事。阎锡山觉得应做这些事,可由省政府发命令到县政府,而县政府再出一布告,结果成为具文而不能实现。阎锡山那时做总司令,他想:在军队中下一命令,什么事都可以做到,何以省政府下命令,又常常无效呢?如是他就仿照军队的办法来编制,于省下设县,县有县长,县下设区,区有区长,区下又村,村下有闾,闾下有邻,最后的单位就是家。每村每闾每邻,通有村长、闾长、邻长;把全省通按照这样来编制。譬如放足,由省长责成各县长,县长再责成区长,区长又责成村长,村长责成闾长,闾长责成邻长,邻长责成家长。这样有责成,有稽查,事情好办得多。后来把六政的名改为村政。村政最初是一种编制,很想从编制过渡到组织(后来想做到乡村自治);虽然后来组织没有成功,乃至编制亦失败了,可是原来希望是如此。又如现在各省(广东亦然)之所谓地方自治,通不曾做好,只是一种空头的、假的、无内容的名词,最多也只做了一点编制的工夫。譬如把县以下分成层级,把社会分成区域,县下设些乡镇等名目,这不过是些编制而已。如果真是自治,必定要一个地方社会成功一个团体;不然,一村还有团体,有何自治可言？所谓自治,乃是团体自治；一乡成了团体,一乡自治才成功；一县成了团体,一县自治才算成功。所以自治即是团体,即是组织,而现在各省所做到的,通只做到编制。编制和组织的不同,就是编制为多数人被动,而组织为多数人自动；编制表示统属关系,而组织表示有自体。现在很多人主张由编制到组织,究竟这个办法好,或是立刻就组织好,很不易讲,所以成为一个问题。大概其中是利弊互见,即是说,由编制到组织,或者是一个好的方法,也许不是个好的方法。

我们在山东的工作,是兼采二法的。因为我们有两个实验区,一个就是邹平,这里是直接来做组织而不经过编制的。第二实验区是菏泽,所走的路径,就是从编制再到组织。所以在步骤上,究以何者为好,实不一定,大概是应因地制宜的。

中国此刻受国际的压迫很严重,因之训练民众是件很重要的事,而训练必需编制,无编制实难训练,所以中国今日很容易走上编制这一条路。不过我们应知道,编制民众和训练民众,只可以养成民众有纪律的习惯。这个习惯正是中国人所缺乏的,而它在团体生活中,又最需要,现在编制能养成民众有这种习惯,当然是一好处。但是我们又要知道,团体生活需具备两个大条件,一个是纪律习惯,还有一个,就是组织能力。二者缺一都是不可的。编制能养成纪律习惯,但是不能养成组织能力。而在一个多数人做主动的进步的团体生活中,要紧的还是每个分子有组织能力。什么叫做组织能力呢？就是大家商量办事情。有两个人做事,就要彼此商量。如果一人作主,大家受支配,这就不是商量。我能做领袖,我能支配大家,虽说这也是一种能力,但不是组织能力。如果单只能听话,肯受人支配,这亦非组织能力。组织能力是做团体分子中每一个分子所必需有的能力,即是我不单支配人,我也不单受人支配,这个能力,乃是中国人最缺乏的,是一种最不易养成的。尤其是走编制的路,只能养成纪律习惯,却无从养成组织能力。我说这句话,是要告诉大家知道编制只能算为过渡,但不能算为组织。

第二问题是指导问题。此刻的中国人,尤其是大多数的中国人(即是农民和工人),实在很需要组织。但他们无此自觉,即算有此自觉,有此要求,他们也不易做成功,所以此时就发生指导问题。

指导的第一步是先启发他们的自觉,使他们要求组织,即是使他们知道组织起来才有力量,才好办事,才能解决他们的问题。第二步是领导他们如何组织。为大多数中国民众来说,组织是需要指导,但这问题是:"谁来指导或者说靠什么力量来指导呢?"普通很容易靠政府的力量来指导民众组织,但这是不十分相宜的。按着道理讲,此刻中国应以党来指导民众,可是事实上党与政府,现在已是分不开的。所以指导民众组织,究竟谁来指导,实在是一个问题而值得来研究。譬如从我们的社会教育机关(好像民众教育馆或民众学校)去领导,也是一个方法,通可拿来实验,比较一下,究竟哪个好些。大体上说,从上面政府的力量,用强制性的力量,推行要快些,不过不很实在而易成为假的。这个意思,即是所用政府强制的力量,容易成为编制而非组织。所以从政府方面去领导,是很不容易成功的。如果用教育的力量,走启发的路,自然要好些。因为民众的被动性比较少,组织也比较能实在。不过教育的力量要慢得多。就是讲到教育,也有两种:一种是官办教育,是直接由政府办的,另一种是社会团体或私人来办的。这也可叫做社会运动。从社会方面自己发动,成一种风气,渐渐开展,成功一种潮流,而不是政府命令的措施,这个力量是好的。譬如党(不拘哪一党)本来是从民众运动产生的,如果它自己还没有取得政权,仍在社会一方面的时候,就可以常站在社会运动立场向前去做,这总是好的、比较实在的,也比较能启发民众自己的力量。所以我常说我们办社会教育的人,不要落到一个官办的事情,成一种照例的官样文章。社会教育变成官样文章,那就没有前途了。若能常像一种社会运动,就能够易有进步。然则如何才可以做到这样呢?那就是要办社会教育的人,通从志愿而来,而结合同志去干。大家均从志愿而来,大家就可以成一个组织,然后指导民众组织,自易收实在而良好的效果。关于指导问题,就只说到这里,希望大家随处去留心这问题,自动去研究。就是外国,在指导方面,也仍成为问题;用的力量不同,效果也就不同。

以下再说第三和第四问题,即是目标和成分问题。这二者是相关联的。所谓目标问题,即是问:我们组织起来干什么?从什么意思来组织？再换一句话来说：我们选择什么题目好？至于成分问题，就是说：组织哪一种人好？团体内的构成员是哪种人？譬如就年龄来讲，是组织老年人好，抑或青年人好？或者不分年龄来组织好？又如就性别来讲，是组织男子好，抑或女子好？或者不分性别来组织的好？换句话说，是采取宽泛办法好，还是狭窄办法好？这个问题，大概也是要因地制宜和因时制宜的。现在让我们来分别说一说。

大概在组织成分上，太宽泛是不很好。所谓太宽泛，就是没分别。譬如年龄性别职业通不分，把老头子和小孩共组织起来，男子和女子同组织起来，商人和农民也不分别的组织起来。这样，内容包括太多，愈觉复杂，也就愈不易组织。大凡组织团体，一面固然是合；但有所合，就有所分，并且也要有所分，而后才易合。刚才所举出年龄和性别的问题，要把几岁大的小孩子组织起来，也可以做到。假如把他们和七八十岁的老头子与七八岁小孩合起来组织，那就颇不好。所以在年龄上来说，似乎非分不可。男女似亦如此。照这样说，岂不是以分为好吗？实又不然。因为我们原想组织中国社会，如果只组织一部分人或者一种人，自然是不妥当。譬如说十几岁到二十几岁的年轻人，最好组织，领导他们也很容易，并且组织他们，也有很多用处。然而只组织这一部分青年，仍然不对。好像在那办平民教育很有名的定县，办了不少平民学校，入学的人，通是年青人，年纪大的，一概不要。读几个月书就毕业，毕业之后，组织一个同学会。这个平教同学会在定县也是一种组织,正好像日本那种青年团一样。在定县很多事,常靠他来推动;但是就因此惹起社会上很多的反感,以致到现在不得不成停顿状态,而不好再向前去。何以如此？正因为社会是大家的社会,而不是一种人的社会;要社会向前进,需要大家都愿意、都了解,然后才易办。如果只有一部分的学生,学了很多的卫生习惯,但是回到家里,父母兄弟,大家都是不懂卫生的,试问这小孩所学的卫生习惯,哪里会不失败？如果定要实行,就非和家人起冲突不可。所以想领导社会,推动社会,不是件容易的事。对全部的人用力,既觉甚难,若抽一部分人,又一不通。即是说,范围太广既不行,范围太窄,也不妥当。再换句话说,对于组织的成分,不分别大概是不能,太分别也是不对。

至于目标也是一样,太广泛既是不行,太狭窄也不妥当。本来选一个特定的目标来组织,常易生效;因为一个特定的目标,比较清楚亲切,所以容易组织,也易发生力量。这件事容易做成功,以后也更好做其他的事。所以特定题目,似乎比较好点。可是特定题目,常缺乏持久性。凡是一个特定的目标,它的意义必很简单,不能完全包括。这就难合我们的意思,因为我们要把中国散漫的民众,成一组织,那么,一个狭窄目标,自不够用。譬如乡村组织,单从经济上做目标,大家合起来购买,这很易做成功。但是范围太狭,包括太少,欠缺持久性。又如自卫,也是一样。所以这个目标,都不算是好的题目。如果用"地方自治",这个名目就很大,包括得很多,但是也不是个很好的题目。所以选择题目,实在也是个问题。

关于题目,除了选择广狭之外,还有取积极或消极的意思,也成为问题。有时消极性太多的,如不要什么、反对什么、禁止什么,也不很好。前几年国内有一"废止内战大同盟",我当时就相信它不能成功,就正因为那是一个消极的目标。所以我们需要一个积极的目标,然后才有事做,才可以有表现。好像禁烟禁酒,如果在里面加点储蓄的意思,就变成积极性的,或许会要好点。又好像自卫,防土匪,这个题目可算很好,但是也不妥当,因为只包含一个临时对外的性质,成一种武装团体,含有军事意味,所以也不妥当。

然则要用怎样的题目才可算是妥当呢?我以为妥当的题目,应该是一个含有发挥人生向上(个人向上和社会向上)的意义的才好。但是讲到向上,又有广狭之分。譬如组织青年读书团,这是含有向上的意义的,但是它亦有缺点;若改为读书而兼服务,就要好些。如果单是服务,则向上的意思又不够;如果用青年修养或锻炼比较好些,但又只是个人向上,而不能包含整个社会向上。最好不要单看个人,同时应注意社会的改进。如果想求社会的改进,单单组织一部分人也就不够,二者是相联的。大概的结果是这样:目标宽泛,成分也要宽泛;目标狭窄,成分也要狭窄。二者各有好处,所以这也成为一个问题。

我们在邹平,是采用比较宽泛的目标和组织宽泛的成分。我们组织一乡一村,使一乡成一个团体,一村成一个团体。以一乡一村成一地方团体则一乡一村的人不能再分，大家通包括在内。这地方区域是不大，但里边的人是不再分。因为我们想求一乡一村进步，所以需要把一乡一村的男女老幼全部合起来。不过我们也可以提纲挈领来做，就是多注意成年的农民。但是我们的目标是宽泛的，我们把一乡人合起来，大家齐心向上，共同学好，求进步，一切都可包括在内。譬如禁烟、禁赌、储蓄、防匪，通可在这目标底下去做。这个目标的一个好处，是可多包含；另一好处，是没有不妥当的地方。不过这一种发挥人生向上比较宽泛而不分别的目标，虽说区域不大，事实上也不容易做到。如果成分较窄，目标窄些，或许容易见效。或者我们需要在宽的里头，用窄的来帮助，即是用一部分的组织来帮助，或许要好办点。总之，这是个问题，也是要因地制宜因时制宜的。

本来团体组织这件事，是用不着去找目标的。为什么呢？因为天地间的一切事情，通是由有问题而发生。譬如因饥而要找饭吃；饿是问题，吃就是事情。团体组织，也是一种事情，因为有这种需要，然后自然发生。所以凡有什么需要，就去做什么事情，哪里用得着去选择什么目标呢？可是此刻在中国只有比较有眼光的人才能够看到需要组织，而民众自己，却不曾看到，如是就发生指导问题。跟着指导工作而来就发生选择目标的问题。选择目标问题是社会教育里有的。问题虽说费斟酌，总应看当时当地的需要而定，最好是让它能合乎自然。即是说目标和成分的决定，虽是人为的，但总以近乎天然为好。

今天这个题目,本来还有很多话应讲,可是时间不够,只和大家讲得很浅。如果大家想找这方面的材料,就请去看邹平所出版的刊物,现在托广州的儿童书局代售,大家可以在那里买到。

《乡村建设》半月刊,5卷20期,
1936年6月16日。

三　文化特性和社会构造

我们政治上的第一个不通的路
——欧洲近代民主政治的路

我刚才于《中国民族自救运动之最后觉悟》上说过,几十年来的中国民族自救运动,就其思想主张来看,不外一个前期的,即感受着欧洲近世潮流而来的,一个后期的,即感受着欧洲最近代潮流而来的。无论在政治一面或经济一面,都有这前后两期思想。然而我们看上去,民族自救运动之前期,可说是偏重在政治一面,而后期则偏重于经济一面,所以我们现在谈政治一面的前期思想,几乎亦等于谈全部的前期民族自救运动了。

中国怎样才能好?要改换一种政治制度才能好。因为政治制度是决定国家权力之如何运行与使用的;国家权力用得对,则国自会好。大约前期的民族自救运动,都是着眼在此,要废除数千年相沿的政治制度,而确立一种新政治制度,以此为救国之根本方策。自光绪年间的变法维新以讫民国七八年的护法,总不出此意。然此新政治制度又何所指呢?大约在大家心目中所有的便是欧洲近代那种政治制度。似乎这二十多年间思想变化不知有多少,总不该统括来作一回事看。然而你试看民国七八年的护法运动,其唯一的信念,不是法治吗?其所拥护的约法,不是从欧洲近代政治制度抄来的吗?而在光绪年间所唱的变法维新,其所要变的法虽多,类如剪辫易服亦是其一;但其主要者,亦何尝不是此物——欧洲政治制度。因为那时节已经都知道注意英国所谓"巴力门",所谓"议绅"了。岂但民国七八年与光绪年间是一回事,即在今日,前后相隔三十多年了,似乎今日即最不高明的人,亦不致与彼时变法维新家同其思想;然而说到政治上的路,大家期望着要走的,在我看,还不出那套。

这种思想,这种运动的最盛时期,要算光绪末年讫民国七八年(1905—1920)之一期间。因为在这期间内,这种政治制度差不多已成了有知识的人之间普遍的信念,而其他种运动亦可说尚未发生。前乎此,则此信念尚未得普遍;后乎此,则疑议渐兴,异种运动发生矣。在我自己,因为恰好是在这期间内生长大的,所以早年曾是一个热心于这种运动的人,而且直到民国十年我讨论东西文化问题时,所见尚无改变。(自我十七岁讫二十九岁,即1909—1921。)如果将我的救国思想分作两期,则第一期亦只是如此。

一 欧洲近代民主政治有使我们不能不迷信者两点

欧洲人在近世纪开出来这一种新政治制度,渐渐为其他洲土、其他民族所仿行,几乎要成了世界化。虽然在个别的国度里,具体的表见,有很多的不同;然而显然的是出于同一精神,即所谓民治(democracy)。以我的了解,则此种制度实有使我们不能不迷信的两点:一点是我们不能不承认他的合理,一点是我们不能不佩服他的巧妙。

所谓合理是什么呢？第一层,便是公众的事,大家都有参与作主的权;第二层,便是个人的事,大家都无干涉过问的权。前一项,即所谓公民权;后一项,即所谓个人之自由权。在这种制度,大概都有所谓宪法,所以又称立宪制度;在宪法里面,唯一重要的事,即关于这两项的规定。如果以这种制度和旧制度去比较,其唯一特殊新异之点,即在此。又如何是他的巧妙呢？他这种制度,使你为善有余,为恶不足,人才各尽其用,不待人而后治。其结构之巧,实在是人类一大发明。如果问这种制度的真正价值,则其远胜过旧制度者,实在此。我们试分别说一说。

二 所谓他的合理

虽然十八世纪的《民约论》、《人权宣言》一类思想,在今日看,是陈腐的,甚或不通了;然而个人应有其自由,毕竟是自明之理(不假论证的)。在欧美国家里,对于个人自由的尊重、保证、拥护,毕竟是深入人心、非常可爱的精神。大抵个人的种种自由,类乎身体自由、财产自由、意见自由,以及信教集会结社等自由,都于宪法予以规定。这就是表示尊重；而其保证与拥护，则赖有国家的各种机关，尤其是司法机关。司法独立、绝对尊严，就是为保障人权的。国家权力虽大，而个人的行为不到妨碍公众秩序和侵及他人，是不受干涉的；所谓犯法，只是妨碍公众秩序之意，除此而外，无所谓犯法。法律是出于公众意思所订定；犯法时节，亦只能按照一定法律手续来拘传，来裁判，来处罚。若官厅无故拘系一个人，那问题便大的很；便是警察随便入人宅，都不行的。像我们中国从前乃至现在，不但拘捕人不算事，生杀予夺，亦无不如意。人民生命财产的安全，绝无半点保障，真是野蛮世界；可怜已极！在他们只有紧急戒严时期，人民自由是受些干涉拘束的；然而戒严令之发布，是非常慎重的。只有在战争和其他大事变发生时才可，其手续亦必依照宪法所规定。决不像我们随便就下戒严令，——其实戒严不戒严都是一样，简直亦不必分了。

以上是说个人之自由权一层；还有那公众的事大家都有参与作主的权一层，即是人人都有分预闻政治。虽然这句话实际上没有全作到，资产阶级的操纵把持，亦是真情；然而这种种意向，当初毕竟是有的。而后来普选原则的采用，比例代表制的改订，直接民权的实行，亦明明是本着这种意向，逐渐在作。在这新政治制度里面，大家都知道，最重要的机关是议会；议会最重要的职责，便是议决或制定国家预算案；——这就是公众的事大家均得参与作主的方法。因为国家办一件事，总得需钱；钱总是从大家出；所以钱的如何征取，如何支配，便是政治上一切举措兴施所由决定。像这样大家出钱,商量着来办大家的事,这岂不是项合理的吗?在旧日制度,政府可以随便抽捐加税;收得钱来,用到哪里亦无人能问,不得而知。此在欧洲百年以前,早已行不通的事,然而在我们直到今天,还是如此。而且苛捐杂税、横征暴敛,十倍于从前,谁敢说个不字?拿得钱来,养兵养官,任意的滥用,谁敢请问一声?真是野蛮已极!

大概前后两层——自由权与公民权——是相因而来的;两回事,实是一回事。自公众的事,众人公同作主来说,谓之公民权;自各人的事,各自作主来说,谓之自由权。这一回事由何而来?由人类认识了他是一个人,有了他"自己"的观念,才有所谓自由,才有所谓公民权,我在《东西文化及其哲学》上说明这是"人的个性伸展"(34—41页)。我以为在人的个性屈抑着的时代,人类实未曾得有完全的人格;完全的人格,必于人的个性充分申展以后的社会才配说。虽然个人本位主义现在已不时兴,社会本位主义将有代兴之势,然而社会本位主义,必于人的个性申展以后才能说;个性不立,绝不是健全的社会组织。个人在社会中地位的尊重,毕竟为永恒的真理。欧洲政治制度的民治精神,不独为我二十年前所迷信的,抑在今日,仍不能不承认他。

三 所谓他的巧妙

他的妙处,就是使你为善则可以,为恶则不容易。先就司法方面来说罢：从前我们立法、司法、行政是不分的；而在他是三权分立的。法官不能自己出主义定法律，只能依照国家法律审判而已。不像我们一个知县，就可出张告示，甚或口头说一句，禁止什么什么；犯了的，便算犯法。法官在审判以外，旁的事亦不能作；检举与执行，都不归他。他不能逮捕人，或用刑罚于人；想要作威作福，完全达不到。就在审判之时，如陪审制度，如律师制度，以及公开观审等办法，都是使你为恶不容易的。而无论法官大小，都是独立审判；虽总统皇帝，不能干涉。又终身任职，按年增俸，不但不能轻易免他的官，随意迁调都不能。总而言之，无机会给你舞弊，只有一条路让你走——好好安心尽你职责，公平审判。说到检察官与警察，虽能逮捕人了，又不能径予处罚，而须送交法庭。其所能处分的，都很小，如警察官得依违警律罚人两圆钱而已。要凭藉官权作威作福，没有多大可作的；人亦不怕他。至于行政之其他方面，只有尽本分，谋建设，更不能奈何人。就想作弊赚两个钱，大概亦不易。甚么都得依照国家预算案，不能活动开支。又有财政上的司法机关，即审计院，在审察监督；簿记有一定格式，非常清楚。财政征收机关，有一定税则，款交国库，或许不经手银钱。一切行政官吏，若所为行政处分有不对，人民可以提起行政诉讼，而撤销之。作弊则有刑事罪。至在上握政权的人，负政治上的责任，与一般行政官吏不同，则又有国会监督他。小则提质问案；大则提不信任案；犯法则提弹劾案。对外结约宣战，要得同意，增赋募公债一切加负担于民，都要同意。百政之兴施，都见于预算案；预算案，是要经国会通过的；诸如此例，大概，误国殃民，实有些不甚容易了。这都是说，使人不能为恶。然而他的妙处，尚不在此。

妙处在使人为善，在才智之士得尽其用，在政权从甲转移到乙，平平安安若无事。我们要知道，在从前君主专制下面，不但为恶容易（为恶的机会都预备好了），实在是为善不容易。何以说呢？大权在一人，无限制，且不分；万人的生命财产安全托于他，一国兴衰存亡托于他；他稍为一动作，关系影响不知道多大。而一人的耳目，如何能够用？一人的心思，如何能够用？他作事实在太危险了！无心为恶，而遗祸为害，已不知有多少。若再加以佞幸妇寺等的蒙蔽、调弄，更不得了。即此都不说，算他有心要好，人亦不糊涂，而日久腐败呆滞与偏欹，亦不得了。人，性情总有所偏，见解主张，总有所偏，政策办法，总有所偏；不偏于此，则偏于彼，完全不偏，决无此事。日久了，总在一种空气之下，一个方向之下，没有不陈腐的，没有不出毛病的。所以如何救济从国家权力机关所生出的危害、腐败、偏弊，实政治制度里面第一大事。然而，在此直无法救济。只有暴力革命，实在牺牲太大，太可怕！近代政治制度的妙处，就在免除这样可怕的牺牲，而救济了上说的弊害，能有政象常新，所谓流水不腐，户枢不蠹，人竞于为善的机会。此其妙用，盖都在他的政党。

记得苏东坡有一篇文章《论养士》，说战国如孟尝君等各家，都讲养士数千人，秦并天下而不知养士，故不旋踵，而揭竿者蜂起。大概才智之士，没有不露头角的；不给他出来，便要逼得捣乱。莫妙于替他开出路来，使之自由竞争，则不但不致为乱，而且尽得其用，食其利，在欧美国家里，只要你有本领，在政治上有主张，尽可邀结同志，领袖一党，取得议席，致身政府。总统、总理，由贫贱出身的，很多很多。总而言之，在选举制下，毕竟权在多数人，才足动众，德能服人，决不会湮没你的。你只卖力气干好了！所谓<u>人竞于为善</u>，就是指此。而在国家机关一面，或如美国总统，四年一换，或如英国总理，不必定期，静等着漂亮角上台，自有推陈出新之妙。何必像旧制度，不知何年、不知哪里，生出圣君贤相，政治才得好。所谓<u>人尽其用，不待人而后治</u>，就是指此。

在这种制度里面，一切人才固然得着自由竞争的机会，他并使国中各种不同的势力，如不同的宗教团体、不同的种族、不同的阶级、不同的职业社会、不同的地方自治团体……都汇聚消纳在上议院，而听其自相磨荡，自为酌剂，自寻出路；而在我<u>无所容心，无所用力</u>于其间。因为人才不给出路，固易生乱，而社会上，或大或小各种不同的势力，若不容他各如其量的发挥活动出来，亦不得安。古人常说求一个长治久安之策，其实照从前制度，总要一治一乱的；只有如此，乃真所谓长治久安。其所以然的巧妙处，就在"无所容心，无所用力"八字。

前后总起来说，旧制度是为恶太容易，便有心为善都不容易，而新制度，恰好与此相反。其价值自不可同日而语了。

四　中国仿行这种制度之不成功

这种政治制度如此合理、如此巧妙，真使我不能不迷信他。在清季则期望着开国会，在民元则期望着有政党内阁，民二以后则痛心约法的破坏，主张护法，并期望联省自治，无非是在梦想这种制度的成功而已。直到民国十一年才渐渐觉悟，——这觉悟当然由十几年的变乱，所给的启发不少。因为极期望他成功，而总不见他成功，并且愈趋愈远，则总要推求他所以不成功之故，最后乃完全从这迷梦中醒觉出来。以我推求所得，其不能成功而反以召乱者，大概可分三层去说。三层之中：从头一层看，可以明白他所以未得成功；从第二层看，可以知道他一时无法成功；从第三层看，便晓得他是永远不能成功的。

先说头一层，二十年来所以未得成功之故。须要知道，在这种制度里面是要权操自多数人的，所以又称多数政治。要由多数人造成秩序（宪法及一切其他制度法律等），要由多数人来维持他，但中国的政治革新，却是出于少数知识分子所作的摹仿运动，在大多数人是全然无此要求的。这少数分子以日本的游学生，或受其激动感化的为中坚；连热心者附和者统算起来不能超过四万人。这在中国人全体里，只是万分之一。说句笑话，还有三万九千九百九十六万人，不具附和之情，不参预这种运动。以士农工商来说,农工商三项人都不附和,士人亦只一小小部分。而这件事却是要待多数人来作的,试问如何能成功?(顷见日本长谷川如是闲《对中国作如是观》一文,有云:中国革命几为知识阶级的事业,是在孤立状态。又云:这知识阶级,人虽是中国人,但是产生他们的是欧美及日本的近代国家的历史。正好与此参照。)有人说这多数政治不过一句骗人的话,其实仍旧少数人操纵,固然亦说的不错,然而能受操纵亦就够程度了。他尽可于这制度不甚了解,于当下的问题亦不清楚,更昧于操纵者的存心;但至少他承认这制度,信用这制度,不怀疑问,未曾拒却。而在中国则大多数人,正是怀疑与拒却呢!怀疑与拒却是深一层的看法,最浅而易见的是他没想要这个。参政权、自由权,虽然在你看是好东西,但人们自己未起需要,你送到他面前,他亦是不接受的;强递给他只有打烂了完事!天下事总要饿了再吃饭,渴了再饮茶才行啊!乃想以极少数人替大多数人建设多数政治;当时热心运动者,何不思之甚耶!

还有上面所说"摹仿运动"四字,亦当注意。这就是说,在少数作此运动者,亦非有真要求。假使中西不交通,中国人自己发生自由的要求、参政的要求,方为真的。而在当时,实在不过看见了外国的好,引起一种摹仿心理,——是从外面引动的,不是自动的。天下事是自动的,是真要求,乃有结果;否则,多半无结果。

五　物质条件之不合

欧洲制度,在中国之所以不能成功,第二层原因,就是物质条件不合。此又可分为三项来说。

中国人生活向来是简单低陋,近二三十年,又加以特别困难。大约在前数十年,生活低简的现象,比现在普遍,而现在已少变。一则都市颇形西洋化、资本主义化。一则农村人口颇形减少,——自新交通新工商业之开辟,添了许多工人商人;又政局变乱,添了许多军队土匪;又以经济政治教育诸原因,而使人口趋集都市。但这些由低简而进于不低简的现象,并非真是国内富力增进,只是形式变动了。所以随着这不低简现象而来的,是生活之极不安稳与困难。但不论前后哪种情形,都与民治制度条件不合。因为生活简单低陋,其知识能力,亦必简单低陋;而且由其拙笨,极少闲暇。中国不识字的人,比例之高,就是为生活低简,用不着文字(《东方杂志》二十五卷某号,有《中国之文盲问题》一篇,谓中国之文盲约百分之八十至九十,而欧洲民治发达之国家,如瑞士,如英伦,或不足百分之一);根本上连文字符号都不用,更何从说上知识能力?民治制度之不能行,实属极明白之事。或者在极小范围(人数少、区域小),如一小农村、办起事来,略具民治精神,犹或可能;而建设民治的国家,尤其像中国这样广土众民的大国家,直为不可想象之事。又人必有余力,始能过问政治。仅足一饱的人,不能过问政治;忙于生业,心思不能旁用的人,不能过问政治。古时雅典所以能行民治者,就因为生产的事,另有奴隶一阶级担负去作;市民都有闲暇,人人可预闻政治。欧洲近世的政治,若不为产业发达,增进一般的富力,一般的知识,而有余力余闲,则亦不会成功。我们后来虽有些人,生活不像从前低简,而低简的仍在百分之八十以上。其又何补呢?不但此生活进步者为数甚少,更且他们生活极不安稳,随时有陷入困难的可能;因此他们无法自成一种势力,来过问政治,而反倒以其竞争饭碗扰乱了政治。此意俟后尚须论及。

物质条件不合之第二项,是交通太不发达,而国土太大。中国人之不注意政治,并且没有国家观念,其一大原因,即在于此。原来中国一国的疆土,是与全欧洲差不多相等的,而人家又有缩地法——交通发达。我们的交通不发达,不知比人家差多少倍;那末,中国之大,直可说数倍于全欧了!大的直仿佛没有边,在内地人民的感觉上,实在不能不麻糊了,——他看不到国在哪里。政治上无论怎样大事件,他亦听不到;或者听到,亦是不知过去好久了。目不及见,耳不及闻,而在他又是一个不会利用符号智慧,而专靠感觉的人,则试问将何从使他们知有国家,注意政治邪?注意不及,更何从有什么意见主张?即其中有意见主张者,以国之大,人之多,交通之不便,其力量亦难有什么影响达于国家政治。不能有影响,则懒于发表,或发表活动一番,而卒归败兴灰心。盖物质条件,实在教他无法过问也。在内地农业社会的人,直有老死不相往来的神气;外间的事不晓得,外间的人不识的。要办选举,则选民与被选人之间,自多无关系。而况民国国会组织法,要按八十万人口,选出众议员一名;其范围太宽,更将隔膜。选民去投票,或要费他一两天的路程;初选当选人去投票,或要费他十几天的路程。不论他不肯赔钱,并且他不肯赔这个工夫。所以单就选举来说,交通不便,都无法办。

物质条件不合之第三项,即是工商业之不发达。其实,前说物质条件种种不合,总不外产业不发达一句话,可以尽之;而至此方说工商业不发达,意盖专有所指。在欧洲,这种政治制度之所以成立,实为工商业发达,贵族僧侣之下,农奴工人以上之中间阶级地位势力增高,取得政治上地位所致。他们非参预政治乃至管理政治,不能护持和发展他们的工商业,于是国家大权,就从皇帝、贵族、僧侣手里开放出来,而公诸他们。就中国看,则民治之不成功,亦即吃亏工商业不发达,没有这一阶级起来。前于第一项曾说中国人生活都是低简的;少数不低简的,其生活又极不安稳。换言之,这少数人若有他们一定的生活基础,则为自护持其生业之安稳,并发展繁荣起见,必要过问政治;一面其知识能力闲暇,既足以过问政治,则政治必能公开来有个办法。但中国以前固然没有什么工商业,而由不平等条约的束缚,直至今日亦还没有多少工商业可言。故此少数人生活之较优,多非从工商业来。有钱的人,不是工商业主,而是军阀官僚政客买办。买办除靠外国人外，亦常藉接近军阀官僚政客以发财。此外更有些藉官营商、半官半商的人。总而言之，他们都是要争夺政权直接以发财，不是要参预政权藉法律护持其财产，藉政策发展其营业。与欧洲工商业主对照，恰好相反。彼则利政权之公开，此则利政权之独占；彼则利秩序之安定，此则利局面之常翻。还有好多说不上有钱，而生活已属不低简者，自是那多数受过点教育，靠运用观念吃饭而不能劳力的人。其最高形式为教育家、知识阶级；而下至一切在军政商学各界混饭的人，亦俱在内。不但此中正在谋差求事的人，成千累万在各大都会向军阀官僚政客求怜，即好似清高的教育界、学生界，为取得或保持或预算自家生活起见，亦莫不求接近政权，贿赂官府。其不能站在自己生活基础上，要求政治的清白，而反倒追逐军阀官僚政客之后，推波助澜，以扰乱政局是显明的了。

总结上说而重申之，所有的中国人，可别为两部分：一大部分（总在八成以上），是生活单简低陋、无法过问政治的；一小部分，生活不算单简低陋，可以过问政治了，但其中自有生业者，如工商业人占数过少，而大都是集中于靠政权为生一途。其对于政治，势必本于个人眼前利害而出发活动，全然非所谓过问政治；因此民治不得成功。记得民国十一二年间，章行严先生曾一度唱农村立国之论，而始终不得闻其详；仅在上海《新闻报》上发表一篇文章，说中国是农业国，没有工商业，所以不能行代议制度。其如何立论，不大记得，仿佛有"荷包问题"的话。何谓荷包问题呢？是说在欧美一切议员政客，总都以他们的政党为大本营，政党皆以工商业的资本家为靠山，由资本家荷包里出钱，作政治活动。故议员政客，一切人等之生活费，乃至一政党之大批选举运动费，均有所从出。不似中国议员政客生活全无着落，乃不能不以其个人生活为前提。所以历年来国会议员南播北迁，尤其是曹锟贿选前后，明白的视金钱为去就。政党的费用，亦无不出于政治上的野心家图谋巩固政权或夺取政权，而下的本钱。其病即在真正作政治活动的人背后没荷包。资本家出钱，纵然偏于为资本家谋好处；然其目的，私中有公（多数工商业家的好处，非一个人的好处），其手段，尤须公开（法律与政策），其结果亦大家同蒙其利（工商业发达）。政治上的野心家出钱，则政治立刻陷于腐败、扰乱，可不待言。章先生这个意思，与我上边所说，话稍不同，而本一事。

从上三项物质条件之不合，则我们在中国图谋民治制度之实现，实为天然明白的不可能。然而，若问题仅止于此，则尚非无方法可想；因为所有这物质条件的缺欠，都为产业不发达一个原因而来，只须我们使产业慢慢发达起来，就可解除这困难。所以从这里说明中国民治的不成功，还只是一时的不易成功而已。以下我们将说明其永远不得成功。

六　永不成功在精神不合

欧洲近世所开辟之政治制度，仿行于中国，使吾人深见其永远不得成功,大有在前说物质条件缺欠之外者,则精神条件不合是。此制度所需于社会众人之心理习惯,必依之而后得建立运行者,乃非吾民族所有;而吾民族固有精神实高越于其所需要之上。这就是我在本刊屡次提到的话:

> 我已不认中国人不能运用西洋政治制度是一时的现象;我疑心中国人之与近代政治制度怕是两个永远不会相联属的东西!……固然,西洋近代政治制度在中国不能仿行成功,亦是因许多客观条件的缺乏或不合。然而那都不是根本的窒碍、无可设法的困难。惟独这中国古代文化之迈越西洋近代文化之处,涵育得中国民族一种较高精神,则是没办法的所在;——中国人将不能不别求其政治的途径。
>
> 新轨之不得安立,实与旧辙之不能返归,同其困难;而世人不知也。旧辙之所以不能返归,其难在少数有力分子意识上明白地积极地否认他;新轨之不得安立,其难乃由吾民族(兼括有力无力分子)不明露在意识上的消极地不予承认接受。多数无力分子从其数千年迷信和习惯,对于新制度无了解不接受,这是容易知道的;而其不接受实更有在迷信与习惯之外者,则人多不留意。少数有力分子固明明为新制度之要求者,而在其意识背后隐暗处同时复为其拒却者,人尤不留意。故十数年政局之纷扰、政象之浊糟,未尝不指示我们

新轨辙之不被接受;而昧昧焉期望民主期望法治者,至今犹盈天下也。然而吾知其事之不能矣!(以上并见《主编本刊之自白》)

曾不知近代国家是怎样一个东西。他的政治背后,有他的经济;他的政治与经济出于他的人生态度;百余年间,一气呵成。而我数千年赓续活命之根本精神,固与大异其趣,而高出其上,其何能舍故步以相袭?(见《中国民族自救运动之最后觉悟》一文)

这些话都是很空洞抽象,自非具体地指实其内容,或不为读者所了解。我们即其荦荦大端,指出四点来说。

七　所谓精神不合者其一

中国人和西洋人,在人生上是迥然不同的两样态度、两副神情;——这是我们先曾一再说过了的。① 态度精神之间,其几甚微;而天下大事正须于此取决。如我所说,不同之文化实源于不同的人生态度。西洋近代制度之辟造,虽有种种条件缘会之凑合,然语其根本,则在其新人生态度;——这亦是我们先曾一再说

---

① 《中国民族自救运动之最后觉悟》一文,皆发挥此义。

过了的。① 试看英国宪政是如何一步一步始得确立；法国革命是如何一次再次始得成功；以及其他各国革命史，就晓参政权是怎样争讨而得，个人自由是怎样反抗而得。若不是欧洲人力量往外用，遇着障碍就打倒的精神，这"民治"二字，直无法出现于人间。他不但要如此精神乃得开辟，尤其要这个精神才得维持运用。我们不是说过欧洲制度的妙处，使你为善有余，为恶不足，不待人而后治么？但他这种妙处，必要有一个条件才能实现，就是各人都向前要求他个人的权利，而不甘退让；如其不然，必须良善者受害，而恶人横行；善人为善不足，而恶人作恶有余；虽有圣人，不能为治。因为这制度里面，即以这制度本身（宪法及其他）为最高，更无超乎其上的来维持、运用他，其赖以维持而运用者，即在此制度下的大家众人；又非要待大家的热心好义来维持，只是由大家各自爱护其自由，关心其切身利害而维持，而运行。如果不是大家自与其本身有关的公共利害问题而参加，则大权立即为少数人所悉取；如果不是大家自爱其自由，而抱一种有犯我者便与之抗的态度，则许多法律条文，俱空无效用；这是一定的。态度神情实为生活习惯的核心；而法律制度不过是习惯的又进一步，更外一

---

① "谁都知道'德谟克拉西'是由西洋人对于上者之压迫起而抗争以得之者；所谓平等与自由，实出于各自争求其个人权利而不肯放松，以成之均势及互为不侵犯之承认。""本来一部近世史，就是一部个人主义活动史；就是以人的自我觉醒开其端。从认识了我，肯定了自己，而向前要求现世幸福、本性权利；后来更得着以开明的利己心为出发的哲学论据，以自由竞争为法则的社会公认，于是大演其个体对外竞争的活剧；所有征服自然的物质文明、打倒特权阶级的民治制度，一切有形无形、好的坏的东西，便都是由开发出来。"以上俱见《中国民族自救运动之最后觉悟》一文。

层。自其人之态度神情以讫其社会之习惯法律制度,原是一脉一套,不可分析。法律制度所以为活法律制度而有灵,全在有其相应之态度习惯,虽视之无形,听之无声,其势力伟大关系重要固远在形著条文者之上。但中国1919年革命后则徒袭有西洋制度之外形,而社会众人之根本态度犹乎凤日之故,相应习惯更说不上。所以当共和成立以后,十多年扰攘不宁,一般人说这都是大家太爱争权夺利的缘故,我则喜说这正为大家都太不爱争权夺利的缘故。此话看似有意翻案,而其实在当时正是一点真的觉悟。读者试翻取我十三年前所为《吾曹不出如苍生何》一文,十年前所为《东西文化及其哲学》一书,便晓然我当日的用心。我曾一再地说:

> 我们历年所以不能使所采用西方化的政治制度实际地安设在我们国家社会的原故,全然不是某一个人的罪过,全然不是零碎的问题。虽然前清皇室宣布立宪之无真意,袁项城帝制自为之野心,以及近年来军阀之捣乱,不能不算一种梗阻,而却不能算正面的原因。其正面的原因在于中国一般国民始终不能克服这梗阻;而所以不能克服这梗阻的原故,因为中国人民在此种西方化政治制度之下,仍旧保持其东方化政治制度下所抱的态度。东方化的态度根本与西方化刺谬;此种态度不改,西方化的政治制度绝对不会安全设上去!①

---

① 见《东西文化及其哲学》第一章,"以为这问题还远的不对"一节。

（上略）我们眼前之所急需的是宁息国内的纷乱，让我们的生命财产和其他个人权利稳固些；但这将从何种态度而得作到？有一般人以为大家不要争权夺利就平息了纷乱，而从佛教给人一服清凉散，就不复争权夺利，可以太平。这实在是最错误的见解，与事理真象适得其反。我们现在所用的政治制度是采自西洋；而西洋则自其人之向前争求态度而得产生的。但我们大多数国民还依然是数千年来旧态度，对于政治不闻不问，对于个人权利绝不要求，与这制度根本不适合；所以才为少数人互竞的掠取把持，政局就翻覆不已，变乱遂以相寻。故今日之所患不是争权夺利，而是大家太不争权夺利。只有大多数国民群起而与少数人相争，而后可以奠定这种制度，可以宁息累年纷乱，可以护持各人生财产一切权利。如果再低头忍受，始终打着逃反避乱的主意，那么，就永世不得安宁。在此处只有赶紧参取西洋态度，那屈己让人的态度方且不合用，何况一味教人息止向前争求态度的佛教？我在《唯识述义》序文里警告大家："假使佛化大兴，中华之乱便无已。"就是为此而发。（下略）①

此其用心亦良苦矣！一面既察见乎彼西洋制度背后所凭依而建立而运行者，有其一种必不可易之精神；一面复审于我们从来态度之与他刺谬不合；然而尔时犹是这样肯定西洋制度为我们所必

---

① 见《东西文化及其哲学》第五章，"我们现在应持的态度"一节。

须努力实现者;态度有不合,我们是必须改变了以求其适合的。这实在是清末民初率然要建起西洋制度于中国,碰钉子后,一向梦想民治如我者一点真的觉悟。然由今视之,盖犹知其一不知其二也。

我前答张君廷健云:"即在讲《东西文化及其哲学》时,我还没提到'民族精神'这句话";"'民族精神'这一回事,在我脑筋里本来是没有的";盖正指此时,此时盖犹以为中国人态度纵与西洋不同,而参取含融,稍变其故风,宜无不可。故于《东西文化及其哲学》全书总结,论"我们今日应持的态度",有云:

> 我们此刻无论为眼前急需的护持生命财产个人权利的安全,而定乱入治,或促进未来世界文化之开辟,而得合理生活,都非参取第一态度,大家奋往向前不可;但又如果不根本的把他含融到第二态度人生里面,将不能防止他的危险,将不能避免他的错误,将不能适合于今世第一和第二路的过渡时代。
>
> 我们可以把孔子的路放得极宽泛极通常,简直去容纳不合孔子之点,都没要紧。儒书有一句"极高明而道中庸"的话,我想拿来替我自己解释。

呜呼!由今视之,这直是糊涂!是徒见夫此制度之有需于中国人之改其态度,而未识乎中国人态度既有其不可改者矣。语曰"江山易改,本性难移",此特极言其难耳;更翻过来极言其不难,虽曰初无本性其物,亦何不可。然于此有一大原则焉:改移而上,可也;改移而下,不可也。迨吾见夫西洋风气进入中国以后,中国人精神之弛散懈败陵夷就下,至于不可收拾,而后憬然有悟中国人态度有不可改者已。中国人一般的态度是安分守己;——这是最标准的态度。由此而上,含藏着更高明的人生思想、更深厚的人类精神,说之不尽;由此而下,便流于消极怕事,不敢出头,忍辱吃苦,苟且偷生等习惯心理;——一言以概之曰,"不争"。使中国人从其文化之稚愚而不知争,或欲争而不得,其消极不前徒为习气之陋也,数千年生活至今而犹未望见西洋人近世之所为也,则设非奇蠢至愚之劣等民族,或民族衰老不堪再造,其必于新风气之来,有一种新精神之勃发焉;其必于民族生命上开一新生机焉;纵以制度不相习,骤难得其运用之道,而瞻其气象当不可同焉。然而验之廿年间眼中事实果何如哉?吾是以知其有不可改者。质言之,中国人之"不争"固有其积极精神,以视西洋人之"争"在人生意义上含蓄深厚,超进甚远;乃欲降而从西洋人之后,将无复精神可言,并不能有如西洋人之精神。向上求进,其势若甚难;然是生命之自然要求,进必有所就。降而未退,其势若甚易;然退则坠矣,不能复有成就矣。故曰:改移而上,可也;改移而下,则不可。

原来中国人数千年生存至今,自有其妙理妙用,就是各自消极节制,而彼此调和妥协,适与西洋人之往外用力,辗转于彼压迫此反抗,或相抵消而剂于平者,其道相反。此其形著为中国文化的特征者,莫若其"不像国家的国家,不要政治的政治",莫若其人权虽直至于今树不起保障,不能比于任何国民,而自古既有比任何国民更多的自由。吕新吾《呻吟语》治道篇有云:

> 为政之道,以不扰为安,以不取为兴,以不害为利,以行所无事为兴废起敝。

其言实代表一般人之言,非个人之独见。与此消极无为的治道相应者,即其散漫地自生自灭的社会众人之安分守己的态度。如我前在《中国民族自救运动之最后觉悟》一文中所说者,其社会已构成一个"自天子以至于庶人壹是皆以修身为本"之局;士农工商以及天子每个人心思力气还用诸其身,以求其各自之前途。其社会秩序人生幸福皆于此得之,故数千年相安而不改。如或乱作而生民苦,则以为有失于是道,务求所以循归之,盖无有异议者。于是所有人生思想、人类精神,悉向此途以发挥,高明深厚,有说之不尽者,并以蔚起而陶成。即其处己有以自得,处人仁让谦礼,于人生意趣之所进诣,已远非近世西洋人日以逐于外争于人者所能梦见。两者相较,此实为更需要精神上努力自强之一种人生。虽若邻于消极,正非不用力;——其用力弥大而不形。其有所谓消极怕事,忍辱偷生等习惯心理者,力不逮于是而不能不敷衍乎是,乃不免为下等习气之流行。抑吾既言之矣,中国文化本乎人生第二态度以创造去,而不能不为其物质上之不进展之所限;是即所谓人类文化之早熟,其形态间不免时现幼稚。行于其社会间之种种习惯心理,论者以比于所谓宗法社会、所谓封建社会者亦未云全非。一社会之习惯与制度所为范铸以成,固必应于其社会生活之所需切,社会生活又必有其物质的基础也。无识者动辄曰,是专制帝王之所为也;专制帝王其何能有为?与其曰专制帝王之所为,毋宁曰中国圣人之所为。圣人其何能为?其言有当于人心,其所指示于人者既有效验而人安之也。是与其曰一二圣人之所为,又毋宁曰中国人之自为之。文化的特殊方向既萌,后之人皆于是竭尽其聪明才思,益为种种安排种种教训,上而为精神,下而为习惯,以振以励,以濡以染。所谓"无有异议者",事实所在,不得不尔;虽圣智有不能越,而别为计者已。"民族精神"一词,宽泛用之,兼赅有力精神、无力习惯以为言,狭义唯指精神。以言中国人之精神有所偏,吾不能否认;以言多数中国人之习惯猥陋驯懦,视近世西洋人生有愧,吾不能否认。近世之西洋人生亦自有其一种精神,然而吾固尝评判之矣:"这幕剧亦殊见精彩,值得欣赏;然而不免野气的很、粗恶的很。"①使既造于深厚温文之中国人复返于粗野之为,有不可能已。上焉者诚有所不耐,下焉者将无所不至。吾民族生命数千年传演至于清代,民族精神浸已消涸;所谓中国人者适当躯壳徒存内里空虚之候,其将无所不至者正在多数固宜。凡吾所有,虽上而精神,下而习惯一

---

① 见《中国民族自救运动之最后觉悟》一文,第二节末。

切都与欧洲制度所需条件不合,眼前为碍的,似尤在多数人的下流习气,牢不可破,但其真使中国人与这种制度绝缘的,则在有力精神之隐约仅存。如果单是陋习为碍,则从我们的向上心,非改除不可,亦没有不能改除的;当改除之时,即创造出新生命之时——一切新生命皆以向上奋发为根苗。若有力精神不合,则无办法。因为要牵就这制度,不能不学着欧人向外争求的态度。这回视自家精神(现于意识上或隐约于意识后),实是一种退坠;实在松懈萎靡下来,则丧身失命,就在于此,尚何有于新生命之创造?南宋以来之中国社会正是患着文化上"无可指名的大病",生不得生,死不得死;其必待外力以推转开动之,而后乃有一新生命,固无疑。1911年的中国革命,原不是中国社会内部自发的民主革命;——此固于中国历史上永不能期望见其开启之机者;①而实为激于西洋文化的打击,由少数仁人志士先知先觉所发起之一种藉模仿以自救的运动。——此绝类于人之因病而求所以自药。药之,诚是也;然所以药之者,"高过我们固有精神的,便能替我们开新生机;若低下一些,便只益死机,在我们固不能由是开出新生命,即在他亦不得成功"。② 若欧洲近代政治制度殆犹非其选乎。

胡适之先生尝判东方文明的最大特色是知足,西洋近代文明的最大特色是不知足;是可与顷所云西洋人精神在争,中国人精

---

① 见《中国民族自救运动之最后觉悟》一文,第六节。
② 见《主编本刊之自白》一文,第二节,第十二段。

神在不争者,互资参对。其警切语有云:①

> 他们(西洋人)说,"不知足是神圣的"(divine discontent)。物质上的不知足产生了今日钢铁世界、汽机世界、电力世界。理智上的不知足产生了今日的科学世界。社会政治制度上的不知足产生了今日的民权世界、自由政体、男女平权的社会、劳工神圣的喊声、社会主义的运动。神圣的不知足是一切革新一切进化的动力。

不知足诚为西洋文化之原动力;知足则未可以赅举中国人之精神。又不知足也,争也,其积极精神人得而识之;知足也,不争也,徒为负面之词,其积极精神不著。姑就知足论之。人原来是不知足,初不待教的;其必转进一层,而后有所谓知足。此时欲其复归于不知足,非复出于天真自然矣。不知足出于天真,则是一切活动之源泉,于文化之创造有勃焉以兴沛然莫御者。然天下事唯人生不可以为伪。今曰"我将求为不知足",真力已失,勃焉沛然者

---

① 胡适之先生于民国十二年《努力周刊》批评我的《东西文化及其哲学》,尝否认我说的中国人态度是调和持中,寡欲知足,随遇而安;谓此为世界各民族的常识里的一种理想境界,绝不限于一国一民族。又诘难我云:"梁先生难道不睁眼看看古往今来的多妻制度,娼妓制度,整千整万的提倡醉酒的诗,整千整万的恭维婊子的诗……这种东西不是代表一个知足安分寡欲摄生的民族的文化?"又于我以奋斗向前改造局面满足欲望之态度专属之西洋人为不当。然越三年胡先生自为《我们对于西洋近代文明的态度》一文(见十五年《现代评论》第4卷第38期),则于其文中总断之曰:西洋近代文明的最大特色是不知足。此为胡先生见解之一长进乎。

不可得,将唯嗜利无厌之归而已,无创造之可言。我初时亦何尝不想引进西洋不知足之精神,以奠民治之基,以应付这生存竞争的世界,卒乃悟此徒为固有精神之懈弛,而西洋精神固不可得于我。吾思之,吾重思之,中国人所适用之政治制度他日出现于世者,或于某一意义亦可命曰民治;然视欧洲近代制度固形神俱改必非同物,此可断言者。

八　所谓精神不合者其二

在欧洲政治里,一桩基本重要的事,就是选举。像英国国会的选举、美国总统的选举,每届其时,都是举国若狂的奔走,其精神亦自有可爱处。然而只看他"选举竞争"四个字,就可想见其意味如何可怕了。绝无温恭撙节,顺序就理之致,而极有血脉偾兴迸力活跃之妙。人说西洋人是动的,东方人是静的,当真不错;实在使我们有望尘莫及之叹,学亦学不来。所谓学不来者,在他是动,而不免于乱(指选举中一切丑劣之态、暴乱之举),在我们学他,将只有乱,而说不上动。盖所谓动者,必有一段真精神、一腔真力气,在那里活动始得算;非下流习气、行尸走肉之动可冒算也。然而中国之动,将只有此;中国之办选举,其丑劣暴乱,将过于欧洲十百倍,而此外无所有!

这是什么缘故?这就为西洋人的行事。其中果含有高于我们的精神在,则我们可以学他;而无如其不然。我承认他的精神亦自有可爱可喜之处,但以视吾民族从来之所尚,则殊不逮我们精神之高明、之深厚。我们从来之所尚是谦德君子。谦者尊敬他人,佩服他人,而自己恒歉然若不足。人没有向上心则已,果其有之,必自觉种种不足,所以自责勉者,恒苦莫能致莫能胜;夫何能不谦乎? 人不回头看自家则已;回看反省,则必自觉种种不足,而服善推贤之心,油然莫能已;夫何能不谦乎? 谦则精神浑收聚于内而向上,斯则中国人之道也。由中国人之道则必谦,谦本是中国人之道;而西洋反是。我尝说中国人照例应当是"鞠躬如也",西洋人则都是挺着胸膛;善理会此两边的神气不同,则其所由途径不同可得之矣。中国而有选举也,其必由众人所尊敬,有所佩服之心,而相率敬请于其人之门而愿受教焉。殆非"我选你为代表"之谓也,或"我帮你忙,投你一票"之谓也。而在其人则必退谢不敢当;辞之不可,或且逃之。——这不是做作,向上自强时时回省自己的中国人固真真如是。断不能炫才求售,以至于运动焉,竞争焉,如西洋人之所为。——西洋政治家到处演说,发表文章;运动选举,在中国旧日读书人眼光中,无论如何,是不能点头承认的。故中国人而为此,面上总有点不好意思,心里总要援西洋为例,强自慰解,此于向上自爱之意,稍稍懈下了! 这便是吃紧关头,不可不注意者。开头,其几甚微,而其结果,则将无所不至。因人的精神之降下,是不会降到恰好为止,一降落便要落到底。中国议员愈到末后来愈下流无耻,到一个万分不堪的地步,就是为此。故尔外国的政治家，未尝不是豪杰之士。中国人而自比于外国政治家者，则都是不知羞耻的流氓而已。又所谓其几甚微，特就其个人心理言之耳；若自吾民族精神言之，则是大大离开固有途辙，而早已失去向上努力之点；其不至于混乱稀糟，固不可得。我敢断言中国今后若仍照以前模仿那外国风气的选举制度，政治即永无清明之望，中国民族即永无前途开出来。中国人所适用之政治制度他日出现于世者，假犹有所谓选举也，必非这样个人权利观念的选举、彼此竞争的选举。

九 所谓精神不合者其三

欧洲人以其各自都往外用力，向前争求的缘故，所以在他制度里面，到处都是一种彼此牵制，彼此抵对，互相监督，互相制裁，相防相范，而都不使过的用意；人与人之间，国家机关与机关之间，人民与国家机关之间，都是如此。这在他，名为"箝制与均衡的原理"(principle of checks and balance)。所谓政治上三权分立，就是这个意思，其他之例，在政治制度上，在一般法律上，不胜枚举。中国人于此尤不适用。用在中国政治上，则惟有使各方面互相捣乱而已。记得十七年春上张难先先生曾给李任潮先生同我一封信，说中国政治制度，以人性善为根据；西洋政治制度以人性恶为根据。在西洋总怕你为恶，时时防制你；在中国以人为善，样样信任你,付予大权。因而深叹好人在今世之无法行其志。这话未必全对;不过在西洋制度里面,隐含着不信任对方人之意则甚明。有许多人指责民国元年临时约法专为防制袁世凯的不是,这或者有不是处。然而,在西洋制度里,一面抬你作总统,一面防制你,本是他固有精神,不足为异。然而这在中国民族精神里,是不许可的——在旧日涵泳于中国精神的人,定感觉出,而断然不许可。孔子所谓"不逆诈,不亿不信",彼此既要共事,而一事未办,便先将不信任你的意思放在前头,而预备着如何对付你,这不是岂有此理吗?

然这在西洋自亦有其很深的理由:

(一)人本是自家作不得十分主张的。外面的形势机会,容易为不善,不善之发生总难免;外面形势机会不易为恶,恶之成功总要少。明乎人类心理者,自知此实有深且强的根据。在立法者,并非有意以不肖之心待人,人实不可信赖故也。与其委靠于人,不如从立法上造成一可靠之形势故也。

(二)又除非绝对不要法律制度,要法制就是不凭信人。因法制之所从产生,就是想在凭信人之外,别求把柄;则似亦不能独为西洋制度病。

(三)又西洋立法如此,似是一种科学的态度。科学是讲一般的、普通的、平均数的;而少数的、特殊的则不算。法本是为众人而设,其不信任人,只是说看人只能从平均数来看;我固不能说你是坏人,亦不能说你是好人。

凡这几层,都有很长的意思在内,我们亦不否认。然而人类的精神，自有高于此者，诚有会于中国古人之精神者，则于此应当如何存心，应当如何表示，是可以想得出的。人类应时时将自家精神振作起来，提高起来——中国古话谓之"诚"，谓之"敬"。于国家大事，尤其要以全副心肝捧出来，——出以至诚无二之心。彼此相与之间，就存心言之，第一要件是"信"；就表示言之，第一要件是"礼"。——崇敬对方人，信托对方人，有极高期望于对方人。虽然你不一定当得起这样崇敬信托期望，而我之待你应如此；我亦不一定当得起这样，而你对我应如此。彼此看待都很高，这才是中国人的精神。必这样，中国政治才可弄得好；彼此感召，精神俱以提振而上故也。反之，此之待彼者不高，则彼自待及还以待我亦不高；彼此精神，俱因而委降于下。无礼不敬，则国家大事一切都完了。这在西洋人亦许不要紧，因为西洋人的精神要粗些——他于人类精神未造到较高较细的地步。从他的精神，不感觉到无礼，则亦无害于事。中国人则不能复反于无礼。即在今日，大家都像不觉得这是如何无礼，其实特未现露于意识上耳，其各自精神之弛散苟偷，则既不可言矣。即此弛散苟偷便是对此制度一种否定。故西洋以收制衡之效者，在我乃适滋捣乱；天下事之不可相袭，如此。

所谓在西洋以收制衡之效者，大概有两大效果：一是其政治上运转灵活，不滞于一偏，而常有推陈出新之妙者以此；一是其人权能得保障，所不见摧于强权者以此。① 然而我们今欲得此于西洋制度却不可能。似此权力分立，相依为用，复又相对抗衡，各有

---

① 孟德斯鸠《法意》言此，于后一层尤详，见严复译本，卷十一第六章。

所限，或互得为制裁，原是沿着英国历史不知不觉演成的事实；然后孟德斯鸠乃从而为之说；然后若美国若欧洲大陆国家乃有意识地著为法律制度。即在后之取法设制者，虽非自然演成的事实之比，固亦有其相当的历史根据，或一种新兴气势可凭。一言以蔽之，西洋法律制度所为如此安排配置者，正为其事实如此，有在法律制度之前者。然在我们则何如？一点的事实无有可凭，而曰"我今欲如是云云"；但凭条文期收大效，讵非梦呓！天下莫巧于自然，莫拙于人为。自分权标为学说而刻画失真，订为制度而胶柱不灵。今世仿行之，以支配运行其国家权力者遍于各洲土，察其政制曾非其相悬，而政象之一美一恶一治一乱乃不啻天壤之殊。是其故，盖全在其制度或本乎事实之自然，或较近于事实，或离乎事实而徒人为之拙也。然若法之于英，南美之于北美，亦不过仿行其制而事实有所不逮耳；犹未若事实根本相反而冒昧相师如中国之于西洋者，则其事之止于拙而几于妄矣！

何谓事实根本相反？造成西洋先乎法律制度而存在的事实者，是其个人主义、权利观念。但中国最大的事实则为伦理；一切事都在伦理关系中。其意义恰主于非个人的、义务的。——我前曾说过了：

> 伦理关系本始于家庭；乃更推广于社会生活国家生活。君与臣、官与民，比于父母与儿女之关系；东家伙计、师傅徒弟，社会上一切朋友同侪，比于兄弟或父子之关系。伦理上

> 任何一方皆有其应尽之义;伦理关系即表示一种义务关系。一个人似不为其自己而存在,乃仿佛互为他人而存在者。①

由伦理,而在中国人与人之间,乃无由萌生相对抗衡的权利平等观念。由伦理关系的推演,而在中国政府与其人民之间,乃无由形成相对抗衡的形势。从而更不能有拥护权利平等的法律、维持势力均衡的制度。然在西洋民治主义政治制度中,代表国家权力的政府与构成国家分子的公民之间,一种相对抗衡互有推动力互有制裁力的均势,实为必要。必如是,一面乃可有公共秩序与幸福的进行而国家权力的运用得其道,一面又不致防碍分子的自由而其个性亦可得到发展。而西洋恰好以其具有个人主义权利观念而又能发挥之的新兴中间阶级,起而与旧日统治阶级君主贵族僧侣对抗,作成政治上两方面的均势,于是近代的"准民治制度"(对真正民治制度而言)遂以开辟实现。——这是在西洋制度背后之一根本重要的事实。如我前所说者,②中国以文化迈进于一特殊方向——无宗教而有"伦理",向人生第二问题第二态度以趋——其经济顿滞不进而封建制度顾早得解除;其社会形态乃极殊异之致;密于家庭,疏于社会,而几无所谓国家;贫富贵贱转易流通,几无所谓阶级;彼此相与之间松软温和,几无所谓压迫。如是散漫无纪、流转不滞、软和无力的人群社会,其阶级对立的形势

---

① 见《中国民族自救运动之最后觉悟》一文,第六节。
② 同上。

根本不可见，则求其如欧洲有中间阶级之兴起以与统治阶级抗争扯平，作成政治上两方面的均势，更无自而有；而由封建社会以经济进步所蜕出之准民治或初步的民治，当然不见于中国。此就欧化未入中国时之历史言之。及至1911年的革命，一举手而满清统治者即被推翻，在政治上曾不能保留其尺寸地位，如欧洲日本国家之君主贵族。自表面上看，此人人平等的中国社会更没什么障碍势力，宜乎一步而跻民治才是。然临时约法——西洋式的民治制度——公布施行以后，民治竟不能实现。此其故当分别言之。一则从来的中国社会，只有个人势力而无阶级势力或集团势力，类如欧洲宗教集团势力（僧侣）、封建阶级势力（贵族）、城市新兴资产阶级势力者，皆未有之。个人势力不长久，又于社会中无所代表，实在不算一种势力，不可凭依。于是在彼以阶级间或集团间势力均衡（此中自以新兴阶级有力持自由主义之必要而又能发挥之为不可忽之要件），而开辟得之民治（准民治）；在我乃直接求之散漫无统纪的个人，其难不啻百倍。国家与其组成分子公民间两方的均势而不间之以特种意味之势力，本为真民治。真民治乃必经济及一般文化有大进于今日方能实现者；岂所论于经济稚陋之中国？此分属本文前半所论物质条件不足问题，兹不更谈。民治不成，而国乃大乱，二十年犹未有已；则又以此西洋制度大反乎吾数千年所习尚之道故也。

我们所习尚者为"礼"；这是与伦理相缘而俱来的。我们几乎可以说中国初无所谓法律制度，而只有礼。这在有学问见识的

西洋人似乎亦很能见及此,严几道先生译本孟德斯鸠《法意》有两三段云:

> (上略)是故支那孝之为义,不自事亲而止也。盖资于事亲而百行作始。惟彼孝敬其所生,而一切有于所生表其年德者,皆将为孝敬之所存;则长年也,主人也,官长也,君上也。且从此而有报施之义焉。以其子之孝也,故其亲不可以不慈;而长年之于稚幼,主人之于奴婢,君上之于臣民,皆对待而起义。凡此谓之伦理,凡此谓之礼经。伦理,礼经,而支那所以立国者胥在此。(原译本十九卷十九章)
>
> 支那之圣贤人,其立一王之法度也,所最重之祈向曰惟吾国安且治而已。夫如是,故欲其民之相敬;知其身之倚于社会而交于国人者有不容已之义务也,则礼义三百威仪三千从而起矣。是以其民虽在草泽州里之间,其所服习之仪容殆与居上位者无攸异也,因之其民为气柔而为志逊,常有以保其治安,存其秩序;惩忿窒欲,期戾气之常屏而莫由生。(十九卷十六章)
>
> (上略)而支那政家所为,尚不止此,彼方合宗教法典仪文习俗四者于一炉而治之。凡此皆民之行谊也,皆民之道德也;总是四者之科条而一言以括之曰"礼"。使上下由礼而无违,斯政府之治定,斯政家之功成矣。此其大道也,幼而学之,学于是也;壮而行之,行于是也;教之以一国之师儒,督之

> 以一国之官宰,举民生所日用常行,一切不外于是道。使为上能得此于其民,斯支那之治为极盛。(十九卷十七章)

严先生为按语,自谓"不觉低首下心服其伟识";并引曾文正之言:"古之学者无所谓经世之术也,学礼焉而已",以证成之。又曰:"惟吾国圣贤政家其所以道民者常如此,是以闻西哲平等自由之说常口呿舌矫,骇然不悟其义之终也。"中国民族自救运动前期之所为,乃欲举数千年土生土长之"礼"而弃之,凭空采摘异方花果一西洋之"法"以植于中国者;其事何可能耶?

我承认凡是人类社会都有礼;并且人类社会大概是先有礼,礼里边就有了法律制度;与礼分异不同的法律制度,是社会又演进一阶段至近代才有的东西。换句话说:现在的法律制度,是跳出宗教的魔圈打破封建的枷锁而后有的,而古代一般所谓礼,则正是宗教的玩艺、封建的产物。我绝不能说,对于平等自由"口呿舌矫骇然不悟其义之所终"的中国人,尚可自骄于西洋人之前以为高。但这其中大有曲折,非率然一言可以下断的。

宗教必有仪文,封建最严等差;但我们不能说是等差即封建,舍宗教无仪文。礼之为物,固离不开仪文,离不开等差;但我们不能说离开宗教和封建即无礼可言。中国文化的特征是无宗教,中国社会的封建早得解除,而中国卒以礼者著于世界;则中国的礼其自有发展的途路可知。中国的礼最发达时代,诚然正是个封建社会;但封建成过去,而礼不成过去。中国人尚礼之风直垂于后,且差不多好礼之故,至于追慕封建;则以礼之发达有在封建之外者,超过甚远,其感于人心者至深故也。由此,虽亦不少类近宗教仪文之礼、表示封建体制的礼,顾其内容不同宗教之愚蔽而含义高明,不为封建之苛虐而雅度温恭。所可惜者,中国的封建制度因此竟没有经过被压迫阶级反抗而推翻的这一回事,就过渡到另一特殊构造的社会;像欧洲近代之一段"人的个性申展"史,在中国人生上就缺少这段功夫。① 其闻平等自由之说而舌矫不下者,固所难免的陋相。如我在《东西文化及其哲学》所说者,"他对于西方人之要求自由,总怀两种态度:一种是淡漠的很,不懂要这个作什么?一种是吃惊的很,以为这岂不乱天下!"②然即此亦见他不同乎正吃着不平等不自由苦子的人,闻平等自由而踊跃欢喜于得解放也;而亦就证明他方游于另一不同之路上而耽之也。封建社会之礼诎抑人格,其视近代西洋法律自为有所不及;而此中国特殊发展之礼则固根乎人类的无对精神而来;其视近代西洋法律制度一切植基于个人本位权利本位契约观念之上,不出乎人类有对性之表现者,正为有所超过。③ 中国所谓礼者无他,只是主于谦敬,随事而自见节文。是其所期于天子以至庶人无贵贱贤愚共由而无违者,初非统治阶级片面的以课于人。唯敬无二,唯谦斯和;是故曰"无对精神"。于斯际也,方有所崇高隆重而仿佛没有

---

① 见《东西文化及其哲学》第二章,"西方化的德谟克拉西精神"一节。
② 《东西文化及其哲学》第二章,"西方化德谟克拉西精神"一节。
③ 人类之有对性、无对性,参看《中国民族自救运动之最后觉悟》一文,第六节,第九段、倒数第六段,及《读〈东西之自然诗观〉》一文。

自己；转视自己本位的西洋人何其狭小！前不云乎,中国人"鞠躬如也",西洋人挺着胸膛；观乎两方人情风习所示,总不外敬肆之分、谦侈不同；而究实言之,只是文化深浅精粗之差。所谓不能以西洋之法易中国之礼者,既造于深厚温文之中国人不能复返于无礼也。

如我所说,此礼的路为人类未来社会所必由；——在近代法律制度后更进一阶段的文化便是礼。西洋言法律者,现在已转变到社会本位义务本位思想；以为人只有其一种"社会职能"和为国家应服之务,而无所谓自由权与公民权的"权利"。因此,法律的内容最初是义务,其后是权利,最后乃复返于义务。此其意向盖已颇接近于我们。要知道,在新趋向中实涵盖了平等自由,而不与平等自由之义相冲突；但最好要经过此一番转折,则双方之义俱得圆满。而中国人偏偏并两步作一步,径从最初之礼以进于最后之礼；一些封建社会所有的稚态短处不免隐混而遗留下来；——此其所以为人类文化的早熟。中国问题的不好解决亦就在这里。在他自己这面,于深厚精神中又见稚陋偏弊；在外来的欧洲近代潮流具有一种进步的精神似可矫其偏失,而又粗浅不足以相胜。所以彼此都不能爽快的诚服；而恰好牴牾扞格,两不相下,乃各不得立。自变法维新以来,礼日以毁,而法亦不建,扰攘卅年犹未有已,全从精神上一大苦闷冲突不解而来。假使中国果是一种稚陋的文化,或欧洲果是顶进步的文化,有一面是决定的,都好办了。事实既不如此简单,则前途正恐不能不费些时日才见分晓。然使吾人于人类文化转变前途有所窥,则知二者原非无可通,而在未来事实所归上得其解决也。

我们总结几句罢。中国数千年有其治道曰"礼";在近二三十年乃欲代以西洋式民治制度。此于其从来习惯事实正是前后全不接气的文章;其运用不来,原意尽失,祈福得祸,既已昭然①。其实将来中国的民治并不是不能有;但决不如近世西洋人从自己本位向外用力寄民治于彼此对抗互为防遏之上,此我可断言者。②

十 所谓精神不合者其四

欧洲近代政治有其很好的成绩,就是造成了地上的天国,实现了人类的现世幸福。求之其他洲土或历史上其他时代,似尚未

---

① 西洋式政治制度在中国之徒滋捣乱,如前已说;西洋式的法律不合中国人情,其为祸亦烈。在他是很想保护人的权利;而柔懦怕事甘心吃亏以消极为良善的中国人,则于他这种法律下,享不着一点保护。然恶人为恶,却多半无法制裁。法庭要主持公道,而被害者不说话,和证人不敢到场,即无办法。因为法律上原来打算你尽量争持辩诉,绝不退让的;犯法者罪名的成立,是靠证人证物种种条件的;法官是不能自作主张,扶弱锄强的。我于此道太外行,不敢谈;但知此中大有问题,须从头研究耳。

② 汪懋祖先生为某君《西洋近世文化史》序文,有云:民治主义之产生盖有二源,一曰势力平衡,一曰物欲相应。又云:基督教祸亘千余年而未已,相煎相摧,至各不能自存,于是信教自由之说得以成立;所谓民治主义者无他,乃出于势力冲突,而跻于平衡之结果已耳。其言足参考,附记于此。

又近见庐信先生《党争救国论》小册,主张以党争替代兵争;谓对共产党宜于不犯刑事范围内公开承认之,国民党既有三全大会之争,不妨经分为两党各自为一统系。其言均有可赞成者;然这自是一套西洋政论也。

见更有能替人谋福利的政治如此者。然而不免有三层缺憾:一层,是对外肆行侵略,以旁的民族供其牺牲;二层,是在其国内,亦有以此部分人供彼部分人牺牲之势,或至少是幸福不平等;三层,是表面幸福,未必真快乐——这是罗素所为再三叹息的。他叹息人生之乐(joy of life)在欧人已因工业主义而失之;但于中国则无往而不见。① 苦乐存于主观,无法称量;罗素之言,亦或抑扬太过。然而欧洲的文明,实一病态的文明,其中人生乐趣,究有几许,诚属疑问。所以这三层缺憾,大概是不能否认的。然何以致此?试究其故,则以当初本从个人为出发点,而以现世幸福为目的地,——质而言之,便是中国所谓私欲或物欲——其不免于有己无人,而损人以利己,逐求外物,而自丧其天然生趣,固必致之符也。

欧洲近代政治,实是专为拥护欲望,满足欲望,而其他在所不计或无其他更高要求的;我名之曰"物欲本位的政治"。其法律之主于保障人权,即是拥护个人的欲望,不忍受妨碍;其国家行政、地方行政(尤其是所谓市政),无非是谋公众的欲望之满足。从来的中国国家固断断乎做不到此,要亦未甘如此,不屑如此。

仿佛记得清末宪政编查馆草订新刑律时,新旧两派法律思想很多争执,其中有一问题即"和奸不为罪"。照新派法律思想(代表近代民治制度的),凡个人行事,无论在道德上如何评论,但不

---

① 罗素游华以后著作,无处不见其说这类话;在《中国之问题》中尤再三见。大概旧日宽闲的中国人生确亦很乐,今日则难言之矣。

妨害公众，不侵及旁人，则国家权力过问不到。和奸既是他们彼此同意，亦未尝碍着旁人，这是他们的自由，不能为罪。若是有夫之妇，犹有侵着夫权之说，否则更无所谓。因此假设有族侄与寡婶通奸一案，在旧日法律是要凌迟处死的罪（极刑）；而自新法律看，则无罪可言。此中国有其一大发明在：——发明了公私界划之当分。在古时以"公"的名义（国家或其他的团体范围，而国家为甚）压迫干涉个人是无所不至的。虽然孙中山先生说中国人自古有更多的自由，其实严格地说亦还是没有自由；即因公私界划不立之故。其所为压迫干涉亦许很少，但要压迫干涉起来初无限度。自近世西洋人个人本位契约观念盛行，乃认定没有私，公即无从来。团体无论如何重要，亦不过为的是个人；因团体之故，个人自不能不受到一些限制干涉，而只于维持公共秩序所必要者为限。前所谓个人行事，但不妨碍公众不侵及他人则国家权力过问不到者，其根本即在公私界划之确立。然而其所谓私是什么，不过是个人的欲望要求；所谓公，亦就是大家的欲望要求已耳。其拥护自由亦即是拥护欲望。

此其精神，本是从禁欲主义的宗教之反动而解放出来的；则政教其何能复合而不分？尤且欧洲宗教凭藉国权，武力相争，为祸既烈；则信教自由，析宗教于国家，早为人心所渴求。公私界立，政治乃与宗教分家，法律乃与道德分家。——欧洲人之道德原与宗教相裹混的；此裹混实种下摒道德问题于国家外之因。于是国家乃只管人的生活，不复问其生活之意义价值。——像这样的国家,全非旧日中国人所可想象其可以有的,所可承认其当有的。中国并没有禁欲主义的宗教;然而为其最有力的反对者,正在中国人。

中国人与西洋人同是肯定人生的;但他不承认将人生放在欲望上面,生活就是欲望的满足。他与西洋人同是注重现世的;惟其注重现世,乃益有其所致谨而不敢苟者。他不承认欲望,承认什么?他所致谨而不敢苟者什么?不得已而强为之言曰"理",亦就是人生的意义价值所在。理欲之争,义利之辨,非此所及申论;我们但欲指出人类有其一极强要求,时时互以责于人,有时亦内以讼诸己;从之则坦然泰然,怡然自得而殊不见其所得;违之则歉恨不安,仿佛若有所失而殊不见其所失。——这便是所谓理。此其所由来,就为人类与其他动物甚相似而大不同。在物类生活,就是这么一回事,无有从违可言;而人类生活尽多歧路。在动物生活没有什么对不对,而人类行为则是最容易错误不过的。人类之所以可贵,就在他具一副太容易错误的才能;人类之得充实其价值,享有其价值(人而不枉为人),就在他不甘心于错误而要求一个"对"。此即人类所以于一般生物只在觅生活者,乃更有向上一念,要求生活之合理也。呜呼!对也,合理也,古今几多志士仁人于此死焉,于此生焉!人类生命之高强博大于此见焉!使人类历史而不见有此要求于其间,不知其为何种动物之历史也!奈何今之人必一则曰人类求生存;再则曰人类求生存,曰从乎共产党之后以生存利害解释社会之一切,而不复知人心有是非,几何其不相率入于禽兽之途也！是非之心,人皆有之;而中国人具此观念独明且强。此以中国古人得脱于宗教的迷蔽,而认取人类的精神独早之故。在欧洲人心中所有者,为宗教上"罪"的观念;在中国人则为我自己对不对的问题。"德之不修,学之不讲,见义不能徙,不善不能改,是吾忧也","食无求饱,居无求安,敏于事而慎于言,就有道而正焉"。——这是他的心事,这是他努力所在。唯以人类生活不同乎物类之"就是这么一回事"也,其前途乃有无限的开展。有见于外之开展,则为人类文化之迁进无已;有存乎内之开展,则为人心日造乎开大通透深细敏活而映现之理亦无尽。中国古人之所谓修之讲之徙之改之就有道而正之者,盖努力乎理的开展或心的开展。以为"是天之所予我者",人生之意义价值在焉;外是而求之,无有也已！不此之求,奚择于禽兽？在他看去,所谓学问应当就是讲求这个的,舍是无学问;所谓教育应当就是教导这个的,舍是无教育;乃至政治亦不能舍是。固然以前中国国家之不要政治,只重教化,有其事实的不得不然。然而"作之君,作之师",政教合一,自是他的理想。欧洲人可以舍其中世纪所倾向的未来天国,而要求现世幸福;中国人则不能抛却其从来人生向上的要求,而只要你不碍我事,我不碍你事,大家安生就得了。从欧洲言之,政教分离是可以的,或且是必要的;从中国言之,政教分离则不可通。——人生与人生道理必不容分家。

夫我岂不知政教分离,不独在欧洲当时有其事实上及理论上的必要,而且在何时均不失为最聪明的办法。夫我岂不知,天地间没有比以国家权力来干涉管理人们的思想信仰行为再愚蠢而害事的;居今日而还要谈中国所谓"作君作师",将为人讶为奇谈,哂为笑话。然而这都是眼光短的人囿于眼前之所见,不足以语人类文化变迁之大势者。在以往的社会,是代表国家的统治阶级妨碍个人太甚了;故近代来乃专求其如何不妨碍,而亟亟树起个人自由的疆界。然而这自是一个消极目的。文化更转进一阶段时,则单单不妨碍是不算的,必须如何积极地帮助顺成个人种种可能的发展。又在人的生存问题未有一社会的安排解决,则人生向上的要求亦不能有一社会的表现。换言之,其表现为社会的要求,而社会尽其帮助个人为人生向上无尽之开展的任务,固必待经济改造后。尤其不可不知者,现在一般国家所行之法律制裁的方法,实以对物者待人,只求外面结果而不求他心与我心之相顺,粗恶笨硬,于未来社会全不适用;非以教育的方法及人种改良的方法替代之不可。此教育要在性情的陶养;那么,莫胜于中国的礼乐。① 所谓国家,将成为一教育的团体;而凡今之所谓政治,

---

① 《东西文化及其哲学》第五章,"因经济改正而致文化变迁"一节:"从前社会上秩序治安维持,无论如何不能说不是出乎强制,即是以对物的态度对人。人类渐渐不能承受这种态度,随着经济改正而改造得的社会不能不从物的一致而进为心的和同,——总要人与人间有真妥洽才行。"

同前书第五章,"就生活三方面推说未来文化"一节:"现在这种法律下的共同过活是很用一个力量统合大家督迫着去做的,还是要人算账的,人的心中都还是计较利害的。法律之所凭藉而树立的,全部是利用大家的计较心去统驭大家。……这样统驭式的法律在未来文化中根本不能存在。如果这样统驭式的法律没有废掉之可能,那改正经济而为协作共营的生活也就没有成功之可能。因为在统驭下的社会生活中人的心理,根本破坏了那个在协作共营生活之所须的心理。……近世的人是从理智的活动,认识了自己,走为我向前的路走到现在的,从现在再往下走,

在那时大半倒用不着；法律制度则悉变为礼。我前云："在近代法律制度后，更进一阶段的文化便是礼"，意即指此。这些原都不是这里所及申论者；不过为破今人拘墟之见，略略指点一二。今人拘墟之见，正自难怪他。他一面去古未远，方得脱于干涉妨碍，如何肯放心得来？又一面正值生存竞争激烈之秋，救死唯恐不赡，其实亦未暇作此理会。然人类之要求向上而自慊焉，则人类一天不灭绝，固一天不得息止；更且以文化之进，而此意识愈明了焉。又人类除非不生活，生活则必是社会的；更且必日进于有组织的社会生活。则如何导达畅遂此要求，终必为社会之所从事；人类文化变迁之归趣固将在是，可勿疑怪也。这件事又必将以中国人开其先路。此无他，中国人在昔既曾为此要求，蔚成其民族风气；其今后果有政治上之新途径也，遂不能不与西洋有殊。西洋近代的民治，非政教分离不得开发出来；但中国的民治（果其有之），则非政教不分不得开发出来。此我可断言之者。

（接上页）就变成好像要翻过来的样子，从情感的活动，融合了人我，走尚情谊礼让不计较的路。——这便是从来的中国人之风。刑赏是根本摧残人格的，是导诱恶劣心理的，在以前或不得不用，在以后则不得不废；——又合了从来的孔家之理想。从前儒家法家尚德尚刑久成争讼，我当初也认为儒家太迂腐了，为什么不用法家那样简捷容易的办法？……到今日才晓得孔子是一意的要保持人格，一意的要莫破坏那好的心理，他所见的真是与浅人不同。以后既不用统驭式的法律而靠着尚情无我的心理了，那么，废法之外更如何进一步去陶养性情，自是很要紧的问题。……本来人的情志方面就是这宗教与美术两样东西，而从来宗教的力量大于美术，……。实亦从未有舍开宗教利用美术而作到非常伟大功效如一大宗教者；有之，就是孔子的礼乐。以后世界是要以礼乐换过法律的，全符合了孔家宗旨而后已。"

又同书第四章，"孔子之宗教"一节，亦可参考。

中国的民治，如何由政教不分以开发出来，此不及说（以后谈村治内容时当具陈之）；此所欲言者，只在政教果分如西洋近代民治，非我所能袭耳。只要看清西洋近代政治是如此一回事，是与中国从来精神不合，全不能满足中国人精神上无形的要求，则我之不能学他，亦既可明白矣！天下原无干脆的模仿袭取，无模仿不有创造在内，绝不是不费力牵率凑合便行的。而况要组织新国家，走出一条新政治途径，这是何等需要努力的大创造！此新途径又非徒藉少数人物所可完成，而有待于多数人有形无形直接间接的力气参加乃可，此自为吾民族的大事也。凡创造都是生命中见精彩处，在个人如是，在民族如是。于此际，你要激发一民族的精神，打动一民族的心——他生命的深处——而后他的真力气、真智慧、真本领始得出来，而后乃能有所创造，有所成就。然而你今悬的如此其卑——只在他固有民族精神底下；所以刺激之者，浅在肤表，够不到他的心——他的心方隐在高处；精神振拔不起，力气开拓不出，其结果只有糟与劣而已；尚何能有积极精彩可言！二三十年间现象不既可见乎？所谓不能学他者，意正谓此。

中国人求前途，求新生命，乃求之于孕育发展资本主义帝国主义之欧洲近代政治制度，无乃不可乎。中国今后而有前途，则其开出来的局面，不能不比他既往历史进一步，不能不视西洋近代史高一格，这亦可说一个定命论，曾慕韩先生一派的国家主义者，张君劢先生一派的热心民主政治者，所以均为不识时务，一则拿着过景的西洋货（近代国家）当好东西，一则拿欧洲政治的旧路当新路(张君等十七年出版的杂志名《新路》)。而其病则均在不能致察于此理,亦适与光宣年间的思想同其命运而已。十三年以来之后期民族自救运动,虽一般的是西洋货,然其反资本主义,反帝国主义,薄国家主义而不为,悬世界大同以为的。可谓能进于前之富强论矣。独惜其方法不善耳;不然,则中国民族之前途,未尝不可于是求之也。

> 录自《中国民族自救运动之最后觉悟》,101—141页,
> 　　1932年9月,村治月刊社。
> 《村治》,第1卷,3、6、7期,1930年7月1日,
> 　　9月1日、9月16日。

中国社会构造问题①

现在我想要给大家讲的是社会构造问题。要紧的意思可分两点：

一、先使大家明白社会构造的重要；

二、更进一层使大家认识中国旧社会构造的特殊。

总之，是让大家知道此刻中国最大的问题，为旧社会构造的崩溃与新社会构造的如何建立。

我可以从考察日本说起：我在日本参观共三个礼拜，参观的地方也不多；可是他那经济上、政治上最重要的地方，大略也都看过了。看过之后的感想是什么呢？在我心里只有叹息的话："日本是进步啊！日本真是进步啊！"随时随地都可以有这种叹息。

日本自明治维新以来，五六十年来，顺着资本主义工商业的路而发展，到现在是真进步了。在这进步的过程中，先由产业的开发、经济的进步，而连带着其他种种的事情也都随着进步了。——因为一切事情都是容易随着经济的进步而进步的；经济

---

① 这是1936年夏在山东省立十二校师范女生乡村服务训练处的讲话，由侯子温据部分同学笔记整理而成。整理者在刊出时特加按语说明："未经梁先生寓目"，"如有遗误，概由编录者负责。"——编者

进步，则政治、教育、文化等也都跟着进步。五六十年来，日本的进步，是真快，真令人赞叹不置。

最令我们赞叹的就是他经济的进步：例如我们看到日本乡村的富力，比我们中国乡村的富力要大几倍或十几倍。在日本一个四五户人家的乡村，其合作社的存款，能到四十多万。有的乡村小学的建筑费，要化到十几万（我们山东乡村建设研究院的建筑还没有用到这些钱哩）；而这么大的一项款，又都是乡村自己负担。由此便可见出日本的乡村是如何的富足了。再如日本一个较好的县份（如福冈县），在其行政系统的等级上，相当于我国的省，而论其地面和人口，也不过等于我们山东的五六县；可是他每年的支出预算竟到二千八百万，比我们山东全省的岁预算还要多。诸如此类的事情，说之不尽。

我们再来看看他的教育：在日本，义务教育的期限是六年，他们的国民至少都受到六年的教育，所以不识字的人数很少。现在他们又要把受教育的期限提高，而有所谓青年教育；青年教育就是比六年义务教育又高一级的一种教育，受了六年义务教育之后，再来受这种青年教育。他这种青年教育，虽然不是强迫每一个青年都要入学，但在大的都市里面，十分之八的青年都曾受过这种教育了（其中女性较少，男性占大多数）。换句话说，他这种高于义务教育的青年教育，也快要普及了。因此平均每一个日本人的知识能力，实在是比中国人高得多，他的教育，实在是比中国进步。

以上说了许多话，无非是说日本的进步，令人赞叹！那么，赞叹之余，跟着使我们想起来的就是中国的不进步，种种的不行！种种的可怜！再跟着想起来的：日本为什么进步？中国为什么不进步？这是什么原因呢？这里面含着一个什么问题呢？

关于这个问题有的人回答说："中国所以如此糟糕，是因为受了帝国主义的侵略的原故。"这话是错误的，因为我们要知道日本与中国在从前同样的是受西洋列强压迫的，从前我们与日本同样是东方的各自关门过日子的国家，后来同样的被西洋人撞开了门，同样的受西洋影响，又同样的去学西洋。换句话说，我们与日本同样的是因为受了新环境（东西交通后日本与中国都为新环境所包围）的刺激，而又同样的各有变法维新革命等运动，同样的去学西洋以求应付西洋，而结果日本学成功，走上西洋人的路，国家一天天的进步了；中国却老不能进步，这到底是什么原故呢？若单归咎于外面的力量，恐怕是不对吧？！不正确吧？！中国不进步的原因，若单说是外力的侵略，恐怕是不够吧？！

还有的人说："中国最大的问题为贫、愚、弱、私"；岂不知"贫"、"愚"、"弱"、"私"乃不进步的结果、不进步的现象，并非不进步的原因。这种说法，更回答不了问题。

那么，日本进步、中国不进步的原因到底是什么呢？照我的解释，这完全是一个社会构造问题，完全是因为日本社会构造与中国社会构造不同的原故。

所谓社会构造，即指一个社会里面，这个人与那个人的关系，这部分人与那部分人的关系，这方面与那方面的关系，方方面面种种的关系而言。或者说一个社会里面政治的、经济的、教育的各种制度，即叫社会构造。再换句话说，社会构造就是一个社会的秩序（一个社会里面的人过生活，都要有他的秩序，都要有条有理，社会生活才能进行顺利。譬如我们这个训练处，大家也要有一个生活秩序），一个社会的机构。所谓"社会构造"、"社会制度"、"社会秩序"、"社会机构"等等，名词虽不同，实在是一回事。

那么，我们中国的社会构造与日本的社会构造有什么不同呢？其不同就是：日本自明治维新以后，他的社会构造虽有变化，但是没有根本改变。他一面维新，一面又尊王复古，所以让他的社会构造得到一个转变改良，而没有中断。社会构造没有中断，社会能有秩序，这是让他所以能进步的根本原因。我们中国呢？中国虽然也有维新革命等运动，可是我们的维新革命运动，不但没有让我们的社会构造得到一个转变改良，反让它日渐崩溃破坏了。社会构造破坏，社会没有秩序，整个大社会日渐向下沉沦，哪里还能有进步呢？！在中国，我们看见的只有农工商业的渐趋衰落，让中国的富力一天天的降低下来。尤其是最近几年来，经济破坏的情形更加严重。照我看来，这都是因为社会构造崩溃，社会没有秩序的原故。

我们要知道经济的发展进步，原来是很自然的现象。因为每一个人都是活的，都要吃饭、穿衣、住房子的；并且一切生活都希望能更安适些、更舒服些。那么,因为希望生活的安适舒服,就得努力向前去干;在努力向前干的时候,就得用心思,由此用心思、向前干,就进步了。(这个用心思、向前干,向前求进步,是不用人勉强的,是很自然的事情。)但是我们中国为什么不进步呢?莫非中国人都睡着了?都不动了吗?不是的。我们中国人也都是要动的,要求进步的。例如我国的工商业者,也都是想着发达。但是结果不但不能发达,反都赔本倒闭了,这是为什么原故呢?这就是因为社会没有秩序。我们要知道,每一个人的生活,是离不开社会的,大家是互相不能离开的。但是大家生活在社会中,必须社会有秩序、有条理,大家的生活才能进行顺利;如果没有秩序、没有条理,社会秩序乱了,则大家互相冲突,互相妨碍,谁也不能求进步,大社会也就不能有进步了。

社会构造好像一架大的机器,一架大机器的各个机件如果配合好了,向前转动起来才能进行顺利;如果配合不得当,则马上转动不得。硬要转动它,会把全盘机器弄坏的。简单的机器还好办,越是复杂巧妙的机器越难办,其中有一个小螺旋钉配合不好,全盘大机器便不能动。大家明白了这个比喻,也就可以明白社会构造的重要了。现在我们中国社会,就好像一架没有配合好的机器。中国的每一个人虽然都是活的,都是要动的,都是要求进步的,但这只是许多好的零件,没有配合好,成一盘大的机器,所以谁也动转不得。虽然每一个人都想动,都想好,都想进步;但被社会牵掣着。大家互相牵掣,互相妨碍,社会日渐向下沉沦,哪里还会有进步呢?!

大概中国最大的问题,就是内战内乱;因为内战内乱,社会上一切事业都停止了,商人不能安生做买卖,工厂都已关了门,农民也不能好好的种地。而政府里还要加捐派税、拉夫抓车。再加军队的搔扰、炮火的轰炸,让大家受了无数的损失与祸害。——这还都是些直接的祸害,更因社会没有秩序,一切正常事业不能继续进行,而有的人作冒险的事,也就是作不正当的非法的事,反倒可以发财。因此让许多人不安于本分,社会秩序更加紊乱。这虽不是内战直接的祸害,而亦是间接的受内战影响而有的。(内战直接间接为害的例子很多,一时说之不尽,大家可参看《漱溟卅前文录》中《吾曹不出如苍生何》一文)。总之,因为社会没有秩序,一切事情都不能进行,这是让中国近几十年来经济上所以失败的最有力的原因。

因为内战所以让社会没有秩序,而所以有内战,也可以说正是由于社会没有秩序而来的——内战是社会没有秩序的因,也是社会没有秩序的果。社会没有秩序、没有条理,大家没有轨辙可循,结果必要自乱。可是因为连年内战,社会没有秩序,社会就不能进步了。试看人家日本,近几十年来,政局是安定的,社会是有秩序的,好像一架好的机器,各个齿轮都按步就班的各自循序前进,一天天的在那里转动,转动了五六十年,哪能会没有成绩呢?当然是要进步的。而我们中国因为社会没有秩序,大家互相牵掣,都动转不得;强要动转,便是彼此冲突,互相毁伤。如历次的南北战争、现在的剿共战争等,死了多少人?! 化了多少钱?! 这不都是中国人自己互相毁伤吗?! 如果把那些人和钱,都用在社会的改良进步上,将要有如何的成绩?! 可惜中国不但不能如此,反把那些人力和财力都用到自己互相毁伤上了!——的确,中国近几十年来,不但不能进步,反倒是自己毁坏自己,完全是在那里自毁。

以上是说因为内战内乱影响到社会构造的崩溃,是让社会没有秩序的原因;而从内战内乱,也正可以看出社会的没有秩序,正能够看出社会内部的矛盾冲突。——其实,中国社会内部的矛盾冲突,就是没有内战内乱,也可以看得出来。例如中国家庭制度的破坏,家庭里面人与人的关系,现在都渐渐的被破坏了(现在家庭里面父母子女如何相处都无准辙可循)。本来破坏并不要紧,最怕的是旧的被破坏了,而新的又未能建立;旧制度被废弃了,而新办法又不合适;在此新旧交替、青黄不接的过渡时期,社会就乱了(社会制度崩溃,社会没有秩序,社会必乱。因为在这个时候,人人都感觉着手足无措,无一定的准辙可循,彼此最容易起冲突;彼此冲突,社会就乱了)。中国近几十年来,所以扰攘不宁,大家的生活不得安定,就完全是因为这个原故。那么社会制度崩溃,社会没有秩序,大家的生活都不得顺利进行,社会哪里还会有进步呢?!

以下我们再来分析社会构造或旧社会秩序靠什么力量来维持? 照我们的分析,维持社会秩序的力量大概有两种:

一、强硬性的力量——就是武力的强制。而代表武力的是国家。从来的国家,其维秩序的办法,都是用武力强制,因为武力强制最有效。不过社会进步、文化程度高的国家,其武力多半是隐藏在背后,不大十分显明。

二、软性的力量——就是观念的心理的维系力(如果我们叫那一面为强硬性的力量,这一面便可以叫做软性的力量)。所谓观念的心理的维系力,就是说:大家在互相了解之下,共同信仰之下,来信从一个秩序。如由于教育、宗教或礼俗,都能够使大家信从一个秩序。其中最有力量的,要算是宗教。尤其是在初民社会的时代,人民的知识浅薄,瞽不畏死,虽用武力,他也不怕,强硬性的力量,便无大效用;在那个时候,必须利用宗教的迷信心,才可以让他信从一个秩序,才可以让他就范。所以在那个时代,社会秩序的维持,多半是靠宗教的力量。——就是西洋近二三百年的进步,也很多是靠着宗教的力量。再说日本的进步,靠宗教力量的帮助也很大。我这次到日本参观,发见了宗教对日本社会的关系很大,日本人的宗教气味很重,宗教信仰很深。在他们所最信仰崇拜的就是开天辟地的那个大神,而他们认为他们的天皇就是那个大神的后裔、大神的化身。他们的天皇,一半是人,一半是神,所以他们都极信仰崇拜他们的天皇。而天皇是万世一系,代代相传,所以每一代的天皇,都成了他们崇拜的对象。——此外他们还信仰佛教,佛教在日本的势力也很大,并且曾被尊为国教;不过不如神教的势力大。我们在日本参观,到处都看见有神社或神庙,修盖得都非常好,来往行人,过此者都要行礼致敬。在公共机关里,如村役场(等于我国的村公所——述者注)、乡村小学中,也都设有神龛,供有神像,每逢开会,都要向他行礼。再如一个开汽车的车夫,他的坐位对面,也挂着一个神牌位。由此种种,我们便可见出日本人信仰宗教的气味是如何重,信仰宗教的精神是如何大了。那么,这个样子信仰宗教有什么好处呢?大家要知道,这个关系很大,因为日本人信仰宗教的精神与力量,对于他们社会的好处很大。他们所信仰的神只有一个,在同一的信仰之下,大家的思想统一,按着一个方向去努力,社会便可以有了秩序,便可以安定;社会安定有秩序,每一个人的生活才得安定;人人安心生活,安心从事他各人的工作,努力向前求进步,因而大社会也就随着进步了。所以我们说日本社会秩序之能够维持,社会能够进步,与他们国民的信仰宗教有很大的关系。反观我们中国,中国人的头脑比较复杂些、聪明些,理性比较开通些,已不受宗教迷信的束缚,可是,因此社会也就不易有秩序了。——不能有一个由宗教迷信来维持的社会秩序了。

维持社会秩序的软性的力量,除了宗教以外,其他如教育、礼俗等,也都是很要紧的东西。不过这里不能多说了。

照我们的分析,维持社会秩序的力量,就是上述两种:——一、强硬性的力量,二、软性的力量。那么,现在我们再来比较比较这两种力量,哪个的效力大?哪个要紧呢?本来这话很难说,不过如果我们比较来说的时候,还是第二种力量的效力大(观念的心理的维系力大）。虽然有许多事情用武力强制，可以有直接影响、效验，可以马上生效；但我们要知道，人类到底是用头脑的动物，用智慧的动物，换句话说，人类究竟是用心眼的，你如果能操纵控制了人心，则不用武力也可以，不能操纵控制人心，单用武力也没有用。我们也可以这样说，人类到底是要靠文化过生活的，而人创造了文化，又都要陶铸在文化中（这里所用文化二字含义很宽，社会上一切文物制度法制礼俗等，都包括在内）。文物制度、法制礼俗，是人想出来的（其中就要靠观念作用），而人又都要遵从它。所以这种文物制度、法制礼俗（亦即社会秩序）的维持，要以观念的心理的维系力为大、为对的。

如果我们明白了社会秩序的维持，是以第二种力量的效力为大，——观念的心理的维系力为大，那么，我们也就可以知道中国社会构造的崩溃、社会秩序的紊乱，也多半是由于观念心理的不统一而来的。现在我们就讲一讲中国社会构造崩溃，社会秩序紊乱的原因。这可分两点来说：

一、武力的分裂——中国因为武力分裂，政局常常变动不安，武力横行，法律无效，结果便让社会秩序紊乱了（因内战使社会秩序更加紊乱之意前边已说过）。

二、观念心理的不统一——此刻中国人的思想、信仰太纷歧、社会上的风俗、习惯、道德、观念太不一致，头绪太多了。因此非让社会紊乱不可。

中国社会构造的崩溃、社会秩序的紊乱，多半是从第二种力量的失效来的,多半是从观念心理的不统一、态度行为的不一致而来。更明白一点说,自从西洋文化过来后,遂引起我们对固有文化的怀疑批评,这便是固有文化动摇的开始,也就是社会构造崩溃的开头。中国文化为什么受了西洋文化的影响,便开始动摇破坏了呢?这又是因为中西文化不同的原故。

中国文化与西洋文化有什么不同?其不同处很多:先说西洋近代的个人主义,与中国的伦理道德是冲突的。若单是这两面冲突,还不大要紧,还好办,而现在更困难的是:不但这两面冲突,最近又进来了第三个——西洋现代的社会主义(也就是反个人主义的团体主义),这样一来,头绪就更乱了,冲突的地方就更多了。以下我们试将个人主义、社会主义说其大概:

个人主义——大家如果读过西洋史,就可以知道,在西洋历史上有所谓中世纪与近代之分。所谓中世纪,就是指着他那封建社会,宗教势力最盛的时代说。在那个时期,团体干涉个人太厉害,团体干涉个人的力量太大、太强,所以到了近代,便对那种团体过强的干涉起了一个反动,反对封建,反对宗教,反对团体过强的干涉,而要求团体尊重个人,结果就抬高了个人,所谓个人主义,就是从这里来的。个人主义的内容、意义,就是说,现在西洋人已经改变了从前想升天堂的念头,而要在现世求幸福;改变了从前的偏蔽思想,而要求思想解放;改变了从前宗教上盲目的信仰,而要有一种批评的精神;改变了从前团体对个人的过强干涉,而要求团体尊重个人自由;改变了从前少数人作主、多数人作奴隶的制度，而要求多数人可以作主。……这许多的改变，都是个人主义要有的意义。我们要知道，一部西洋近代史，就是一部个人主义的发达史。所谓资本主义，也就是从这里来的。何谓资本主义？资本主义就是指经济上的个人主义说，在经济上个人可以自由竞争，形成资本集中，成功资本家，这便叫做个人资本主义。所谓近代国家，也是从这里来的。何谓近代国家？近代国家就是指政治上的民主制度说，而民主政治与个人主义是不相离的。再说资本主义的近代国家与向外侵略也是不相离的。尤其是经济上的侵略，是由资本主义而来，走资本主义工商业的路，为求得原料与市场，非向外侵略不可，所以我们可以说经济侵略是工商业发达后必然的结果、一定的道理。——关于个人主义的意义及其影响，就是如此，不再多说了。

　　社会主义——因为个人主义走到极端，发生了流弊；个人主义发达的结果，妨碍了社会，所以大家都感觉不合适，都认为不满意，因此便又发生了一个反动，产生社会主义。社会主义的重要意义就是反对个人本位、反对自由竞争的。在社会内不许个人自由竞争，主张绝对统制，一个社会里面，大家必须合作，由整个的社会有计划的来谋大家生活的幸福。在这里，最有力量的一派，要算是共产主义，共产主义是在个人主义以后而起来的一个最有力量的潮流。这个潮流，在欧战以前，尚隐藏着没有显露，待欧战将终，便从俄国爆发出来，直到现在，已盛行全世界了。——与共产主义同时产生的，还有法西斯主义。普通说共产主义为左倾，法西斯主义为右倾,本来是不同的。可是,我们要知道,他也有相同之点,就是:他们同是主张团体要大过个人,抬高团体,抑压个人。他们都是主张绝对干涉统制,反对自由放任。所以在反对个人主义这一点上,他们是相同的。换句话说,他们同是个人主义的一个反动。共产主义与法西斯主义,也都很有他们的道理;可是这个道理与以前的个人主义恰好是相反的,恰好是一反一正,前后是冲突矛盾的。

现在再来看看我们中国这一面呢?他既不是个人主义,也不是社会主义,他所有的就是伦理。在以伦理为重的中国社会中,与个人主义或社会主义的西洋社会最不同的一点,就是缺乏团体。(社会主义固然是看重团体,抬高团体,是有团体的;即个人主义也是有团体的。所谓个人主义是团体里面的个人主义,并非绝对的个人独立,并非离开团体的个人;所以个人主义仍然是有团体,只有中国才真的是缺乏团体。)既没有团体,也就反映不出个人。(因为个人与团体是互相反映的,好比左与右,没有左即不能有右,有左才能有右,两面是互相对映的。)那么,中国既没有团体,又没有个人,所有的是什么呢?仅有的就是家庭。中国人既没有团体观念,也没有个人观念,最重的就是家庭观念。——本来说到家庭,就是指男女两性的结合,指父母兄弟夫妇子女的关系而言,这是西洋人与中国人相同的,似乎不应单提出来说中国人有家庭;不过中国因为缺乏团体与个人,家庭便特别显露出来,而西洋是两极显露(团体特别显露与个人特别显露),家庭便隐盖着,所以说到家庭,便几乎成了中国人所独有的了。换句话说,我们说西洋有团体与个人而无家庭,说中国有家庭而无团体与个人,这并非绝对的话,只是比较言之而已,若认真的说,是不能那样说法的。认真的说,西洋是因为团体与个人太发达了,家庭便被隐盖着;而中国因为团体与个人不发达,家庭便显露出来。其比较若以图示之则如下:

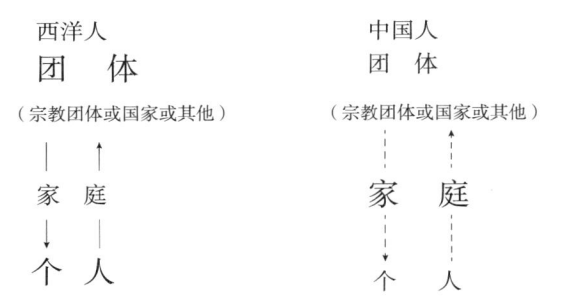

```
      西洋人                      中国人
      团　体                      团　体
(宗教团体或国家或其他)      (宗教团体或国家或其他)
      │  ↑                        ┆  ┆
      家　庭                      家　庭
      ↓  │                        ┆  ┆
      个　人                      个　人
```

此图示西洋人团体力强大,反映出个人而掩没家庭关系;中国人缺乏团体,亦不见出个人,唯家庭关系显得特重。

中国缺乏团体的原因,多半是因为没有宗教。中国是世界上最有名的没有宗教的国家。宗教在中国最不占地位,无论哪一种宗教在中国总不能占一个地位;而西洋的团体多半是由于宗教来的,中国没有宗教,所以也就不容易有团体了。中国所以缺乏团体,除了没有宗教的原因外,恐怕与农业生活也很有关系。因为农业生活是不宜于为集团的,而中国是个农业社会,所以就不能有集团生活了。——本来人类初期的社会生活,多半是集团的,而中国因为农业开发的特别早,很早就过着农业生活,所以很早就让中国不易有团体了。中国没有集团生活,所有的是家庭生活；而家庭制度对于农业的经营是最合适的。所以这一点，也就促成了中国的家庭制度。

家庭生活与集团生活最不同的是：在集团生活里面是重秩序的。因为有秩序、有纪律，大家的生活才能进行顺利。那么，为维持秩序，就得用法律，不能讲人情。而在家庭生活里面是重感情的，是好讲人情的（家庭生活比较可以随便些，用不着所谓纪律，所以也比较容易讲人情）。在集团生活里面就不行了，集团生活人数多，范围大，要想维持秩序，就不能讲人情，不能让人随便，不得不对个人加以干涉，加以制裁。尤其是在初民社会的时代，对个人要加以严厉的干涉。可是因此就又发生中国人与西洋人对自由要求的不同。西洋因为团体干涉个人太厉害，团体干涉个人的力量太强，所以等到社会进步，人民的知识程度增高以后，对于团体过强的干涉，便容易起反抗，对于那无道理的拘束、压迫，便不愿意再接受了。西洋到了近代就有所谓个人主义，拒绝团体过强的干涉，要求团体尊重个人自由。他这种个人自由的要求，完全是由对团体过强干涉的反动而来的（此意前边已说过）。而我们中国则根本缺乏团体，个人并没有受过团体的过强干涉，所以他对于个人自由也就不感觉需要，对于自由的要求十分冷淡，他听了"个人自由"这句话，实在有点不大懂，并且表示惊讶！他仿佛在说："人人都要自由，那还了得吗？！社会不要乱了吗？！"对于自由，中国人与西洋人所以有此不同，这完全是因为中国与西洋一般情形不同的原故；西洋因为有团体过强的干涉，所以反逼出个人自由的要求；中国则根本没有团体，更无所谓团体过强的干涉，所以也就没有个人自由的要求了。

中国既没有团体，也反映不出个人，所有的就是家庭；而从家庭生活在社会上位置的重要，便产生中国的伦理。什么叫伦理？伦理的意思就是说：人生下来便与人发生了关系（至少有父母，再许有兄弟姐妹），一辈子都有他相关系的人，一辈子都在与人相关系中生活。在相关系中便发生了情，由情便有了义，有情有义，便是伦理。伦理的意思就是指一个情谊义务的关系，就是要彼此互相尊重，互相照顾，互相负有义务。极而言之，伦理的意思，是要牺牲自己去为对方。例如：什么是最好的父母呢？能牺牲自己，尽心尽力的去为子女着想的，便是最好的父母。什么是最好的子女呢？能牺牲自己，尽心尽力的去孝顺父母的，便是最好的子女。推而言之，最好的兄弟、最好的姊妹，乃至夫妇、朋友、社会上一切相关系的人，彼此都要有牺牲自己，为对方着想的精神，都要互以对方为重。——中国人就是处处以对方为重；西洋人则是处处以个人为本，以自己为中心。这种不同，大家如果留心去体验，随处都可见到。例如请客，在中国是让客人上坐，主人旁坐相陪；而在西洋则是以主人为中心，客人反倒要坐在主人的两旁。这种例子很多，这里不必多举，大家可以留心去体验。

在尊重对方，以对方为重的里面，含着一种"让"的精神；而西洋的个人本位，以自己为中心，则是一种"争"的精神。"让"与"争"，也是中国与西洋的一个大不同。中国人尚让，西洋人尚争,这也是自然演成的。因为在中国要紧的是家庭生活,而家庭是由天伦骨肉关系来的,在家庭骨肉之间特别重情感,而人在感情盛的时候,常常是只看见对方而忘了自己,所以他能尊重对方,以对方为重,处处是一种让的精神。西洋人的生活,要紧的靠团体,而团体是由欲望来的(团体就是为的要满足大家的欲望),欲望生活对外是要讲争的。例如团体间的斗争,就是为了要满足大家的大欲望。欲望生活的结果,对外必要竞争。西洋人近二三百年来,所过的就是欲望生活,所以养成他尚竞争、好侵略的精神;中国人几千年来所过的都是伦理生活,所以养成他讲礼让、尚和平的精神。

在中国,从家庭生活的重要而产生了伦理,伦理本来是指家庭骨肉关系说的;可是中国的伦理关系,则不单限于家庭,他是把社会上一切关系都伦理化,把骨肉之情,推而及于社会上一切有关系的人。例如称县长为父母官,称民为子民,称老师为师父,称学生为徒弟……乃至朋友的关系、东伙的关系,一切关系都把它伦理化。这就是想把与自己有关系的人,都拉得更近一些,这就是重情义、讲亲爱的意思。换句话说,中国是想化社会为家庭,化国家为家庭,把各方面的关系都家庭化,这便是中国的风气。这样各方面的关系都家庭化,用伦理的关系联锁了众人,那么,彼此就更不能不讲伦理,不能不以对方为重,不能不照顾对方了。所以伦理的关系,就是从情谊的关系,而更发生了义务的关系。我既对你有情谊,便应对你负义务;你既对我有情谊,亦应对我负义务;互相有情谊,互相负义务,这便是伦理。因此每一个中国人,对于凡与他有关系的任何一个人都要负有义务,仿佛四面八方的责任都放在他身上。他对四面八方负义务,同时四面八方对他也负义务。大家都在这种情谊的义务的相互负责的关系之下联锁起来,这样一来,每一个中国人的生活,便都有了保障,便不容易饿死了。这与西洋社会的情形,又恰好相反。西洋人是个人本位、自由竞争的路,彼此之间,不讲情谊,不讲义务,在财产上是父子异财、夫妇异财,各人是各人的一份,谁也不得分享。换句话说,在西洋财产是个人的,而中国的财产,则是家庭的,一家的财产,并不是单属于某一个人,所有全家的人都能享用。并且他那个家的范围,讲得又非常宽,凡与他有伦理关系的人,都可以算是他家里的人。亲戚朋友、乡党邻里对于他的财产,仿佛都隐然也有一份。虽然是他的财产,而凡与他有伦理关系的人,都可以去享用。在中国的风气就是如此,认为这是应当的。如其不然,我有力量了,而对于各方面不去照顾,不负责任,那是要受人指责的,是不成的。中国有句俗话:"富的有三家穷亲戚便不富;穷的有三家富亲戚便不穷。"由此便可见出中国人在经济生活上,是有很大的连锁性。在中国财产共有,经济生活互相保障,这有好处,也有不好处;有优点,也有弊病。其最大的弊病,就是容易养成人的依赖性。而其优点是:人与人之间的竞争可以免除,人类的惨剧可以减少,资本主义的祸害可以不发生于中国。在中国,因为财产共有,经济生活的互相保障,便是不能产生资本主义的最重要的原因。我们说过，资本主义就是经济上的个人主义，从个人本位、自由竞争，才能成功资本主义。而中国既然是经济生活互相保障，财产为大家所共有，那么，财产不易集中；财产不能集中，怎会成功资本主义呢？中国既不是资本主义，也不是共产主义。不过，很带有共产的意思而已。

现在我们把以上所讲的话作个结束：以上我们是为说明中国社会构造崩溃、社会秩序紊乱的原因，而说到中国社会秩序所以紊乱的原因有二：一、是因为武力的分裂，武力上的头绪太多太乱；二、是因为观念的心理的不统一，思想上的头绪太多太乱。而思想上的头绪所以太多太乱，是因为受了西洋文化的影响，是因为中西文化的不同。关于中西文化的不同，以上已经说过了；那么，现在我们就来看看这种与我们不同的西洋文化，给我们什么影响？又怎样让我国的思想就纷歧紊乱了呢？

所谓思想纷歧，思想上的头绪太多太乱，意思就是说，近几十年来，自从西洋的近代个人主义传进来以后，在中国也就有了自由、平等、民主等等的要求；可是这与中国固有的伦理道理是不合的（这里我只说它不合，并不批评谁对谁不对），彼此是冲突的。后来这种风气好像是渐渐的盛行了，但终未能把旧风气压倒，终没见出最后的胜利。虽然自辛亥革命以后，表面上我们已经是个民主共和国了，而实际上并未能真正作到。那么，在这个西洋近代风气在中国还没有成功的时候，接着又进来了一个最近代的或曰现代的西洋风气，——反个人主义的社会主义。个人主义的思潮还没有成功，又进来了一个社会主义的思潮。所以在思想上头绪就太多了、太乱了，以致让中国人的思想老不得归一，老不能形成一个有力的思潮。而因此便让中国没有了办法，社会秩序便没有法子维持了。

个人主义与社会主义，都于我们中国不合适。因为西洋的近代个人主义与现代社会主义的产生，都各有它的历史背景，都是从他的社会历史演出来的。而中国的社会历史，根本与西洋不同，所以强要去摹仿他，便多矛盾冲突，便于中国不合了。不但与中国的伦理道理不合，尤其是不合我们现在的要求。试申言之：

一、个人主义于中国不合——前边我们说过，西洋近代的个人主义是从反抗团体的过强干涉而来的。在西洋过去团体干涉个人太厉害了，所以到了近代，便起了一个反动，拒绝团体过强的干涉，要求个人自由，因而就产生了个人主义。可知个人主义是有它的历史背景，是有它的来由的。换句话说，在西洋过去团体干涉个人太强，是走极端了，于是就有一个个人主义来救正，以求团体与个人的平衡。那么，我们看中国历史上过去的情形是什么样子呢？中国过去的情形是与西洋不同的，既没有团体的过强干涉，所以也就用不着个人主义来救正。"中国社会太散漫"，这是人人都知道的，既然是病在散漫，就应当救之以合，若再仿行个人主义，走分争对立的路，岂不是让他更散，更不能有秩序了吗？！个人主义在西洋是有他的需要，而在中国则不但无此需要，并且与我们现在的要求相反，所以我们说它于中国不合。

二、社会主义于中国不合——西洋现代的社会主义,也自有它的历史背景,有它的来由。在西洋近二三百年来,个人主义发达的太过了,以致妨碍了社会;个人主义走到极端,发生了流弊;所以就又有社会主义来救正,用社会主义对以往的偏弊作个调剂,仍然求着团体与个人的平衡。可是,我们中国大多数人原来都居于被动的地位,现在我们应当想法子使他由被动转为主动,若反仿行社会主义,抬高团体,抑压个人,岂不是让他更落于被动?!更增加了他的被动性吗?!这哪能与我们的要求相合呢?所以不但近代的个人主义于我们不合,即此现代的社会主义,亦于我们不合,无论是共产党,或者是法西斯,都于我们不合适。

总之,个人主义或社会主义,都不适合于中国的需要,现在我们讲求团体组织,其组织之道,必须于二者之外,另外去求,寻求第三条路来走。

讲到这里,我们拿西洋与中国对照一下,即可见出:西洋彻头彻尾是集团生活;而中国因为缺乏宗教,又因为农业开发的早,便让中国社会落于散漫,不能有团体、不能有组织了。不能有团体组织,所有的是什么呢?所有的只是家庭,只看重家族亲戚的观念,看重乡党邻里的关系,而无国家观念、团体观念。至此大家也就可以认识中国社会构造的特殊了。——开头我们是提出两点意思:一、社会构造的重要;二、中国旧有社会构造的特殊。讲到这里,大家就可以认识中国旧社会构造的特殊了。

总之，中国因为缺乏宗教、农业开发的早、家庭观念重……种种原因，就减煞了团体性，像是在西洋那种最有力的三个团体性，中国都不能有。在西洋最有力的三个团体性，都是什么呢？

一、宗教的团体性——西洋的宗教很有团体性，因为有宗教，对于他的影响很大，对于他结合团体有很大的帮助（由宗教便养成了他的团体生活）。又他们各个宗教团体之间，彼此分别的很清楚，对抗很厉害，因此更让他的团体坚固。而中国根本缺宗教，所以也就没有这种宗教的团体了。

二、阶级的团体性——在西洋，阶级间的分化对抗也很厉害，例如封建时代贵族与农奴之争、现在劳工与资本家之争，彼此对垒很严。因为阶级间的对立抗争，让他一个阶级以内的团结更要严密，更要成一个团体。所以说西洋的阶级也很有团体性。而中国社会，又根本分不出阶级（只有家族观念，而无阶级观念），所以也就没有由阶级而来的团体了。

三、国家的团体性——西洋的国家，更是有团体性的一个大团体。在国家里面，虽然有各个势力的分立（如阶级的分立，政党的分立，不同宗教、不同种族的分立，等等），不能完全一致；可是在对外的时候，是能一致的。因为国家观念重，便减煞了他政治上的纷歧，能让不同的力量合成一个，成功一个大的团体（国家）。而中国人只看重家庭，没有国家观念，因而也就不能成功一个真正有团体性的国家。

中国因为缺乏上述三种团体性，我们可以说是中国成功与失

败的最有关系的一点原因——中国的失败是因为这一点,中国的成功也是因为这一点。这话怎么讲呢?我们先讲失败的一面:

人类在竞争的时候,有团体的才可以胜利,没有团体的则必定失败,这是很明显的道理。而我们中国没有团体,所以就失败了。团体与竞争,又是互为因果的;因为有团体,则容易有竞争;而因为竞争,则更让他要有团体。团体与竞争,辗转循环,互为因果。这个道理也很明显,大家可以去体验。试想:集团的心理是不易平定的,是最易冲动的;因为易于冲动,对外便易于冲突斗争;因为斗争,更感到团体的必要。例如西洋近一二百年来的历史,就是因为有团体而有斗争,因为斗争而更有团体。中国则正与他相反,中国三四千年来的历史,都是过的散漫生活,而因为散漫,故讲和平;因为和平,则更散漫。——在散漫的生活中,一个人的心理容易平静;在平静的时候,容易自思其错;自思其错,则对外无争;无争,也就不需要团结而更散漫了。那么,以这样一个和平散漫的国家,处在今日竞争剧烈的世界,你想哪能不失败呢?西洋学斗争学习了一二千年,中国却讲和平讲了三四千年,这两种国家相遇之后,我们失败是当然的,是无足为奇的。

现在再讲"中国的成功,也是因为没有团体"那一面的道理:所谓中国的成功,是指什么说呢?就是指中国历史的长久、国土的广大说。我们要知道,一个民族以他自己独创的文化,来维持他民族的生命,能像中国这样长久的,世界上还没有第二个国家。

像印度、犹太的文化历史,虽然也很久,可是现在他们都已不能算是一个独立国家了。只有中国能以自己独创的文化,维持民族生命到三四千年之久,现在虽然被称为半殖民地,可是仍得算是一个独立国家。中国历史所以能这样长久,国土这样广大,这也不是偶然的事情,这就是因为没有团体,文化程度高,而才有大的成功。中国从来不以武力胜人,不以武力欺凌弱小,他所以能居于一个老大哥地位,并不是靠武力;国土的广大,并不是靠武力得来。那么,中国既不是靠武力,他的广大的国土是怎样开拓的呢?本来按普通的例子说,是最有武力的国家,才能开拓疆土;不过我们要知道,只靠武力征服人,常常是不行的,例如亚力山大、拿破仑、成吉思汗等英雄,用武力征服了那么些的领土,而终久是保不住,终久是要失败,这是什么原故呢? 就是因为"人"这种东西,到底不是单用武力就可以让他屈服的。武力固然可以开拓疆土,暂时让那一个地方的人屈服了;但是,那只是表面上的屈服,日后仍然是要翻身的。所以要想让人真正心服,则非靠文化的力量不可,靠自己高程度的文化去同化他族。——如果你自己文化程度高了,则文化程度低的民族自然跟着你走。中国的国土大,人口多,就是靠文化而有的成功。中国虽然没有武力,可是他的文化统一的力量很大,能让别的民族不知不觉的就跟着他走,就化而为一了。中国向来是抱着世界大同主义,不是狭隘的爱国主义,所以对于四邻小国,并不去欺凌他,并且要常常的扶助他,——中国向来就是自己站在一个老大哥的地位,把四邻小国都当做弟弟、当做小孩来看待,与他不分彼此,常常去扶助他。中国以这样宽厚博大的态度对待邻国,所以他们(四邻小国)并不感觉妨碍,都肯按时朝贡,不起什么反抗,都愿意跟着中国走(这才是真正的心服)。

再说到中国民族寿命,文化历史的长久,也是靠文化而有成功。论起来,中国这个国家,武力不强,是不能够维持民族生命文化历史到这样长久的,而竟然能够这样,也完全是靠文化的力量。中国也曾经两度被外族征服,但赖文化的力量,历史终未中断。例如满洲人虽用武力征服了中国,可是他仍得用中国的文化来治中国,因此便让中国的文化,仍得延续下去。不但如此,并且末了连征服者他自己也就变成中国人了,慢慢的让他自己也认不出自己是曾经用武力征服人的,自己也慢慢的同化于中国了。换句话说,外族虽然用武力征服了我们,可是,我们却用文化征服了他们、同化了他们,让他们与我们合而为一。所以中国文化能够延续不断,能够维持得这样长久,这完全是因为中国文化高的关系。——因为文化高,让用武力征服我们的外族没有办法,非用我们的文化不可,非同化于我们不可。

那么,所谓中国文化高,怎么讲呢?中国文化为什么能这样优越有效用呢?这有两点原因:

一、中国文化是非宗教的——中国文化是非宗教的,它是以儒家的道理为根本精神。宗教是强人信他(信教条),而儒家的道理则是让人自信,让人各自信你自己心里的道理,如所谓"是非之心,人皆有之",他认为道理就在各人身上,无假外求,所以他只要启发你本来有的理性,尊重你自己就够了。那么,这样我们虽说是信从儒家,跟儒家走,也就等于信从自己,跟着自己走了。——不过儒家虽不强人信从,可是他正能让人信从,他越不强求着统一大家,而越能让大家归到一块来。这是因为儒家所讲的道理,所指示给人的道理,是最合乎理性、最合乎人类心理要求的。所以人人都愿意信从他。而以这样的儒家道理为根本精神的中国文化,所以也最合乎理性、最合乎人类心理的要求。所以它能延续得久、传播得广,无论哪一个民族,遇见了这种文化,都安之若素,都感觉着非常合适。——这是中国文化所以能同化外族、所以优越有效的最要紧的一点原因。

二、中国文化是非团体的——前边我们已经说过,中国是缺乏团体的,中国向来是不划小范围的,不和西洋一样,团体与团体之间此疆彼界,分割的很清楚。中国人向来是视天下为一家,与人不分彼此,没有狭隘的爱国主义,没有排外性,所以他容易与人合一(西洋因为有团体排外性、对外抗争性,便不易与人合一);而因此就让中国的疆土日渐扩大,人口日渐加多,民族生命文化历史延续不断了。

本来在今日竞争剧烈的世界上,是须要有团体的,而人类社会最初的团体,都是由宗教来的(宗教与团体,二者很相连,其意前边已说过),西洋则有宗教而亦有了团体,中国则二者皆无,所以相遇之后,就非吃亏不可,非失败不可。不过,现在中国固然是失败了，可是不要忘了从前也曾有过很大的成功，并且要知道，今日的失败，正是从过去的成功来的。俗话说："飞得高，跌得重"，现在中国的情形，正是如此。现在中国所以跌得重，就是由于过去飞得高而来的。但是普通一般人见识短，只看见中国现在的失败，为之着急；而不知道这个失败，正是由过去的成功而来。尤其要知道的是，中国文化的优点：和平、宽厚、对人存好意、不狭小、不排外、没有成见等等，这都是合乎理性、合乎人类心理要求的。这是我们固有文化的长处，也正是西洋人与日本人的缺短，将来他们是要来学我们的。

我们要知道，今日世界上演出了许多大的惨剧，都是由缺乏理性、缺乏中国文化的长处而来。例如今日充满世界的两大斗争：一、民族斗争，二、阶级斗争；彼此利用科学，利用飞机、大炮、毒瓦斯来惨杀人类，这样的结果，将要完全的毁灭了人类，毁灭了文化，毁灭了大世界。那么，人类如何才能得救呢？如果要想得救，那只有发挥理性、发挥中国文化的长处。发挥中国文化的长处，才可以免除今日世界上的惨剧。所以人类历史再往前进，是要采取中国文化的长处，是要归到中国这条路上来的。假使我们不单在眼前来看，能向后看得清楚一点，则我们相信中国现在虽然失败了，而最后的胜利，是属于我们的。我们不要灰心，不要丧气，人类的得救，正要靠我们，靠我们发挥中国固有文化的长处，发挥人类的理性，以拯救人类。

我常常感觉我自己在中国人里面是最不悲观的，照中国现在的情形来看,虽然一时令人悲痛,但不必悲观,我认清楚了将来的人类,是不能不采取中国人的长处,不能不采取中国人的精神,人类最后的胜利,是要归于理性,是要归于我们的。

最后我希望大家要放大眼光来看,要往远处去看,不必悲观,不必叹气!

《乡村建设》半月刊,6卷3期,
1936年9月16日。
《梁漱溟先生讲演录》,
1936年9月印。

两年来我有了哪些转变？

三年来整个中国有了绝大转变，不但是面貌一新，气象不同，而且几乎每个角落的人，彼此互相影响着，从内心上亦都起了变化。就我个人来说，亦许旁人看着变化不大，其实在我自己正是"打破纪录"了。因我平素比较肯用心，对于什么问题恒自有见解主张，而我的行动又必本于自己之所知所信，不苟同于人，既好几十年于此；说思想转变这句话，谈何容易？更简捷地来说，我过去虽对于共产党的朋友有好感，乃至在政治上行动有配合，但在思想见解上却一直有很大距离，就直到1949年全国解放前夕，我还是自信我的对。等待最近亲眼看到共产党在建国上种种成功，凤昔我的见解多已站不住，乃始生极大惭愧心，检讨自己错误所在，而后恍然于中共之所以对。现在那个距离确实大大缩短了，且尚在缩短中。

我的思想转变起于1950年1月由川到京之后，为时还不够两年。其引发变化最有力的外缘约计有三：

（一）去年4月到9月我在华东、华北以及东北一些地方的参观考察；

（二）今年5月到8月我在川东合川县云门乡的参加土地改革工作；

（三）今年7月在云门土地改革中，正逢中共建党二十周年，读到几篇重要论文。

究竟我思想上有了哪些转变呢？

我从少年时代感受中国问题的刺激，即抱有解决中国问题的志愿。从清末参预辛亥革命以来，到现在四十年不断地实践，不断地思考，就筑起了对中国问题认识的一个体系。其间固自有我所认识的中国问题如何解决的途径，并亦有我所认识的中国问题所由形成的背景。所谓背景包含内外两面：一面是中国社会的历史发展；一面是西洋势力（特别是西洋文化）之所从来。所谓我的思想转变，主要指这些认识之得到修改。因为共产党的思想更自有它一贯的体系，而彼此又同在求着解决一个中国问题，所以一切所见不合亦就始终环绕着一个中心问题——中国社会的阶级问题。简捷地说：我过去一直不同意他们以阶级眼光观察中国社会，以阶级斗争解决中国问题，而现在所谓得到修改者亦即在此。

不过点头的自是点头了；还点不下头来的，亦就不能放弃原有意见。本文分作几个问题以扼要的语句来说一说。对于某一点转变的由来当然要说出；对于未曾改变的意见，是不想申论的。但为了分清哪个已变，哪个未变，有时不可避免地要提到一些。两年来奔走各处，既竭心力，竟未能有进于此；如何进一步求通，正所望于朋友们指教了！

一　旧日中国是不是封建社会？

中国问题形成于近百年来世界大交通以后；旧日中国指那以前的而说，似亦可通指秦汉以来两千年间的中国。中共认它为封建社会，我则意见不同。因我认它不再是社会发展史上五阶段的那个第三段——封建社会。假如是的，那么通过它就可以进到第四段——资本社会。然而它已经不可能了。依我所见，中国封建阶级当周秦之际由内部软化分解而解体；秦汉以后的社会便已陷于盘旋而不进——不再进向于第四段。盘旋不进与进步慢截然两事；若说它是封建社会便不得辨白，所以我总不愿这样说。它是否就已从封建社会解放出来了呢？那亦并没有。如我所说，它时不免"逆转于封建"的。（其见旧著《中国文化要义》一书，以下均同。）

在这问题上我的意见大致没有改变，却可说有所省觉。此即在鲁南莒县考察中，在西南合川县参加土地改革中，对中国社会的封建性特有省觉。

二　中国社会发展可能不可能有特殊？

从上所说，肯定了中国社会发展有其特殊之路，这似乎不大合于唯物史观。在我的思想上,是很欣赏以阶级的"从无到有,又从有到无"来理解人类历史的;以为这样确能得其要领。所以社会发展上一般要经过的五阶段,说中国亦会要经过,原是可以这样说的。但我却发觉中西社会似乎很早就有些两样,而中国封建解体之不同乎西洋尤其显著。在这以后便陷于盘旋往复,失去社会应有的发展前途。那么该当怎样解释这问题呢?我在旧著中说,要知生命创进不受任何限制,尽可有其势较顺之顺序(次第五阶段),却并无一定不易之规律。现在我还是认为社会发展信有其自然顺序,然却非机械必然的。如我所见,失其顺序的或者不止中国,似乎印度亦是一例。

这亦就是说,社会发展史有例外是可能的,这种讲法能在马列主义中得到许可吗?我却不知道了。

三 中国社会缺乏阶级的问题

从上所说亦就可以同时回答了此一问题。对中国社会的封建性有省觉,亦即对于其社会的阶级形势有所省觉。这是一回事。但仍有深刻地谈一谈之必要。

我向以"伦理本位,职业分途"两句话,点出秦汉后中国社会结构之特殊。在此特殊结构中,阶级对立的形势被隐没,被缓和,被分散;因而我一向强调中国缺乏阶级。但我的话仍然从两面而来说的，试检旧著便知。旧著中说：缺乏阶级自是中国社会的特殊性，而阶级之形成于社会间则是人类社会的一般性；凡不能指明其特殊性而从其一般性以为说者，不为知中国。但中国其势亦不能尽失其一般性，故其形成阶级之趋势二千年间不绝于历史。特殊性与一般性迭为消长，表见为往复之象。这几句话现在看去仍不失于正确。然则所谓"有所省觉"是否便是侧重了一些有阶级呢？更有进于此者：

中国人缺乏阶级意识（阶级自觉），尤不习于阶级观点（本于阶级眼光分析事物），与其社会之缺乏阶级的事实是分不开的，亦是迭互为影响的。并且二千年的老社会亦就是藉着这样而过日子。但在从前是需要的，是只能如此的；在求着解决中国问题，改造中国社会的今天，便恰恰不适用了。中国共产党今天所以成功，恰在前面说过我所一直不同意于他的那一点：以阶级眼光观察中国社会，以阶级斗争解决中国问题。我现在觉悟到尽管中国社会有其缺乏阶级的事实，仍然要本着阶级观点来把握它，才有办法。看下文自详。

四　中国问题是不是要从阶级斗争中求解决？

在这一问题上，三年来的建国事实给我的教训最大，两年来的各处观察给我的启发最大，因而我的思想转变最大。过去答案是否定的,今天却是肯定的了。为了叙明旧见解是怎样得到纠正的,须先一叙旧见解的由来。

旧见解具详旧著《乡村建设理论》一书,可综括为四句话:

(一)在中国问题的解决上不须作若何暴力斗争。诚然中国问题的解决在于完成一大革命;革命要紧在社会秩序的根本变革,使得人们从一旧社会解放出来,进入一新社会;而照一般说不经过一番暴力斗争便不能推翻旧秩序。但恰不能把中国作一般国家看待。一般国家莫非阶级统治,其社会秩序皆有一大强制力为后盾,所以非暴力革命流血斗争不可。中国如我旧著之所阐明,它乃是融国家于社会,以天下而兼国家,不属于一般国家类型的。它之所以如此者,又源于它很早便是以道德代宗教,以礼俗代法律,其社会秩序恒自尔维持,若无假乎强制之力。两千多年来它常常是一种消极相安之局,而非积极统治之局。积极统治是以阶级对阶级之所有事;"一人在上而万人在下"的局面,则只能求一个消极相安。历史上要推翻一个王朝总不费力;费力全在事后如何并群雄为一雄。这就是其两阶级对立的形势不足,而特苦于散漫之明证。清末我们就是在这种文化背景社会基础上而发动革命的。又加上当时国人主要是激迫于外患,而非发乎内部问题;从救国意义上几乎人人(包括清廷官吏在内)都可同情革命。暴动流血自然还是要有的;坚决相持的斗争何必然?这亦就是后来事实上果然并不费力的道理。而随着清廷之倒,两千年相沿的旧秩序(当时说为专制制度)亦就推翻,特别是其有强制力的那部分被推翻了。在此后,暴力斗争更无必要。

(二)解决中国问题的功夫有远在暴力斗争以外者。法国式的资产阶级民主革命,当旧秩序推翻后,新秩序便豁然呈露,或一步一步自然展开,不必要费一番建造功夫。而俄国式的社会主义革命,却在推翻旧秩序后还要大费一番功夫建造新秩序。如前所说,中国两千年已陷于往复盘旋,失去社会应有的发展前途,本来这两种革命都不可能发生的;却由于近百年世界大交通,中国历史世界历史汇合一流而形成了中国问题,势必要完成这两种革命,才算问题解决。正为不论从哪种革命来说,新社会均未得孕育于历史,新秩序的建造工程乃重要而艰巨无比为此。但在这里,暴力斗争却全然用不上。

(三)暴力斗争解决不了中国问题。中国自1911年后国内战争相寻无已,同时外患每与内战相缘而俱来,不特谈不到新社会的建造,抑且百业受其摧残,整个社会天天在向下沉沦。要扭转此向下之势而向上,必自建立统一稳定的政权结束内战始。能如此即是中国问题解决的开端;不能如此,则一开端亦不可得,只有等待灭亡。所谓斗争解决不了问题,即指从斗争建立不了此统一稳定的政权说,旧著曾再三点明。这个道理很简单,即在中国缺乏对立的两面,而形势特散。有两面才好斗,亦自然要斗,斗亦能斗出结果来。结果指一面压倒一面,而国权树立。形势特散的中国,缺乏对立的两面,在外患侵逼之下,只有亟求调整关系而合作,不能斗。斗就要陷于乱斗,就要混战一场而没有结果。

成其为两面或不成其为两面,如何鉴别?依何决定?假如在国内战争上可以看出其有阶级分野,那就是有两面。但显然看不出;我们能说吴佩孚代表什么阶级,张作霖代表什么阶级吗?反之,他们的分别不在此,都是以直系、奉系、皖系、桂系、浙系……来分的。这就见出阶级分野不够重要,没有力量。再则要明白:阶级问题要紧在剥削被剥削;而剥削(不论封建性的或资本主义的)却必在一定秩序下进行。有秩序便有两面;否则,不成两面。二三十年来中国已成了一种争夺之局,而够不上说剥削的局面。它不是有一不平等的秩序,而早没有秩序了。自1911年来旧秩序推翻、新秩序讫未建立,即陷于"秩序的饥荒"中;这正是最痛苦所在。我们应该怎样求着从争夺局面进为剥削局面,却谈不到反剥削。假若有一不平等秩序,可以斗争推翻它;没有秩序而用暴力斗争,只是乱上加乱。

(四)暴力斗争将更迟延了中国问题的解决。新秩序之讫难建立,实为新社会未得先有所孕育于历史中,以致旧秩序推翻后却缺乏建设新秩序所需条件(特别是其物质基础)。事后补救全在艰巨的建造新秩序工程中。此时愈给社会以培养进步的机会愈好,而有方针有计划地向前推进,以完成此一建造工程最为理想。那么,如何奠立一个统一稳定的新政权即为其必要前提。这一切都要调整社会关系增进社会关系以求之,而切忌分化斗争、暴动破坏。那样作,将必延滞社会进步,妨碍统一稳定,使新秩序不得其建造,亦即更迟延了中国革命的完成、中国问题的解决。

由于我心里的反对最坚决,盼望中共转变最殷切,所以一旦得闻其倡导抗日而放弃对内斗争,即跑去访问延安,那时距芦沟桥事件不过刚六个月,此后奔走团结(抗战中)争取和平(胜利后),逐逐八年,不敢惜力;而一旦料知和平无望,即拔脚走开,三年不出;要无非自行其所信,一贯而不移。

今天看来,其果于自信如此者,一面虽亦是在某些点上不为无见;一面却正是主观有所蔽,遂于国际的国内的某些事实,视而不见,听而不闻。这种自己蒙蔽自己,是直待去年和今年乃始发觉的。

去年游历山东老解放区,清楚了从抗日伪到抗蒋美十多年的斗争经过,立即恍然于自己一向错误之所在。斗争的经过是这样的:日寇初来,国军撤退,各地成立抗敌组织,社会各阶层一般都参加,有钱出钱,有力出力。及至日寇大事扫荡,抗战入于艰苦阶段,许多地区不能保持。在敌伪残杀威胁和利诱之下,城镇中地主富绅率先投降,凡是那些"有身家者"亦皆所不免。其始终团结在八路军共产党领导下坚持而不散者,末后却只剩贫苦农民了。阶级成分至此乃大见区别。胜利之前,开始反攻,至胜利后收复许多地方。在"反汉奸"运动下,农民清算斗争了许多地主富农,阶级对立于是尖锐。不久,蒋军又来进攻解放区而占领之,地富便有"反清算"斗争,而杀了农民。阶级相仇,又自加深。但蒋军还是站不住;解放军回到解放区之后,农民又起来杀地富;且从土改而最后消灭了地富阶级。

这一事实经过,显示出来:这些北方农村中尽缺乏两面对立的阶级如欧洲中古者,但既有贫富不同,遇到机会亦可能裂开两边而相斗的。我过去只看其静态,而于这种可能发展却未注意估计到,此是第一错误。更大错误乃在我竟忽视了这种可能机会很自然地就要到来。因在整个世界正从阶级立场分成两大阵营而决斗的今天,其势必然要把中国社会亦扯裂到两边去。我一向强调"中国处在世界大革命形势中不容自外"的话,何以还是孤立地来看中国问题?!其中自是有一主观偏向在,而不自觉。

同一偏向,使我于国内社会事实亦只爱看其缺乏阶级的一面,而有意无意忽视其相反一面。漫然以我们在邹平、定县各处之所见为足,在山东数年而不去调查莒县、诸城、单县、曹县那些地方,在四川数年而于其地主剥削实况不加考察。直待去年到鲁南参观,今年参加西南土地改革,乃始有见有闻。像这样谈社会问题,何能免于自欺欺人之讥。

所谓三年来的事实给我的教训最大者,即是若干年来我坚决不相信的事实,竟出现在我眼前。这不是旁的事,就是一个全国统一稳定的政权竟从阶级斗争而奠立了。我估料它一定要陷于乱斗混战没有结果的,居然有结果,而且结果显赫,分明不虚。我何以估料错了呢?对于国际的国内的那种种形势漫不加察,没算在内;我认为分不成两面的,归根到底还是分为两面了。其次,我又对于马列主义太欠研究,误以为斗争只是斗争,不料想毛主席却有"又联合又斗争"的统一战线那一套运用。于是就不但分开两面,始终斗而不乱;更且不断扩大了自己一面而终于制胜强敌。当全国解放之初,我还对于前途的统一稳定有些信不及。此次到西南参加土地改革,在下面看了看,才知道高高在上的北京政府竟是在四远角落的农民身上牢牢建筑起来;每一个农民便是一块基石。若问似这般鬼斧神工从何而致?还不是说破唇皮的四个大字:阶级斗争!

结束一句:既然客观形势上中国不可免地要卷入世界漩涡,而终必出于阶级斗争之一途,那么,阶级斗争便是解决中国问题的真理。眼前的事实即是其征验。

五　接受不接受唯物观点?

我从不相信我是唯心论者,亦如我从不相信我是改良主义者一样。正如此,所以总不喜欢旁人向我宣传革命,向我宣传唯物。——我何尝不革命?我未尝不唯物!

但我近来却于唯物观点有所体会了。例如前说"尽管中国社会有其缺乏阶级的事实,仍然要从阶级观点来把握它",那个阶级观点即唯物观点。又如在前觉悟到自己有一主观偏向作怪,才明白共产党说我们这些人是小资产阶级正是有道理的。这道理即是唯物观点。

唯物观点似乎就是对一切事物都要其具有客观性的那一面

来看它,来把握它。总要能把握它,才有办法。因为我们不徒在理解这世界,而在要改造这世界。改造世界要有办法才行;办法都从把握了客观情况生出来的。

如我为主观偏向所蔽,不能把握国际的国内的客观情况,即落于被动而解决不了中国问题。一切失败无不从自己落于被动来;时时争取主动,才得有胜利。怎样争取主动呢?那就要唯物。必唯物而后能"制物而不制于物"。

唯物乃所以争取主动,而不是取消了主动,这是必须记取的。我明明是一个小资产阶级,却不从这个地方去把握它以求改造;纵然不愿落于小资产阶级的毛病,其结果还是落入而不能出;因为不唯物。但假如我说"我是小资产阶级,天生来有小资产阶级的毛病改不了",那便是取消了主动,那是机械论,亦不是这里所讲的辩证唯物。为了改造自己的毛病,而冷眼地把握"一个小资产阶级"这一客观事实,以争取主动;那么,就合于辩证唯物主义了。

我即从此义(为了争取主动)而接受唯物观点。

六 中国革命要由什么人来领导?

过去我既不同意共产党以阶级眼光观察中国社会,以阶级斗争解决中国问题,当然亦就不承认中国革命要由无产阶级领导之说。现在相信了阶级观点、唯物观点有道理,自亦承认了这一说法。但仍有把前后如何转变谈一谈的必要。

当初我的意见是这样：中国自秦汉后循环于一治一乱，是没有革命的。近百年世界大交通以来，盘旋往复之局被打破，旧有社会至此将必为一新社会所代替，乃信有所谓革命。但究非社会内部自发的阶级革命，而是从外引发的民族运动表见为革命。所谓从外引发具有三义：（一）从外侮侵凌而激起来要自己整顿内部，以应付新环境；（二）从领会外来的新理想而发动了对固有文化（政治经济一切在内）的革命；（三）从外面世界引起中国社会逐渐变质，而内外联通一片，在当前世界革命大形势中不容自外。社会内部矛盾当然是有的，但民族的危难掩过它。它可以为发动革命之资，革命却不发于此。其政治改造趋向民主主义，而却非发乎反封建争自由；其政治经济改造趋向社会主义，亦不是发乎反资本主义的斗争。大抵其旨都在改造固有文化以救国（或实现理想）。中国革命先导孙中山先生称他的三民主义为救国主义，就是为此。因此像某种革命以某一定之阶级为其动力之公式，在这里便不尽合用。革命不革命，在这里初不以阶级来分，却看谁接触外面世界较早和谁关心国事或否为定。对于外面世界无见无闻的人，尽可不满现状，却看不清前途往哪里走，就于革命隔膜。中国革命最早的形式表现为新旧之争；中国革命尝被谑称为"留洋学生的革命"；而革命策源地总在沿江沿海的广东等地方，一切都是为此之故。特别要知道，像阶级革命前夕，被压迫者非打破现状为社会求出路便没有自己的出路，那种形势在这里是没有的。相反地,这里是个人自求出路于现状之中,还较打破现状为社会求出路容易得多。如我们所亲见,革命的人都不顾身家,身家念重便不能革命;革命的心情正有如古人所说"先天下之忧而忧,后天下之乐而乐"者。总结来说:中国革命天然就是先知先觉仁人志士在发动、在领导,而全然不是什么资产阶级或无产阶级。

中国革命的发动与领导虽不在一般农工劳苦大众;但中国问题给他们的苦难最深,则在解决中国问题上正要靠他们的力量,固自无疑。工农比较,农民力量是大的,不须说。抑更为在政治上在经济上莫非都在压迫着农村,农村的痛苦表现中国问题的灼点;解决问题就要从农村入手,解决问题的力量亦就要在农民。

所以我的理论,中国革命的动力是要知识分子下乡与农民合起来构成的。好比一个巨人,农民等于是他的躯干,知识分子则作他的耳目,作他的喉舌,作他的头脑。两面彼此互不能缺少。虽则知识分子尽不必是在前所称"先知先觉,仁人志士";然而一切知识分子正都应该认识并且负起这个任务。因为今日知识分子即旧日士、农、工、商四民中的士人,在旧社会结构中实有其特殊位置和职分。从其固有位置和职分,遭遇今天这时代,恰恰就应该是这样。

今天看来这种说法虽于固有历史和文化不为无见,却亦蔽于其所见而不见其他。在前述五个问题上我所得那些省觉或转变,显然都于纠正这种说法有关,不必重叙。于此之外有几点应须一说的,约举如次——

(一)过去我不留心的无产阶级立场仍当作某一阶级的狭隘立场,因而误认这于民族危难的中国正应该大家都从民族立场出发的时候是不合适。在明白在人类历史中各个革命阶级当其革命时皆有合于正义与公道的一面,但除了此时此面却不免狭隘自私。唯独到了无产阶级,乃是历史全程中最末后一革命阶级,它负着彻底解放全人类的使命,就不像其前者之各有所局限,而必然要廓然至公至明才行。它既不会因民族而废阶级——它不可能当本民族侵略压迫其他民族时,还站在本民族一边而失其阶级立场国际主义;它亦不会因阶级而废民族——它亦不可能当本民族被其他民族侵略压迫时,还只顾本阶级而失民族立场爱国主义。

(二)过去我强调中国革命的特殊性,总要把它划出于一般革命之外,名为承认它是世界革命的一部分,实际等于没有承认。现在事实告诉我中国革命要通过世界性的大阶级斗争而得完成,乃知我们只能在一般革命中讲中国的特殊性,而不应跳出革命范畴来讲。这样正不必论中国的无产阶级大小强弱如何,而承认中国革命只能由无产阶级来领导了。

(三)我一向认为两个不同的革命力量——资产阶级与无产阶级——相联地都没有在中国历史培养出来,是过去我们一直没有革命的原因,亦是当前革命不能不特殊的基本理由。同时看见中国共产党明明是许多知识分子和农民,却自号为无产阶级,显然名不符实。又看见他们避开城市工人运动而专走农村斗争之路,直无以自圆其说,更觉得凡抄袭外国的都不行。而我的特殊论的信念于此乃益加强。后来虽明白:当前客观形势决定了中国革命的性质和道路,而从什么性质的革命便决定要什么人来领导,尽管其人并非无产阶级,而看清了中国革命要如此,还是可以学着站在无产阶级立场、作无产阶级之事的。但仍然不解:这个知识分子和农民的大集团,究竟其无产阶级化的过程是怎么样的?又且怀疑,这是不是客观(缺乏无产阶级的社会事实)不足以决定主观(学作无产阶级的自己想法),而主观力量强到足以代替了客观呢?直待中共建党三十周年纪念,读到彭真市长那篇论文,①把他们从一个知识分子或农民怎样在特殊境况中而无产阶级化的过程说出来,乃始恍然而得其解答。从而我亦得以了解另外一大问题:中国革命的主要形式为什么是武装斗争?

如前所叙陈,在我认为是:中国问题的解决不大需要暴力,不相宜用暴力,乃至暴力亦用不上。但在斯大林和毛主席却偏都强调武装斗争是中国革命的特点,或其主要形式。而且今天的事实亦完全证明是这样。很久我想不通这个窍,如今明白了;不这样,那完成中国革命的力量便无从培养出来。

第一,我们要知道老中国所不同于西洋的,就在没有近代工

---

① 彭真在《马克思列宁主义在中国的胜利》一文,有如下的话:他们(共产党)加入在一种军事共产主义的供给制生活。……而且过着严格的集体生活,具有至少是不亚于产业工人的组织性、纪律性和觉悟性,现在这种党员的实际社会成分,已经不是农民,而是革命职员或革命军人,所谓农民成分,对于他们不过只是一种历史成分。(他们早已脱离了小块土地和小生产对于他们的束缚和局限外。)

商业。——这恰是近代两个不同革命力量的总来源。近百年世界大交通后,近代工商业虽传过来,却一直未得好的发展。其在1911革命前,既扼于不平等条约,以这样大国家说,贫弱得仅胜于无。其在1911后,内战迭起而不休,更是内外夹攻,难得有机会发展。因此中国革命力量的来源,在这一方面说,几乎是被截断的。中国革命力量的取给,初不在此。

第二,要知道老中国社会所由构成的士、农、工、商四民,士与农最关重要。后来有了资产阶级、无产阶级,其意义与作用,自非昔日的商与工所可比,而由于比重太小,在全国大局上关系微弱。如我所见,满清的推翻只是留洋学生"新士大夫"所为,并不与资产阶级相干。后此分量是渐加重了。而为后此革命来源的"五四"运动仍是新知识层的事,他们(资本家)不过居响应地位。中国革命力量自始至终不能不寄于优秀的知识分子和广大的农民,这是一定的。

第三,要知道知识分子的不切实际而善变,农民的落后与短视,加之以他们所同具的高度散漫性,如果不改造一番,是万万不胜革命之任的。还有新知识分子群趋于都市而不返,农民滞居乡村而不出,彼此如不相结合亦是不能形成力量的。根据以上三层,在我们心中就会发生中国革命力量如何养成的疑问。

确实这是一个问题。在什么时间,在什么空间,采什么方式,都很难为它设想。假如事先来设计,敢断定谁亦设计不出的。

再说到时间问题。既说为培养,便不能时间太短。但何处社会容许这样反抗现秩序的力量从从容容存在且长大呢？在旧秩序尚作有力的统治时必不能容；在新秩序建造起时又已用不着。唯一于它适合的，是旧秩序已失其有力统治而新秩序尚有待建造那段时间。这惟在中国有而且长。缺乏历史孕育而从外引发的中国革命，在旧秩序推翻后，新秩序建立不起者几近四十年。那么就尽有足够时间来培养成功这巨大的革命力量了。

再又说到空间问题。这一革命力量的培养，在空间上又是不能太小的。但在一国之内这样划地自守，尖锐反抗国权，虽小且难见容，何况要大呢？不止要大，而且要愈长愈大。说明白一点，便是要在一国之内又新长出一个国来。试问除了近几十年在中国，更向何处去找这空间。毛主席曾有《中国的红色政权为什么能够存在？》一文，就是给这空间一个说明。那还只是说抗战前的事。在抗战中，国境大部沦陷。在广大的沦陷区域，乃是更适于这革命力量得到培养和发展的空间。于是这空间问题又从时势演变而天然解决了。

于此有一对照：在1911年革命后，我对于国内秩序状态，即怀抱一大苦闷，久久不得解决，迫切要求建造新秩序以完成革命。此完成革命力量要在知识分子下乡与农民结合而成，似我所设想者与这里的事实亦甚相近。然其根本不同处：我正以无秩序为苦，而共产党却就苦其有秩序。因此他们非武装斗争不可，而我则不然。有斗争即有发展。此发展是两面的：一面是对外扩大势力，一面是不断改造自己。末后在他们则一个个无产阶级化，而壮大了无产阶级政党如今天这样,并且于新秩序的建造工程已有很好的开端。在我这里呢,知识分子还是知识分子,农民还是农民,虽亦曾要求组织成团体,却全然一场空话。

关于我的荒唐失败今且不谈;亟须结束以上的话。

以上的话无非解说:担负建造新秩序完成中国革命的一大力量——中国的无产政党——就是这样培养长大的。其中要点,一则在有"非此不可"的必然性,又一则在有"机会丰富"的可能性。历史就是"非此不可"遇着"机会丰富",两下合成的,亦可说"天造地设"吧!必须说到这里而后于无产阶级领导中国革命之义可以无疑。

七 群众运动中的领导问题

说起来惭愧,我亦算是搞过群众运动吧!因我有志领导农民,亦曾下乡,实行我的乡村建设运动。现在对于群众运动这件事在我思想上亦有些省觉和转变,可略说一说。

记得1938年1月访问延安时,毛主席问我作乡村运动曾感到有什么问题和困难。我开口一句便说:最困难的就是农民好静不好动。毛主席没容我讲下去,就说:你错了!农民是要动的,他哪里要静?我的话自有所为而发,例如:农民对新事物之不感兴趣,不大接受,许多事情办成之后,农民念道它的好处不置,而当其开始时总是怕麻烦,态度消极。对他的话,当时不甚了解,却亦引起注意。其后读到《湖南农民运动考察报告》,乃知其所谓。此次参加西南土地改革就更懂得了。在湖南和四川这种地方,农民茹苦郁塞于封建势力种种压迫之下,确乎是要动的。北方情形不尽相同,似不能以彼例此。但我颇有省觉于当初我们未能抓住农民真痛真痒所在;抓住他的痛痒而启发之,他还是要动的。说农民好静不好动,还是隔膜;彼此还不是一个心。群众运动的入门诀窍,似要在变自己为群众。在任何问题上,先不要有自己的意思,除非群众已经看你是他们的人之一。

共产党可佩服之处甚多,而我最佩服的则是其群众运动。我尝叹息,自古以来有群众,自古以来亦有领导,但却没有领导与群众结合像这样好的。过去我亦有依靠群众之意,但比起他们来,那就太肤浅了。至于向群众学习,虽作风偶有类似,只是偶有而已,绝未把它作一信条。今后我如作群众运动,首先要改的就是"我来领导"那个观念。

录自《光明日报》,
1951年10月5日。

我的努力与反省[①]

一 对于中国革命问题一种似是而非的判断和处理

去年12月《大公报》和《进步日报》邀请好多位先生开的批判改良主义思想座谈会,其发言讨论经刊布在报纸的,我都看过了。我个人的情形和发言的几位先生不相同。因此我现在所讲的话亦就不同。他们都是留洋学生,在资本主义国家求过学,而且差不多全是学社会科学的,所以他们就多从改良主义在马克思主义前后发生的来历如何、类别如何,这面来说。我既没有去过欧美,又不是什么社会科学家,但我曾从事于一种社会运动,我将直接了当来讲我自己的事情,而不去讲外国的书本上的那些。

前写《两年来我有了哪些转变》一文(在以下还要提到此文

[①] 此文于1952年写成时原题为《何以我终于落归改良主义》,1987年6月首次发表时,改用今题。——编者

时简称"前文"),曾说我从不相信自己是改良主义,总不喜欢旁人向我宣传革命。当真的,假如不是今天有中国共产党革命的成功,我始终会认定我走的是中国革命唯一正确之路,始终不会发觉自己是改良主义。在今天勘对起来,我之为改良主义,已无可否认,这实在是自己当初所不料。何以我终于落归改良主义呢?这并不出于理论上的浮浅错误,而是有着其思想根源的。本文即在此分析检讨。

在理论认识上我对于下列三点都是很清楚的:

第一点,我确认社会非有其本质的变革,如从中古封建社会变到近代资本主义社会,或从资本主义社会变到社会主义社会那样,就算不得革命。

第二点,我确认要完成如上所说的革命,非变更政权不可。那也就是说,非使政权——国家权力掌握在革命一方面不可。

第三点,我确认要使国家权力转移到革命一方来,大致非经过暴动流血武力斗争不可。总起来说:如其不是这样,就难免于改良主义,特别是第一第二两点最要紧。第三点其可能有的例外机会亦甚少。

以上说的这些,可信都没有错;论起来是不致于把改良误为革命的。譬如我对于近百年来中国社会所发生的变化,早料到它不达成社会主义不止,多年来便提出"对外求得民族解放,对内完成社会改造"两句口号。这显然不是什么改良主义,而有合于第一点。同时在问题如何解决上,我亦始终没有那种"教育救国"一类思想,而是强调第一必要解决当前政治问题。这在第二点上就没有错。在第三点上,我不走武力夺取政权之路,却非自认为是其少数可能的例外。我乃是自始认定中国不属一般国家类型,因而中国革命应当别论的。

我的错误,实错在过分强调中国问题的特殊。

中国问题本有其特殊之处。例如下列三点我至今不放弃原有的意见:

(一)中国问题的历史背景特殊——秦汉以来两千余年只有一治一乱之循环而没有革命;(二)中国问题的文化背景特殊——秦汉后的中国,是融国家于社会的,它没有构成阶级统治,不属一般国家类型(其所以没有革命正由于此);(三)近百年世界大交通后乃引发了中国革命;中国革命是从外引发的,而不是社会内部自发的。末一点正是从前两点而来。

我这"中国特殊论"似不为今天思想所许。然而我自己还不曾发觉其错误。——这或者尚有待于朋友们的帮助。据我自己检查得错误,亦即本文所要论说的,乃在我从这一特殊论的根柢

上,对于中国革命问题作出下列似是而非的判断和处理:

(一)我判断中国在1911年后,为了完成中国革命所需要解决的政权问题,不再是政权属谁的问题,如像一般要使政权归于某一革命阶级那样。其问题乃在政权分裂、单弱、不固定;换言之,亦就是没有统一稳定的国权。只需有了统一稳定的国权,就能完成中国革命。——这一判断今天看来完全似是而非。

(二)由于以上的判断,我虽极强调解决当前政治问题为第一必要,却全然无意取得政权,而把功夫用在力求如何使散漫的中国社会联成一体,有其明朗的一大要求可见,以为树立国权之本。过去我所作的乡村建设运动,以至抗战中和胜利后所有为国事的一切奔走活动,都是作这个功夫。——这一处理当然又似是而非。

唯其似是而非,所以不革命而自以为革命。同时,对于始终不忘革命的中国共产党虽同情它,却不同意于其路线,常抱着一个容纳共产党而修正共产党的想法。我就是这样执迷不悟了好多年。

以上的话似太抽象,必须把我过去的许多言论和行动——那些具体的东西择要排列出来,而后读者才晓得其所指;这将是本文进行的第一步骤。其次便要把我所以这样判断问题和这样处理问题的由来说出；这将是本文进行的第二步骤。第二步骤只不过扼要叙出其似是而非之"是"的一面，还必须分析其似是而非之"非"的一面，并寻出其思想根源，才算到题。这将是本文进行的第三步骤。

以下就按这三个步骤进行。

二 抗战前的言论和行动

第一步，从我过去的言论和行动举出实例，以见我对中国革命问题是怎样判断和怎样处理的。

例如旧著《乡村建设理论》上说：

> 中国问题是整个社会的崩溃，而其苦闷之焦点则著见于政治问题之没法解决；假定于政治问题的如何解决没有成竹在胸，而谈其他的，都是白费。

又如旧著《答乡村建设批判》上说：

> 既然要对外求得民族的解放，对内完成社会的改造，那就必得建立能尽这任务的政权，那是没有疑问的。

其他类此之例多不胜举。这就见出像列宁所说革命基本上是政权问题的话,我们何尝不懂得。我对于中国共产党的武装斗争以解决政权问题,从来不说他们不该这样做,而只是说他们解决不了问题——达不到目的。例如《乡村建设理论》讲到解决土地问题时,原文有这样话:

> 至于共产党的作法呢,倒亦痛快,只是于大局无补。——他们若建得起政权来就有补。

又如旧著《乡村建设理论提纲》第十四条第二款:

> 中国社会一向散漫流动,历史上只有一治一乱之循环而无革命;现在仍未形成阶级,即便倡导斗争,亦斗争不出结果来;结果乃指一新政权的建立。

再看提纲第十六条第二款:

> 依通例,应以社会改造运动的团体(革命党)掌握政权,施行建设,完成社会改造,中国亦不能外此;但以中国革命本质的不同,社会形势有异,所以解决政治问题的途径随之而两样。

这就点出我是在中国特殊论的根柢上,否定了一般革命之

路,而另自提出中国所应走的路线。其一破一立、一取一舍之理容待第二步再讲,这里只为这一路线举证如次:

旧著《答乡村建设批判》把这一路线说得最分明,因其从头至尾都是对照着一般革命之路——分化而斗争之路来说的。但仍不外根据原先的《乡村建设理论》而来。在《乡村建设理论》一书的上半部——认识中国问题之部,就是分析论证中国问题苦闷的焦点在"政治上无办法——国家权力建立不起"(此即其第五段的大标题)。而在原书下半部——解决中国问题之部,讲到政治问题的解决时就阐明这里没有"政权属彼或政权属我"(此即其第三节的小标题)问题,只要统一稳定的国权建立起来就对了。

如我在《乡村建设理论》所讲,中国政治问题须要分两步解决。树立统一稳定的国权是为头一步。有此统一稳定的国权即可进行有方针有计划的建国——建设一个政治上达成民主主义,经济上达成社会主义的新中国。必须到建国完成,方为政治问题的完全解决,是为第二步。从开头到末尾说作两步,却全靠一个乡村建设运动贯彻于其间。乡建运动实是建国运动;它为自己创造出它在政治上所需的前提条件——统一稳定的国权——于先,又随着经济和文化的建设而推进政治的民主化,以至奠立完美的民主政治制度于后。

若问乡建运动似不外致力于社会,何以竟能收效于政治,则旧著《乡村建设理论》具有解说,而"理论提纲"第十七条至卅九条尤为揭示简明。这里不加叙录。

正因我认定要解决中国政治问题必须致力于社会,而不能乞灵于政治,所以在抗战以前那许多年,我都是投身社会运动,先后同朋友们创办了"河南村治学院"和"山东乡村建设研究院",并出版《村治》和《乡村建设》等定期刊物。为了联合各处乡村运动的团体或机关,我们有"中国乡村建设学会"之组织,同时并每年举行一次"全国乡村工作讨论会"。此外我又随同一些朋友发起而参加了"中国社会教育社",那是联系一切民众教育、成人教育、社会教育的工作者,从侧面推进乡村建设运动的一个团体。

过去我的言论和行动大致可分为抗战前、抗战后两大段落;以上就是抗战前一段的一个大概,以下转入抗战期间以及胜利后来说。

三 抗战起后的言论和行动

说到此处,想起 1941 年我在香港创办《光明报》,写有《我努力的是什么》一文,恰就是叙述我从抗战起所有的言论主张、奔走活动,从创刊日起长篇连载五十余日,那倒是现成材料,可惜现在难于检觅。这里只能追忆其要略。

对照着抗战前多致力于社会来说,抗战后我在政治上的奔走活动为多。然而其一切用心却依然是从战前一贯下来的。《乡村建设理论》曾有谈到准备抗战的几句话:

我认为中国不应当在如何摧敌处着想,而应当在如何让敌人不容易毁灭我们处着想,乃至在我们被毁后如何容易恢复上着想。尤其要紧的是在调整内部关系,以树立应付(国际)环境的根本。

这就是后来一切言论行动的张本。所谓"不容易毁"和"被毁亦容易恢复",指发动民众,组织民众,培养成民族抗敌活力而言。所谓"树立应付环境的根本"指要有统一全国以对外的国家权力而言。这一下一上的两面,相资为用,缺一不可。在战前说,虽多致力于社会(下面),而我眼光所注实在上面(政治);在开战后说,我虽多为团结统一(上面)奔走,而用意恰在下面(民众总动员)。所谓"我努力的是什么",即指努力在这相关的两面。自始至终没有离开一步。其事实经过大略数一数如次:

说战后仍须回溯到战前。由于1935年10月华北紧张(日寇所谓华北五省三市自治运动),山东的乡村工作便转入备战阶段。计划着分期分区训练民众,组织民众,而以集中训练八校师范生下乡担任其事。此工作于1936年1月开始,临到战争起来,却失败了,后有检讨。1937年"七七"事变前夕(5月间),我在成都以《我们如何抗敌》为题作讲演,其内容即在号召知识分子尽力于战时民众动员工作。"八一三"上海开火前夕,我又发表一长文,题目和内容与前大致相类而计划加详,列举了十四要点,连载于8月11、12两天上海《大公报》。其后曾合并印成小册子发布。8月17夜间,南京政府在中山陵园召开国防最高会议的参议会上,我主张大规模发动知识分子有计划地分布下去从事民众动员工作,因而建议改造教育制度。当时胡适、傅斯年不耐烦听,竟阻止我发言,几乎不得尽其辞。10月某日我与晏阳初一同见蒋,指陈民众动员的不够,并称道中共在晋北如何发动民众,颇触蒋怒。移时黄炎培、江问渔两位亦来,又一同陈说。蒋遂嘱托我四人起草具体计划。计划末后是由我负责草成交去。但一面因上海失守,京沪沿线动摇,当局无心及此;更一面因陈立夫长大本营第六部,主管民众组织之事,根本不肯让党外人插手。——这是最主要的障碍。

我的心愿在这一面既不得遂,1938年1月1日即由武汉飞西安转赴延安,访问中共中央;这是我奔走国内团结的开始。当时我提议要确定国是国策——把对外求得民族解放、对内完成社会改造两大问题同时有所确定——以解决党派问题。毛主席告诉我两大党在武汉正有八个人起草共同纲领,劝我回武汉进行。但我挂念山东(属第五战区)的事情,且与李宗仁(第五战区司令长官)有约,没有去武汉而去徐州。在徐州住一个月,与散失的山东同人设法联系,并检讨自己的失败而写了《敬告山东工作同人同学书》付印一小册。3月初回到武汉,则蒋介石正为曾想浑全国为一党,遭中共拒绝而恼怒;我解决党派问题的提议又提不出。

此时民众动员工作由于国民党猜忌排外,包而不办,其问题表见在前方后方是极其严重的。他且不谈,只一个后方征兵问题就不了。征兵变成胡乱拉兵,其景象真是惨极、凶恶之极。我在四川感受刺激,于是再度努力,缩小范围奔走于地方当局、地方人士、地方教育界三方面,想帮助他们把四川征兵事情搞好。我主张这三方面要配合起来,建立系统机构,而以最大注意贯彻到乡村。三方面都乐意接受,并于人事安排、经费筹措都有些准备。10月7日张群(西南行营主任)、王缵绪(四川主席)、张澜(地方人士)和我四人同飞成都进行其事。没想到只开了一次动员会议,就有人(张云伏黄埔系)公然叫嚣不许外人僭窃领导。会后邵(从恩)张(澜)诸老顿形消极,我一个外省人更无能为力。经过这次又碰钉子后,使我认清了党派问题是一切事情的总障碍。此后用力的方向所以转移到要求团结统一上,实决定于此。

是年12月我根据自己一向对中国问题的认识而参以在延安所得印象,提出一个根本解决党派问题的方案。其内容主张分三步进行:

第一步:召集全国各方面会商,确定国是国策(相当于共同纲领)。

第二步:建立党派综合体(略同于毛主席所提议国民党本身变为民族联盟,各党各派加入国民党而又保存其独立性的那种组织形式),为国是国策之赓续不断地补充或修改。

第三步:政权治权划分开;党派综合体代表国民行使政权,而以治权属之政府。政府是代表国家的;国家唯一绝对,政府不能含有党派性。它要忠实于国是国策之执行,不得有一毫出入(我因戏称为"无色透明体"),对党派综合体负责。(附注:分别政权治权是孙中山先生学说之一,而我借用之。)

文章写成交给重庆《大公报》发表,在送审时被检扣,由当时国民党宣传部长叶楚伧和刘百闵当面退还我。他们说我用意甚好,但若发表必招致争论而使党派关系更恶化,反于我初意不合。我无法,只能以我手稿请各方朋友如董必武、沈钧儒、张君劢、李璜等几位先生阅看阅看而已。

当初从南京退守武汉时,我早向人说过这样的话:你们向西,我要往东,你向南来,我要往北去。如今在后方既无可尽力,我便想到前方去。况1937年那时有一部分八校师范生训练处的同人同学约八百余人,携带枪枝粮款从济宁退入河南,在镇平集中受训后,经向当时政府取得名义,已于1938年秋整队开拔渡河返鲁抗敌,我亦有去照看之必要。于是我一面请求蒋的军事委员会转知前方战区,一面亦托秦博古先生请中共中央转知八路军和新四军,沿途给我方便和照顾。我即于1939年2月2日成行。当出发之时,未尝没有留于前方抗敌之意。不想到了前方正赶上敌人大扫荡,又逢着"磨擦"开始,踯躅于鲁南山区,辛苦备尝而一筹莫展。同时看到党派关系恶化如此,抗战前途已受威胁,推想各方必然要求解决党派问题,可能就是到了问题解决的时机;所以马上又回转后方。计一往一返共经历了豫东、皖北、苏北、鲁西、鲁南、冀南、豫北、晋东南各敌后游击区域,末后于"九一八"回抵洛阳,双十节回抵成都,为时共八个月。此行除增加一些见闻外,可算劳而无功。

四　抗战中期到胜利之前的言论和行动

我到达成都和重庆,得悉党派关系恶化在大后方亦同样严重。不过在前方所表见者是武装冲突,大后方却是单方面——执政党方面对党外的压迫箝制无所不用其极。许多朋友一见面便诉苦,我亦以所看到的抗战危机相告。在问题的如何应付如何解决上,他们一般意见又与我相左。他们便是希望施行英美式的宪政,希望可以多党互竞并存。刚刚不久开过一次"国民参政会",便已通过了早施宪政的决议,并且成立"宪政期成会",容纳各方面讨论"五五宪草"。我到重庆时,重庆满街上都在开会座谈宪政,非常热闹。他们邀请我,我一概谢不参加。我知道这是一场空欢喜,国民党决不会践言。何况即令当真实行,亦非中国之福呢！我只认定我的路线,作我的团结统一运动。

我分向三方面进行我的运动。所谓三方面就是两大党及其以外之第三方面。记得似是10月25日,访问中共方面,会见了陈绍禹、秦博古、吴玉章、林伯渠、董必武五位先生,从我在前方的见闻说起,说到问题的严重,说到我的意见主张。当我说话时,博古先生就随时伏案作笔录。末后由陈绍禹先生作答,吴、林、董诸老亦各有答语。其详非现在所能记忆。只记得在我讲到问题严重时,我就说了一句"军队非统一于国家不可"的话,陈先生马上要回答,我请他莫忙,且容我把话说完。末了我分三步解决问题的话讲清楚了,然后说出军队警察应该是政府代表国家行使治权执行国策的工具。此时陈先生表示,你的方案是可以考虑的。后来又说,军队属于国家是可以的,只要国民党实行,我们就照办。诸老所表示,亦都是对我勉励的话。谈话从晚间开始,至夜深人静才分手。

在我访问国民党方面时,主要是同张群的谈话。谈话时间亦达两小时以上,我的三步解决论亦都向他说了。我指摘当时的宪政运动为"文不对题",他最表赞成。当我强调军队必须脱离党派而属于国家时,他转问我:你向共产党谈过没有?他们如何表示?我说:他们表示国民党实行,共产党就照办。张拍手笑说:他们深知国民党不会实行,所以不必从他们口里来拒绝你的提议,而只须说一句"要看国民党"便尽够了。老实对你讲,国民党的生命就在它的军队,蒋先生的生命就在他的黄埔系。像我(张自称)这样一个地道军人而从不想抓军队,是绝无仅有的。你向谁要军队就是要谁的命!谁能把命给你?你真是书呆子!这一席话对我真如同冷水浇背。

我亦晓得要有实力才解决得了问题,但我不相信只有军队是实力。我相信我能代表广大人民要求,便是实力。我要把同我一样要求的人结合起来。所以我的运动原以第三方面——一些小党派和在野闻人——为第一对象。经我在成都重庆两地奔走联络之结果,就酝酿出一个"统一建国同志会"来。我说明:在当前危机下,所有两大党以外的人有其不可逃的任务,就是不许内战起来妨碍抗战。然而零零散散谁亦不配说来完成这任务,只有我们大家彼此合拢来,而以广大社会为后盾;那么,这个力量却不小的。所以当时这个会把两大党以外的所有派系和人物差不多都包涵在内了。为了能在国民党统治下合法存在,先把会内大家通过的十二条纲领送给张群、王世杰请转蒋,并要求见蒋。原初公推黄炎培先生和我两人见蒋的,后因黄先生去泸州,临时只我一个人去。当时谈话,今不须记;总之,结果算是通过了,可以公开存在。王世杰当时曾问我:这是否一政党?我答:不是的,今天不需要在既成政党外再添多一个竞争单位。这只是为了求得全国团结,推动两大党合作而形成的一个推动力。

这是1939年11月29日的事。转过年来(1940),参政会又开会,把宪政期成会所研究出来的"五五宪草修正案"打消,期成会无形结束,那些热心宪政的朋友才冷下来。然而统一建国同志会亦不起劲。当时前方军队火并情形严重,何应钦向参政会作过报告。我据以提出"解决党派问题求得进一步团结建议案",同志会的参政员即未得全体联署。国民党参政员对我的提案,初时很震动,声言不给通过。但蒋介石却很巧妙,亲笔写了一张字条给我,大意说这是军纪问题,本不能加以讨论的,但你们要讨论亦可以。同时嘱王世杰通知我,提案可以修正通过,希望我不必发言,以免引起争论。其实我原案很简单的,只强调问题应在参政会内解决,建议组织一特种委员会负责搜集问题研究方案。案子不声不响通过,特种委员会亦成立(却不给我参加),却不发生一点作用。似只开过一次会,听取了秦邦宪先生与何应钦交涉的报告而已。

统一建国同志会并未正式成立组织机构,似半为当时重庆遭受敌机轰炸所影响。那一半自然就是大家不起劲。秋末轰炸期过后,常用一种聚餐方式座谈座谈。皖南事变前夕,聚会较多。1941年1月初,皖南事变发生后,中共严重抗议,中共参政员宣言非把问题解决将不出席参政会,同志会的同人出面奔走调解。就在这期间,又酝酿了"民主政团同盟"。

民主政团同盟的发起是这样的:1940年12月24日早晨我展看报纸,有新的一届参政员名单揭晓;名额扩充,反而把原来为数极少的党外(国民党外)人士更减少几个。例如章伯钧、陶行知、沈钧儒等几位先生都被排除。所增加的都是他们党内的人。这样引起我对国民党一种非常大的悲观。因参政会本来形同虚设,若多罗致几个党外人物,在国民政府至少亦可装点门面。偏偏连这一点作用都不留,而给大量党内闲人挤进来吃闲饭,国民党的没出息可算到家了。大难当前,大局靠什么人来支撑呢?气闷之余,出门散步,走到张君劢家。却巧黄炎培、左舜生两位亦先后来到。四人聚谈,同声致慨。黄老兴奋地站起来说我们不应妄自菲薄,而应当自觉地负起大局责任来才对。在互相敦勉的气氛中,君劢即提出统一建国同志会不中用,必须另行组织。他主张先要秘密进行组织并布置一切。必须在国民党所控制不到而又极接近内地的香港建立起言论机关来,然后以独立姿态出现,不必向政府当局取得同意。我们一致赞成他的意见,后来事情就是按照这样做的。

关于奔走调停之事值得一说的,就是并不出以和事佬的姿态。我们是站在国民立场向两党提出要求。要军队今后脱离党派关系而属于国家,并且要监督执行其事。这是一点。再一点是要检查和督促那公布已久的抗战建国纲领的实行。为了这两桩事,主张成立一个委员会(包涵各方面的人)来负责。其条文全是由我起草的,并承同人推我和沈老(钧儒)两人征求中共方面的意见。中共方面周(恩来)董(必武)二公看了条文,表示愿电延安请示。假如双方都同意了,他们就可出席参政会。对于国民党,则公推张(澜)黄(炎培)诸老见蒋,征问意见。蒋的表示竟是满口应承完全同意。其后此事终于不协,其间颇有曲折,这里不叙。(在这中间有一段时间,诸同人俱已辞谢调停之任,我自己还声明要一个人单独奔走到底。)

民盟组织的秘密进行,就夹杂在那些为新四军事件而奔走的许多聚会之间。但一同奔走的人并不全予闻民盟之事。统一建国同志会虽可算是民盟的前身,但当时却不是把整个同志会转变成民盟。例如以沈老(钧儒)为首的救国会的朋友原在同志会,而此时尚留于盟外。这是因为救国会那时有"中共外围"之称,而民盟的产生却不愿被人看作是出于中共所策动。奔走调停始于2月22日,终于3月27日;而此时民盟秘密筹备工作亦大致停当。我即于29日离渝去香港,为民盟创办言论机关——那就是后来的《光明报》。我离渝前夕,曾密访周恩来先生接头,愿与他们在香港的人取得联系。(注:周答他们驻港代表是廖承志)

我是经过桂林停留一时期才到香港的。在桂林会见李任潮(济深)、李重毅(任仁)两位先生,并得到他们的协助,于5月20日到香港。"九一八"创刊《光明报》,双十节揭出了民主政团同盟成立宣言和十大纲领。宣言系我属草,送经内地同人核定,一字未改。纲领原所固有,亦经我润饰而内地同人核定的;不过其中第四条经在港同人改动过。这文件很足代表我那时的思想和主张。特别是宣言,读者不难看出纯粹是从要求团结统一出发。

12月25日香港被日寇占领后,承范长江、陈此生等几位朋友相邀结伴逃出香港,1942年1月回抵桂林。

在桂林不觉一住三年(1942—1944)。三年总没有闲着,不断同一些朋友在如何改造政局以利抗战上有所策划。特别是末后(1944—1945)日寇侵湘入桂,大局形势危急,我们亦愈积极。其间常常在一起,作为主要的几个人,就是李济深、李任仁,陈劭先、陈此生等各位。他们并未加入民盟组织,起初亦未建立"民革"(转移到八步后,乃始商定别立民革,以便广收国民党的同志)。不过在政治上既有共同要求,亦就不分彼此。民盟同人不多,亦以时聚会;救国会此时亦已正式参加在内;但总起来说,发展不大。重庆、昆明以及湘粤各地同志都不断来往联系。乃至西北像杜斌丞先生等亦曾来桂,共策进行。此时我们与美国人亦有关系来往。因为此时的美国人急切对抗日寇,深深气愤蒋介石的腐败自私,多所贻误。像史迪威、高斯(美大使)以至驻桂领事林华德等,对于一切想抗日能抗日的中国人都愿帮助的。我们亦曾设想如何在沿海一带配合美军登陆,不过后来尽成虚话。

几乎我们天天在搞,却始终(始于桂林终于八步,首尾约四年)亦没有搞出什么名堂来,这里亦就无可说。不过有两件事可以征见我的行动方向,不妨说一说。一件事是在1942年秋冬间(或者1942年的春间,记不甚清),张云川先生从重庆到桂,传递周恩来先生的一封密信给我,劝我去苏北或任何靠近他们的其他地区,建立乡村建设的或民盟的据点,他们愿帮助我创开一个局面来。这不止是中共方面的意思,民盟同志亦如此希望我。我当时差不多没有什么考虑,就坚决地辞拒了。因我内心上觉得我不能靠近哪一边。靠近哪一边,就要失去或削减我对广大中国社会说话的力量,对于我要广泛团结全国各方面来说,是不合适的。又一件事是在1943年秋初,国民党蒋介石在国内国外压逼之下,重弹宪政老调,成立"宪政实施协进会"(各方面都参加故称协进),自为会长,连电邀我去重庆。重庆民盟同志亦愿意我去。我同样没有什么考虑就坚决地辞拒了他。因我想我在桂林尚且不能作什么,到重庆将更不能动。我以一封长信作回答(信寄邵秘书长力子先生转呈)。信中吐露了我多年来不亟亟于宪政的意思。然后说：宪政虽不急，而民主精神却为眼前所切需。因为没有民主精神，则团结不可能。宪政恒有其形式条件，故有待于筹备；民主精神是用不着筹备的，只要你实践就是了。今天所急在精神不在形式，在实践不在说空话。

当桂林危急，旧统治濒于瓦解之时，我们曾策划就两广湖南三省相交接的一个地方，展开战时民众动员工作，同时亦就树立对内政治革新的旗帜，号召改造全国政局。这个地方就是广西贺县属的八步，那里有一个行政专员公署可资凭藉。记得1944年10月中旬我同陈此生两人自昭平而东，爬过接米岭一个大高山而到八步，借住临江中学，过着自己烧饭的生活。时局多变，头绪纷杂，盘桓进退其间约近一年（截至获闻胜利之讯）。尽算是苦心孤诣，卒于一事无成。遗留到今天的只一本印行的《战时动员与民主政治》讲演小册（当时在中学分五次讲完的），自己检视几乎掉泪。除了可以证明从头到尾《我努力的是什么》之外，其他什么都说不上。

五 抗战胜利到解放前夕的言论和行动

就在八步获闻胜利之讯的时候，亦获闻毛主席应邀到渝之讯。我心里想，国难已纾，团结在望，过去所为劳攘者今可小休。

今后问题要在如何建国。建国不徒政治经济之事,其根本乃在文化。非认识老中国即莫知所以建设新中国。顾年来务以团结各方为急,未遑对各方自申其所见。今后愿离开现实政治稍远一步,而潜心以深追此一大事。我自己这一决定,在离桂返渝之时,特致函李任仁先生言之。因为他是我年来在现实政治上一同尽力的朋友,所以向他告别。

路经广州才晓得国内大局未容乐观,到了重庆,更知其问题严重。于是不能不从朋友之后,再尽力于反内战运动以至参加了1946年的旧政协会议。(在会议分组中,我拒不参加宪草小组而独参加军事小组,一心要为整军问题尽力,还是梦想军队脱离党派而属于国家。)会议快要成功,我托周恩来先生于其返延安(1月27日)之便带一封信给毛主席,申明我年来在现实政治上的努力可告一结束,今后将转而致力于言论思想工作。会议闭幕(1月31日)的晚宴上,我又把写好的《八年努力宣告结束》一文出示在座各方朋友,并面托胡政之先生在《大公报》发表。其后在《大公报》又续有《今后我致力之所在》一文发表,申其未尽之意。

毛主席有一回信由恩来先生带转给我,大意说:行动与言论二者不是不可得兼的,为什么我要结束了行动而后开始言论?表示不赞成和督勉之意。我的话原是有所指。当时政治协商既已取得协议,随着就要组织各方参加的新政府。所谓我的努力可告结束,意指国内团结实现了,用不着我再努力,我不拟参加政府。这是一面。同时另一面,我觉得在大局前途上正需要我作一新的努力。因当时各方所同意的那种宪政制度,我根本认为不合中国需要。——这意思在我后来所写《预告选灾,追论宪政》一文中曾吐露一些。——我深恨时人思想不出西欧或苏联窠臼。过去为了团结,我一直有许多话闷在肚子里没有说。现在我却要说话了。我要批评到各方面,亦要批评到盟内(盟内各小党派全是梦想宪政)。对于当前政治制度问题,我要提出我的具体主张。所谓致力于言论,意正指此。这显然是以身不在政府为方便的。

恩来先生对我之不参加政府亦表示不能同意。我为了在行动上取得中共朋友的谅解,更且把自己怀抱吐露一些,所以2月11日访问延安。在延安住了十天。有一次毛主席邀了他们党内要人共约十位,一同谈了一整天。我说明了我对当时政协所拟订的宪政制度的看法。我承认它有眼前一时的必要;但认为它不会适用多久。我肯定地说它最多不出三年必将改弦更张。然后,我提出我的主张来——那就是我在前说过的分三步骤解决党派问题,建立全国党派综合体。我并说:这一主张,只是说在这里,留备将来要改弦更张时一种参考;现在不须要给我若何答复。关于我不参加政府一层虽未多谈,而有此一行,是不难邀谅解的。

我此时的打算是想创办一研究机构,从世界文化的比较研究上作认识老中国的功夫。但时局旋即恶化,没有容我抽身出来,更且把我拖入。4月中旬马歇尔从美国回到重庆,致意民盟希望协助其调停东北长春之争。恰值国民党中央政府准备还都南京,各政党的中央亦应随之迁京。正有许多事情待办,而民盟秘书长一职却虚悬无人者已经很久。盟内朋友早就要我担任,我一直坚拒不应(周新民先生最清楚),至此终于应承了三个月。我计算三个月或者大局可以归于和平,那时我再作我的事。

岂料不只三个月不行,六个月亦还是不行。从5月初到10月底整六个月,除一度去昆明调查李闻案外,都在京沪间为和谈尽力。(我那时勇于自任的经过情形,这里不叙;四九年夏曾写有《过去和谈中我负疚一事》一文载于《大公报》,可供参考)。但当我看清楚无可为力的时候,我就拔脚走开了。——我辞脱民盟秘书长,远去重庆北碚,闭户著书。

从1946年11月到1949年12月重庆解放,我都住在北碚。《中国文化要义》一书即于此时写成。这三年正是解放战争期间,许多旧日熟人不加入反动派政府,即归到革命队伍,唯我坚决守定过去一贯的立场和作风,只作缓和斗争的事,反对斗争的事,而不参加斗争。其间言论行动较有关系的,略说于此:

1947年1月1日为重庆《大公报》写《政治的根本在文化》一文,最足代表我那时的意思。我一生总在择我认为当时最要紧、最有意义的事去做。一切行动都从这一权衡上而决定。我当时不参加斗争而写《中国文化要义》一书,其积极之义在此。

又3月1日为《观察》杂志写《树立信用,力求合作》一文,最足代表我在解决中国政治问题上一向的见解。结末一句话:"只有这样,把东西南北各式各样的朋友都拉在一起合作,中国才有救",道出了我的心事。

5月20日出席南京的末次参政会呼吁和平。这是应北京、上海、成都各方朋友之约而去的,亦是我三年中唯一离开北碚的一次。6月1日国民党特务在各地方大举捕人,重庆民盟被捕的同人甚多。2日我飞回营救,百般奔走无效。直至1949年3月在国民党要和平的空气中,才得保释出十几个青年来。

八九月间反动政府要解散民盟的前夕,张东荪先生从北京写信给我,说民盟是你辛苦创成,你要赶快去南京上海设法维护。其实我的心理恰相反。民盟在我只看作是一个推动全国合作的推动力(见前),此外没有意义。当时两党大战之时,既不能尽其政治任务,亦难发展自己组织,恰且伏有内部分裂的危机。它最好暂入于休眠状态;一旦时局需要它了,再出来还是完整的。但民盟自己却无法宣布休眠;现在反动政府来代我们宣布,岂不甚好。我一面以此意答复东荪先生,一面更以此意奉告于上海张(澜)黄(炎培)诸老。到反动政府命令发布,我投函重庆《大公报》表示的意思亦是这样。同时声明我从此不在组织中了。

1948年除夕我在重庆特园得《大公报》王文彬先生电话,以蒋介石下野、大局急转直下的消息见告,并问我对时局要不要发表意见。我马上写了一篇《过去内战的责任在谁》,预备发表。却不料第二天——1949年元旦——蒋介石只发一要和平的文告,并未下野;时局发展似尚有待。我就把文章交给王先生,留待时机到了再行发出。

我此时却赶忙写两封信:一致民盟主席张澜先生转诸同人;

一致中共中央毛周诸公。适有盟友何遐仁先生八日飞沪,即托其带去。两封信有一共同点,就是勉励诸先生为国家大局努力负责,而声明自己决定三年内对国事只发言,不行动;只是个人,不在组织。其不同者,对民盟则请许我离盟;对中共则请恕我不来响应新政协的号召。还另有《给各方朋友一封公开的信》刊于《大公报》,同样声明那一原则,从而谢绝了朋友们希望我出来奔走和平的事。我只呼吁和平而不奔走和平。

我为什么要这样呢?我知道国民党是不行了,今后唯一强大势力将在共产党。过去我祈求全国合作,主要是对国民党而说话,今后将须对共产党说话。共产党是不好说话的。说话不对他的意,就可以被看作是敌人。而一经遭到敌视,虽有善言亦难邀好的考虑。只有明白摆出来:我止于说话而不继之以行动,止于是个人而无组织为后盾。那么(没有力量)不足重视,亦或不引起敌视;他就可能放平了心来听我的话,对我的话才听得入。这便是我的一番用心。同时,我知道我此时的言论主张在盟内未必全同意。要我受拘束于组织而不得自由发言,我不甘心;使组织因我而受到破坏,尤非道义所许。所以最好是赤裸裸一个人,披沥此心以与国人相见。

1月20日蒋介石让位于李宗仁,当日《大公报》便刊出来我那篇文章。原文开头一句便是:"我写此文,意在说明两点:第一,过去内战的责任不在中国共产党;第二,今天好战者既已不存在,全国各方应该共谋和平统一,不要再打。"文内把过去中共一

再让步而蒋再三压逼的事实历历数出,指证其罪完全在蒋。然后结束说:

> 这样可祛除一切国方所加于共方之诬蔑,和不明真相者对中共之误会。在一切诬蔑和误会祛除之后,各方就可无顾虑地与中共开诚相见,共谋和平。这是我希望于国人一面的。另一面我希望中国共产党本其过去委曲求全之精神与各方共同完成和平统一。这是更要紧的一面。

当时国民党蒋介石势力依然未倒,尤其是在杨森统治下的重庆;文章刊出太早,家人亲故皆为我危。却幸亦无事。

李宗仁登台,亟亟请人奔走和平,对我亦一电再电三电之不已。我回答说,我只呼吁和平而不奔走和平,早曾有声明在先,恕我难应命。

不久毛主席提出谈判的八条件,其中第一条战犯问题最使南京感觉为难。反动的行政院长孙科公然表示这一条不能接受。有好些渴盼和平的小市民亦想着不谈战犯问题或易达成和议。我于是写《论和谈中一个难题并告国民党之在高位者》一文,反对不痛不痒、不清不白,而要讲明是非以正视听。我要求一切国民党之在高位者表示负责精神先行引咎下野,听候国人裁判。同时写《敬告中国共产党》一文,切劝不要以武力求统一;以武力求统一只有再延迟中国的统一。两文在2月13日同一天的《大公报》发表,作为向两方面说话。

我那时的发言亦就至此为止了。以后的时间都在静候解放中。

以上数说了我在抗战期间以及胜利后一段的言论和行动之一个大概。本文第一步骤——把我过去所有的言论和行动择要列举出来——至此算是完了。

六　说明如此判断和处理的由来

从以上那些具体事例不难看出,多少年来不论战前战后我都有其始终一贯不移之处。这就是:(一)我总要发动民众,以民众力量来抗战,来建国;(二)我总要从团结上求统一,树立国家权力以为抗战建国的总司令部。

由今天看来,发动民众自然是对的,却究竟我亦还没有对。这留待第三步作检讨,此时不讲。现在本文第二步骤所要进行的,就是为"我总要从团结上求统一"这点说明其由来。读者看了以上那些具体事例,对于本文开首说的,我对中国革命中的政权问题有其特殊判断和处理——判断它不是政权属谁问题,而是能不能统一稳定问题;问题是在树立统一的国权,而其功夫则要在促成各方的团结合作,有代表全社会的一大要求明朗可见——尽许略知其所指,但尚不明白其理由根据。譬如我总要团结各方,全无敌我之分,在今天看自然是不对的;然而当初我却自有深信不疑者在。当初我何所根据而深信自己的对呢?这就是现在所要说明的。

我的根据在本文开首亦说过了,那就是我的"中国特殊论"。中国特殊论并不单从其过去历史文化的认识上而建立;主要还在我亲身多年感性的认识上。而且正是从当前感性的认识追溯上去,才得有那些历史文化的认识。既从今以追古,又由古而达今,事事与外国相比较,纵横往复之后,特殊论乃建立起来。

所谓我亲身多年感性的认识是什么呢?第一就是中国人不爱国,缺乏国家意识而身家念重。这是从少年时起,就印入心中的印象。从这里慢慢积累,慢慢发展,以至末后认识到中国人四大缺乏:缺乏公共观念(缺乏国家观念在内),缺乏纪律习惯,缺乏组织能力,缺乏法治精神。(这四点《中国文化要义》第四章讲解甚详。)而一切缺乏总归于集团生活之缺乏。缺乏集团生活是其负面;其正面则中国人总是生活在家庭家族之中。自己在中国社会里长大起来,几十年耳闻目睹直接感受的材料,数说不尽;中国特殊论的根据第一在此。第二便是自入民国以后,一直不曾见过统一的局面。统一起来成一个国家,只是1949年全国解放后的事。在这中间虽偶尔亦有过统一,但今天统一,明天不统一;表面统一,骨子里不统一;仍然不能算数。我说到统一每缀稳定二字,那原是不可少的。截至1949年我五十七岁,一生倒有大半生(卅八年之久)为国家不统一所苦。这一纠缠不解的苦痛怎叫我不

深思其故。当我古今中外纵横往复研究下来,就发见中国的特殊:

它(中国)乃是融国家于社会,以天下而兼国家,不属于一般国家类型的(见《光明日报》中前文)。这正是顺着缺乏集团生活下来的结果。《中国文化要义》全部书都无非阐明这一点。中国近四十年不统一之故,即在认识了中国的特殊之后而完全了然。同时亦看出其问题如何解决的途径。这些后面即将谈到。

我从来不曾为读书而读书,为求学而求学;读书求学都是为了解决问题,为了实践。读者于此可见其一斑。正为如此,所以我生平行动恒一贯不移,有其线路可寻,而思想见解植根亲切,经过许多甘苦得来非易,舍之亦不易。不是不肯舍弃,乃是新材料不足或思索功夫不到的时候,就打不破夙有思想见解而出现另一个新的。

闲话不谈,仍归到本题。现在要说明中国不属一般国家类型那几句话怎样讲,又怎样从而产生了我对中国革命问题那些判断和处理。

简单扼要来说:一般国家莫非阶级统治。因为除原始共产外,社会上一直不能没有剥削,亦即内部一直存在着矛盾。然而社会若没有秩序,则社会经济生活不能进行;所以如何把秩序与剥削结合起来,涵矛盾于秩序之中,依秩序以行剥削,便为事实所必要。事实上那就是少不得要有武力强制于其间了。况且秩序的维持不单是内部的事,对外尤其要紧;对外防御侵扰更少不得武力。国家不是别的,正是以武力为后盾对外对内维持秩序的那盘机器。机器是要人来掌握运用的。那么，谁来掌握运用呢？自然不待言，就是那剥削阶级了。剥削阶级例必为统治阶级，国家名义及国家权力都属于它，至少在骨子里必然如此。

我说中国不属于一般国家类型，即指中国自秦汉后好像是阶级统治的一个例外。有职业而无阶级，是社会而非国家，乃人类未来远景；过去中国不足语此，却憧憬乎此。剥削虽存在，但阶级却以化为职业而散；同时，社会关系一切形著于伦理，又隐蔽了矛盾。因之社会秩序寄于礼俗而不是依靠法律，消极相安就代替了积极统治。武力在此似乎是备而不用的，准备亦就不足。国家便这样融解消化在社会里面了。假若国家可比作是立体的，社会便是平面的；那么，中国恰似隐立体于平面之中，二者浑沦莫辨。又国家是有对抗性的，社会则没有；中国人自来知有天下（茫无边界）不知有国家，正为其以社会涵容了国家之故。追寻上去，其根源仍在家族生活的偏胜、集团生活的缺乏。各家族相处只算是社会，而国家恰是集团生活最强有力的那一种。——以上这些话句都在《中国文化要义》一书中有其解释，这里不及多谈。

一般国家莫非阶级统治之理既明，则一般革命恒不免暴动流血、武力斗争，一定要把旧阶级手中的国家权力转移到新阶级方面来亦即明白。以资本主义的剥削代替封建制度的剥削那种革命尚且如此，何况我们（中国）革命的前途将是消灭剥削的，如何却不须武力斗争夺取政权？究竟在中国特殊论中，我从哪一点而得此论断呢？

七　问题在武力缺乏其主体

这仍然要从我直接经验的中国当前事实说起,而后上溯于其历史背景、文化背景。从过去三四十年的生活中,使我认识到中国的事情有两点特殊:

第一,中国三四十年来所深苦的分裂和内战,若以外国相对照,便知其大有不同。在外国亦每有分裂之事,像爱尔兰从英国分裂出来,即其一近例。外国亦有内战,例如美国即曾有过南北战争。但他们的分裂或战争都是基于其社会方面的要求,有着深厚的背景(民族的夙怨、宗教的不合、政治的不平、经济的矛盾等等)在。而我们呢,却不过是此一政府(或此一军阀)彼一政府(或彼一军阀)间的冲突罢了,于社会毫不相干。我亲眼看见从前内战时,全国各省教育会的联合会还照常举行;从社会一面看,全国之间是无隔阂可言的。原来此一大社会尽管其人口之众多、地面之宽广直等于全欧洲,而且山川亦不是无阻,语音亦不是无殊,却是全国人如一大家庭,在情意上完全相通而不隔。历数三四十年来所苦的那些分裂和内战,没有哪一次是问题发生在社会的。所以我可以说:把军阀政府除外去,中国国家原是统一的。——不统一的只不过浮在上面而无根的所谓"政府"就是了。请问:这是不是外国所没有的事情呢?外国所没有的事情,却是中国一直存在着几十年的事情,能说不特殊吗?

第二,在没有完的分裂和内战不断破坏下,使此广大社会陷入一种绝望境地,实非一般社会之所恒有。是一个国家必有其秩序;是秩序就有保全。其故即在一个统治力下,统治的一面、被统治的一面,总不过是两面;两面彼此对立,而又互相依存,成为一个结构。这一面亦少不得那一面,如何能不留余地地毁灭它呢?有保全即有生息长养。人类尽管在奴隶社会、封建社会那超经济的凶狠残酷剥削下,而社会还是发展起来,并没有绝望,就为此。但中国这时不然了!它不是两面,而仿佛是三面或多面。此一政府彼一政府形成对立,被统治的社会便成了第三者。在彼此对立中,各以应付对方为急,那往往是顾不得第三者的。无秩序的破坏代替了有秩序的剥削,此广大社会乃落于纯被牺牲地位而无可救,特别是乡村破坏最惨。对于乡村常是说:"今天可讲不起了(挖战壕、炮火烧杀、征粮征夫),明天必不如是。"但到明天依然是一今天。战争是常,不战是暂,或说是战争的休息、再战的预备。为备战而竞争着购械增兵,以致养兵之多甲于全世界,却非讲国防。兵多而益乱,战乱相寻,讫无了期。假若爽性分裂成几个国家,各干各事,倒亦不会这样纠缠在战争中。无奈此广大社会早已同化融合为一大单位而不可分(假如要分,几不知从何分起)。分又分不开,合又合不拢,长期地自相砍杀,日趋毁灭;这岂复是一个社会的常态?试问谁又曾在世界旁处见过这种事例?

这两点特殊,第二当然是从第一来的;第一则殆为其历史背景、文化背景之所决定。秦汉以来只有一治一乱之循环而没有革命的,到1911年后却真的走向革命——真的要变革此历久不变的老社会;社会结构正在一天一天崩溃解体,固有之统一不可规复,而一个新的统一正未易得。其中最基本问题乃在武力缺乏其主体。这个道理暂不忙道破,我们接续看过去若干年的事实。

如我在《光明日报》前文所说:

三十年来中国已成了一种争夺之局,而够不上说是剥削的局面。它不是有一不平等的秩序,而是早没有秩序了。

说争夺,不止于说军阀争夺政权、争夺地盘及其相因而至的那许多权利争夺,更且指遍地都是的那些争夺。我于此最好作两个引证。一个是民国十九年天津《大公报》社论的一段话:

(上略)一切支配于军权之下,而非支配于法律。上自中央,下至一县一村,其代表统治权者唯是枪杆;枪杆所至,权力随之。一切职业中之一切人民随时随地皆是自枪杆上讨生活。枪杆许其存则存,要其亡则亡。四万万人对于其生命财产事业言论思想皆无权,而唯听命于枪杆。(中略)此十九年来国民普遍享受之事实,无须详为说明者也。

(1930年10月31日天津《大公报》)

另一个是那时河南朋友传诵的几句谑词：

> 兵败为匪，匪抚为兵，兵匪相因，名异而实同；匪为无名之兵，兵实奉谕之匪。（兵匪到了完全无法分别的地步亦是那时河南实情。）

可惜许多具体情况此处仍不暇谈。当时的政府一般是让乡村自由组织武装自卫的。它明白承认它维持不了社会秩序。兵匪而外，所以还有红枪会。红枪会起自乡村，不止防匪而且抗兵（陕军奉军都被红枪会缴过械）。但其后亦很多胡闹乱来而为祸于人民。因此在各种武装力量之中，究竟谁是维持秩序间接以行其剥削的，谁是破坏秩序而直接争夺的，已经无可分别。我所说的遍地争夺之局，正指此。十八年我同朋友们创办"河南村治学院"于辉县百泉。十九年开学，正赶上过旧历年，频传匪警，同人夜间皆不敢解衣入睡。远近乡村爆竹声与枪声相杂，入耳莫辨。当时我们的心愿正不妨说是在创造一种有政治思想领导的红枪会。而末后（十九年冬）我们学院的枪枝却被当地李县长带兵包围缴去。像这些事实亦可有助于读者对情况的了解罢。

八　深感无秩序之苦

说到这里就寻到了我和中国共产党所以分路走的分歧点。

我在前文中曾点出一句要紧话："我正以无秩序为苦，而共产党却就苦其有秩序"。他们如何苦其有秩序且待第三步再讲，我所苦的无秩序便是上面说的这样。我即从上面这样无秩序而纯被牺牲的社会情形断定中国革命对象已不存在。何以言之呢？

革命必有其对象；主要对象通常应当是经济上已经完成其历史任务而要没落的那种社会秩序。社会秩序的构成通常有文武两面。文的一面就是宗教、道德、礼俗、法律这些；其中是有些道理能说服人的。但单是靠道理说服还不够，必须有武力为后盾而强制以行。两面合起来，便成功一种统治。最要紧是武力必须要集中统一。不要说头绪多了不行，就是有两个头亦要乱的。乱了便不成秩序。那些宗教、道德、礼俗、法律等等，虽不免头绪多，却亦要大体上配合一致。这种配合一致，在武力的集中统一之下，是自然会做到的。如其还不能十分配合一致，好在还有最后取决的地方，那就是掌有武力的国家权力机构。只要武力集中统一就不会乱。武力的集中统一，是有秩序之本，亦是构成国家之本。

现在中国——1911年后的中国显明地正苦于武力分散而无法集中统一，并不是存在着一强固统治力有待我们推翻。苦在没有秩序让人们得以安居乐业；几乎有秩序就好，不管它是什么秩序（平等不平等、合理不合理）。因为能从争夺进而为剥削，能从破坏进而为剥削，那已经很好很好。革命对象——强固统治下的社会秩序——不患其有而正患其无。

不但武力分散而不统一，同时其文的一面亦配合不上。号称维持社会秩序的政府却已经失去人们的信仰尊重，不足以服人。照例革命对象代表旧理想标准，而革命党则代表新的。总之是：统治方面若不在旧宗教、旧道德、旧礼俗、旧法律上有其地位，即必有其新依据才行。然而中国自1911年代表旧理想标准的王朝倒了，这以后南北东西各政府有的自命为代表新理想标准而难邀较久之公认，或根本未得公认；有的甚至于自己就不承认其合理。譬如社会一般人诅咒军阀祸国殃民，而军阀自己亦通电高唱"废督裁兵"。不唯旁人否认它，它自己亦否认它。这就证明它初不依于一种秩序而存立。

旧著《乡村建设理论》为指证军阀不是革命对象，曾说：

> 中国今日正是旧秩序破坏了，新秩序未能建立，过渡期间一混乱状态。军阀即此混乱状态中之一物，其与土匪只有大小之差，并无性质之殊（土匪扩大即为军阀，军阀零落即为土匪）。他并不依靠任何秩序而存在（如贵族依靠封建制度，资本家依靠资本制度）；而任何秩序（约法、党章）乃均因它之存在而破坏失效，而不得安立。它的存在实超于任何法律制度之前。它可以否认他自己的合理，承认他自己是社会一危害物，而于它之存在依然无伤。（中略）为中国革命对象的中国社会旧秩序早随满洲皇帝之倒而不存；此不成秩序之大小军阀固革命的产物，非革命对象矣。它唯以无新秩序起来替代，故暂时消极存在耳。它不劳再否认，因它并没有

被承认；它不劳再推翻，因它并没有建立。

革命对象基本上已不存在，无论从任何一面——武一面文一面——皆可鉴定无疑。那么，就要追问：这世界少有的痛苦不解之局究从何来，又如何才得解除？

回答这问题仍可分从文武两面来说，虽然根本上是一桩事。

若问武力为什么总是分散而统一不起来呢？这其实在前面讲到中国分裂和内战的特殊，早伏有解答了，不必外寻。这就是：武力从其自身而分散，不像外国是基于其社会一定背景要求而分。后者武力是有其主体的，而前者则没有。武力原是一工具；工具必有其主体。有主体的武力不会出毛病；武力而缺乏主体一定成问题。试以外国的事情作譬喻。过去爱尔兰人以武力抗英；英人以武力压服之。这些都是有主体的武力。他们有两种可能的前途：一种是英人制胜，那叛军就消灭，仍然是一个国家而不分；一种是爱人得胜，那英人就退走，分为两个国家。不管是一个国家也好，两个国家也好，在其国家内部武力总是统一的，没有问题。而中国现在呢，在这早已同化融合为一大民族单位而不可分的社会，其武力却分散而不可合。武力与社会完全脱节，社会掌握不了武力，听它横行，莫可奈何。它不能为社会用，转为社会害。社会本是用它来对外对内维持秩序的，却不料现在破坏秩序的正是它。何以竟落到这地步呢？没有别的，只是武力寻不到主体一个问题而已。武力寻不到主体，就不能统于一处。武力不能统于一处,就要分散到几处。分散就必定对立冲突而为祸于社会。这不是很简单明白的吗?

九 武力主体在1911年前和在其后

于是就要研究:(一)一般说,作为武力主体的是什么?(二)以往历史上中国的统一,是以什么作为其武力的主体?(三)1911年后亦不是没有短暂的统一,其时武力主体是不是有呢?

我可以回答:(一)一般说,作为武力主体的即是那剥削兼统治阶级。但剥削被剥削、统治被统治要两面合起来才成一个国家;当其彼此互相依存,有共同利害之时——只在此时——作为武力主体的亦就是整个国家了。(二)以往历史上中国是以皇室朝廷一姓一家为其武力主体的。武力虽主要为夺天下及维持皇祚而用,但这与社会的安危治乱亦有时为一事而不可分;那么,当这时候作为武力主体的亦就不仅在一姓一家了。(三)1911年后每一度短暂的统一,必在人心有所趋向,此广大社会若有其一大要求明朗可见之时;那么,当这时候武力就算是有其主体的了。

要说明以上的话,就根追到中国历史文化的特殊了。我不能把《中国文化要义》全搬出来讲,只能扼举其要点大意。中国与外国、特殊与一般之所以分,就在家族生活对集团生活这一点。家族生活、集团生活同为最早人群所固有,而且亦分不开。但其后中国人家族生活偏胜,有异乎一般之走向集团生活。这是什么原故呢?那我只能粗说其关键在宗教问题上。举西洋作对照:西洋在宗法社会的宗教之后有基督教,而中国当宗法社会之际却有"非宗教的"周孔教化;这就是两方文化所由分。从此,他们便惯熟于对抗斗争的集团生活,而我们则长久是散漫和平的家族生活。表见在中国人之间者,好处是不隔阂,短处是不团结。西洋人反此,其好处是能团结,短处是多隔阂。濡染于中国文化的人口达四万万以上,完全同化融合为一大民族单位而不可分,并且在过去宁为一社会,不类一国家。但同样人口在欧洲就不知要分成多少国家多少民族而合不拢,而且其一国之内往往还有许多分野(阶级的、宗教的、民族的、地域的等等),此疆彼界,隐然敌国。若问周孔教化有何巧妙竟然产生这样不同结果呢?那就是把家人父子兄弟之情推广发挥,应用到政治、经济、教育各方面,纳一切关系于伦理,以伦理组织社会,使社会家庭化。

由于以上所说两方的不同,当势不可免地经济上要有剥削、政治上要有统治那种时代,则此一矛盾形势,在西洋就演为阶级对立。——阶级出于集团,这是必须记取的。而在中国呢,它就化整为零,变固定为流动,有如我所称"职业分途"。整个社会内部形势散漫流动,其唯一固定者只皇帝一家。阶级对立之势未成。武力主体无可归落,只有落到他身上。然而他(皇室)实非一适当的主体。

一般说,武力因战争而有,战争必出于集团对集团之间。各集团掌握各自武力；武力天然被掌握于各自集团。没有集团根本不会有武力；岂有武力而待寻问其主体的？所以武力主体这一问题，在一般情况下原不发生。然而一般之所以如是，乃为一般是符合于孟德斯鸠一句话的。孟德斯鸠曾说："争之与群（集团）乃同时并见之二物"（见严译《法意》）。这句话是极言有集团就有斗争，有斗争就有集团，二者莫能分先后。但一般虽莫分其先后，在中国却似乎有先后可分。那就是在散漫而缺乏集团的中国人，往往可以见出它是因斗争而临时结合为集团的。像历史上那些农民暴动往往假借宗教迷信以求团结，还要用"赤眉"、"黄巾"作出识别，而仍然不免被认为"乌合之众"，即其例证。还有可注意的一种情形，就是这里（中国）往往是以一二人物为中心而形成集团：团体在后，领袖在先；领袖为本，团体为末。不同乎一般是在集团内推出其领袖：领袖在后，团体在先；团体为本，领袖为末。例如楚汉之争，其问题只在项羽刘邦两人之间，并不是楚集团与汉集团一定不相容。所以韩信就可以在两边跑来跑去。又如诸葛亮一家兄弟二人分仕于三国，亦正为三国不是三个固定集团，其间本没有什么沟界分别。从前有"攀龙附凤"一句话，正说明这类集团的由来。一旦相与竞争的故对集团失败散伙而天下大定，这集团亦解消于无形。所谓天下就是无数家族藉伦理联锁以成之社会大海。当初的集团只是从海中起的几点凝结，末后又冰消于海。此时不以武力主体属之一姓一家则无可归落，而以一姓一家为武力主体又嫌其过狭。

我们知道主体与工具是必须两相称的。若不相称,宁可主体大而工具小,万不能主体小而工具大。譬若以幼小人而操大刀,那便不成一种力量,反是一种累赘妨碍了。中国既是这么出奇的大国,要统治这么大国家,其武力该当多么庞大?而顾以一姓一家为之主,岂非太不相称!前说不适当指此。

然而自然(自然界的自然)是不会给自己出难题的。一个问题有来路便有去路。要知中国之所以拓大出奇,是有其来由的;那就是自始缺乏集团性,不习于对抗斗争而以伦理组织社会,许多邻邦外族乃不知不觉先后同化融合进来。"宁为一社会,不类一国家"(语见前)正是其得力处。武力于此固难得其适当之主体,但它(社会秩序)原可不倚重于武力。如所谓"马上得天下,不能马上治之",照例在天下大定之后即必"偃武修文"。我在前曾说"消极相安代替了积极统治,武力备而不用,准备亦不足";雷海宗教授尝论中国文化为"无兵的文化";都是为此而发。这样它就自然解决了主体工具不相称的问题。

二千年历史虽然可以这样敷衍过去,到 1911 年后则势不能再以武力主体属之一姓一家。同时政治上的消极无为主义亦为国际环境所不许。对外对内既非加强武力不可,而增大起来的武力却缺乏主体来掌握它。于是它便失掉其工具性,变成了为存在而存在,为发展而发展。卅余年军阀之局由此造成。军阀就是一指挥官领着一大批军队,占据一地盘而吃饭。为军队而要指挥官,为指挥官而要军队。既有指挥官又有军队,那就要地盘。有机会更扩大地盘而发展军队。扩大地盘是为了发展军队；发展军队是为了扩大地盘。完全无目的无主宰，只供一些野心家任意利用，合纵连横忽彼忽此，忽敌忽友，陷全国于分裂混乱之深渊而不得出。"不晓事的人还在作武力统一的迷梦，其实武力统一中国不难，倒难在谁来统一武力呢？"（语见旧著《乡村建设理论》）

十　深刻地认识无秩序

说至此，暂不忙讲如何形成一武力主体以求问题之解决。——这要留待以后说到我对问题的处理再讲。在这里还要把我对问题的认识作一总结。总结是往深处讲，往文化方面讲。

往深处讲，我认为中国自1911年后社会的无秩序已陷于一种恶性循环。这恶性循环便是无秩序与无阶级两面迭互为因果；试看它是这样的：

（一）社会内部形势散漫流动，缺乏固定成形之阶级，乃至于较为固定的一姓一家亦不复存在，莫可为武力作主体而国家遂不能统一稳定。

（二）国家不统一，对外不能应付国际的侵略（特别是经济侵略），甚且导致了侵略；对内则法律制度无效，社会无秩序，不能保障人的生命财产，一切农工商业（特别是工商业）

的经营就不能顺遂发展,甚且时时遭受摧残破坏;于是近代资产阶级(这是从历史看中国应该兴起的阶级)就培养不出来。

(三)资产阶级既培养不出来,武力仍然缺乏其主体,国家就无从而统一,社会还是无秩序。

(四)无秩序就不能养成阶级,阶级不成功,终归还是无秩序。

追究上去,端在社会内部形势散漫流动(贫富贵贱上下升沉不定流转相通)这一根本点。而这一点恰就是中国文化特殊之具体表现。因此一定要从文化上了解无秩序的由来问题才真得其解。

在前讲过有这两句话:

> 社会秩序的构成有文武两面。文的一面就是宗教、道德、礼俗、法律这些;其中是有些道理能说服人的。但单是靠道理说服还不够,必须有武力为后盾而强制以行。

作为一种秩序之核心的,必在其"有些道理能说服人的"那方面。而我们所谓文化呢,亦即在此。占人类绝大部分的虽是那些为人生而服务的方法、手段、工具、技术等等;但居中心而为之主的则是表现了人生目的、人生规范的这一些。这些大抵从人生一点最基本取舍出发而有其相联带的种种价值判断,藉着宗教、道德、礼俗、法律各种形式而分别表现出来。凡不同文化,皆因其在这里有所不同;若其他方法、工具等不同,是不足算的。秩序的改造、文化的变革亦都在基本改变了其价值标准而不在其他。

我常说过去中国历史上只有一治一乱之循环而没有革命,那亦就是说它的社会秩序尽有时失效而不久仍必规复,二千余年从无根本之变革。问它何以能如此?一句话说:其秩序存于道理说服者多,而恃乎武力强制者少。何以见得呢?它自古以道德代宗教,以礼俗代法律;而道德存于个人,礼俗起自社会。像西洋中古教会、近代国家那样以一绝大权威临于个人、临于社会者,中国是没有的。宗教、道德、礼俗、法律四者虽莫不有道理说服人,然而宗教不离祸福,法律赖于赏罚,皆不免对人施以威胁利诱,其于以理服人殆有所不足,比较上说,中国以理,西洋以力,两方文化的分别远从散漫和平的家族生活与对抗斗争的集团生活之相异而来,近则以阶级对抗形势的构成与否为断。

因此中国在1911年以前,其文化并不相当于西洋封建之世而远为深厚——在人心中深有其根。当清末西洋近代潮流进来,固说服了一些人,引发了1911年的革命。而革命的结果却并不能把中国社会像从封建解放出来那样转入到近代资本社会。所谓"基本改变了其价值标准"那句话是完全谈不到的,不过是新旧两种价值标准混乱矛盾之局。这就是陷于无秩序的根本所在。

不料正在新旧矛盾纠缠不解之际,又有第三种文化进来。这就是一向反资本主义的社会主义潮流爆发出1917年俄国的十月革命,影响到全世界,亦输入到中国。在中国就有中国共产党的产生,就有1925—1927年的革命及其以后的革命。这对于近代潮流(指资产阶级自由主义)而说,虽然二者原是同出于习为集团生活的欧洲人,却在社会人生上一切价值判断又大大相反。于是矛盾之外更增矛盾,混乱之中又加混乱。不苦于没有道理说服人,而苦于说服人的道理太多。

于是武力不能归一之外,道理又不能归一。假如道理归一,大约可能使武力归一的;假如武力归一,亦很可能使道理归一。反转说,武力是多头的就能破坏了道理归一;道理不一则武力归一恐怕亦难。现在正是后一种极严重情形,在旧著《乡村建设理论》上,我又称之为极严重的文化失调。必须把无秩序问题了解到此,才算真了解。

十一　不求统一于上而求统一于下

一切革命要不外推翻旧秩序而建造新秩序。当我对1911—1927年后的中国作如上(无秩序)了解,并看到它天天自己毁灭之时,唯一急迫心情就是要求建造新秩序,而坚决地激烈地反对内战,反对一切破坏行动。我过去之反共完全在此。至于建造社会主义的新秩序,那原是我的要求,并无不同意向。

要遏止自己毁灭而走向建设,特别是以社会主义经济为前途目标的建设,其关键全在统一稳定的国权之树立。怎样树立呢?如其再摹仿外国建立阶级统治之局,那就太不认识中国问题的特殊,而且有些企图早已经失败(详见后),不足考虑。唯一适合于中国的道路就是从阶级之缺乏径直渡达于无阶级之社会,而断断不是其他。这一条路首先从民国初建以来历次短暂的统一,在我直接经验中给我很大暗示。

譬如推翻满清时全国第一度统一之建立,就是人心趋向共和,全国纷纷响应,四面八方——清室亦在内——合拢来的结果,而不是从革命一方发展拓大统治了全国。再如推翻袁氏帝制恢复共和那一度全国统一,亦是差不多一样;一句话说,都是决于人心之向背而不是用兵的结果。到国民革命军北伐那一次,算是用兵稍多。然而从广东只出来三万多枝枪却削平了几个大军阀十余倍兵力,仍不出"得人心者昌,失人心者亡"那句老话。末后以张学良易帜而完成统一,与前两次还是如出一辙。而最后明效大验莫过于抗日初起时全国所表见的空前高度统一,对内一毫没有用兵,而全国之兵却莫不为它用。当在徐州与日寇会战时,云南兵、广西兵、四川兵(这些都是从来不统一的)、东北兵、地方兵、中央兵、国民党的兵、共产党的兵……什么兵都来了。各式各样的装备和符号参差不齐,却统一于抗日一个目标。多少年来武力失掉其工具性,至此竟一朝而恢复。所有这许多事例都暗示我们要抓住全国人心趋向——此广大社会一共同要求以求统一,不是吗?

大凡问题解决的窍要就藏在问题里面，不必远求。真能了解问题，自能解决问题。在前我们不是已看出中国所有的分裂内战不同于外国有的分裂内战吗？既然知其不同，那我们就自有其统一之道，不必摹仿外国。天下事情短处翻过来即是长处，这边走不通就掉转走那边。外国一般是求统一于上的，我们今天却须求统一于下。何谓求统一于上？在此疆彼界隐然敌国的社会中，以一方强越势力压倒其余而统治之，尽管社会依然不免有其分野对立而国家却是统一的；这就是统一于上。何谓求统一于下？在"好处是不隔阂，短处是不团结"（语见前），形势散漫而情意颇若相通的社会中，发见其亲切实际的共同要求，从而联系之以成一体，使一向浮在上面的分裂若有所归而势无可分，国家于是统一；这就是求统一于下。

历次从人心趋向的一致而有了全国统一的局面，却总未能把统一贯彻稳固下去，这是因为过去有缺点：第一，历次意志集中总偏在负面而不是正面。像排满、倒袁、铲除军阀、抗日，这一切都是负面消极性的；其正面积极要求却不具体明确。一旦消极目的得达，立刻就不能一致。须是一个正面的、经常性的、合于大众亲切实际的要求就好了。第二，人心虽一时从同，而人仍然是散漫的，所以不中用。须是随即把它联系起来，成一代表广大社会的组织就好了。

然而要做到以上这两层却亦有待机缘时会之到来，无法强求。我所从事的乡村建设运动不是旁的，正是看准了这种时机到来而努力奔赴的全国统一运动。

乡村建设运动大率起于1925年以后而盛于1937年以前。它是从四面八方不同地区、不同动机或立场，从事于不同业务或工作，不期而渐渐汇合为一流的一大运动。正为乡村人口、农业生产是此社会最大之事实，要想提高文化，唤起民众，复苏经济，改革政治，总不能舍此而别求其致力处、入手处。这是当那些大而无当、高不落实或缺乏建设性的救国运动、革命运动过去之后，自然转入一种近乎改良的运动。这种运动从表面上看，在东西各国差不多都有，然而实质上不同。试以日本为对照就知道。1936年春我曾到日本去考察其农村复兴工作。原来他们农村经济之受到破坏，即在1929年后的那次世界经济大恐慌。其农村工作即始于那次破坏后才制订的五年计划。我到东京刚刚在他们所谓"二二六"事件之后不久。"二二六"事件和"五一五"事件（刺杀首相犬养毅）都是从其社会内部矛盾爆发出来的革命式的政变暴动。资本主义的经济盖不止存在着劳资两阶级的矛盾，更造成工商业与农业、都市与乡村、生产者与消费者……种种矛盾。两次事件就是陆军军人代表农民反抗资产阶级政党政治的一种行动。其复兴农村的一切工作，外表上与我们乡村建设绝相似，而处处比我们见出有办法、有成绩。但我们却效法不来。何以故？他们政治有系统（议会有种种立法而中央以至地方行政机构为之执行），经济有系统（例如金融系统、全国合作社系统等等），教育有系统（从学术研究、学校教育到社会教育），互相配合作起事来效率自高。试问在分裂内战又一切落后的中国何从得此好条件？然而却要知道：他们救济农村的一大力量不是别的，正是控制其农村的力量，亦就是起初破坏其农村的力量。这正表见资本主义国家内矛盾的两面又互相依存。他们的农村工作尽有效率，却无前途，总不过是改良而已。要想达到社会主义，不可避免地它还要经过大革命推翻资本主义才行。中国却不然，正为其没有那一大系统力量来救济农村，亦就没有一大力量阻碍着此广大农村自求其前途。乡村建设只是近乎改良（甚至有人亦自认是改良），而实则其使命乃在完成中国革命的。

中国革命始于1911年，本意在模仿着做一个近代国家（如日本一样），却不料自此就不成一个国家。外不能应付国际侵略，内不能维持一般秩序，资本主义工业之路走不上去，经济的落后一直未改，工商百业仍依托农业，都市仍然依托于乡村，一旦农村崩溃，全国不了。1930年后救济农村的呼声不发于乡村而发于都市，首先说话的正是上海金融界（中国银行年终报告）。1933年后每年全国乡村工作讨论会开会，一经号召，人们即从东西南北各地自动集合而来。到会的各行各业什么人都有，假使你不先知道为什么事开会，而要想从到会人身上发见它是一种什么会议直不可能。因为人太复杂了。于此可见它是亲切地关系到全社会各方面的实际生活问题，不同于某些运动只对于一方面或一部分人亲切，偏而不全。更要紧的还不在此——不仅在当前一时代表着全社会广大要求。更要紧的乃在资本主义国家内那种强大的矛盾这里没有构成——矛盾亦有然而是分散零碎的,并没有构成一大矛盾而不可解——尽可以容我们从一种有方针有计划的经济建设,调整社会关系而达成社会主义。这就是说:在社会经济整个崩溃的中国,今天需要从国际经济侵略下翻身起来而向着社会主义迈进;但要翻身不是件容易事,要从经济建设而完成社会改造更不是容易事,都必须看出有其客观可能的一条方针路线才行。然而乡村建设呢,却正是这一条通路。空间上代表着广大要求,时间上又有其远大前程,当此运动广泛展开于全国而成立其一大联合组织的时候,散漫的中国社会不是就联系为一体了吗!

一切政权(国权)原是为社会经济而服务的,经济的出路果真在此,则政治的出路无不在此。当此一大社会从乡建运动而统一起来,武力就有了主体。但千万莫忘记"统一于下"那个原则,乡建运动的联合体或其任何组织都必须守定在野立场而不要直接当国秉政。

须知统一于下所不同于统一于上的,就在使社会始终保持于一个立场上。要使社会保持于一个立场而不分,那就必须把政府与社会分开。不然的话,社会自身就要分,这是一定的。因为社会原涵有矛盾在——至少那个剥削问题免不了。对于矛盾只有两种安排:(一)偏于一方的强力统治;(二)从彼此理性求其协调以至末后矛盾完全消除。这两种安排不容你自己选择,而一视乎国际国内形势为决定。一般国家都是第一种安排,而中国则做不到,可无待多说。却由于国内一大矛盾之势未成,就有了第二种安排之可能，再由于国际侵略压迫严重早掩盖了内部问题，乃更加决定。从乎这内外形势不能不作第二种安排了，而为涵有矛盾的这个社会恒常保持于一个立场却大大不易。此时最要紧的就是必从理性求协调而万不能用强力。然而此时对外对内少了武力如何能立国。那唯有以政府统率武力代表国家对外对内，不要与代表社会的乡建运动组织牵连混合。如其乡建团体自己来组织政府，那便根本破坏了求统一于下的原则，而搞乱了这种安排。本来显然隔阂对立的两方面在中国很少有，如其说有，那就是在政府与社会两相对之间。乡建运动当其在野向下扎根，把散漫社会打通一气，可使政府为之低首；一旦自己登台，却将失脱社会根基，并陷自身于纠纷，亦就失去一切作用，而葬送了革命前途。

乡建运动与政府之间的关系如何才对呢？如《乡建理论提纲》第四十六条所说，那就是要以全国乡建运动联合组织的中枢为知觉和用思想的机关，而以政府为行动机关。但不必从法律上取得此种地位，而要在其能从事实上代表此大社会的痛痒要求，并能集中人才以学术头脑规划前途，给政府施政作指针，即不患无其地位。

十二　始终自以为是

叙说至此，读者可看出这种主张真算特殊，一般革命中的政权问题到此完全变了。它虽仍然需要一个服从于革命的政权来完成革命,却已经不再是变更政权、夺取政权那些事了。它是把原来不属一般国家类型,又经革命推翻了秩序更不成其为国家的,设法形成一个国家——还是不属一般国家类型——让它有革命政权树立起来,俾得进行建设,完成革命,以达于最后是社会而非国家那一步。此时我看:南京的国民党是在我右边的;它倡言建设而无方针,简直不晓得它要往哪里去,不说背叛革命,亦是忘记革命。江西的共产党是在我左边的;它倒始终没有忘记革命,而盲目破坏,有害无益。若其昧于认识中国问题,则两党所犯之病相同。只有我从历史文化认出了中国革命唯一正确之路。

后来抗战既起,乡建运动不得如预想那样发展开,又见两党各具势力不容轻视,经过一番考虑,稍稍变化了我的主张。这就是后来我主张的"确定国是国策"、"建立党派综合体"、"政权治权划分开"那三个步骤所构成之一套方案,在前已有叙述。因我考虑到:两党原来都是想解决中国问题的,却由认识问题不足,而今天他们自身依我看倒成了问题,等待人助其来解决。我应该引他们回到解决问题的路上,仍成为解决中国问题的力量。这是一面。再一面,乡村建设之路果为他们所接受,正用不着一个地方一个地方去发展;如不为他们所同意,那自身想发展亦将受到阻难。所以无论如何要打通他们的思想才行。这其中第一步确定国是国策,意在使全国意志集中于一建国目标,包涵有对外如何求得民族解放、对内如何完成社会改造两大方面,而以后者为主,希望把乡村建设采纳进去。第二步建立全国党派综合体，其作用就相当于全国乡建运动的联合体。第三步政权治权划分开，即本于乡建联合体要守定在野"求统一于下"那个意思而来。所有变化只在外表，根本意思实未尝变。

这一方案在我第一次到延安时，虽胸中尚未十分成熟，却已提出向毛主席请教过。第二次到延安，更向十位先生陈述了一遍（见前）。对周恩来先生则是在重庆谈的。我说党派综合体不要直接当国秉政，而参加政府的人一定要脱党，他们似乎怪讶不解。好像确定国是国策、建立党派综合体两层在意思上都还可以接近，只第三层不行（毛、朱、周三公皆露此意）。而其实从这方案说，第三层寓有我解决中国政治问题的窍要在内，正是其最要紧所在。政府与社会如不分开，社会统一不能巩固，便一切都完了。

为什么彼此意思不接头呢？共产党的老话："要站稳阶级立场"，"要分清敌我"；而我却要把全社会统一于一个立场，一定要"从团结求统一"，"只有东西南北各式各样的朋友都拉在一起中国才有救"。彼此路道正好相反。可以说国内过去有本有源彻头彻尾反对共产党以武装斗争方式解决中国问题的我算一个。我有一套"既从今以追古又由古而达今，事事与外国相比较，纵横往复"而建立起来的理论作根据，我认定他们把中国问题当作一般革命来搞是错了。直至全国解放前夕，我写《敬告中国共产党》一文反对以武力求统一，还在说：

>　　……我担保不会稳定,即统一必不久。我前说"以武力求统一只有更迟延中国的统一"其意正在此。这千真万确的真理,我却不愿它再作一度事实证明。——但你们竟然要再来一度,我亦只有长叹一声!

从这几句话不但看出我的自信,还看出自信是在这一点上。

本文第二步骤——说明我对中国问题的判断和处理所自以为是的由来——至此约可结束。

十三　到底是无秩序还是有秩序

在《光明日报》前文上,我曾说三年来的事实给我的教训最大者就是若干年来我坚决不相信的事情竟出现在我眼前——一个全国统一稳定的政权竟从阶级斗争而奠立起来。同时其另一面,当然就是我所深信不疑者完全落空。这使我不能不好好反省究竟错在哪里。既须寻出所以错的根本点,且要分别勘正那些从而发生出来的错误。以下就进入本文第三步骤。

在前已点出我和中国共产党所以分路走的分歧点,即在"我正以无秩序为苦,而共产党却就苦其有秩序"(语见前文)。把这问题弄清楚,错误的根本自见。上文充分发挥"无秩序"之说正为下文检讨要翻案作准备。

我们在上文费了许多话来讲"无秩序",那"无秩序"真是铁案如山,谁还能否认呢?读者试回头看一看,我想一百人未必有一个人能否认罢!谁晓得就像我所见兵匪如麻混乱到顶的那种地方,若让毛主席来看还是有秩序,而且统治依然很强。试取出那篇《湖南农民运动考察报告》,对照着来想一想,便可恍然有悟。原来我之深苦无秩序,还是从一般有产者立场出发。虽说已经成了争夺之局而剥削之局似乎被打破,但财产私有仍是公认的制度;剥削一般还是有效,强霸争夺究竟难邀赞许;这就是有秩序。这种秩序的破坏,威胁不到无产者,不是他们之所苦。他们之所苦,像那篇报告中所说绅权、族权、神权、男权的四大威权,则因我既不是贫雇农,又没有生长于乡村宗族间,又不是女人,一切横暴压迫未曾受过,在我意识中就不能清楚深刻。身受其苦的人,大概若有一物横梗在胸,念念不忘;而在我心中却若有若无。所以封建统治从毛主席看去几乎原封未动,而我则倡云"革命对象已不存在"(见前)。假若当那时我亦在湖南,我将是对农民运动喊说"糟得很"的人,而不会如毛主席亲切地感觉"好得很"。

何以说这些问题在我心目中若有若无呢?这值得仔细说一说。首先应当从其中重要的绅权说起。

绅权这一项诚如那篇报告中所说:"农民对政府如总统、督军、县长等比较还不留心,只这班'乡里王'才真正是他们的长上"。虽各地情形不同,然问题总是有的。我既号称作乡村运动,原从很早用过很多心思在这个问题上;那么,我对此问题究竟如何判断和处理的呢?民国十九年我主编《村治》月刊时,有一篇《敢告今之言地方自治者》的长文,最可代表我的意思。此文曾收在《中国民族自救运动之最后觉悟》一书中,由中华书局印行。其中虽大致从反对当时所谓地方自治说起,却可见出我对绅权的看法:

(上略)举办地方自治岂独增加农民负担,更其凶猛可怕者是助成土豪劣绅的权威。(中略)我们试想想看:

第一,本自容易受欺压的乡民;

第二,将他们划归一个区域,而安置一个与地方官府相衔接的(自治)机关;

第三,此机关时时向他们发号施令,督迫他们如此如彼;

第四,此机关可以向他们强制地加捐派款;

第五,此机关可以检举他们某些罪名(例如烟赌等)而处罚他们;

第六,此机关或且拥有武力——保卫团。

这简直是为土豪劣绅造机会,让他正式取得法律上地位,老百姓更没法说话罢了。不独给他法律上地位,并给他开出许多可假借的名色路道来,又且资他以实力(保卫团)。

接着我又论到"人民自卫"这题目亦可怕的。因为枪枝武器多出于地主有钱的人，而统制指挥又操于他们之手，地主绅士一二人的尊严威猛由是遂以建立；怎能保他不滥用权威呢？多数乡民怎能免于受欺压被鱼肉呢？原文还这样说：

> 我们并不是说作"团董"的没有好人，这是事实自要如此。何况今日的社会是什么社会，我们试想想看：
>
> 第一，今人欲望比前高许多，而生活的艰难及风气的丕变更使人歆慕金钱势力；
>
> 第二，频年的变乱使人变得险诈狠毒、残忍胆大；
>
> 第三，社会旧秩序（法律制度礼俗教条等）已失，而新秩序未立；于此际也，多数谨愿者莫知所凭循，最易受欺，而少数奸猾乃大得其乘机取巧纵肆横行之便。
>
> 在这种运会形势之下，（中略）再加上"地方自治"、"人民自卫"适以完成其为人民之蟊贼，一方之小霸王而已。然而今之提倡自治自卫者似绝未留意到此，究竟是智虑短浅呢，还是毫无心肝！

问题是这样提出了，将如何处理呢？过去两千年消极不扰为治，让老百姓去度散漫和平的生活，那是不可能规复的了。模仿西洋的旧民主制度我亦不赞成。原文于摘引当时自治法规那些乡民大会、区民大会、乡监察委员会、区监察委员会及人民的直接罢免权等等规定后，便说：

（上略）求效于组织制度之间，对于声威所在实力所在的豪绅，欲以白纸写黑字振起农民数千年散漫积弱之势而胜之，实不免妄想。然而在这种互相牵掣抵制之下，一个人独霸之局诚亦不易成功；演为地方上几个人分结徒党明争暗斗之局，大概是一定的。因为一地方不见得就只一个人有钱、有势、有资望、有胆智；长于此，绌于彼，高矮不齐而各不相下的总有几个人。这几个人始亦未必彼此作对。然而从这制度之所安排布置，其不引之促之于结党分派构怨成仇又何待？在立法者所自诩为防杜土豪劣绅的妙方，不过换一换局面。而此种捣乱打架之局比之个人独霸之局，究竟哪个好些又谁能说呢？

原文接着说，多数政治是无疑问的必要，但昧于民族固有精神必致酿乱。自1911年来，因"民主共和"的好名堂已是将国家闹得天翻地覆。然而偏僻乡曲兵匪不到，犹或可以安生过活，或兵去匪过之后亦可抽空过活。假若"地方自治"、"人民自卫"普遍地举办起来，必将闹得无一处无一时得安生，其为祸之周匝深刻又将十倍于前！

似这样，过去老路子是回不去，近代西洋新路子我又拒绝模仿，我主张什么呢？当然更无旁的，只有我的乡村建设。乡村建设的主张，虽不能说是起于要解决绅权问题，但想从乡村培养出中国的民主政治来，则是我最初动机（下一篇文章将叙述到）。

像这样的动机,绅权问题自然在考虑之内。所谓"若有若无",此即其"若有"一面。

何以又说"若无"呢?那就是不作为革命对象来认识它。这从上所引原文和未引的全文语气间不难看出;而看我全部理论就更清楚。照我的理论,秦以后中国封建制度虽不是完全解除,却变化得非常之大。我承认它有时逆转于封建,但若顺着中国文化走,则理性发挥甚高,过着消极相安的伦理生活,尽不免有些封建形迹,早无封建实质的。可恶的绅权(还有其他类似东西)我只设想它是逆转于封建时有的,不是在一切时固定有的。所以在上所引原文及其全文语气,都露出问题原来不大(如果不是没有的话),而在"这种运会形势之下"却大了,特别若是随便举办"地方自治"、"人民自卫"将更大。

再明确地说一句:现在遇到的这些恶势力——绅权及其他——其性质是封建的,但主要是由于消极性的老文化旧秩序已失,积极性的新文化新秩序未成而出现,不是传统一直留存下来的。它本身是无秩序的产物,愈无秩序它愈发展,愈作一些不能成功新秩序的新号召新办法它愈发展,而不是任何(封建的或资产的)秩序。只须赶快建造新秩序——其道则在乡村建设——就好了,用不着当它作革命对象来实行革命。——这岂不是"若无"了吗?

其次再讲族权、神权、男权这三个问题。

旧著《乡村建设理论》曾指出某些宗教迷信和中国人子女若为其亲长所属有,妇人若为其夫所属有,那种人对人的隶属关系,自是宗法社会、封建社会的遗迹，较之近代西洋不免保有一些未进步的形态。我承认所有这三权是封建，这就是"若有若无"的"若有"一面。然而我同时说明中国之所以数千年长保此落后形迹者，正为其理性开发太早——文化成熟太早，不可误以为真幼稚。从旧著《东西文化及其哲学》到《中国文化要义》前后三十年都在作此阐明（至今没有改变），因此它就不同于一般。从一般说，这三权往往结合于封建实力（武力统治）而不可分，要革命时一起革命，其必出于暴力破坏势不可免。而这里似用不着，尤其在经过1911年革命更用不着。在这里，要待积极性的新文化新秩序之一步一步建造（产业发达、科学发达、教育发达等等），它随着同时就自然解决的。对它亦可说须要革命，但不过习俗观念须要改造的那种革命。——于是从"若有"，又转为"若无"。

　　过去我从不肯说反封建这句话。虽亦说要为农民解决土地问题，但只从经济上了解其意义，不从反封建出发。我认为"怎样在日常生活中养成其组织能力，是农民得以抬头作主的唯一途径"，"农民地位须要增进提高而不是翻身"。（《乡建理论》）对于封建性极重的某些习俗亦知道要改革，而在邹平所最用力作的亦不过反早婚（族权）、反缠足（男权）一类功夫而已。至于不知不觉还作了许多助长封建势力的事情，将留待下一篇文章再作检讨。总之，我对于中国旧日社会的封建性的认识远为不够，直到解放后到了鲁南，到了川东乃大有所省觉（见前文）。这是由于我的出身和生活环境从没有尝过那些封建统治压迫之苦，而倒有一些知识思想会分析问题,亦就不免曲解了问题。

"所有的人每一个无不有他的阶级烙印","一切问题所争总不外乎彼此立场不同";这些话我今天才相信。过去不是无所闻,却不相信,不肯从这里去注意反省,终于被自己的阶级出身和环境所限制、所决定而不自觉。中国社会是不是缺乏阶级,自1911年后是不是没有秩序,本都可以从两面来看,而且几十年中亦何能一概而论。但我总是从其一面——缺乏或没有——来强调,总不免一概而论,正为自己没有站在革命的阶级立场之故。以上借着毛主席那篇《湖南农民运动考察报告》为对照,揭发出其思想根源。本文开首说的:我之落归改良主义不出于浮浅错误而是有其思想根源,至此点明。

以下继续说明我根据"无秩序"这一判断来处理中国政治问题,如何不能不使革命落空。

十四　就为不懂矛盾论所以一无是处

我写至此处,《人民日报》刊出了毛主席的《矛盾论》一篇著作。看了之后第一个感想是自己过去就失败在没有把矛盾法则弄清楚。现在看了还是有许多处若明若昧,但有一点则明白无疑:毛主席掌握了这部矛盾论乃是他领导革命成功之本;而我在中国革命政权问题上分析错误、处理错误,正为搞不通矛盾论。

读者试回看本文第二步骤讲中国必"求统一于下"那许多话,还有《光明日报》前文讲我反对暴力斗争那许多话,不正是从形势分合、内(阶级)外(国家)矛盾来分析判断、来规划处理吗?等待几时矛盾论学习好再把其间错误一一检查出来,现在只能粗说一说(仍不知对与不对)。

"没有秩序"这一判断,决定了我对走一般革命之路的否定,亦决定了我必要作特殊处理。其错误亦要分从这两面反复检讨才更明白。

一般革命之路——暴力斗争在我何以要反对呢?如《光明日报》前文所说:有两面才好斗,亦自然要斗;斗亦能斗出结果来。结果指一面压倒一面而革命政权树立。缺乏对立的两面不能斗;斗就要陷于乱斗,就要混战一场而没有结果。又何以见出没有两面呢?如前文所说:阶级问题要紧在剥削被剥削,而剥削却必在一种秩序下行之;有秩序便有两面,否则,不成两面。所谓不成两面,意指没有构成阶级统治之两面。一般革命不外是这两面中被统治的一面翻上来把那一面压下去,以新阶级代旧阶级而居统治地位。这种新陈代谢的社会发展,在历史上只见其改朝换代的中国原是没有的。不成两面是早就不成两面,不自1911年始。不过1911年后乃更加甚;在前是散,其后更加上乱。在散而且乱之中你怎么能斗出结果来呢?所以我认为此路不通。

我们先来检讨这一面。

说1911年前中国早就缺乏阶级,这句话是不是可以说呢?

我想是可以说的。"缺乏"乃比较相对之词,以表阶级在这里较之在西洋或一般是有差异的。在这里存在着剥削乃至亦免不了统治;就是说:一般有的矛盾这里亦有。然而其形势分散,上下流转相通,阶级好像没有固定成形,在矛盾上难道不较之一般有差异吗?说是可以说,但我一向片面强调缺乏阶级,而不从其虽缺乏亦还是有那一面来看,这就不合于辩证法了。

成不成两面,在1911年前和在1911年后应当分别来看:1911年前,统治被统治、剥削被剥削都不是固定的,唯一固定者只皇帝一家,因有"一人在上万人在下"之说。说不成两面,意正指此。当其有大暴动起来,虽推翻一代王朝却无法作到一面翻上来一面压下去,亦正为此。然既有矛盾,就有两方;况其不固定亦只是相对的不固定。所以当大暴动起来,诚不免陷于混战乱斗,而当其有秩序之时终还有两面可说。必强调1911年前早不成两面,仍属片面看事情,不合辩证法。1911年后秩序破坏,军阀彼此对立混战,被统治的老百姓转落于第三者地位而纯被牺牲,确乎不成两面。然而在前已经指出:财产私有仍是公认的制度,剥削一般仍是有效,强霸争夺究竟难邀赞许,则秩序亦还是有的。此时从全国来说,虽不成其为两面;在军阀政权地方内,难道说不是两面?片面强调无秩序,强调不成两面,总都是不合于辩证法。

有没有秩序,成不成两面,这些都不须空泛着谈它,而要从其斗得出结果斗不出结果,亦就是一革命政权能不能树立来研究。——这是最要紧的。

当我们要革命时——要解决矛盾时，就不能把各种矛盾同等平列来看。譬如军阀彼此间虽有矛盾，其矛盾却与革命无关。而我竟因其一时祸害的严重而看重它，不但把它与阶级矛盾平列而说为三面或多面，并且援为"阶级分野不够重要、没有力量"之证（见《光明日报》前文）。这就大错而特错。这是为我自己根本没有站在革命立场。如前所说，我是从有产者立场出发了。尽管小有产者在社会上数量绝大（毛主席所谓"两头小中间大"），并且私有制度亦还有一段前途，在当前应当求其稳定；然而在一个以反剥削的社会主义革命为理想要求的我，如何却代表了有产者，岂非笑话！关于立场检讨仍留待另一篇文；这里主要指出的是其轻重倒置，实为不能解决问题之本。

假如自己站在一定的革命立场，那就是自己站在矛盾中的一面而要求如何解决其问题，则对于左右前后牵联着的许多其他矛盾，视乎形势发展，自能权其轻重，分别主从，知所先后，而联其所当联，攻其所当攻，暂时不管的搁开不管，将始终只有两面而不会乱。所谓"散"，所谓"乱"，所谓"混战一场、乱斗起来"，都不过是我把许多矛盾同等平列乃至轻重倒置、胸中无主之表现，在马列主义的革命党人是不会的。既然始终只有敌我两面而不会乱，则不断随着世界大势之发展而努力之结果，迟早总有一天这面翻过来而树立了革命政权。何能无结果呢？

在《光明日报》前文我曾说："我现在觉悟到尽管中国社会有其缺乏阶级的事实，仍然要本着阶级观点来把握它，才有办法"。

有些读者看了不解,以为"既然缺乏阶级了,如何还能以阶级观点把握它?"其实正该如此。阶级立场和阶级观点是一个革命者应当始终不放弃的。却遇到缺乏阶级的社会,依然可以承认其事实;仅承认其有所缺乏,并不曾轻忽其阶级本质。要必在不否认其缺乏阶级之中而把握其多少有阶级一面,然后才有办法能解决社会问题。我想唯物辩证似乎应当如是。过去我追求中国的特殊,在"缺乏阶级"的强调中竟致忘记了立场,抛弃了观点,把矛盾法则根本不要;革命在我不成空谈,成什么呢?

一错误,无往而不错误。就在我片面强调"缺乏阶级"、"不成两面"之时又忽忘其可能有发展变化,于是像山东乡村社会在抗日伪、抗蒋美的十余年中所引起之阶级分化以至惨酷斗争(详见前文),便不曾料到。这种把事情看成静止的,大大不合于辩证法。而且我一向强调"中国革命是从外引发"(见前)的话,何以却不早注意世界正从阶级立场分为两大阵营而决斗的形势,而中国亦就要被扯向两边去呢?这种孤立起来看事情,又是大大错误。

中国共产党或许于中国缺乏阶级那一面有些认识不足;然而不要紧,他却正好把握了其有阶级一面。他把握了这一面,坚决站在无产阶级立场面立志走向反剥削的远大前程。这对于"中间大两头小"的社会全局说,自己立脚地方,岂不失之狭小?同时对于这样经济落后的社会说要反剥削又宁不失之过早?然而一切不要紧。他立脚地方确实的很,而放眼世界来看又并不狭小。

剥削虽不能一步登天而废除,但从我们不能再走向资本主义来说,则方针路线又不可不早为明确。这一个"确实"、一个"明确"就是最好不过的事。近从一角落,远到全世界,在他眼中早把一切人们分作两边去。

"分作两边去"这只是在自己眼中如此,还没有真成事实。不但没有成为事实,而且事实上恰是应该分到这边来的没有分过来,应该分出去的没有分出去。——这例如大都市的产业工人还没参加革命,手工业者还在闹"同行是冤家",店员与老板相依,农民分散而不集中,甚至佃雇农与地主亦复相安,多数知识分子各行其是,在一种彷徨或游离状态中,……如此等等说之不尽。然则怎样造成事实呢?特别是怎样团结成自己这一面呢?敌人那一面倒不必管它,自己这一面团结不成,则翻上来压下去的话即无从谈起。所以这是一个决定性的问题。假如以上是说共产党在认识上如何与我不同,这就说到彼此行动上的不同。

共产党的成功是成功于其行动的。他的行动就是武装斗争四个大字。只是从武装斗争以后,那"分作两边去"的事实才当真造成。——一步一步地婉转曲折地经过长时期而造成。说明白一点儿:这才造成了中国共产党及其领导的统一战线。从造成自己(党)这一面的开始,就有军队和政权随着而来。一分的开始就有一分的军队和政权,最后便是极其强大的军队和全国范围的革命联合政权之建立。一切成就基于武装斗争;没有武装斗争没有一切。

然而武装斗争不为别的,乃是为要破坏推翻一种强固统治的秩序;这在我不是"不患其有而正患其无"(见上)吗?前说"我正以无秩序为苦而共产党却就苦其有秩序"是彼此分路走的分歧点,正为此。在解决中国问题上彼此一成一败,他走了活路,我走了死路,全由这里分。

他单是武装斗争就成了吗?那完全不是的。单是武装斗争——单是暴动,可能没有破坏到对方而先消灭了自己。因为他不是从现成对立对抗的两面而斗争,乃是要在斗争中逐渐地分开两面,团结成自己。所以单是武装斗争完全不够,而要在斗争前、斗争中、斗争后,都善于掌握运用矛盾论。掌握好矛盾论,才能在散漫凌乱的社会中得其条理,把变化复杂的环境应付裕如——如前所说联其所当联,攻其所当攻,暂时不管的搁开不管——而使自己一天一天由小变大、转弱为强。末后,这面翻上来那面压下去的事情居然出现在中国,开数千年未有之奇局,其全部学问要都在此。

读者试再参看《光明日报》前文说到中国无产阶级革命力量如何养成那一段,则于一般革命之路所以在中国终得走通不难明白;而我过去否定它的不对,可无待多说了。

十五　这才晓得原来我没有革命

更从另一面——我对中国问题的特殊处理那一面再检讨看看。

我所谓特殊处理自是对一般革命之路而言,究竟其不同处何在呢?那不外革命是讲斗争的,而我则讲联合。用上面的熟语来说:革命就是"这面翻上来那面压下去";特殊处理则在"不求统一于上而求统一于下"。要"翻上来",必须武装斗争;要"统一于下",全在把握社会人心一共同趋向。如今看来我错在哪里呢?很简单,我不该片面强调联合,把"联合"与"斗争"对立起来,以为二者不能相容。这在矛盾论上就根本是不通。联合是可以讲的,却要在斗争中讲就对了;特殊处理是应该有的,但离开一般而作特殊处理那就错了。

特殊处理的思想是怎样形成的呢?假如说中国已是某一帝国主义的殖民地,或者说中国已成了一个资本主义国家,那么都有一强大矛盾简单明切构成在我们眼前,谁还说什么特殊处理。恰为它不是如此,而是在几个帝国主义侵略下的半殖民地,我们对帝国主义矛盾之外,帝国主义者彼此间还矛盾着;同时国内四分五裂,统治与被统治矛盾之外,统治者彼此间更有矛盾。实则其矛盾重叠、分散、零碎、复杂还不止此,此不过其大端。于是我的注意就被吸引到为祸最烈的连续内战(无秩序)上。这是几方面(有枪阶级彼此之间、有枪无枪之间)矛盾的集中尖锐表现,却掩盖了寻常有秩序的剥削被剥削那种矛盾。当我迫切要求国权统一稳定之时,虽主观自觉地是在要求有方针有计划的社会主义建设,却不自觉地早把社会生产上剥削被剥削那种矛盾——社会最基本重要的矛盾转而看轻,自己恍若置身矛盾之外来处理矛盾，而实际却是从有产者立场出发了。这便是我离开一般革命之路而走向特殊处理的开头一步。

　　同时，结合着我一向对于老中国社会构造特殊的认识，我很快看出中国这种分裂内战与外国所有的分裂内战殊不相同，它并不代表社会什么一定势力分野，它完全是没有根的。这恰是数千年同化融合而无可分的一大民族单位，经两度革命后老社会构造崩解而一新社会构造未成的现象。当兹民族危难之时，为了共同对外御侮对内建国，苟得其联合团结之道，自不难从社会意志统一而实现国权的统一。特殊处理的结论就这样作成。其间有许多设想未见得完全不对：譬如我策划在经济建设中要增进社会关系、调整社会关系而避免矛盾之加深，从阶级之缺乏（矛盾不大）径直渡达于阶级之消灭（矛盾消灭）；譬如我要把国家政权建立在一种联合团结的基础上。然而毕竟不能不落空。因为就在自己恍若置身矛盾之外而实际却从有产者出发那一瞬间，在自己便从此失去革命立场，遇事便从此不能实事求是。亦可以说：从此便成了革命的外行人，以空想代革命。像调整社会关系是要站在革命立场去调整的；没有站在革命立场，还靠什么去调整？调整社会关系亦要实事求是才能调整；不能实事求是，又何能调整？讲联合团结亦复如是。没有站在革命立场，又靠什么去联合？没有立场联合起来又算什么？不能实事求是又何能联合成功？……前途一切落空是注定了的。

　　过去我自己没有一定立场，殊不自觉。现在看起来很是明白。像上文叙我在桂林时拒绝朋友们劝我去某些地区（靠近八路军地区）建立乡村建设的或民盟的据点，我怕靠近了一边便要削弱我为大局奔走说话的力量，就是一显明例子。"差不多没有什么考虑就拒绝"（见上文），正为其一向心理态度如此，这种"两边都不靠"的心理，影响我的行动不小。念念在"照顾大局"，自以为"用心甚苦"。不但辛苦而且忙碌。像《光明日报》前文所说，抗战中奔走团结，胜利后争取和平，"逐逐八年不敢借力"，确乎亦都是事实。辛辛苦苦，忙忙碌碌，革命早已落空还自以为革命。为什么自信是革命呢？因我坚决否定西欧宪政之路而要求有方针有计划的建国，廿多年向着远大目标努力，从来没有满足于改良呀！

我要联合，不要斗争；其结果，斗争固然没有，联合亦不成功。自己没有一定立场，天天在联合人家，如何能中用呢？最后发现联合的事却全被毛主席作了。这就是他的统一战线。统一战线就是尽量联合可能联合起来的人而扩大自己，孤立敌人。共产党今天的成功，与其说是得力于斗争，不如说得力于联合。因为中国的事情原非联合不可啊！

起初我判断中国不能以阶级为武力主体，实有见于国民党模仿布尔塞维克之失败（我有《我们政治上的第二个不通的路——俄国共产党发明的路》一文[①]）。国民党十三年改组，请俄国顾问，师法俄国，要从建党而建军、建国，所以在军队里设党代表，设政治部，如是种种。然其结果，军队还是落在个人（蒋李阎冯……）

---

① 此文见此篇的附文。——本书编者

手中,并没有掌握于党。其故即在党的阶级基础不明,甚至拒绝以一定阶级作基础,尺度放宽到无所不包而党乃不能不散。党不成其为党,于是个人就超于党之上,只见个人不见党了。然其所以失败,须知不全由于其人之糊涂,而是因为要迁就中国社会具体事实所不得不然。共产党不嫌近代产业工人在中国那样少,作为阶级基础看似太狭窄,而标明自己是无产阶级的党,一切组织纪律无不从严认真,论党倒是成一个党,其如党太小而中国太大何?宽是失败了,严亦岂能成功!——我误以为既严起来,将无往而不斗。却不料毛主席领导共产党严其基础而宽其运用,又遇到日寇入侵,从对内转而对外,有扩大联合必要。于是从斗争而有联合,有联合又有斗争,联合发展了斗争,斗争推进了联合。粗着说大概是:以斗争始,以联合终(联合政权奠立);语其微妙则联合始终离不了斗争(批评、自我批评)。这然后才晓得不懂辩证法矛盾论是不行的!

现在我颇领会唯物辩证法就是指导我们实事求是。不懂辩证法而在作事中果能一步一步实事求是地走去,亦自然于辩证法有合。不能实事求是,便不会合于辩证法。我片面地要联合而不要斗争,回想起来明明是不切于事实的空论,不能以不懂辩证法自解。何以作空论而且长久安于空论?一句话:没有真革命!

奇怪的是:我最恨中国人散漫无组织,怀抱着要为中国人养成团体生活的志愿四十年于兹(邹平工作即以培养乡村组织为第一义是其例),而临末了自己今天却是不在任何团体组织的一个人。何以会如此?其近因自是为了要大圈而不要小圈——为了要团结全国而声明自己"只发言不行动,只是个人不在组织"(见上文)。根本原因则在没有敌我分别,正如前说"恍若置身矛盾之外"而来观察矛盾、处理矛盾。就当我在民盟时,周旋于盟内与周旋于盟外几乎无甚不同。民盟原是一联合体,盟内盟外都是我要联合的对象;不过这(盟内各方面)是我联合之始,那(盟外两大党)将是联合之终。民盟如是,统一建国同志会如是(读者试回看上文自明),就连我过去的乡村建设学会、乡村工作讨论会亦无一不是联合性质。在我眼中看中国人都是一样的,从其待我联合而言则不是我,从我要联合他而言则不是敌。他们彼此有矛盾,而我则不在矛盾之内。假如说我一生作了一个梦,那就是"联合之梦"。作梦时是一个人,梦醒时还是一个人。

我恰是走了一步不能发展的路,所以走了廿多年还等于没有走。而中国共产党呢,他正是走的逐步发展之路,卅年间从无到有,由小变大,卒于统一全国。并且我现在相信他今后还能从人心上完成全国统一大业,如我之所祈求的那样,不止于以武力统一而已。他与我这一分别从何处开始的呢?他从阶级立场出发,不断地作斗争;而我则没有一定立场,不要斗争。

社会生产上剥削被剥削那种阶级矛盾是看轻不得的。在时间上这是人类历史转变发展的线索所在,在空间上则能从这里串联到任何角落,而为全世界两大阵营所由分的关键。共产党把握这一点,纵横无不可通,是其所以有前途无尽发展的根本。而我却只从表面看问题不能深入(我倒以为共产党专学外国不能深入),为一时严重的其他矛盾所吸引,转而轻视了基本重要的这一点;断了线索,抓不到关键,自然就打不开路子,创不出局面。

具体地来说,我所看轻者就是地主与农民间的问题。我认为至少是对于中国多数乡村此时应把它看成整个的,而不要分化斗争于乡村之内。乡村内部虽不是没有问题,然而乡村外面问题——整个乡村遭破坏——更严重。身体生命财产的自由在都市居民比较还有一点,乡村已绝对无可言者。乡村居民的苦痛表现中国问题的灼点。况地主绅士此时皆已避离乡村,所余居民间纵有问题要留待后一步解决。——我总期望土地问题要容乡村运动建立起统一国权后再来解决。(以上详见《乡建理论》)。

就由于在这问题上轻轻滑过,我虽然说过这样的话:

> 如何得从痛痒亲切处,条达出来多数人内心的要求而贯串统一之,是中国的生死问题。得着这个法,便起死回生;得不着这个法,便只有等死。

(见《乡建理论》)

但这话却等于为毛主席和共产党人说了,而不是为自己说的。他们站在被压迫被剥削的农民一起,抓住农民的痛痒而发动之,就结合成功革命力量。我自己呢，竟落得"号称乡村运动而乡村不动！"（"号称乡村运动而乡村不动"、"高谈社会改造而依附政权"是1936年邹平乡村工作同人自作检讨的两大问题，见《乡建理论》附录。）正为避免斗争就抓不住痛痒；不痛不痒地作功夫，是不起什么作用的。

一向我在建国问题上，在抗日作战上，倒是都相信非发动民众不可，并且自己亦这样做。但总是不能深入。其故即在没有和被压迫被剥削的人站在一起，不是革命阶级立场，而是主张知识分子下乡领导农民、组织农民，是在做教育功夫。上文（第六节起首）曾说"由今看来，发动民众自是对的，却究竟我亦还没有对"；又在《光明日报》前文曾说我最佩服共产党的群众运动，"领导与群众结合得那样好"；当然全是这一个问题。

我常自以为与任何人都不隔阂，其结果却是与任何人亦没有打通，临末落得自己一个人即其事实证验。共产党不惜与敌人作斗争，有时真是激烈怕人，然却能针针见血，直透人心，卒得与人打成一片。上文所以说"现在我相信他今后还能从人心上完成全国统一大业，不止于以武力统一全国而已"，正在此。

我常觉得在两度革命后，社会人生的一切价值标准不能统一，"不苦于没有道理说服人而苦于说服人的道理太多"（上文第十节）。其实这正为自己没有站在革命的阶级立场之故。从乎革命立场好恶分明，一切是非取舍不定自定。"无秩序"的话，仍不过自己没有一定立场，革命要求不强，信心不足的表现。这样自己本身先发不出力量来,又何能结合有力量的人? 于是便归于无所不联合之路,其结果则是任谁亦联合不到。

如上文所说,我以武力分散而不能集中统一为苦,因而要形成此社会一广大联合为武力作主体。其实这仍然由于自己没有站在革命的阶级立场之故。站定革命立场的人将不看武力是分散的,更不以武力分散为苦。因为他正要求把武力转属于自己,他看武力总不外掌握在新旧不同各剥削阶级手中,虽分散而不分散,并且分散了更好,让他们彼此冲突更好。——共产党武力之创造成功正利用了统治阶级的分裂内战这机会。

我虽以武力分散为苦,却正亦利用这机会而发起并发展了乡村运动。当抗战起后,由于大局形势的推移而全国武力逐渐分归两大党的时候,我原来想从乡村运动形成此大社会一联合体的计划势将落空。于是改以党派的联合代替乡村运动的联合。而所谓党派呢,自以两大党为主要;两大党都是拥有武力的,这就不是社会的联合而是政府的联合了。于是发生要把武力交出来的问题,和要把政权治权划分开的主张。我满以为利用两大武力相持不决的形势,和国内国际都不容许再有内战的强大要求,将逼使两党非走我的道路不可。我在重庆旧政协军事小组上激昂急迫的神情,邵力子先生曾看见;我在南京和谈时格外卖力的那些事情,则民盟内外都晓得。其实全是糊涂! 阶级的矛盾不会让武力老在分散状态,而卒必致归向两方面去;以阶级矛盾为背景基础的两方武力亦绝无交出来而合一的可能;相持不决亦不过表面一时的,而新生力量不可战胜,腐旧势力定归没落;所有这些道理我在当时都看不出、信不及。——直到解放前夕还信不及。

总结一句:毛主席实事求是,从斗争求联合的联合政权今天成功了;我那种主观主义要联合不要斗争的联合政权本出于空想,今天自然落空。事实既经证明,历史作出定论,三十年自以为革命的我,临到末来还只有承认是改良。

经过反省,我认识到:无疑地吃亏在我不懂矛盾论。然而为什么不懂矛盾论呢?对于马克思主义既不是接触不到,难道只是聪明不够的一个问题吗?其所以粗粗领会到一点阶级矛盾社会发展之理便用来论究中国社会历史的特殊,而不能深追而深通其义,用以解决中国问题,根本为我不像毛主席那样站在被压迫被剥削的人们立场,我没有那副伟大的感情和决心。毛主席之能深通马列主义全从其革命实践中得来;如上文所检讨我没有真革命,自无意乎深追,亦无从而深通。还是立场问题决定了一切。

1952.5.5

跋语

此文最大缺点即在今天批判自己的话还没有自己讲明过去如何用心思的话多。属文之时未尝不一再删节,而删节下来犹且如是，可见胸中求为人知之念多于其自惭自悔之念。惭悔之心不切，检讨文是不可能写好的。

6月5日漱溟记

录自《我的努力与反省》漓江出版社，
1987年6月出版。

附文

我们政治上的第二个不通的路
——俄国共产党发明的路

在1911年以民主政治为企图的革命以后，十多年不见所企图的成功，反而去原有希望愈远，于是革命运动乃从另一种途径而再起，是即十三年国民党改组容共以来的国民革命，我所谓民族自救运动的后期运动也。所谓另一种途径，宽泛言之，则为感受着欧洲大战后的潮流而来；径直的说，即是采自俄国的布尔西维克。布尔西维克自是一个企图经济改造的党，然而他这种企图的成功，则将寄于他的"革命政治"，——这是他的新发明。中国人因亦想取径于此,排除国外压迫、国内障碍,建设理想的国家,近以自救,远以世界大同为期,虽然这后期运动,特别将前期运动所忽略的经济问题,看得十分着重,是从布尔西维克得来的眼光;而关系影响最巨者,却还在政治方面所摹取于他的方法手段。究竟俄国共产党从他的革命政治能完成他的企图否,我们未敢论断,但中国人现要抄他的方儿,是不是能抄得来,则我们不能不一研究者。

一 取法于共产党的必要

罗素说,俄国"党治"是共产党的新发明,为寡头政治开一特例。① 这话诚然不错。从来政治上的途路,总不外两大分别:一是少数政治,或云寡头政治;一是多数政治,或云民主政治。虽然这两种政治,各有其几种不同的形式,然而在少数政治里面,像共产党这样,既不是世袭的贵族,又不是教皇巫师,又不是富豪财阀,而是一般"同志",则为前所未有。此一般人以一种政治经济上的主义信仰为中心而结合,从其对现社会的观察,凭藉其一定的基础势力,采取其一定的步骤,努力实现其一定的理想,而这理想又是他本身(寡头政治)的取消否定,实为特殊新颖。此于改造社会、建设理想的国家似甚合用。所以罗素说,这对于解决东

---

① 见罗素著:《工业文明之将来》;有邓家彦和高佩琅两种译本。

方的政治问题,是一个很大的贡献。① 为中国设想,似更合用;我们试列举几点去看:

(一)凡为一种社会改造或革命,总出于一部分人或一个阶级之意,而非社会全体,所以革命天然是由少数人来作的。倘若这革命具有一大计划,或一复杂的改造方案,而又处境艰困危险,则此方案计划的执行,外面环境的应付,更不能不有赖此少数人,所以革命党一个期间的专政,亦事实上所不容已。在中国拥有这样无比的多数人口,而又民智不开,其改造事业,尤不能不以少数人任其功,这是很明白的。

(二)这少数的社会改造者,如何能有大力量来作这旋乾转坤的大事业呢?那必靠团结组织。少数人原敌不得多数人,然而结合组织起来,则大力量于是发生,足以宰制多数人而有余。所以"党"是必要的。在中国散漫愚暗的多数人口,不能自成势力,而只听军阀之鱼肉宰割,固势所必然,若非由一般觉悟分子起来团结组织,发生大力量,以上抗军阀而下导民众,更进一步,取而代之,作一个到达民治的过渡桥梁,则将何以换过这军阀的局面?又将如何一步实现了民治之局?所以舍觉悟分子集中组织一个革命党,于解决政治问题更无办法!

(三)中国此刻问题,不单在政治,尤其紧要的,是经济问

---

① 见罗素著:《工业文明之将来》。

题；即民治之实现，亦必有待于经济条件的进步。但走怎样一条路以发达产业呢？即顺着走资本主义的路，要像中国现在的情势，任其自然，不加计划调度推进，犹且莫望成功，而况不肯走资本主义的路？其必赖国家权力居上为之意识的选择、计划、调度、主持而进行焉，夫然后庶几可望，盖断然也。所以非有主义（非资本主义的主义）、有理论（从历史的解释社会问题，以说明其主义）、有计划办法（本于其理论，所为实现其主义的设计）的一个革命党秉政，运用国家权力以为之，必然是不行。如果对于中国要走非资本主义路不发生疑问，则对于布尔西维克式革命政治的采取，所以必要，亦即可认识了。

（四）无论要解决政治问题，要解决经济问题，都要打倒帝国主义，取消不平等条约才行，这在今日，几于三尺童子皆能言之。为对外计，更不能不集中革命势力而统一之，俾成一浑全的大力量，以外抗强邻，解除种种欺压束缚。所以一个总揽全局强有力的革命政府，自是十分必要的。

二　取法共产党的不可能

以上四点只是举荦荦大者，说明亦欠周详，然而其为必要，似甚明白了。但要此事成功，却亦非容易——

第一,必须有好方法团结成此一大力量;

第二,必须有好方法保证此一大力量用得正当,不致走入歧途。

于第一层无把握,则根本不会成事;于第二层无把握,则必致有反乎自己初意的结果。然此在布尔西维克都是虑之已早,计之甚熟,而布置的很好者。中国人有几分聪明的,看了这方法巧妙,便想我们正好照方抄袭。纵然事实条件不尽相符,亦不妨善师其意;好在布尔西维克之于马克思已只是师其意了。所谓十三年改组以来的国民党,无非走这一条路而已。照他们——自马克思以下——自己所标榜的,常有"历史的"、"唯物的"……一套话语,大约原初是设想凭藉一种准机械的力量以谋社会改造之推进的。换句话说,他们原意是想走"因势利导"的路。从其势,必要有一大力量产生,而更利导使之强大;从其势,原必向一定方向以趋,而更利导使之明确。唯其是势必如此的,是准机械的,所以于第一层第二层自是都有把握。固有之形势愈强,方向愈明,则后加的人力愈小,亦愈有把握。然布尔西维克之所为,其视马克思之所设想,客观的形势固已较弱,方向较不明,几乎都赖主观人力为之调制,侥幸或有成功。至于国民党之在中国,其可取的形势直是没有,视布尔西维克更不逮甚远,人力直无可施,把握二字更说不上。我们纵算是唯心论者,而他们自号唯物论的唯心倾向似乎比我们更大呢!

马克思以机械观的眼光来解说社会的蜕变改进,我想在欧洲或是适用的。人类比诸其他动物本来特别见出其能事先的考虑思量，而有所拣择趋避——这便是所谓意识。因此人类的历史似乎就应当不是机械的。"机械的"这句话是指意识之先，意识所不及，或意识无容施的。然我之有生本非意识的；有生以后，生命本身自然流行，亦几乎是意识无容施的（注意几乎二字）；意识为他用，被他所左右，——而不能左右他。单就一点一点上看，似乎意识作主；横览社会，纵观历史，而统算起来，意识之用正不出乎无意识，生活上基本的需要尤其当先（基本需要的范围，是随着文化之进而俱进的），则看成是机械的，而从经济上握其枢机，推论其必然之势，亦何不可。唯物史观所以说来近理的，大概是这原故吧。然而这只为意识被役于盲目的生命，故只在这圈里转，而不得出耳。使一旦意识之向外用者，还而对于生命本身生其作用，则此圈遂破，不得而限之矣！例如中国文化和印度文化的产生，便都是超出这唯物史观的圈外了。——中国文化和印度文化有其共同的特点，就是要人的智慧不单向外用，而回返到自家生命上来，使生命成了智慧的，而非智慧为役于生命。但这意识的回向生命本身，就个人说，不到一定年龄，即生理心理的发达不到相当程度，是不可能的。同样地，就一民族社会说，基础条件不备，即其文化的发达不到相当程度亦是不行。所以东西各民族早期的文化大抵相去不远，唯物史观均易说明。到得后来，则除欧洲人尚复继续盲目地奔向前去外，东方有智慧的民族，则已转变了方向。其最大的见征，即在经济方面，生产方法不更进步，生产关系不更开展，现出一种留滞盘桓的状态，千年之后，犹无以异乎千年之前,唯物史观家莫能究其故。而在唯物史观家所谓"上层建筑"的法律、政治及一切精神的生活过程,应视其经济基础为决定者,在东方殊不尽然;有许多处或宁说为从上层支配了下层,较近事实。至于欧洲人之为盲目的前奔,这亦有一大见征,即在其到了工业资本主义时期,经济上的无政府状态,以及破坏最大的欧洲大战所含经济上的机械必然性。总之,若没有以经济为主力而推动演出的欧洲近世史,亦不会有马克思绎得唯物史观的理论出来;大体上这理论亦唯于欧洲社会史可以前后都适用。倘必以此为准据要普遍地适用于一切民族社会,恐其难通;尤其本此眼光以观测印度文化或中国文化已开发后的社会是不免笑话的。

更进一层说,仿佛物体自高处下落一样,离地面愈近,速度愈加,欧洲社会到近世晚世以来,其机械性亦愈深。这时节,意识不但无救于其陷入机械之势,而且正在为意识作用的发达,愈陷入无法自拔的机械网阱中。使得近代社会日益演成为机械的关系者,举其大要有三:一是经济,二是工业,三是科学。三者各为一有力之因,而尤在社会关系的一切经济化,经济的工业化,工业的科学化,互为连锁因缘以成此局,而归本则在科学。科学者,人类意识作用发达所结之花。今日一切成了科学化,即无不经意识化。于是就化出了这天罗地网!人类之有意识自生物学上看是一种解放,却不料乃从意识而作茧自缚也。此皆由意识居于被役用地位之故。然于今更不得自休,只有这样走下去,倒要他彻底才行；彻底自然得到解决，——欧洲问题的解决或者更无他途呢？

如马克思派所说，资本主义社会孕育了社会主义社会，于其成熟之期，便蜕去资本主义的壳而出现了社会主义社会。于此，举三点为论据。一是从其无秩序的生产而随着愈演愈剧的恐慌现象，以知其结果不使资本主义趋于没落不止，这可以说是资本主义的自坏作用。二是从其生产行程日益为社会化的发展，生产机关名义上握在资本家手中，暗地里已造成是社会的，以知其结果恰是创造未来社会的经济基础，这可以说是资本主义社会对未来社会的准备作用。三是从无产阶级数目日益增多，他们的组织和阶级意识的日益发达，阶级斗争之日益逼紧而无可转圜，以知资本主义不但一面自坏，一面为新的作准备，并且培成这敌面大力量，迨改造机会到来能动地去实行，这可以说是资本主义的他坏作用。所以资本主义的覆亡，社会主义的实现是历史的必然。所谓共产党便是领导着无产阶级来革命的特殊组织。因其在历史上，一步赶一步，能进不能退，而却又构成个两相对抗的形势摆在前面，相激相宕，势逼处此，俨同物理学上的装置一般，所以我们上边说他是"一种准机械的力量"。固有形势既达于准机械的地步，那不过加一番因势利导的工夫就好了。前举第一第二两层问题原自有客观的保证，再加一道工夫，当然把握更稳。马克思乃至列宁本领的高处，就在能认取这客观的形势，窥见其中的枢纽机缄，善为加工利导而运用之。除此而外，更无其他巧妙。若以为手法高的人便可如玩幻术的一般，无中生有，那就错了。此义既明，则我不知以文化路数历史背景绝不相同的中国社会，要想抄袭共产党方法办党以造一大革命力量，果如何可能？藉使各种方法手段并用，此一大力量以胡乱凑并而出现了，但要保他不流于反动而葬送革命前途，又如何可能？亦许有人方在自诩独出心裁，不肯承认他是抄袭共产党，并且事实上好像十三年改组以迄于今，党内派别杂出，异论繁兴，亦未可一以概之。然是抄袭不是抄袭，最好照北京人的一句话，"各人心里分好了"。流派虽多不同，自我看去无大两样。并非我笼统，实在从十三年改组开出这风气以来，百变不离其宗，所犯的病本都一样。我有归总一言断定的话：中国社会往高里说则已超过了机械性，往低里说则够不到什么机械程度，总之根本上是极不机械的；而你们诸公却觉得隔壁人家操弄机械的手法巧妙可爱而摹拟之，以为不易之方，这便所谓聚九州铁铸一大错了！

以下我们将分条逐一指点来看，此事是如何的不可能。

三　第一阶级基础难

第一，我们便要看像共产党所凭藉的那种准机械的力量，在中国社会有没有？照马克思所设想共产革命应以近代产业工人的无产阶级为其革命的基础力量。——共产党的社会基础即是无产阶级。因此中国的革命家亦常喜欢谈他们自家的阶级基础问题。本来要摹拟共产党的手法办党来革命，这自是根本的必要啊！革命就是阶级斗争，哪里没有阶级基础的革命党？总要比拟着寻个根据才是。然而如近世的产业在中国又有几何？由此而来的无产阶级其于全社会比例当然微乎其微，简直可以回答没有哪种准机械力量可资凭藉。好在中国革命家原不过窃取其义，亦不须拘执如此。所以就有农工小资产阶级（或云小市民）同盟之说了。此说不独出于国民党左派，听闻"自十五年夏间以来，曾为大多数革命者所公认"。① 三者之中，农工尤为主力所在，且有人主张构成党的成分最好有一定的比例：即农居百分之五十，工居百分之三十，小资产阶级应居百分之二十。② 倘照此比例向社会吸收革命分子，则党的基础自植于一定阶级之上，代表这些群众的利益，得这些群众的拥护和推进，必然有力量，而且向一定方向以趋了。便是布尔西维克在俄国，亦以产业的发达有限，单靠产业工人力量不足，未尝不大大借重农民，虽然农民在共产革命里是不中程的。而况我们行的是国民革命，不是共产革命，原自有我们应有的群众，何必同。——这可谓摹拟隔壁人家操弄机械的手法之第一步。

原来所谓操弄机械的手法，其精义亦只一言可尽，就是要领会得兵家用兵之法，而以战阵攻取之意行之便好了。请看近年谈

---

① 见《前进》11期，公孙愈之文中。
② 见陈公博著各文中。

革命的各定期刊物的命名,总不外《前锋》、《冲锋》、《前进》、《进攻》、《猛进》、《猛攻》、《环攻》、《夹攻》、《突击》、《战线》……真好比商店字号总不外"兴"、"发"、"隆"、"盛"一样。像适才所云,便所谓要造成农工小资产阶级的"一条联合战线",农工为基本队伍,小资产者为同盟是已。但比之用兵微不同处,敌我两方以及左右前后的形势,皆客观既定的事实而不可易,只能从知彼知己因其固然而善用之以取胜,没有什么出奇制胜的。所以这革命的基本队伍是否可靠,大有审量的必要。尝闻顾孟余先生于《什么是阶级》研究的最为精审。他分析职业、阶级、身分三者不可相混,其有以贫富或所得多寡来划定阶级者大是笑话。中国社会,在他看来,大体是职业社会而不是阶级社会。阶级的特征在生产工具生产工作分属社会之两部分人,一部分人据有生产工具,而他部分人专任生产工作,造成剥削和被剥削的关系。如欧洲中世封建社会的阶级或其近世资本社会的阶级者是。似此阶级,中国殆不存在,其所有者只是职业,身分之殊。① 大约阶级一词,如从广义解作层级重叠之意,则中国或亦有之,独若俨然彼此敌对两大壁垒的阶级,则中国实未曾有。然作革命基础的阶级,固非俨成敌对形势者是不中程、不合用的。农工小资产的一条战线,原不过强为划分的,未见得是可靠的革命队伍罢!若以为重叠的层级中,总有处于政治上或经济上较不利的地位者,联合起来,未始不可权当那真的阶级而利用之,此诚不失为革命家的一

---

① 见《前进》杂志,署名公孙愈之各文中。

种好策略。但如孙中山先生之言,中国无非是大贫小贫,原没有几个大资本家,则中国人不在这农工小资本阶级之内的亦就很少了。——阶级基础广漠宽泛到如此,犹得为阶级基础吗?大约所以要分别基本队伍与同盟者,所以要党的成分比例上,小资产阶级必居最少,其用意胥在此,亦可谓具见匠心了。然在农工们究竟革命不革命,似尚待分析。曾见有人,从苦痛最深,即地位最为不利上推论农工阶级是最革命的。推算着说道:"中国有产业工人三百万,手工业工人一千多万,雇农一千七百多万,佃农一万四千万以上,还有店员,当然亦是劳动者,他们经济地位与手工人相同,——这都是绝对革命的。"其实未免太乐观了。

第一,让我们先来分析工人。中国所有近代产业工人甚少,靠他革命是靠不来的。而且他们生活地位比较其他粗笨工人和农民都还优越,在今日社会上未始不算幸运者。他但愿维持现状而生活得安全,不愿革命。广州机器工会向来右倾,反对共产党,而殊接近无政府主义者,即其一例。中国的工人大多是手工人。他们彼此虽亦有些组织,而实际上"同行是冤家"——这是人所共知的谚语。因为他们与工业社会内无产工人性质绝异,——他们恒自有其生产手段,实是一有产者。无产工人同行共利害,而此则同行即为商业上竞争者也。关于这层的情形,我想引陈公博著《国民革命的危机和我们的错误》的两段话尽明白了。陈著云:过去工人运动当中,最感困苦的,工人本身有下列两个难点:

(一)地方主义 工人是一个阶级,这不只是社会主义者的熟语,也是研究劳动问题者所承认。但是在产业落后的中国工人无处不充分含有地方主义。广州的工人有各府的分界,上海的工人有各帮的分界,汉口的工人也有各县的分界,甚至庐山抬轿子的也有九江帮和黄州帮。不要说工人形成一个阶级非常困难,就在一职业以内他们要统一团体也非易事。一个职业以内工人的力量是离心的,他们的斗争是向内的。这是劳动运动中第一个难点。

(二)行会色彩　中国行会有他们千数百年的历史,不止手工业者一时不能变成近代式的工会,产业工人也受了这种极远且久的行会影响。他们在一职业以内相互斗争,在一职业以外互相排轧。他们并不视工人是整个的,而视工人是分散敌对的。据我个人在广州的经验,一百件工人纠纷当中,劳资斗争不过是百分之二十,职工与职工斗争占百分之三十,同一职业的职工斗争竟占百分之五十。农工厅所做的工作是"调停"和"仲裁",总没有时间去想出一个根本解决。这是劳动运动中第二个难点。①

这就证明这些手工业者不是什么"阶级",不能结为一大势力,以向外斗争,亦就是缺乏革命倾向。

其次,让我们来看农民呢。中国土地的分配状况是怎样,中国农民究竟自耕农与佃农是怎样一比例成数,同时几种不同的估

---

① 陈曾在广州任农工厅长。

计推论,争辩难决,我们亦不想从自耕农如何多那一面立论。然而因土地久已是买卖自由,遗产又是诸子均分,生产技术经营形态又无使土地集并之势,所以土地的集散转移是很快的。谚所谓"十年高下一般同,一地千年百易主","穷伴富,伴的没了裤",藉见地主佃农升沉变化之易。形势既如此不定,再加以农民散漫非常,只有个人,不成阶级。将如何能期望他们革命?将如何能依以为基础呢?何况还有下列几点:

(一)内地乡村社会的锢蔽 这是因为物质的不进步,交通不便,见闻太隘,风气不开。在诸革命家自是二十世纪的人物,却没看看内地农民犹是在哪一世纪过活!恐怕相差几百年不止。诸革命家即非游欧游俄,亦曾在沿江沿海呼吸过新鲜空气,自要干二十世纪的事,农民们却追随不来!

(二)传统的观念和习惯太深 农业社会向来是最保守的,此人所共知无烦多说。又何况这是技术简拙,用不着文字的小农社会呢!中国文字本难学,农民生活上亦不需用文字,尤且无余力求学。通算起来,中国人不识字的占到百分之八十至九十,①分开来说,都市视此应低减,乡村视此尚有增加。不识字的人无知无识,甚少为观念的运用,意识的拣择,而多是在迷信与传统习惯下度生活。凡违反他的信仰,不合他的习惯之事,他都要拒绝。又何况是这历史太久文化

---

① 见《东方杂志》,25卷《中国文盲问题》。

太老的中国乡村社会呢!他们的信仰和习惯数千年沿用,无大改变,保守性格外深重。所以要向中国农民谈革命简直是碰壁不通。什么"民主革命"、"社会革命"这些外国话头,怎敌得他源远流长、濡染极深的传统观念和习惯势力之顽强?

(三)消极忍耐性太强 蔽塞已是革命家难题,顽固更是革命家难题;然革命家或以为"狗急了跳墙",人当痛苦已极将亦不管什么信仰习惯。无如中国农民具有不可思议的忍耐性,忍受人所不能忍受的痛苦,——这是西洋人所为看了惊诧不置的。忍饥挨饿,至死无怨,颇能作到。任何欺凌皆以消极应付。所以在你以为苦痛到这地步还不革命吗?而他正自能够耐受下去,你其奈他何?革命家遇到这般不革命的民众真不能不长叹一声了!

在革命家想象他是"绝对革命",其实他是与革命无缘的!我敢说,一切劳苦群众但有工可作,有地可耕,不拘如何劳苦,均不存破坏现状之想,除非他们失业流落,或荒唐嗜赌,或少数例外者。然即至于此,仍未见得"绝对革命";投身土匪,或投身军阀的军队,或为窃贼,或为革命先锋,在他们是没甚分别的。这就因为客观事实没有明白摆出来,叫他革命。本来人们初不必了解"革命"这名词,而要在社会客观事实明白摆出来他的前途应在哪里求,自尔走向前去,其奈可怜今日的革命方向——本应该简单明了客观存在,不待宣诸口而已喻之于心的——乃纷纭聚讼于学者笔墨间,连篇累牍还在辨认不清,莫衷一是。蚩蚩之氓,更如何知道走向哪里去呢?曾见某君论文有云:"中国许多劳苦群众虽受了帝国主义和封建势力的压迫,以致流离失所,然而他们并不感觉谁是他们的死对头,何处是他们的出路,以此中国革命几十年,仍不能深入群众。"①此言甚是,而犹有一间未达,我窃恐其是永不能深入群众罢!

工农阶级既有这许多不可救药的缺憾与困难,那其次就要讨论到小资产阶级(或亦用"小市民")了。小资产阶级有余闲余力求学,并且极易有接触新鲜空气的机会,甚少蔽塞和顽固之弊,颇有革命的可能。事实上,中国革命1911年那次就是靠游日学生和他们再教出的学生。在1926年那次就是靠游俄学生和他们再教出的学生。"学生革命"殆为中国革命的特异处,亦许有他的必然性罢。然学生的家世总都要属小资产者;小资产者在其社会上的地位关系究倾向革命乎?则又群指为摇易不定。所以提倡农工小资产联盟说者,将其成分比例减少,为百分之二十,亦是不敢靠他们之意了。事实上,诚尔革命是他们,反革命亦是他们,确不是可靠的革命队伍。

再讨论到资产阶级如何呢?曾见陈独秀《中国国民革命与社会各阶级》一文,②照他的分析推论,则正是资产阶级为主;虽则

---

① 《现代中国》,3卷1号,亦愚君论文。
② 《前锋》,1932年第2期。

他亦说国民革命是要处在国际资本帝国主义及国内军阀两重压迫下的各阶级合作才行。他叙说历来资产阶级倾向革命已有见端,而且"殖民地半殖民地的各社会阶级固然一体幼稚,然资产阶级的力量究竟比农民集中,比工人雄厚"(他倒认为工人阶级在国民革命运动中取何态度,乃是一个极重大而复杂的问题)。但普通谈国民革命的,总多认资产阶级为革命对象,因为中国资产阶级差不多就是买办阶级或为军阀官僚的化身。一个阶级乃被诸革命家有恰相反的认定,此固由诸革命家对于题目(国民革命)的认识稍有不同,推论起来不免大有出入,然亦可见其本身性质倾向之难定。他既可以为革命主力,又可为革命对象,当然不是可靠的革命基础了。

说来说去,究竟谁革命?殊不易确指。于是聪明的革命家颇不愿再从阶级上立言了!而有"被压迫民众"之说,及"觉悟分子"一名词。

十七年南京中央党部发出的《党员训练大纲》上说:"中国社会上,大体只有农工商学兵妇女各界地位职业和性别的区分,而没有阶级对立的显著事实,……所以全国被压迫的民众不能不团结一致共立于本党旗帜之下……"又说:"本党的基础是确立在被压迫民众、被压迫民族当中。所以从党的构成上看,本党是向被压迫民众、被压迫民族中去吸收革命分子,而不是阶级化;从党的效用上看,我们的党是为被压迫民众、被压迫民族求解放谋利益,而不是为任何阶级谋私利而革命。"像这样撇开阶级而不谈,倒亦痛快;被压迫三字亦极浑括含蓄之妙。可惜现在中国社会内,压迫者与被压迫者,正如《易经》上两句话:"变动不居,上下无常",好难分别呢。自军阀、官僚、土豪、劣绅以迄县署一名小小警察,当其在位有势都能压迫人,却是转眼下台失势便被压迫。土匪在今日社会内亦算一重要成分,当其绑票劫财算不算压迫人？土匪本身算不算"被压迫的民众"？无论什么国家,总要在国家制度法律有效之时,其中压迫与被压迫的关系方有可凭,方可识别。此刻中国直接了当的说,今日有枪便可压迫人,明朝失枪便被压迫,——盖法律制度均已无效,唯枪有效耳!① 压迫与被压迫早已无从说起,公等知之否乎？请不如干脆说一句,革命不但无一定之阶级,并且无定人!

说任谁何人都革命,似嫌太无边涯,于是巧妙的拈出"觉悟分子"四字。自汪精卫以次各大领袖都喜说"各阶级觉悟分子"这句话了,而且声明"本党是超阶级的"。敢请大家注意:"觉悟"是心理方面的事,而非是客观境地;若果说革命不革命视乎觉悟不觉悟,讵不以唯心论为嫌乎？从此请不要再标榜什么"唯物史观"了！党已"超然",自不须再觅基础,却不怕革命的力量、革命的方向,都弄到灵空圆妙里去么？当初所预想之俨同物理学的机

---

① 十九年10月31日《大公报》社论,有一段话录如下:"一切支配于军权之下,而非支配于法律。上自中央,下至一县一村,其代表统治权者唯是枪杆。枪杆所至,权力随之。一切职业中之一切人民,随时随地,皆是自枪杆上讨生活,枪杆许其存则存,要其亡则亡。四万万人对于其生命财产事业言论思想皆无权,而唯听命于枪杆。枪杆所有者之一喜一怒一动一静皆足以影响四万万人民之生活。政轨云云从何说起。此十九年来国民普遍享受之事实,无须详为说明者也。"

械装置,至此已完全抛弃;所预期之必然组成的大力量和必定不移的方向,自无把握。敌方我方两条战线已划不清,还说什么战胜攻取的策略?朋友!马克思列宁以来祖授心传的手法,请你们承认在此地用不上罢!

四 第二革命对象难

如上分析,革命家的基本队伍联合战线,既已如此散乱危摇,然而果能望见敌阵所在,猛向前冲去,亦未始不能侥幸一胜。其奈这些敌人,或者知其所在而不可躁进轻试,或者一扑之下,旋既不见,转而出现后营,隐身两翼;再扑三扑,愈迷愈乱,手伤足残,头晕眼花,欲罢不能,——不罢亦不能!这便是中国革命的现况写真。① 盖不惟革命的脚下基础难得踏实,抑且革命的眼前对象目标亦正自难捉到也。

大家或以为:革命对象在国际帝国资本主义者和军阀甚属明白确实,尚何所疑?我以为这只是不用思虑的话,如细心思之,则知其正大有问题在。试分别论之如次。

大家说:我为被压迫民族,压迫我者即是欧美日本各帝国主义,敌我岂不分明?这一层,因其在民族间,所以界别最清楚,较

---

① 此文写于十八年秋冬之间,其时的痴心革命家盖真有"手伤足残,头晕眼花,欲罢不能,不罢亦不能"之感。若今日则"国民革命"一词早已变成假面具而玩弄之,说不上"欲罢不能,不罢亦不能"矣。

之在民族社会内，从阶级上寻求敌我界别容易。因此革命领袖有欲置党的基础于整个民族之上，专从民族问题阐明革命意义，而重在以帝国主义为目标者。如汪精卫复林柏生书，于林所谓"本党在于集中被压迫民族中各阶级最觉悟最革命分子，组织之，训练之，使成一超阶级的革命党"大表赞成，以为反共以后之今日最紧要的工作，莫过于清厘本党理论，而此则已解答了其中最紧要的一个难问题，且引申其说，举民权主义民生主义皆归重在民族问题，而总结云："所以本党所代表的是民族利益，实在是三民主义里边一贯的道理。"①这外面是一个堂皇的态度，内里实是一篇巧滑的措词。因为实际上并不能对帝国主义者进攻，而只是对内作战。对内作战，在他亦极有说词："军阀是帝国主义的工具，非先铲除国内军阀何能对外？且铲除军阀已就是对外了。"当你从理论上向他讨问党的阶级基础时，他便遁藏于民族间的问题，而不说是阶级问题，——阶级问题实说不清也。当你从实际行动上向他讨问革命的目标时，他又自外转回到内，闪避开民族间的冲突斗争，——民族间（国际间）的斗争实不敢轻动也。明明斗争于民族社会内，而不欲居其名，明明不能对外族积极进攻，而欲标其名，纵不是有意骗人，亦是他自己有莫明其妙者在，而骗了自己。我们非将不能积极对外进攻的苦情自行揭出，不足以戳破这巧遁之词，不足以见革命对象之难言。

我们之不能对外进攻，还用多说吗！事实是最有力的雄辩。

---

① 《前进》，1卷6期。

十七年北伐时,日本出兵山东,演成济南惨案,完全是挑战行为,而革命军马上退避三舍。日兵强驻山东一年,莫敢谁何,至于要绕道行军才得完成北伐。试问天下有这样遇见革命对象(如其领袖所言,更且是唯一对象),就赶紧回避不遑的革命军么?天天喊着:奋斗!打倒帝国主义!等到遇着他,又向后转!这是什么原故?乃更若今日者,日兵占领东三省,我以不抵抗著闻,数千万同胞沦于亡国之惨,而军事领袖引据总理(革命党魁)的话,若真动兵则日本十日便可亡中国,还是不主启兵端。① 致形成"打倒帝国主义"与"无抵抗"并存不悖之奇观!这是什么原故?如其单单讥笑革命军胆怯,那就太浅见,太不用心了!

岂但如此。我即欲从经济上不合作,表示对帝国主义者的反抗,亦且有时不配说呢?十六年革命政府在武汉之事,可以为证。试摘陈公博著《国民革命的危机和我们的错误》如次:

> 我们到达武汉以后,帝国主义者对我们曾为消极反抗的总退却,其结果直至我们无法可以救济。
>
> 工人直接因之失业者三万七千人,连带商业和手工业者失业的,去年五月间我约略统计,大概要救济的约数是十二万人。——这是关于工人失业的一种恐慌。
>
> 武汉每月销煤量自六万吨以至八万吨。为着帝国主义者的退却,粤汉京汉两路大起恐慌。兵工厂水电厂和其他商

---

① 二十一年一月初间蒋介石在杭州发表谈话。

办工厂时时都有停工的危险。五金缺乏,兵器制造额亦不如前;在北伐进展期间而至兵器的制造停顿,多么危险!美孚和亚细亚计划停止,长江上游几乎入了夜间缺乏燃料的状态。——这是关于原料缺乏的一种恐慌。

自英美下了在长江的侨民总退出令以后,太古怡和已预备停航;纵不停航亦停运商品。江汉关的税务司有一天收过四百余元的税。长江上游的商业可以说几乎停止。这么一来,本无几何的社会经济完全破坏。政府的财政亦无复可以维持。——这是关于交通缺乏的一种恐慌。……所以去年4月至9月半年时间,工人和外交部所打笔墨官司,外交部和外国领事所打笔墨官司,都是要求外人复业。归根一句话,我对帝国主义亦为总退却的妥洽。

陈公博因而很痛切的说了些老实话。他一则曰:"在目前我个人最感痛苦的,如要国民革命成功,非打倒帝国主义不可;但同时果要国民革命成功,非妥协帝国主义不可。"再则曰:"……所以我很感觉帝国主义不倒,国民革命不会成功,但要国民革命成功,先要对帝国主义者妥洽。"三则曰:"国民党的政府……无形中不得不对帝国主义妥洽,在我个人的批评,对帝国主义为某限度的妥洽是对的。"盖事实上,国际资本帝国主义者原重在经济的侵略,我们受他侵略既深且久,固一面吃亏愈大,而一面亦愈依赖于他。好似吸鸦片烟一般,烟瘾愈深且久,身体愈伤,而愈离不了他。所以他若将其经济侵略手段一旦骤然撤回,我们便大起恐慌,支撑不住,反倒要哀恳于他,"请你还是侵略我罢!"所谓"士气"无非利用其一点敌忾之心;照这样,士气安得不堕?革命队伍何能维持不解溃?这条战线谁复能联结?此即我所说:"革命对象难",而党之所以终于无办法亦即在此。——然而我谓"革命对象难",其义犹不在是。

上面的话不过指证我们对帝国主义者,以武力反抗,或经济上不合作来反抗,眼前都不行,彼此力气强弱相悬,较量不来。这只算革命难,不算"革命对象难"。却是革命对象之难言,正可从这里发见出来。中国革命军为什么自己要回避革命呢?就为得革命难么?我想革命难易本来不会成为问题的,其所以成为问题,知难而退,正因为他有"知易而进"者在。换句话说:他有两条路可走,或者革命,或者不革命。更明白地说:他因为对帝国主义者有运用外交一路可走,所以到底不肯开战。从其事属两可,就见出分际不到,帝国主义者不是真正革命对象。因为有外交可讲,就见出彼我各为一国家,而是国际间的关系。民族间可以有革命,即所谓民族革命是,国际间(此一国家彼一国家)却无革命可言。我们如果同印度或朝鲜一样,干脆做英国或日本的殖民地,那自然除革命外还有什么出路?英国或日本帝国主义者自然是我们的革命对象,还有什么疑问?但今日我们无论如何还算个独立国家或半独立国家,各帝国主义者对我之压迫侵略无论如何严重,还不曾直接统治,而借着一部不平等条约。于此际,最激烈的办法亦不过通告废约。他不承认废约而开战,那是一种国际战争,似乎不好唤作革命。虽然实际意义上,亦许同革命差不多,而究竟不同一点。这一点不同,关系正非常之大,一切差错原都发生在疑似之间。由此而革命对象难言,由此而对于"这些敌人知其所在而不敢躁进轻试",由此而两相激宕的准机械力量造不起来,由此而党不能成功。

中国革命既以不到民族革命分际,不能实行对帝国主义者进攻,因此革命领袖欲置党的基础于整个民族之上,专从民族问题阐明革命意义,重在以帝国主义者为目标,完全是句骗人的空话。在实际上原只有对内作战,则其所认取封建势力为革命对象,是否合适,我们现在要接着讨论的。"封建势力"一词,一般革命家是指着军阀贪官污吏土豪劣绅等而说。其中自以军阀为首要,所以现在亦即是要问:军阀果为正确的革命对象否?

照我的回答,军阀不能成革命对象。欲说明此意,须得先说明如何方为革命对象,而更先要说明何谓革命。革命是一社会根本秩序的推翻与改建。然在人类历史上,秩序与国家二者几乎是不可分离的。先乎国家,则秩序之义殆尚未见,后乎国家而存在的秩序(无国家的秩序)则犹期待于理想之未来。自今以前,人类社会所有的秩序,没有不是靠国家权力维持的,而所有国家没有不是武力的统治。秩序一词包含法律制度礼俗习惯,乃至其他类乎此的东西。当然其所由维持不全恃武力,而武力每为后盾。革命就是否认秩序,否认这秩序背后根本的最高权力。所以革命就必是国家内里面的事。前言民族间可以有革命，国际间则没有革命，其义即在此。而革命恒要以暴力行之，亦就是为此了。我们虽然可以分别反抗异族统治的为民族革命，争取政治自由的为政治革命，要求经济改造的为经济革命，但一切革命实际总是一个政治问题。因为实际都是要推翻那一种秩序的统治，而从新安排过，因此革命对象主要在那秩序，其次乃对人。类如朝鲜人要推翻日本所加于他们的那种秩序统治，如其日本放弃那种统治，就没问题，不过日本人总是要拥护维持那种统治的，朝鲜人乃不得不以日本人为革命对象。经济革命并非要杀尽资本家，政治革命并非要杀尽皇帝贵族。不过一种秩序不利于这一部分人的，恰好即为那一部分人所凭藉而存在，他要推翻，他要拥护，就发生了对人问题。绝没有单单对人的革命。像中国从前的改朝换代，张家倒了，李家出来，没有社会秩序（组织制度）的根本变革，都不算革命。——那只是中国历史所特有的一治一乱的循环圈。

如果我们在上面所说的话不错，则我们将问：军阀是人的问题，还是秩序的问题？我敢决定说，不是秩序问题。我们遍查中国国家法律制度没有军阀这一条文。从民元的临时约法一直到今天国民党的法律，谁亦不能指得出军阀是根据何种法制而产生，是凭藉哪部律条而存在。反过来看，很明白地正因为军阀而国家法律失效，而社会秩序破坏。他恰好是与法律秩序势不两立的东西。我早曾说：

中国今日正是旧秩序破坏了，新秩序未能安立，过渡期间一混乱状态,军阀即此混乱状态中之一物,其与土匪只有大小之差,并无性质之殊(土匪扩大即升为军阀,军阀零落即为土匪)。他并不依靠任何秩序(如贵族依靠封建制度,资本家依靠资本制度)而存在,而任何秩序乃均因他之存在而失效,而不得安立,——约法因他而破坏失效,党章因他而破坏失效。他的存在实超于任何法律制度之前。他可以否认他自己的合理,承认他自己是社会一危害物,而于他之存在依然无伤。①

这里要注意的:他固然于民国的新法制上无根据,并且亦非从社会旧秩序传统存在的;他固然于法律制度无所凭藉,更且无藉于道德观念或宗教信仰。在1911年革命时,我们心中毫不知军阀这东西,亦且绝未听说这名词,明明是入民国后的新产物,故不得云传统存在。社会上的道德观念和宗教信仰向来有与国家法律制度协调一致的必要。因为法律制度除了有武力作后盾外,更须理论拥护,使他成为合理的。这在喜用阶级一词的人,就谓之阶级理论。例如日本天皇的神圣尊严,不但宪法上有标订,道德上宗教上的维系力更大。乃今日中国的军阀偏不如此。社会人人诅咒军阀,他毫不为意,甚至他自己亦应和着诅咒军阀。从来不见有这样的反阶级理论。这就是他毫无所藉于道德宗教的维护。这就证明他并不立于一种秩序之上。

---

① 《村治》,1卷3期,《建设新社会才算革命答晴中君》。

军阀既不是秩序问题,难道是对人问题?这亦不然。反对军阀,殊非单对某何人,而实是反对政治上这一种格局或套式:政权附属于军权,军队俨若属于军事领袖个人所有。此一种格局或套式如其不仔细分别的话,就谓之一种制度亦无不可。他盖为社会阳面意识所不容许,而又为社会阴面事实所归落的一种制度,故不得明著于法律,故不得显扬于理论,故不得曰秩序。然以其事实上的必要,故二十年来千方百计欲去之,而展转卒不出乎此局!于是要问:此社会事实与社会意识之间,何为而不相应如此?以常例言之,则一社会中,其意识恒为其现有事实所映发者,其事实又恒为其意识所调整而拓展。二者互为因果,息息相关,不致相远,此社会秩序所由立也。假有社会事实既迁进而秩序未更,则发为革命。革命之发作与成功,莫不有新事实为根据,亦莫不有新意识(革命意识)为先锋,否认旧秩序,要求新秩序。新秩序此时盖既伏于新事实而萌露于意识之上。绝未有事实所归落与意识所趋向两不相应,如中国今日者。是则由社会事实以演自中国数千年特殊历史者为本,而社会意识以感发于西洋近代潮流者为强;二者固大不侔。所谓中国社会问题原非发自吾民族社会之内,乃从外引发而来,实为革命之变例。① 社会内部自发之革命,大抵因新事实而有新意识,意识事实一致同趋,其著成新秩序也不难。从外引发之革命,意识与事实不侔,旧秩序既以不容于新意识被排而去(1911年革命);而新秩序顾又以缺乏新事实而安

---

① 参看《中国问题之解决》一文。

立不起来。在此两夹间中,意识拗不过事实,就归落到军阀之局。为中国革命对象的中国社会旧秩序,早随满洲皇帝之倒而不存,此不成秩序之军阀制度固革命的产物,非革命对象矣。他唯以无新秩序起来替代,故暂时消极存在耳。他不劳再否认,——因他并没有被承认。他不劳再推翻,——因他并没有建立。但盼望社会如何产造出一个替代的东西便可。说到此处,我们可以看出革命家以军阀为对象,而施其武力破坏之功的错误。

谁愿意承认军阀?然而要以武力破坏对付军阀,则文不对题。从全局(军阀之局)说,正是个秩序破裂与不稳定之局,夫何劳武力去破坏?武力破坏适以加重其祸,延长此局!从军阀本身说,毫无法律凭藉而自能存在,人人厌嫉,社会充满反对空气而卒能存在,其必有事实之不可移易者甚明。事实无进步,军阀即一日不得去。武力破坏妨碍社会进步,是助长军阀,不是消除军阀。因此,以武力解决军阀的结果,不过是旧军阀倒,新军阀出!以暴易暴,无以自解。我前说"一扑之下,旋即不见,转而出现后营,隐身两翼,再扑三扑,愈迷愈乱,身伤足残,头晕眼花,欲罢不能,不罢亦不能",意正指此。革命至此,乃真穷矣!

时至今日,革命家乃不能不自己打嘴巴,流于不革命以至反革命去。与帝国主义者妥协(乃至求妥协不得)早不必说,对于军阀不亦有许多巧妙的妥协论么!右派的"分治合作"唱之于前,左派的"以均权(中央地方均权)求共治,以建设(不以武力)求统一"应之于后。我们慎勿徒笑革命家的怯懦与滑头,实在是误于当初革命对象不清楚正确,结末自不得不如此。

大抵力量以愈得其用而愈出,以愈感受外围压迫而愈坚固。革命对象抓不到,革命力量无所施,不得其用而枉用滥用,哪得不自己溃败?敌(革命对象)我(基础力量)分不清,没有沟界,哪得不散乱?——国民党果又何从成其为党?

五　理论统一难

要求"革命理论统一"的呼声,现在固已是疲缓低微了,然而在当年(1927)清党分共后数年间,确真是许多青年和革命党人最急切的要求呢。在以前的时候,事事取决鲍罗廷,一切跟着第三国际走,不发生这问题。尤且是革命高潮中革命冲动正强,未假思索,到1927年才转入沉想研思时期,而理论争辩开始。"国民党代表的是什么?""国民党要不要革命基础?""中国社会究竟是什么社会?""是国民革命还是全民革命?"诸如此类的问题,随着政治上的变动,党内的纠纷和革命高潮初落而聚讼纷纭起来。这聚讼至今并未解决,不过是疲下去就是了。

似乎党内思想理论纷歧亦是平常事;俄国共产党亦未尝不纷歧。然而未若中国国民党之极离奇幻妙之大观的。三民主义既可从《大学》《中庸》来训释,而以孙中山继承孔子(如戴季陶),又可以从《资本论》来训释,而化孙中山为马克思(如甘乃光等)。

高呼要破除宗法社会观念，打倒封建社会思想，而在三民主义总理遗教里面正不少发见。追随总理多年的党中先进，建制出一个政府表现五权遗训，而其他领袖和党徒们却认为归拢作一权。究竟五权应如何安排，谁亦说不清。像这样离奇怎能成为一个党？但你不要看作他们个人的笑话。这正是中国的现社会。中国的现社会原来是"集古今中外之大成"的大杂烩，所以孙先生的三民主义五权宪法亦就是"集古今中外之大成"的大杂烩。孙先生领导的国民党是几十年来中国民族自救运动唯一大集团，又安得不离奇复杂，包罗万有？

根本思想的驳杂已甚危险，尤其是与行动方向直接相关的革命理论莫衷一是，便无从成为一个党。革命所以一定要有他的革命理论，为是要从问题的分析得到解决问题的方向之指示，行动即由此决定。然而根本上就说不清中国是什么社会，亦就认不定是什么问题，应当有一种什么革命。自来中国社会古怪成谜，所谓封建社会资本社会例之旧日中国都不像。而在帝国主义侵略下的今日中国，问题似更复杂，社会内部问题亦有，外面问题亦有。诚如孙先生三民主义之所示，中国革命包含民族革命（争求国际平等）、民权革命（争求政治平等）、民生革命（争求经济平等）。一个革命包含三种革命意义，已觉头绪纷繁，无从着手，而细究之，三种革命似又都不是。我未尝在外族统治下，则说民族革命非真，后两种革命意识自外启发而来，缺乏我历史演出的事实根据则亦非真。不独纷繁更且混淆。于是或者说没阶级，或者说有阶级，或者从这观点而认某阶级为革命对象，或者从另一点上认某阶级为革命主力。总之，在革命理论界中，有两大可注意现象。一是极见纷歧，一是每每流于灵空玄妙，如所谓"全民革命论"、"超阶级的革命论"、"各阶级觉悟分子革命论"等等，不一而足。何为而若是？这断非谁愿意纷歧，而自有使之不得不纷歧者在。这亦许因为中国文人喜说不着边际的话，或东方人天生一副玄学头脑；然正恐事实上亦有逼着他不得不走入浑玄者在。——你不要看作这是某个人的笑话，这正是中国现社会所映射出的文章。

在十七年国民党中央党部颁发的党员训练大纲上，曾有这一篇话：

> 各被压迫阶级结合的党——代表被压迫民族的利益，换句话说，代表各被压迫阶级的共同利益，彻底推翻一切压迫势力，反对妥协改良，同时对于各压迫阶级互相间的利害冲突加以合理的调节，预防阶级斗争的惨剧，并从根本上消灭阶级的存在，以期实现一切被压迫民众被压迫民族的共同幸福；所以要严密各被压迫民众被压迫民族的团结，以防止革命斗争历程中战斗力的分散，而一致朝着由国民革命进于世界大同的道路前进；他的革命性是合理的彻底的恒久的，这便是唯一无二的中国国民党。

满纸的"阶级"、"压迫"、"代表利益"、"冲突"、"斗争"、"反对妥协改良"，却又口口声声要"合理调节"、"严密团结"、"共同幸福"。一面从阶级立场出发，一面又要扭转阶级的立场。完全学得一套分划眼光，而持论强归于浑融，充满一身唯物气息，而终成其大唯心论。此绝非偶然的笑话，实大有他的苦处。

质言之，理论不成其为革命理论，只革命就是了；方向没得准确方向，只行动就是了。这就是中国的革命！此在前面"阶级基础难"、"革命对象难"，两段话原已可表出，实无烦多说。然像这样，又何从得成其为一个革命党？

六　结束上文更申一义

我们回顾本文开首所说，要行党治亦非容易的话：

> 第一，必须有好方法团结成此一大力量；
> 第二，必须有好方法保证此一大力量用得正当，不致走入歧途。

如今看来，团结的好方法没有，分崩涣散倒充分可能！不走入歧途的保证初不可得，乱走横行，背叛了自己，颇有把握！党且无有，何有于党治。"以党治军"、"以党建国"、"以党治国"、"党权高于一切"，……一切无非梦想而已！

就党论党，约略如上，更有为谈党者所少留意之点，愿一申言之。则这一套西洋把戏于吾历史习惯、民族精神至不合也。此在许多处可以指见出：——

（一）共同信奉一主义，要许多人结合起来往前走，此中国夙昔殆所未有之事，尤于中国士人风气习惯不合。中国无宗教，而理性开发最早。所谓"读书明理"要在启发人的理性，而非有所信仰于外，服从于外，受支配于外，故其势散。与其同信奉一个主宰，而崇服、而受支配者，其势恰相反。故中国社会之散漫，其起因实在于没有宗教集团组织，如基督教或回教者。于旧日士农工商四民中，结合起来成团体之事，唯工商尚多见之，农民以头脑简单亦尚可行，若士人乃最无团体者，他要"从吾所好"，而不愿跟着人走路。他好出己见，而不听人话。虽然"党"是新知识分子发起的，并且要靠新知识分子居重要成分，但从士人传下来的脾气，不惯"党"的生活，终究破坏了"党"。因为一时摹仿心，终究敌不过好多千年养成的风习。

（二）因其夙来散漫无团体，故团体生活中的两大要件，组织的能力和纪律的训练，他都没有。无组织能力则对于团体不是意态消极，好歹不管，便是喜欢把持，易生争持而决裂。无纪律的训练则行为散荡浪漫，工作不能敏活紧张。党中人于此亦尝感慨言之；摘录以见一般：

> 在革命根据地的特别广州市，区分部就不常开会；开会

亦从没有过总出席。而且省党部或政治上稍占重要地位的党员，一百人当中没有一个在区分部有过登记，一百次开会当中，没有一次出席过区分部的会议。

最重要的党员最不注意严守纪律的素养。例如总章所规定的党员纳费，党员开会，不管如何，这亦是一个纪律。但据我所知，有几个重要党员月月去党部购买印花，次次出席小组会议？更有些重要党员至今并党证而无之。人人都有蔑视纪律的习惯，纪律即像非为我辈而设。

每次官吏就职都宣誓，决不雇用无用人员，不营私舞弊，不授受贿赂，如违背誓言，愿受本党最严厉之处罚。而每年因营私舞弊得免职处分的不知多少；实际上党就没有处罚过，严厉不严厉更谈不到。是党员犯罪只有政府处分，没有党的处分。甲地犯事的党员跑到乙地可以任事；有时不止任事，还可升官。

当时党部派出一个特派员，以后这位党员的工作怎样，党部绝不过问。这位党员究竟到了什么地方，党部无从知道。地方民众对于一县的党部不满，省党部很少考查不满的原因和检阅过去的成绩。如果这个县党部执行委员被人打倒，省党部便另派几个委员。如果这县党部委员能站得住，省党部亦乐得听其存在。尤可怪诧的，为着经费问题，为着用人问题，县党部和县长冲突，几乎成普遍现象。遇了这种场合，省党部一封公函送到省政府便算完事。党部和县长究竟谁的不是，省党部懒得去管。省政府知其然并知其所以然，把这封公函一批批去民政厅，民政厅一搁便搁得毫无结果。

（三）中国士人个性发达，乐于自尊，不乐于依附，对于强权或大势力易生反感。我不敢说中国士人都是如此，不过愈是有才有品的人、个性愈强愈要如此。曾记得民国十四五年间张难先先生任琼崖行政长，所辖有十三县，要物色人才共襄治理。那时革命空气正紧张，党内外界别甚严。不在党者即不革命，不革命即反革命。张先生更为认真，非党人不用，用必入党而后可。但因此发生一大困难，即他的好朋友或好人才，他欲挽来共事者，均以不肯入党而谢不来；党人愿为他用者甚多，又均不好。他写信给我，深有"好人不党，党人不好"之叹，此独非可注意之现象乎？十七年党军初入北京，党部张贴标语，大书"党权高于一切"。某老士人过而笑之，于其日记中记云：这高于一切显露着刀山剑树的神气；以强权压人不自知其可羞耻，便是从前的皇帝亦何能写出"君权高于一切"来！① "以力服人，非心服也"，其言实倡之数千年前，在我尚理性的国民固应如是。

（四）从乎中国社会之组织构造，使中国人无国家观念，无阶级意识，亦即使中国人照顾其一身一家之私，而少超身家的公共观念。西洋人反此。正以其势相反，故中国人要讲是非，而西洋

---

① 此著者所亲见，第不欲揭举老先生之名。

人尚谈利害；此唯讲是非乃可以存公道,彼虽谈利害亦不流于私也。今党人谬袭利害观以代是非观,于吾民族精神,于吾社会事实均不合。散漫流动又加混乱失序的中国社会,其政治上经济上机会之种种不等,非限于阶级大势之定然,顾落于个人运际之偶然；个人自求出路于现状之中,较诸破坏现状为社会谋出路容易得多；"非革命不可"的形势造不成。不要说他不革命,革命了,他个人稍得地位机会,而留恋现状而落于不革命或反革命去。故居中国而言革命,正当从是非心出发。凡今之否定军阀者皆从其是非之心,而不从利害心。从利害,则朝害而夕利,为敌为友可以一时而变。今顾不从其不可变之是非心倡导之,而乃欲依利害心为基础,无乃惑乎！其于吾精神不合,则参看前为《我们政治上第一个不通的路——欧洲近代民主政治的路》文中"所谓精神不合者其四"可以明白。

（五）旧日之中国社会,其组织构造与西洋殊异：

一、大体上人人机会均等,各有其前途命运可求,与西洋之阶级社会异；

二、伦理本位与西洋之个人本位的社会异。

由此两异,其在西洋自然要向外用力的,而中国人则心思气力无可向外用,必须向里用。凡此意义曾于《中国民族自救运动之最后觉悟》一文中（第六段）具陈之,不更申说。亦即由此两异,故西洋有革命而中国无革命。革命就是阶级斗争,马克思所诂甚确。这自是西洋社会要有的事,中国社会顾何从而有之?中国社会只有他历史上的一治一乱,改朝换代,而社会组织构造无何等变更,谚所谓"换汤不换药"。若革命则社会组织构造根本发生变化。西洋人无时不在向外用力,而革命更是显著的大规模的向外用力的迸发;革命党更是纠合众人为有计划步骤,有部勒办法,有讲究,有训练的向外用力。此全非中国所有,抑亦非中国所能学。所以不能学,请审前作《我们政治上第一个不通的路——欧洲近代民主政治的路》文中"所谓精神不合者其一、其二、其三"三段自详。

(六)中国是尚和平的民族,最宽容而有理性,斗争非所屑;以斗争救中国人,是悖乎其精神之大者。即此一点,足以断定此路之走不通,这一套把戏之演不好。抑中国民族老矣,譬诸个人,血气既衰,不流于巧滑近利,即落于呆板拙笨。非同乎少年血气,可酣畅地精彩地演一幕大武剧。质言之,他不能作革命斗争。血气已不能用,此时但问他还有心没有心?有心有救,无心无救。然世俗固见不及此,妄欲用其血气,宜有今日。①

(七)中国实一"不像国家的国家",数千年以消极不扰为治。语其所以然,则殆有两个原故:

---

① 所谓民族衰老不衰老果于何定之?其衰老者是否同于个体生命之将近死亡?抑犹可有新生命开出?"有心有救,无心无救"何解?凡此问题必另为文言之,此不能详。

一、自秦汉以后,变列国分争之局而为天下一统,外围环境不同;

二、同时其内部构造但有统治者而无统治阶级。

读者请审我前为民族自救运动觉悟及论政治上第一不通的路各篇,可知其意。若往若今,有知识的西洋人或日本人,于此虽不能道其所以然,要皆能注意揭出,表示诧异。其言甚繁,不可胜征引。此中国历史之特殊,固有目者所共见也。乃今之梦想党治者(又近来惊羡俄国五年计划成功者),昧昧焉要举数千年收缩不用的国家权力,大用而特用之;一改消极无为的政治史而积极有为。岂今之中国人已经不是原来的中国人,而满换过一批人么?岂今立社会条件完全变更了么?不然,岂有数千年历史而可骤变于一旦者?此譬犹多年不跑路的两足,一旦要他大跑其路,吾不信其能跑得了也!呜呼!亦适成其主观的梦想而已!

(八)从前的中国人与其国家,殆成两无交涉的状态。老百姓向政府缴纳钱粮过后,便有"他亦不用管我,我亦不用管他"之概。中国人虽至今自由无保障,不能比于任何国民,然自古确有比任何国民更多之自由。罗素云:"在大战时,人们讥称严格主义为普鲁士主义,现在称之为布尔塞维克主义;我承认我对于这种观念抱同情,并且有见于中国,而这种同情越发深厚,因为中国是最优游自如的民族。"①布尔塞维克主义(严厉干涉制裁的生

---

① 见罗素著:《工业文明之将来》。

活)方且为欧洲人所不惯,其于数千年生活习惯正相反的中国人,更当如何? 不问可知,是调融不来的。乃今之革命者昧昧焉从其主观一时的贪慕(贪羡隔壁人家之工作紧张,行动敏捷,抑压反动之有效,妄欲以之规律党员,钳制异己,施行于此顽皮的老社会。卒之本身先行不通,党内先行不通,更说不到一般社会。原想党员无自由,党以外被统治的一般人民更无自由,唯党有自由;卒之,党员自由,一般人亦自由(虽有时受残虐干涉),反而党倒不得自由! 以其分裂牵掣,麻木不灵故也。不顾历史,不察人情,宜有今日,夫何足怪。

上举八点,不过约得其要。我们可以重举本文开首第二段的几句话作结:中国社会往高里谈则已超过了机械性,往低里说则够不到什么机械程度,总之根本上是极不机械的;而你们诸公却觉得隔壁人家操弄机械的手法巧妙可爱而摹拟之,以为不易之方,这便所谓聚九州铁铸一大错了。

十三年改组以来的国民党之无前途,吾人在其全盛时代(十六年之初)既先察见而断言之,更不待今日事实结果之证明。今国民党虽失败,而梦想党治者犹大有人在;虽大有人在,而吾知其无能为。诚以其想凭藉的客观形势,在此社会中固无有,而事实所有者乃处处与其预期需要的形势相反。吾所命为"后期民族自救运动"者大致将近结束。此后之民族自救运动将转入一新方向。吾敢为读者告者,吾兹所得为读者告者,此新方向绝非不革命;此革命更非可以不靠社会客观形势。所谓政治平等、经济平等、民族平等的蕲求,谈中国问题者夫何能外？中国现社会自有其一种形势；中国问题的解决必有赖乎此形势之自然,夫何能外？所不同者,从乎民族历史之演变、民族精神之趋向,所谓政治平等、经济平等,其势固将有异乎西洋之民主与共产；所谓有赖社会形势之自然,尤非昧昧焉摹拟他人者所足与知耳。其详,将别为文继此以请教于读者。

录自《中国民族自救运动之最后觉悟》,143—176 页,
1933 年,上海中华书局。
《村治》,2 卷 5 期,9、10 期合刊,11、12 期合刊,
1931 年 9 月 8 日,1932 年 5 月 15 日、9 月 5 日。

四 超越本能与透出人心

如何成为今天的我①

在座各位,今天承中山大学哲学会请我来演讲;中山大学是华南最高的研究学问的地方,我在此地演讲,很是荣幸,大家的欢迎却不敢当。

今天预备讲的题目很寻常,讲出来深恐有负大家的一番盛意。本来题目就不好定,因为这题目要用的字面很难确当。我想说的话是说明我从前如何求学,但求学这两个字也不十分恰当,不如说是来说明如何成功今天的我的好——大概我想说的话就是这些。

为什么我要讲这样的一个题目呢?我讲这个题目有两点意义:

第一点,初次和大家见面,很想把自己介绍于诸位。如果诸位从来不曾听过有我梁某这个人,我就用不着介绍。我们从新认识就好了。但是诸位已经听见人家讲过我;所听的话,大都是些传说,不足信的,所以大家对于我的观念,多半是出于误会。我因为不想大家有由误会生出来对于我的一种我所不愿意接受的观念,所以我想要说明我自己,解释这些误会,使大家能够知道我的

---

① 1928年在广州中山大学的讲演。——编者

内容真相。

第二点，今天是哲学系的同学请我讲演；并且这边哲学系曾经要我来担任功课之意甚殷，这个意思很不敢当，也很感谢。我今天想趁这个机会把我心里认为最要紧的话，对大家来讲一讲，算是对哲学系的同学一点贡献。

一、我想先就第一点再伸说几句：我所说大家对于我的误会，是不知道为什么把我看做一个国学家，一个佛学家，一个哲学家；不知道为什么会有这许多的徽号，这许多想象和这许多猜测！这许多的高等名堂，我殊不敢受。我老实对大家讲一句：我根本不是学问家！并且简直不是讲学问的人，我亦没有法子讲学问！大家不要说我是什么学问家！我是什么都没有的人，实在无从讲学问。不论是讲哪种学问，总要有一种求学问的工具：要西文通晓畅达才能求现代的学问；而研究现代的学问，又非有科学根柢不行。我只能勉强读些西文书，科学的根柢更没有。到现在我才只是一个中学毕业生！说到国学，严格地说来，我中国字还没认好。除了只费十几天的功夫很匆率地翻阅一过《段注说文》之外，对于文字学并无研究，所以在国学方面，求学的工具和根柢也没有。中国的古书我通通没有念过；大家以为我对于中国古书都很熟，其实我一句也没有念，所以一句也不能背诵。如果我想引用一句古书，必定要翻书才行。从七八岁起即习ABC，但到现在也没学好；至于中国的古书到了十几岁时才找出来像看杂志般的看过一回。所以，我实在不能讲学问，不管是新的或旧的，而且连讲学问的工具也没有;那末,不单是不会讲学问,简直是没有法子讲学问。

但是,为什么缘故,不知不觉地竟让大家误会了以我为一个学问家呢?此即今天我想向大家解释的。我想必要解释这误会,因为学问家是假的,而误会已经真有了!所以今天向大家自白,让大家能明白我是怎样的人,真是再好不过。这是申说第一点意义的。

二、(这是对哲学系的同学讲的)在我看,一个大学里开一个哲学系,招学生学哲学,三年五年毕业,天下最糟,无过于是!哲学系实在是误人子弟!记得民国六年或七年(记不清是六年还是七年,总之是十年以前的话),我在北京大学教书时,哲学系第一届(或第二)毕业生因为快要毕业,所以请了校长文科学长教员等开一个茶会。那时,文科学长陈独秀先生曾说:"我很替诸位毕业的同学发愁。因为国文系的同学毕业,我可以替他们写介绍信,说某君国文很好请你用他;或如英文系的同学毕业时,我可以写介绍信说某君英文很好请你可以用他;但哲学系毕业的却怎么样办呢?所以我很替大家发愁!"大学的学生原是在乎深造于学问的,本来不在乎社会的应用的,他的话一半是说笑话,自不很对;但有一点,就是学哲学一定没有结果,这一点是真的!学了几年之后还是莫名其妙是真的!所以我也不能不替哲学系的同学发愁!

哲学是个极奇怪的东西:一方面是尽人应该学之学,而在他一方面却又不是尽人可学之学;虽说人人都应当学一点,然而又不是人人所能够学得的。换句话讲,就是没有哲学天才的人,便不配学哲学;如果他要勉强去学,就学一辈子,也得不到一点结果。所以哲学这项学问,可以说是只少数人所能享的一种权利;是和艺术一样全要靠天才才能成功,却与科学完全殊途。因为学科学的人,只要肯用功,多学点时候,总可学个大致不差;譬如工程学,算是不易的功课,然而除非是个傻子或者有神经病的人,就没有办法;不然,学上八年十年,总可以做个工程师。哲学就不像这样,不仅要有天才,并且还要下功夫,才有成功的希望;没有天才,纵然肯下功夫,是不能做到,即算有天才不肯下功夫,也是不能成功。

如果大家问哲学何以如此特别,为什么既是尽人应学之学,同时又不是尽人可学之学的道理;这就因为哲学所研究的问题,最近在眼前,却又是远在极处——最究竟。北冰洋离我们远,他比北冰洋更远。如宇宙人生的问题,说他深远,却明明是近在眼前。这些问题又最普遍,可以说是寻常到处遇得着;但是却又极特殊,因其最究竟。因其眼前普遍,所以人人都要问这问题,亦不可不问;但为其深远究竟,人人无法能问,实亦问不出结果。甚至一般人简直无法去学哲学。大概宇宙人生本是巧妙之极,而一般人却是愚笨之极;各在极端,当然两不相遇。既然根本没有法子见面,又何能了解呢?你不巧妙,无论你怎样想法子,一辈子也休想得到那个巧妙;所以我说哲学不是尽人可学的学问。有人以为宇宙人生是神秘不可解,其实非也。有天才便可解,没有天才便不可解。你有巧妙的头脑，自然与宇宙的巧妙相契无言，莫逆于心；亦不以为什么神秘超绝。如果你没有巧妙的头脑，你就用不着去想要懂他，因为你够不上去解决他的问题。不像旁的学问，可以一天天求进步，只要有积累的工夫，对于那方面的知识，总可以增加；譬如生理卫生、物理、化学、天文、地质各种科学，今天懂得一个问题，明天就可以去求解决一个新问题；而昨天的问题，今天就用不着再要去解决了。（不过愈解决问题，就也愈发见问题。）其他各种学问，大概都是只要去求解决后来的问题，不必再去研究从前已经解决了的问题；在哲学就不然，自始至终，总是在那些老问题上盘旋。周、秦、希腊几千年前所研究的问题，到现在还来研究。如果说某种科学里面也是要解决老问题的，那一定就是种很接近哲学的问题；不然，就决不会有这种事。以此，有人说各种科学都有进步，独哲学自古迄今不见进步。实则哲学上问题亦非总未得解决。不过科学上问题的解决可以摆出外面与人以共见；哲学问题的解决每存于个人主观，不能与人以共见。古之人早都解决，而后之人不能不从头追问起；古之人未尝自闷其所得，而后之人不能资之以共喻；遂若总未解决耳。进步亦是有的，但不存于正面，而在负面，即指示"此路不通"是也。问题之正面解答，虽迄无定论；而其不可作如是观，不可以是求之，则逐渐昭示于人。故哲学界里，无成而有成，前人功夫卒不白费。

这样一来，使哲学系的同学就为难了；哲学既是学不得的学问，而诸位却已经上了这个当，进了哲学系，退不出来，又将怎办呢？所以我就想来替大家想个方法补救。法子对不对，我不敢断定，我只是想贡献诸位这一点意思；诸位照我这个办法去学哲学，虽或亦不容易成功，但也许成功。这个方法，就是我从前求学走的那条路，我讲出来让大家去看是不是一条路，可不可以走得。

不过我在最初并没有想要学哲学，连哲学这个名词，还不晓得；更何从知道有治哲学的好方法？我但于不知不觉间走进这条路去的。我在《东西文化及其哲学》自序中说："我完全没有想学哲学，但常常好用心思；等到后来向人家说起，他们方告诉我这便是哲学……"实是真话。我不但从来未曾有一天动念想研究哲学，而且我根本未曾有一天动念想求学问。刚才已经很老实地说我不是学问家，并且我没有法子讲学问。现在更说明我从开头起始终没有想讲学问。我从十四岁以后，心里抱有一种意见（此意见自不十分对）。甚么意见呢？就是鄙薄学问，很看不起有学问的人；因我当时很热心想作事救国。那时是前清光绪年间，外国人要瓜分中国，我们要有亡国灭种的危险一类的话听得很多；所以一心要救国，而以学问为不急之务。不但视学问为不急，并且认定学问与事功截然两途。讲学问便妨碍了作事，越有学问的人越没用。这意见非常的坚决。实在当时之学问亦确是有此情形；甚么八股词章、汉学、宋学……对于国计民生的确有何用呢？又由我父亲给我的影响亦甚大。先父最看得读书人无用，虽他自己亦尝读书中举。他常常说，一个人如果读书中了举人，便快要成无用的人；更若中进士点翰林，大概什九是废物无能了。他是个太过尚实认真的人,差不多是个狭隘的实用主义者;每以有用无用、有益无益,衡量一切。我受了此种影响,光绪末年在北京的中学念书的时候,对于教师教我的唐宋八家的古文顶不愿意听;讲庄子《齐物论》、《逍遥游》……那末更头痛。不但觉得无用无聊之讨厌,更痛恨他卖弄聪明,故示玄妙,完全是骗人误人的东西!当时尚未闻"文学"、"艺术"、"哲学"一类的名堂,然而于这一类东西则大概都非常不喜欢。一直到十九、二十岁还是这样。于哲学尤其嫌恶,却不料后来自己竟被人指目为哲学家!

由此以后,这种错误观念才渐渐以纠正而消没了。但又觉不得空闲讲学问;一直到今天犹且如此。所谓不得空闲讲学问,是什么意思呢?因为我心里的问题太多,解决不了。凡聪明人于宇宙事物大抵均好生疑问,好致推究,但我的问题之多尚非此之谓。我的问题背后多半有较强厚的感情相督迫,亦可说我的问题多偏乎实际(此我所以不是哲学家乃至不是学问家的根本原因);而问题是相引无穷的,心理不免紧张而无暇豫。有时亦未尝不想在优游恬静中,从容的研究一点学问,却完全不能做到了。虽说今日我亦颇知尊重学问家,可惜我自己做不来。

从前薄学问而不为,后来又不暇治学问,而到今天竟然成功一个被人误会为学问家的我。此中并无何奇巧,我只是在无意中走上一条路;走上了,就走不下来,只得一直走去;如是就走到这个易滋误会(误会是个学问家)的地方。其实亦只易滋误会罢了;认真说,这便是做学问的方法吗?我不敢答,然而真学问的成功必有资于此，殆不妄乎。现在我就要来说明我这条路，做一点对于哲学系同学的贡献。

我无意中走上的路是怎么样一条路呢？就是我不知为何特别好用心思。我不知为什么便爱留心问题，——问题不知如何走上我心来，请他出去，他亦不出去。大约从我十四岁就好用心思，到现在二十多年这期间内，总有问题占据在我的心里。虽问题有转变而前后非一，但半生中一时期都有一个问题没有摆脱，由此问题移入彼问题，由前一时期进到后一时期。从起初到今天，常常在研究解决问题，而解决不完，心思之用亦欲罢不能，只好由它如此。这就是我二十余年来所走的一条路。

如果大家要问为什么好用心思？为什么会有问题？这是我很容易感觉到事理之矛盾，很容易感觉到没有道理，或有两个以上的道理。当我觉出有两个道理的时候，我即失了主见，便不知要哪样才好。眼前若有了两个道理或多的道理，心中便没了道理，很是不安，却又丢不开，如是就占住了脑海。我自己回想当初为甚么好用心思，大概就是由于我易有这样感觉吧。如果大家想做哲学家，似乎便应该有这种感觉才得有希望。更放宽范围说，或者许多学问都需要这个为起点呢。

以下分八层来说明我走的一条路：

（一）因为肯用心思所以有主见　　对一个问题肯用心思，便对这问题自然有了主见，亦即是在自家有判别。记得有名的哲学家詹母士（James）仿佛曾说过一句这样的话："哲学上的外行，总不是极端派。"这是说胸无主见的人无论对于什么议论都点头；人家这样说他承认不错，人家那样说他亦相信有理。因他脑里原是许多杂乱矛盾未经整理的东西。两边的话冲突不相容亦麻糊不觉，凡其人于哲学是外行的，一定如此。哲学家一定是极端的！甚么是哲学的道理？就是偏见！有所见便想把这所见贯通于一切，而使成普遍的道理。因执于其所见而极端地排斥旁人的意见，不承认有二或二以上的道理。美其名曰主见亦可，斥之曰偏见亦可。实在岂但哲学家如此！何谓学问？有主见就是学问！遇一个问题到眼前来而茫然的便是没有学问！学问不学问，却不在读书之多少。哲学系的同学，生在今日，可以说是不幸。因为前头的东洋西洋上古近代的哲学家太多了；那些读不完的书、研寻不了的道理，很沉重地积压在我们头肩上，不敢有丝毫的大胆量，不敢稍有主见。但如果这样，终究是没有办法的。大家还要有主见才行。那末就劝大家不要为前头的哲学家吓住，不要怕主见之不对而致不要主见。我们的主见也许是很浅薄，浅薄亦好，要知虽浅薄也还是我的。许多哲学家的哲学也很浅，就因为浅便行了。James的哲学很浅，浅所以就行了！胡适之先生的更浅，亦很行。因为这是他自己的，纵然不高深，却是心得，而亲切有味。所以说出来便能够动人；能动人就行了！他就能成他一派。大家不行，就是因为大家连浅薄的都没有。

（二）有主见乃感觉出旁人意见与我两样　要自己有了主见，才得有自己；有自己，才得有旁人——才得发觉得前后左右都有种种与我意见不同的人在。这个时候,你才感觉到种种冲突,种种矛盾,种种没有道理,又种种都是道理。于是就不得不有第二步的用心思。

学问是什么?学问就是学着认识问题。没有学问的人并非肚里没有道理、脑里没有理论,而是心里没有问题。要知必先看见问题,其次乃是求解答;问题且无,解决问题更何能说到。然而非能解决问题,不算有学问。我为现在哲学系同学诸君所最发愁的,便是将古今中外的哲学都学了;道理有了一大堆,问题却没有一个。简直成了莫可奈何的绝物。要求救治之方,只有自己先有主见,感觉出旁人意见与我两样,而触处皆是问题;憬然于道理之难言,既不甘随便跟着人家说,尤不敢轻易自信;求学问的生机才有了。

(三)此后看书听话乃能得益　大约自此以后乃可算会读书了。前人的主张,今人的言论,皆不致轻易放过,稍有与自己不同处,便知注意。而凡于其自己所见愈亲切者,于旁人意见所在愈隔膜。不同,非求解决归一不可;隔膜,非求了解他不可。于是古人今人所曾用过的心思,我乃能发见而得到,以融取而收归于自己。所以最初的一点主见便是以后大学问的萌芽。从这点萌芽才可以吸收滋养料,而亦随在都有滋养料可得。有此萌芽向上才可以生枝发叶,向下才可以入土生根。待得上边枝叶扶疏,下边根深蒂固,学问便成了。总之,必如此才会用心,会用心才会读书;不然读书也没中用处。现在可以告诉大家一个看人会读书不会读书的方法：会读书的人说话时，他要说他自己的话，不堆砌名词，亦无事旁征博引。反之，一篇文里引书越多的一定越不会读书。

（四）学然后知不足　古人说"学然后知不足"，真是不错。只怕你不用心，用心之后就自知虚心了。自己当初一点见解之浮浅不足以解决问题，到此时才知道了。问题之不可轻谈，前人所看之高过我，天地间事理为我未及知者之尽多，乃打下了一向的粗心浮气。所以学问之进，不独见解有进境，逐有修正，逐有锻炼；而心思头脑亦锻炼得精密了，心气态度亦锻炼得谦虚了。而每度头脑态度之锻炼又皆还而于其见解之长进有至大关系。换言之，心虚思密实是求学的必要条件。学哲学最不好的毛病是说自家都懂。问你，柏拉图懂吗？懂。佛家懂吗？懂。儒家懂吗？懂。老子、阳明也懂；康德、罗素、柏格森……全懂得。说起来都像自家熟人一般。一按其实，则他还是他未经锻炼的思想见地；虽读书，未曾受益。凡前人心思曲折，经验积累，所以遗我后人者乃一无所承领，而贫薄如初。遇着问题，打起仗来，于前人轻致反对者固属隔膜可笑，而自谓宗主前人者亦初无所窥。此我们于那年科学与人生的论战，所以有大家太不爱读书、太不会读书之叹也。而病源都在不虚心，自以为没什么不懂得的。殊不知，你若当真懂得柏拉图，你就等于柏拉图。若自柏拉图、佛、孔以迄罗素、柏格森数理生物之学都懂而兼通了；那末，一定更要高过一切古今中外的大哲了！所以我劝同学诸君，对于前人之学总要存一我不懂之意。人问柏拉图你懂吗？不懂。柏格森懂吗？不懂。阳明懂吗？不懂。这样就好了。从自己觉得不懂，就可以除去一切浮见，完全虚心先求了解他；这样，书一定被你读到了。

我们翻开《科学与人生观之论战》一看，可以觉到一种毛病；甚么毛病呢？科学派说反科学派所持见解不过如何如何，其实并不如此。因为他们自己头脑简单，却说人家头脑简单；人家并不如此粗浅，如此不通，而他看成人是这样。他以为你们总不出乎此。于是他就从这里来下批评攻击，可以说是有意无意的栽赃。我从来的脾气与此相反。从来遇着不同的意见思想，我总疑心他比我高。疑心他必有为我所未及的见闻在；不然，他何以不和我作同样判断呢？疑心他必有精思深悟过乎我；不然，何我所见如此而他乃如彼？我原是闻见最不广、知识最不够的人。聪明颖悟，自己看是在中人以上；然以视前人则远不逮，并世中高过我者亦尽多。与其说我是心虚，不如说我胆虚较为近实。然由此不敢轻量人。而人乃莫不资我益。因此我有两句话希望大家常常存记在心。第一，"担心他的出乎我之外"；第二，"担心我的出乎他之下"。有这担心，一定可以学得上进。《东西文化及其哲学》这本书就为了上面我那两句话而产生的。我二十岁的时候，先走入佛家的思想，后来又走到儒家的思想。因为自己非常担心的原故，不但人家对佛家儒家的批评不能当做不看见；并且自己留心去寻看有多少对我的批评。总不敢自以为高明，而生恐怕是人家的道理对。因此要想方法了解西洋的道理，探求到根本，而谋一个解决。迨自己得到解决,便想把自己如何解决的拿出来给大家看,此即写那本书之由也。

(五)由浅入深便能以简御繁　归纳起第一、第二、第三、第四四点,就是常常要有主见,常常看出问题,常常虚心求解决。这样一步一步的牵涉越多,范围越广,辨察愈密,追究愈深。这时候零碎的知识,段片的见解都没有了;在心里全是一贯的系统、整个的组织。如此,就可以算成功了。到了这时候,才能以简御繁,才可以学问多而不觉得多。凡有系统的思想,在心里都很简单,仿佛只有一两句话。凡是大哲学家皆没有许多话说,总不过一两句。很复杂很沉重的宇宙,在他手心里是异常轻松的——所谓举重若轻。学问家如说肩背上负着多沉重的学问,那是不对的;如说当初觉得有什么,现在才晓得原来没有什么,那就对了。其实,直仿佛没话可讲。对于道理越看得明透越觉得无甚话可说,还是一点不说的好。心里明白,口里讲不出来。反过来说,学问浅的人说话愈多,思想不清楚的人名词越多。把一个没有学问的人看见真要被他吓坏!其实道理明透了,名词便可用,可不用,或随意拾用。

(六)是真学问便有受用　有受用没受用仍就在能不能解决问题。这时对于一切异说杂见都没有摇惑,而身心通泰,怡然有以自得。如果外面或里面还有摆着解决不了的问题,那学问必是没到家。所以没有问题,因为他学问已经通了。因其有得于己,故学问可以完全归自己运用。假学问的人,学问在他的手里完全不会用。比方学武术的十八般武艺都学会了，表演起来五花八门很像个样。等到打仗对敌，叫他抡刀上阵，却拿出来的不是那个，而是一些幼稚的拙笨的，甚至本能的反射运动。或应付不了，跑回来搬请老师。这种情形在学术界里，多可看见。可惜一套武艺都白学了。

（七）旁人得失长短一望而知　这时候学问过程里面的甘苦都尝过了；再看旁人的见解主张，其中得失长短都能够看出来。这个浅薄，那个到家，这个是什么分数，那个是什么程度，都知道得很清楚；因为自己从前皆曾翻过身来，一切的深浅精粗的层次都经过。

（八）自己说出话来精巧透辟　每一句话都非常的晶亮透辟，因为这时心里没有一点不透的了。此思精理熟之象也。

现在把上面的话结束起来。如果大家按照我的方法去做工夫，虽天分较低的人，也不至于全无结果。盖学至于高明之域，诚不能不赖有高明之资。然但得心思剀切事理，而循此以求，不急不懈、持之以恒者，则祛俗解蔽，未尝不可积渐以进。而所谓高明正无奥义可言，亦不过俗祛蔽解之真到家者耳。此理，前人早开掘出以遗我，第苦后人不能领取。诚循此路，必能取益；能取益古人则亦庶几矣。

至于我个人，于学问实说不上。上述八层，前四层诚然是我用功的路径；后四层，往最好里说，亦不过庶几望见之耳——只是望见，非能实有诸己。少时妄想作事立功而菲薄学问；二三十岁稍有深思,亦殊草率;近年问题益转入实际的具体的国家社会问题上来。心思之用又别有在,若不如是不得心安者。后此不知如何,终恐草草负此生耳。

末了,我要向诸位郑重声明的:我始终不是学问中人,也不是事功中人;我想了许久,我是什么人？我大概是问题中人!

录自《朝话》,120—130页,
1988年12月,教育科学出版社

精神陶炼要旨[①]

"精神陶炼"这一科,原来的名字是"乡村服务人员之精神陶炼",在讲明有志服务乡村的——乡村建设运动者——应行具有的精神。乡村建设是什么?要在乡村建设理论里去讲。大家将来知道了乡村建设是什么,则服务乡村所需要的精神是什么,当更易知道;同时对于精神陶炼的意义亦更易明白。我们服务乡村所需要的精神是什么,底下先简略的加以说明,话虽然很简单,可是很重要,大家要留意一点!

我们"乡村服务人员之精神陶炼"一科目,就是要启发大家的深心大愿。我们能有深心大愿,才没有俗见俗肠。比如看见财利浮名都心热,无关轻重的成败毁誉都顾虑,这完全是世俗的心理。我们的乡村建设是一个很大很远的工程。我们要有深心大愿,方可负荷此任。大家如果为俗见俗肠所扰,则没有力量担负此远大的工程。明末王船山先生顶痛心"俗"。他曾说过一句话,非常深切动人。他说"恶莫大于俗"。这是很值得我们深切

---

① 1934年7月在山东乡村建设研究院乡村服务人员训练处讲演,郝心静笔记。

反省的一句话。俗见俗肠是非洗刷干净不可；而要洗刷俗见俗肠，必在深心大愿出来的时候。深心大愿出来，俗见俗肠自然脱落。深心大愿是什么呢？现在不往深处讲，我可以用极浅的话来告诉大家：深心大愿就是要你有真问题，不要有假问题，要有大问题，不要有小问题。如果我们发现有真问题、大问题，此即深心大愿出来的时候。什么是小问题？就是俗见俗肠。昨天陈主任（亚三）曾说："关于起居享用方面不要注意；在这些地方不要有问题，那些都是小问题。"我们也可以说：有小问题者为小人，有大问题者为大人。真问题是活泼有力，隐然藏于中而莫能去；如时有时无，忽起忽落，那就是假问题。有真问题时，就接近深心大愿了。

什么是深心？深心即悲悯。普通说："悲天悯人。"当社会上多数人都在痛苦灾难之时，容易发生怜悯之心，这当然也是悲悯；不过悲悯亦还有更深的意思。换句话说，更深的悲悯，并非对灾难而发。这种悲悯，不一定看见灾难才有，而是无时不可以没有的。这一种悲悯，自己亦在其中，斯乃一根本的悲悯，斯乃一对于人生的悲悯。这种根本的悲悯，包含刚才所说的对灾难而发的悲悯。如果我们有更深更根本的悲悯，则更易有对灾难而发的悲悯。这一个深心，是从对人生的反省而发出的。如果我们只是一天一天的活着，笔直机械的活着，不会发出人生之感，——人生之感是从反回头看人生时，所发生的一个更深的慨叹、一个更深的悲悯。此必须从对人生的反省而来，平常不容易有。什么是大愿？大愿即深心；有深心始有一种大的志愿力。这一种大的志愿力是从深心而来。这一种大愿，是无所不包的大愿。照我所了解，大概佛是一个有大愿心的人。中国的古人（儒家），多半勉人立志，勉人立志就是勉人发大愿心。如张子"民胞物与"的话（"民吾同胞，物吾与也"），很能够代表儒家教人发愿的精神。如果我们不发愿、不立志，我们的乡村建设亦即无从讲起。这一种愿力，超越个体生命；仿佛有一个大的生命，能够感觉个体生命问题以上的问题。能够超过个体生命而有一个大的生命，从这个地方就见出来是"人"，"人"就是这么个样子。如果大家要问我怎样是"人"？我的回答：人就是感觉问题顶敏锐、顶快、顶多、顶大，——无所不感觉。这样就是人，人与其他动物不同即在此。是甜，是苦，是痛，是痒，是合适，是不合适，他感觉得非常之快，并且他的感觉无所不到；所以他的问题特别多、特别大。动物虽然亦苦，然而苦不过人；人如果觉得苦，那才是真苦啊！人要是快乐，那才是真快乐啊！这些都是动物不会有的。其感觉特别多、特别大、特别深刻、特别敏锐者谓为"人"，"人"亦即"仁"也。"人"、"仁"这两个字是相联的，其义亦相通。所以古人常说这么一句话："人者仁也。"人类与物类的不同，我们就可以从这里去找，——必从此处寻找方可发见其不同之点。物类没有这么多、这么大、这么深的问题，可以说我们所有的感觉它都没有。物类与人类之不同在此，俗人与超俗人之分别亦在此。俗人（前之所谓有俗见俗肠者）问题少，问题小，问题浅；他的感觉迟钝，感觉不够，亦即其"仁"之不够也。我们并不是想作一个超过常人的人，并不想与众不同；可是不愿意作一个不够的人，而愿意努力圆足人类所具之可能性。圆足人类之可能，自然是很不容易的事情，但亦为人不可少的事情。这个意思就是说：深心大愿是从人类之可能中自然要有的。我在前边曾这样讲：人之所以能发挥深心大愿，是要有真问题，不是有假问题；是要有大问题，不是有小问题。从真问题、大问题中乃能引发深心大愿。人是有活泼的力量可以感觉若许问题的；人类与物类的不同、俗人与超俗人的不同均在此处。大家不要误会我的意思，以为我们一定要做个超俗人，我们并不敢存此心。原来真问题、大问题，以及深心大愿，都是从人类的可能性来的，我们只是要圆足那个可能性而已；不是非要做一个超俗的人不可。如果没有真问题、大问题，那是我们的不够、我们的缺欠、我们的不行。希望大家能够体会此意。人类既是感觉顶敏锐，是甜，是苦，是痛，是痒，是合适，是不合适，他感觉得顶快顶大；那么，我们就要在这个地方留心，应当让我们的感觉敏锐深刻，快而且大。我们应当知道什么是甜、什么是苦、什么是痛、什么是痒。我们要把此感觉深切著明，自然可以发深心大愿，自然可以担负乡村工作；这就是精神陶炼的意义。末了我要大家自己问自己一句，你的问题在哪里？我们都找我们的问题，我们可以每人写一个字条放在书桌前面，常常自省！精神陶炼这一科，固然也可以讲，同时尤应注意个人的生活及个人的精神。关于这个事情，本来是替大家请了几位班主任来帮助大家。

聘请班主任的时候，院内同人很细心，很费斟酌来替大家安排。现在担任班主任的几位先生，多半同我相处很久，我很了解他们。在我个人，代大家请班主任是很费了一番心思；大家既相信我而来此就学，我希望大家对各位班主任，都有实在的信心。昨天在纪念周上我说希望大家以极大的虚心接受本院的规矩及嘱咐大家的话。这个意思很要紧；如果大家有深心大愿，有一个很恳切的意思到此地来，我相信大家有极大的虚心。以我知道各位同学有很多在社会上作过多年事情的。作过多年事情而又来此求学，这意思就不平常，就不俗；有这么一个心愿，当然能够虚心。所以我很相信大家能以极大的虚心来接受本院的规矩以及嘱咐各位的话。如能够这样，于大家必有很大的好处。我们所请到的几位班主任，以他们的学问、经验，也许不特别高、不特别丰富；可是我相信在精神陶炼上一定可以帮助大家。这几位班主任，我对于他们的"志气"有一种承认，对他们很有一种恭敬的心，所以请他们在精神上来帮助大家。我希望大家在这个地方注意；能相信我的话，来接受并且信从这些班主任的指导。以他们的谦虚，一定可以引起各位同学的谦虚；以他们的勤劳周到，一定让同学亦能够那样的勤劳周到；而且让大家可以感觉到他们是真有一种亲热的意思来帮助大家。

精神陶炼的大意，已经对大家说明，就是要启发我们每个人的志气愿力。于此让我们联想到丹麦的教育。丹麦教育特别的地方，在《丹麦的教育与我们的教育》一文中，我曾经有所论列，大家可以看一看。我现在略说为什么由我们的精神的陶炼而联想到"丹麦的教育"。

我们说"丹麦教育",是指着距今已七八十年复兴丹麦的那一种有名的民众教育而言。这种教育甚特殊;起初未曾注意到它的特色,后来才明白。我在《丹麦的教育与我们的教育》那篇文章中说:我们作乡村运动,听到丹麦是农业国家,所以注意丹麦;我们作乡村运动注意合作,而丹麦以合作著名,所以注意丹麦。"丹麦教育",我猜想着它大概是提倡改良农业合作的;后来我仔细考察,才发见我们的猜想是错了。农业改良、合作组织,诚然是复兴丹麦的方法,并且丹麦的复兴是很得力于这种方法;可是事实上"丹麦教育"在最初不是这样的。起初的"丹麦教育"离此尚远,绝不是一个偏乎实际应用的,而倒是一个非实用的。我在《丹麦的教育与我们的教育》一文上曾提出两点申论之。我说很奇怪的,它的教育是非实用的、非职业的训练,非养成技术人才的训练;现在有人好说"生产教育",那末,最初的"丹麦的教育"恰可名为"非生产的教育"。它又不是一种讲书本子的教育,几乎可以说它不是教人念书;它那种教育,恰在技能训练与书本教育以外。那末,它究竟是什么教育呢?在头脑粗浅的人,实想象不到。它那种教育很难说,仿佛是一种"人生的教育",或"精神的教育"(这两个名词很不通,但此外更无其他较好的名词以名之,故只好用它),很近乎我们精神陶炼的意思。

"丹麦教育"的创始者,是几个富于宗教精神的人;他们本人的人格非常有力气、非常伟大。他们自己说他们的教育是"人感人的教育"。它这种教育的长处，就是从有活力的人来感发旁人的活力。它并未教给人许多技能，更非教人念死书，结果让丹麦的民众活起来了。这种教育，很靠重办教育的人；教师的本身必须有活力才行。"丹麦教育"创始人的人格，实在令人佩服；而其教育制度亦的确能帮助丹麦，让丹麦民众活起来。关于丹麦教育制度我觉得有好几点应当提出来说的。其一：它所收的学生多半是青年，不收过小的（它对年龄的限制，大概是十八岁以上）；因为太小的人尚无经验，对于人生尚未尝着什么，他还不会有问题，所以对他不好作工夫。同时年龄过大的，精力渐将衰败不行。最好的是尝到人生滋味的人，工夫就好作得多。大概在青年时代（二十余岁的人）将成熟而未成熟的人，内力都很充足，其身体、智慧、头脑，都正在发育。这个时候正是每一个人的英雄时代，他有的是感情，有的是力量，有的是志气。若能给以人生的教育，那是很好的。其二：丹麦的民众学校是私立的，办学校的人是志愿的、自动的，非受官府的派遣而来。因其富于自动，所以有活力，所以能引起他人的自动，所以富于一种生命的力量。其三：不惟办学的人是志愿的，求学的人也是志愿的。小孩子的读书常常是被动的；十八岁的人，他不来则已，来就是他自己要来。况且他们的学校中，资格、文凭、学位、职业、手艺全没有；既非被动，又无所希图，所以他的入学完全是志愿的。这种教育，两面富于自动性，所以有一种活的意味。丹麦的民众学校，学生肄业的期限虽短;然在此三五个月当中,即可学会寻常学童三五年所学不完的课程。其四:私立学校,政府补助它而不干涉它(它也拒绝政府的干涉);因为没有干涉,所以机械性少,所以不被动、不死板。它的一切功课、办法、规矩,亦不必整齐划一;不整齐划一机械性就少,机械性少就最富活力。"丹麦教育"的创始人物与其制度合起来,完全可以做到让丹麦的民众活起来,所以结果其国内农业合作最发达;虽然"丹麦教育"并不讲究这些,可是丹麦的农业合作之兴盛全靠这个教育。"丹麦教育"的创始者,现在已被大家公认为丹麦农业合作的功臣;此即因其复活了丹麦民众,复活了丹麦社会。人活了之后,自然会找路子;如根本的地方没有生机(人不能自动),给他方法、技术,他也不能用。知识、方法、技术,都是工具,人活起来之后,自然会找工具,会找方法。所以看着"丹麦教育"是非实用的,可是后来完全变成了实用的。我们中国的教育,自废科举兴学校以来,大家就是着重实用;如果找出当初废科举的理论,则可知原来就是讲求实学,讲求致用。中国开头感受西洋文化的影响,即行注重实用,注重职业训练,注重养成专门人才;凡此皆是注重西洋科学技术的缘故。后来又有人提倡"职业教育",组织"职业教育社";现在虽没有生产教育社,但已有人倡言"生产教育"。在我想这都用不着。因为开头的时候,我们已经如此做过,用不着现在来说。自兴办学校以来,从来没有人说不是办讲求实用的教育,可是结果与丹麦相反,完全成了非实用的教育;所以我们由"丹麦教育"不禁联想到我们的教育。这一个对照，非常值得注意。可是讲求"职业教育"、"生产教育"的人，都没有对照过；如果来一个对照，则很可以反省反省，很可以有个觉悟。这个问题就在"丹麦教育"不是从职业入手，不是从生产入手，而结果成了职业的、生产的。其原因还是我们刚才说的，知识技能是工具，工具是靠人运用。"丹麦教育"不从工具入手而从运用工具的人入手，使人先活起来。在人未活以前（即其精神尚衰颓而未振发的时候），你把工具摆到他面前，他也不会用。中国教育之失败，我敢说就是失败在讲求实用。关于丹麦教育的话不再多说，最好大家参考讲丹麦教育的书同我写的《丹麦的教育与我们的教育》那篇文章。

此时此刻是"中国人"、"中国社会"、"中国民族"精神最颓败的时候，与丹麦同样的非先把中国人活起来，大家没有办法。如果中国人还是死气沉沉，无丝毫活力，则什么也不要讲，不必讲！中国乡村中人，差不多都是受许多迷信与习惯所支配的。他们有意识的选择很少，只凭迷信与习惯，此即所谓缺乏活力，此即所谓死板不动。可是这个时候，很多的人就是直接同乡村的迷信、习惯去冲突。许多教育家、维新家、革命家、改良家，都做错了许多事情；其冲突的结果，于事无益，他绝没有复活了乡村的民众。有许多冲突（近几十年来），其结果虽然动摇了乡下人的迷信与习惯；然而动摇的结果，让他彷徨、苦闷、心里无主、意兴消沉，比从前更死、更无活气！这个时候，我们非先给他解决精神上的问题不可。我们要替他从苦闷中找到出路，从彷徨中找到方针，从意兴消沉中仿佛叫他有了兴趣,从他不知将往哪里去的时候能够让他看见一点前途,生出一点希望。总之,第一要想法子让乡下人活起来,不但使他脱离了迷信与习惯,并且使他脱离了彷徨及苦闷;必如此,农业方可改良,合作社方可组织。否则,一个没有精神的人干什么也干不好!一个颓败死板的民族,想让他农业改良、组织合作,实万不可能!至于如何让乡下人活起来,将来自有许多讲究,而根本的一点是做乡村工作的人自己先要活起来。如果做乡村工作的人本身无勇气、无力量、无大志愿、无坚毅精神,则什么事也不必作、不能作!我从丹麦教育联想起来我们精神陶炼的意义,就在要复活我们每一个人,打破我们每一个人的彷徨与苦闷!

关于让乡下人活起来的意思,我在《乡农学校的办法及其意义》一文中曾经详细论述过。因为在乡农学校里边有精神陶炼的课程;安排此一课程的目的,就在救济乡村精神的破产,让乡下人活起来。所谓精神的破产,即指着一切旧的风尚、规矩、观念,都由动摇而摧毁,新的风尚规矩此刻尚未建立;所以就成了精神的破产。此中原因:一方面因为中国文化传之日久,文化愈老,机械性愈大;一方面因为中国社会是农业社会,照例多保守、多定驻、多死板,不像工商业社会一样。这样死板机械的社会,卷入了新的世界潮流,遂起了剧烈的变化。几十年前,从沿江、沿海输入许多新的生活习惯,使中国社会先从上层政治变动,影响到社会其他方面。几十年来不断的剧烈变化,最后乃影响到乡村。因为上层强迫乡村变化,乡村就不得不变化了。它对于这种激烈的变化,心中虽然感觉不适合,但不能明白其中意义,所以心中无主,同时没有判断力,又不敢去否认这种变化。大概乡间五十岁以上的人,多数的心里有说不出的窘闷痛苦;因为传统的好习惯、好风尚都被破坏,他很觉不合适。在三十几岁的人虽不觉得窘闷之苦,但心里也是无主,而成了一种顽皮的样子。我们要知道,任何一种社会,都有其价值判断、是非好歹;可是现在的乡村社会就失掉了它的价值判断,所以乡下人整天在苦闷无主之中。再则:近数十年来的天灾人祸太厉害,——本来一个人在他的一生之中总要遇到几件不幸的事情;可是不幸的事情如果连着来,那一个人就受不了。社会亦然,如果接连遇到许多不幸的事情,它的精神也就要消沉下去。乡村中人现在既无乐生之心,进取的念头更谈不到。有此两面——价值判断失掉,天灾人祸频来——所以乡村中人死板沉寂而无气力。这个时候,你若要乡村中人进取,则非先使他活起来不可。如何使他活起来呢?一面须恢复他的安定,使之有自信力。此必乡学教员先认识古人的道理,让他已经失去的合理观念恢复起来,把传统的观念变为自觉的观念;让他安定,让他看见前途,从我们的指点让他认识一点进取的方向。再则在人生实际问题上来给他点明,使看见前边的道路,他才能有乐生之心、进取之念。所以我们要先安定他,然后再给他开出路子。有了活人,其他事业才可以说得上。我们作乡村工作的人,必须对于人生实际问题有一个认识、判断、解决。比如家庭问题、社会问题、如何处父子夫妇兄弟朋友等,自己先有一点见地,然后才能给乡村中人开路子;所以我们训练部的功课有人生实际问题的讨论。在"丹麦教育"只收十八岁以上的人,就是因为年龄稍大才有人生经验,才能彼此讨论人生实际问题。除了人生问题的讨论之外,尚有音乐、历史的讲求,也是让丹麦活起来的一个有力的因子。我们的精神陶炼,含有三方面:即合理的人生态度与修养方法的指点,人生实际问题的讨论,及中国历史文化的分析。刚才所讲人生实际问题的讨论,即其中之一;前边所谓深心大愿,即修养方法与合理的人生态度的根本。中国历史文化的分析也很重要,由此我们又想到丹麦教育。兹仍以丹麦教育与我们的精神陶炼相比较:丹麦民族的复兴靠丹麦民族活起来,中国民族的复兴也要靠中国民族活起来;丹麦民族复兴靠丹麦教育、丹麦精神陶炼,中国民族复兴也要靠中国教育、中国精神陶炼。话虽是这样讲,可是事情的大小很不相同。中国的民族复兴,问题太大,事情太难,与丹麦的民族复兴简直不能相比。我们所遇到的困难都是丹麦民族所未遇到的。丹麦民族复兴,是前八十年的事情。我们现在所遭遇的时代丹麦未遇着;我们现在所处的时代,是人类历史的剧变,是一很特别的时代。此刻,不单中国社会已失其价值判断,即全世界全人类从来所有的价值判断此刻也都在动摇变化;所以这个时代,思想顶纷纭,最富于批评,充满了怀疑。这个特别的时代,丹麦未遇着。人类到现在太能批评,太能怀疑了,一切固有的文化都在动摇之中;欲在此时建立一个新文化,这是多么困难的事情！中国此刻欲谋民族精神的复兴，较丹麦是困难得多，简直不能相比！丹麦民族是因为被德人战败而颓丧灰心，格龙维出而谋丹麦民族的复活，遂创始了丹麦教育。他的问题小得多。且丹麦人的精神原来是宗教的，格龙维等很得力于此；他们是以宗教的精神来苏醒丹麦民族。他们视人生问题的批评讨论虽很重要，可是音乐、诗歌、文学、历史也很重要；这些科目都带有宗教的意味，都含有感情奋发的意味。而感情奋发就大可以复兴了丹麦；中国则完全不能那样！中国此刻讲精神陶炼，诗歌、音乐、文学的帮助固很必要；可是恐怕要多重人生问题的讨论，多用思维、多用脑筋才行，——不是一个精神的奋发即能解决中国人的苦闷。中国人的苦闷，从音乐、诗歌、文学、宗教来解决是不够的，必须从人生问题的讨论始有解决的希望，这完全因为此刻正是一个怀疑批评的时代、意见分歧的时代、理智作用兴起的时代，非用理智不能够对付，单靠感情的兴奋恐怕冲不过去。此时非从彻底的批评怀疑，不能转出一个彻底的非批评怀疑的精神，不能用不批评、不怀疑的精神，而希图挡住批评怀疑的潮流。假定中国民族精神如丹麦民族之靠宗族，则中国民族将永无复活之望；因为那个样子必不能打破我们的难关。丹麦的宗教，是比较浅的生命；若遇到大的困难，它就不能动了。丹麦民族假使遇到像今天中国这样大的难关，它一定就完了！不过中国民族的精神却不是那样的，中国民族精神是人本的、是现世的；中国虽无科学，而其精神接近科学，远于宗教，而合于思维。中国人的精神是什么？

中国人精神之所在,即是"人类的理性"。大家慢慢体会参究,可以了然理性之为物。此处所谓理性,虽然不就等于理智,可是包含了理智,或者说最接近于理智;所以中国虽无科学,而其精神却很接近科学,——诚以科学即理智之产物也;所以中国民族精神与科学完全不相冲突。我们所谓"合理的人生态度"之"合理"二字,亦即"合于思维"之谓。在丹麦则不然,它必须多靠音乐、诗歌以启发人的感情,启发人的志气。如果要让中国人的志气、中国人的感情振作起来,那就非讲理不可!中国此刻虽然遭遇这么大的难关——人类剧变时代,怀疑批评时代——精神因而动摇摧毁,可是动摇摧毁不到它的深处,以其植基于理性之上,而理性力量特别深厚,则完全不怕批评与怀疑。除了中国以外,任何民族,——尤其是受宗教的孕育、借宗教的精神以自立的民族,都冲不出这个难关;惟只中国人可以冲得过去,因为他接近理性,不怕批评与怀疑啊!如果大家留心看我的书,就可以看见我常常说:除非中国文化完全没有价值,如果其有价值,则他对人类的贡献只有一点——就是对人类的认识。只有中国人反回头来认识了人类是怎样一回事;将来不敢说,此刻其他洲土对此尚无认识。中国文化的可贵即在此。中国古人最先认识了人类,就从这一点上开出了中国文化;中国文化之与众不同即在此。人类之所以为人类,在其具有理性;中国古人很早就认识了人类的理性,发挥了人类的理性,所以中国民族虽遇今日之难关而无碍。过去的人、现在的人、将来的人,都是人;能够认识人类的这种精神(理性),

是始终不会被打倒的。只要人类存在,中国人的精神即可存在;因为人类之所从来即由于此(理性),中国人能把握住这个(理性),当然可以站得住。丹麦民族的复兴,胜过了它的难关,是因它的问题小;而中国问题虽大,因其精神合于思维,亦足以通得过现在的难关而复兴。以上略将中国历史文化加以分析。大家应当注意"分析"这两个字,只能在中国历史文化上用,而不能用于丹麦。丹麦人固可借其过去的历史而复兴;民众学校只讲它过去历史的光荣,历史人物的伟大,丹麦民众即可活起来。我们中国的复兴则不能全靠这个;恐怕要靠一点分析,用思维的眼光,找出中国文化的特点。——从这一种自觉(对自己的认识)里,方可以看出现在及未来中国社会所应走的路。对历史文化的分析,很要紧的是认识过去的社会组织构造,找出它的特点,而求得今后我们应走之道。这在我们的精神陶炼上是必要的,而在丹麦即非必要矣。

  一个民族的复兴,都要从老根上发新芽;所谓老根即指老的文化、老的社会而言。这在丹麦即是如此,丹麦的老根是它的旧宗教精神。它发新芽的"发",是靠它的教育,它的新芽是指它从民众教育生长出来的新社会。丹麦农业与合作的发达,完全是从这个新萌芽生长出来的。中国亦要从一个老根上(老文化、老社会)发新芽。自一面说,老的中国文化、中国社会已不能要了,一定要有"新芽"才能活;可是自另一面说,新芽之发还是要从老根上发,否则无从发起;所以老根子已不能要,老根子又不能不要。

中国老根子里所蕴藏的力量很深厚，从此一定可以发出新芽来。现在有一个大问题：就是很多人都有一个念头，以为中国民族已经衰老了，照普通生物的例，衰老以下跟着就是死亡。一些比较有学问的人，皆不免有此恐惧、有此观念。中国民族的衰老是不容否认的，但其是否有返老还童之可能，或者是一直下去就死亡，这很成问题。此问题甚大，必须是一个有大学问的人，才配讨论这个问题。近些年来，一般研究文化史的学者，以及许多思想不同的讨论文化问题的书籍，都讨论到文化衰老的问题。我曾经看过一本书，在那本书中，从头至尾都是说民族文化同生物一样，有其少年时代、壮年时代，以及衰老灭亡时代。他列了一个表，把世界著名的有文化的民族全罗列于内，并指明某一时期为某一民族的少年时代，某一时期为某一民族的壮年时代，某一时期为某一民族的衰老时代，某一时期为某一民族的灭亡时代。他把每一个民族都拿这种眼光来看，最后又说没有哪一个民族可逃此例，没有哪一个民族能有其第二度的文化创造、第二度的壮年时代。这样说来，则问题很严重！中国是不是就会灭亡呢？抑尚能返老还童呢？如果中国民族真能返老还童，真能够开第二度的文化灿烂之花，那真是开历史上从来所未有的纪录。这个问题很不易说，我想粗略地说几句：我的话虽简单，而意思却有根据。在我想，民族衰老这句话不要顺口说去，我们应当分析何谓衰老？其衰老在何处？一个民族社会，是群体而不是个体；个体与群体的生命不同。群体生命是由许多个体生命构成，个体生命既有其死生灭亡,则群体生命的构成原很显然的是常常更换,常常新鲜。诚如是,则所谓民族衰老的话怎么讲呢？似乎群体生命与个体生命自一面说是不能比的,然而自另一面说则也能比。如果让我回答"民族衰老何所指"这个问题,则可说所谓衰老非指其构成乃指其机构而言。一切文物制度组织结构,自一面说愈用愈熟,可是愈熟则机械性愈大；愈成为习惯,则愈失其意识适应的力量。个体生命的衰老亦复如是。个体生命有其机构,社会(群体)生命亦有其机构。所谓衰老,乃指其用得日子太久,机械性太大,适应环境的力量太小,至此则这一套家伙非换不可；所谓死亡,就是指这套家伙已不能用了。个体之死亡,民族之灭亡,莫不如是。说到这里都还是说社会生命可看成个体生命。底下要转过来说：个体生命的机构是先天的,社会生命的机构是后天的。一切文化制度是后来想出的方法,非如五脏六腑之与生俱来。文化是后天的安排,故不能比与生俱来的那套家伙,到不能用的时候就一点没有办法,就非换过不可。民族文化、社会生命因为是后天的产物,所以能够改,能够创造翻新,不是绝没有办法,而如个体生命之绝不可移易也。我说这些话,好像是大胆地回答了那个问题：民族文化衰老之后可有第二度的创新,有第二度的生命,非如个体生命之由衰老即至于死亡。——"民族文化能够返老还童",我们实可如此说。

现在再回头来说老根上发新芽的话。所谓发新芽者是说另外的一个创造,而这个创造是从老根来的。中国民族复兴,一定得创造新文化,那一套旧家伙已绝不可用,非换不行。然所换过的生命里头,尚复有不是新的地方在;这个不是新的地方,是从老根复活的东西。这个东西自一面说很细微、很抽象、很不易捉摸,而自另一面说却非常实在、非常明白,绝不虚缈。这个不容否认又不易捉摸的东西,即所谓民族精神。只有民族精神是当初的原样;除此之外,那一套家伙都换过了,所以谓之为"民族复活"。

在我们乡村服务人员之精神陶炼这门功课中,要向大家讲的、要指给大家认识的,就是民族精神。所谓历史文化的分析,就是指点中国文化的特质(就是民族精神);所谓合理的人生态度,是讲中国古人的人生态度,也还是民族精神;乃至于讲修养的方法,也是源于古人,资借于民族精神。更明白地说,我们之所谓中国古人,就指着孔子的这个学派,或者说孔子就是代表。在精神陶炼里大概要讲许多古人的道理,要在古人所创造的学问中有所探求,来帮助我们今天的生活。现在我想借这个机会对大家说:从我们老根上发新芽的比喻上,我竭力表示只能是一个新的东西,没有法子是一个传统的因袭的东西;传统的东西多半是机械的习惯的,都不能用。我们现在所需要的,必须是一个新生的、复活的、创造的、慢慢找回来的。兹就三方面来说这个道理:

中国近几十年来文化的破坏崩溃,是一步一步的,也可以说中国人唾弃他的旧东西,是一步一步、步步往深处去,差不多到最后要唾弃完它,此乃无可奈何者!而且这是一个事实,不能论其好坏。这一个事实愈来愈到家,愈唾弃得干净愈不客气,必得到唾弃完的时候,他才能再找回来。如果留心体会分析这几十年的事情,则可知中国人是如何的一步一步在唾弃旧的了。唾弃到最后,将慢慢找回来而另开一新局面。它必非传统的,乃为再生的;所谓"找"即重新认识与再生之意。重新认识之后,愈来愈看得清楚,愈清楚愈加发挥,终至发挥成一新的生命。此一新的生命,自一面说非传统的,系再生的、复活的;自一面说,生命是旧的生命,不过家伙换了一套,机构为之一新而已。

再举印度的复兴为例以讲明此意。印度之复兴与否现在虽还很难讲;印度以那么多的阶级、那么多的种族,种族之间且有不好的感情,同时又有那么复杂的宗教信仰;但是印度的民族运动实在很光荣、很伟大。印度本来被英国统治得厉害,而甘地所领导的这种民族运动差不多折服了统治它的英国人。我说这个话有两层意思:一是说印度的种族阶级宗教虽多,而其运动能统一,在大体上说它各方面的隔阂都能化除。再则说英国虽然统治了印度,而印度赖甘地的领导,发生了很大的力量,简直让英国人不能不屈服,这个民族运动够多么厉害!虽然印度民族复兴的话现在很难讲,可是印度人已经算是活起来,已经很了不起——一个被宰割的民族能有此伟大壮烈的运动真正了不起!它这种运动,其民族可谓由死而活。此处我们要注意:它也是慢慢重新找回来的而不是传统的。最清楚的让我明白这一点,是在看《甘地自传》的时候。我们看《甘地自传》,或看其他关于记载甘地的事情的文字的时候,如果我们留意,则可看出他作学生的时候,曾经唾弃过他的宗教,曾经表示反抗脱离他的宗教,后来他对他们古人的精神才慢慢地一步步地去接近。甘地在开头并不带多少印度古人的精神,他是愈来愈往印度古人的精神里走。他起初为表示离开旧的东西,曾经故意买肉吃、买酒喝(印度宗教不准人吃酒肉)。在英国留学的时候,曾经极力学作英国的绅士(gentleman)。他作律师的时候,才开始反抗英国。无论从形式上说,从精神上说,他开始并不是宗教家,并没有传统的思想,甚且与印度的旧精神全不相近;到后来他才一点点的找回来,一点点的重新认识。逼着他认识印度古人精神的是一个实际问题——印度对英国的问题。这个问题压在他身上,使他不能躲闪,并不是他事先带有某种色彩,被色彩染成了一个怎样的人;他本来是一个极活泼的极有力量的人,隐隐的不自觉的有印度古人的精神在。我们要知道,只要是一个活泼有力的人,对问题必有其生命的表示;甘地既有实际问题逼迫他,所以让他一步进一步的发挥印度古人的精神来做他应付英国人的压迫与统治的运动。这个运动,就是"不合作"、"无抵抗"(这两个名词都不好,不足以表示印度古人的精神)。这个运动是一新发明,而其精神确是印度古人的,不过经甘地发现之后以新的作法演之而已。他以印度古人的精神,在这么一个问题上发挥,成功为这么一个事实。他那种精神,就是所谓印度的宗教精神。他这种民族运动表现其民族精神愈来愈彻底,愈来愈让人钦佩,愈来愈让英国人折服。如果是一个传统的宗教,大概是不行的;如果甘地一上来就是一个合格的宗教家,这个人大概也就没有多大用处,恐怕绝不会做出这么一个惊人的民族运动。这是前边所说老根发新芽很好的一个例。

中国将来也是要慢慢找回他古人的精神,也许现在还没有开始找,因为现在差不多还是一个唾弃的时代。中国民族精神将来慢慢找回来的时候,一定是一个再生的,是一个重新认识的,而不是因袭的、传统的。我看《甘地自传》之所以特别有领悟,因为我本身也是如此。大家知道我都较晚;有很多人从《东西文化及其哲学》那本书上认定我好谈"东方文化"、"东方精神";其实不然,我对东方文化、中国民族精神当初也是唾弃的,后来才慢慢找回来。现在没有多余时间对大家详细讲;兹粗略地说三层:

第一层:从我自己十四五岁会用心思起,二三十年中思想有很多的变迁。我常把那许多变迁分做三期:第一期是很浅薄的"实用主义",很接近西洋人的思想。后来从这种思想转变到"出世思想",这种思想很接近印度佛家,我在这上边曾经用了好几年的工夫,那时候出世之心甚切。这两期与中国人的精神俱相差极远,最末才转到中国的儒家思想。至于中间转变的关节,我无暇详述。总之,可以看出我不是一上来就是中国式的。记得有一次我在北平清华大学研究院作短期讲学,开始的时候梁任公先生介绍我讲给同学听,他称赞我家学渊源。我当时即赶紧声明说:

"任公先生这个话不对,我老老实实不是这个样子。我先父不是一个怎样大学问的人,我并且一点也没有接受他的学问。"我现在想起来还痛心,先父临死的那几年,我们父子间的思想很有许多隔阂,我的意思他不明白,他的意思我不了解。我有一篇《思亲记》,很清楚很详细的说过这件事情。《答张廷健先生书》中也提到过这件事情。因为张先生写信给我,他的意思不大满意我用"民族精神"这句话,他觉得这句话太空洞浮泛,大而无当,不着实际,很足以误人。我回答他一封信,正好是刚才所讲的意思。我在那信上说:"幸好我这个人是呆笨认真的一个人;你便让我空空洞洞不着实,我都不会。我不抓住实际问题的争论点,便不会用思,不会说话。请先生注意,我非守旧之人。我因呆笨认真之故,常常陷于苦思之中;而思想上亦就幸免传统的影响,因袭的势力。'民族精神'这句话,在我脑筋里本没有;'东方文化'这大而无当的名词,我本是厌听的。我皆以发现实际问题争点,碰到钉子以后,苦思而得之;原初都是不接受的。十几年前,我就因这样的愚笨不能早悟达,使我先父伤心,弃我而去。(当我十五六岁时,很得先父欢心。民初国会开,我还相信国会制度,先父则已觉西洋法治的不对,我当时很不服,是以父子间常起辩论。)我于十四年所作《思亲记》上说:'溟自元年以来,谬慕释氏。语及人生大道,必归宗天竺,策数世间治理,则矜尚远西;于祖国风教大原,先民德礼之化,顾不知留意,尤大伤公之心。读公晚年笔墨,暨辞世遗言,恒觉有抑郁孤怀,一世不得同心,无可诉语者;以漱溟日夕趋侍于公,向尝得公欢,而卒昧谬不率教,不能得公之心也。呜呼！痛已！儿子之罪,罪弥天地已！逮后,始复有悟于故土文化之微,而有志焉；又狂妄轻率言之,无有一当,则公之见背既三年矣,顾可赎哉！顾可赎哉！"我引这段话,是想说明我思想的转变,也是先唾弃中国旧有的东西,后来才慢慢找回。"民族精神"这四个字,在讲述《东西文化及其哲学》时尚未发见,到后来才有所认识。这种发见,我觉得与甘地很相同。甘地是有民族间的问题压在他身上,而在我身上也压了一个大问题,这个问题就是中国政治问题。我在政治问题上用心,才慢慢找出中国民族精神；我要解决很实在的、很具体的政治问题,才慢慢地发见了中国民族精神。这也同甘地一样,因为他身上有一个大的问题压着,而慢慢地认取了印度古人的精神。

前面是说明我自己对于中国民族精神的认识,是费了很多力气才慢慢找回来的；起初并不认识,经过很多年,经过很多实际问题上的寻求然后才认识。大家都知道我有一本东西叫做《中国民族自救运动之最后觉悟》。所谓中国民族自救运动之最后觉悟,一面是说中国人所作的民族自救运动的一个觉悟,——从头数到最后,才有这样的一个觉悟；这是渐次的一个转弯。所谓"最后觉悟",或者现在还没成功为中国民族的最后觉悟；但在我是一个最后的觉悟。因为我是中国人,我是中国民族的一分子,仿佛我是最先觉悟到此,慢慢地才可以普遍此最后觉悟。在我想,全中华民族自救运动的方向至此已转变到最后。比如在曾国藩、李鸿章时代,讲富国强兵,讲洋务,也是一种自救运动。我们认为乡村建设是中国民族自救运动的一个最后的方向;此乡村建设是一个含有极充分、极强烈的民族自觉的乡村建设运动,不是普通人观念中的那回事。普通人观念中的乡村建设,固然也是乡村建设;然而缺乏民族自觉的成分。所谓"民族自觉",就是使中国人认识自己,认识自己的民族精神。现在本院所领导的乡村建设就充分的含有民族自觉的意思。充分的含有民族自觉的意思的乡村运动,才是中国民族自救运动转变到最后的一个方向。这个方向是慢慢找回来的,最初的时候心里没有这个念头。开始的时候是离开它固有的精神来作自救运动,且以为不如是即不能自救;但是这样自救不成功。于是再度的离开而想办法;仍不成功,再离开去找办法:愈离愈远,及至离到最远的时候,乃反逼回去。正是非反逼,回不去;非到那一头,显不出这一头;非白显不出黑来;非彻底的极端的反中国精神,逼不出真正的中国精神来。我的意思是说中国民族自救运动现在已至最后,已经反逼成中国人开始往回找,开始往回自觉。最先曾、李时代起始离开,现在又起始回去。当初是非离开不行,就是那时候的变法维新错误,亦非错误不行。事实上非转一个大弯、绕一个大圈不行!这个意思就是说:从变法维新,至两次革命,每一度的寻求办法都没有对;可是这个错是必不可免,必不可少。因为社会没有先见之明,只有碰了钉子再说。先见之明,在个人容或有,大社会是不会有的。大社会为众人所构成,差不多是一个盲目的,所以错误必不可免;只有一步步的错,从"错"里再找出来"对"。民族社会是如此,我个人也是如此。我当初没有这个觉悟,也可以说因为我很笨而不能有先见,直到末了才有这个觉悟。现在到了末了,我回想以前犯了许多错误,但冤枉不冤枉呢?我自己觉得不冤枉。并且几乎可以说:我们先要走冤枉路才行!这个意思就是说:我们应当老实一点,不要太聪明!我们笨一点也好,不要很快的就转变,不要很快的就接受!比如我说"民族精神",你们不要很快的就接受。我是费了一回事,你们也要再费一回事;由费事而认识出来的才是真认识。说到这里,我想讲一段意思证明我们无妨费事,不费事的我们还不欢迎呢!什么意思呢?就是当我们讨究追求如何解决中国问题的时候,我们心里完全要放空洞、不存成见,凡是可以解决中国问题的办法无不接受,至于合不合中国民族精神我都不管,就是不合,我也毫无疑虑,因为我就是要解决中国目前严重的问题,如果有一个办法可以解决中国问题,即不合于中国民族精神我也接受。心里务必放空洞,没有成见。我的意思是这样,我的经过是这样。我当初并不认识中国民族精神,完全没有任何成见,刺激我的最初是中国政治问题,后来又变成广义的中国社会问题。我因为要解决中国问题,乃从此毫无成见中发现了中国民族精神。这样的发现就对了!我相信如果大家对中国问题虚心以求解决之道,保你不会走歧路,不会发现一个不合中国民族精神的办法。只要你诚心诚意地去找办法,一点不自欺自满,把不好的办法都淘汰了,那末你最后的办法才一定会合乎中国民族精神。你追求到最后的时候，一定可以如此。本来很多有学问的西洋人对中国文化的长处、中国民族精神的优点，多少有些鉴赏与认识。英国的罗素就是其中之一。他是个讲数理的，也高兴讨论社会问题。他到中国来过，对中国文化特别称赏。他曾经说："中国今日所起之问题，可有经济上、政治上、文化上之区别。三者互有连带关系，不能为单独之讨论。惟余个人，为中国计，为世界计，以文化上之问题为最重要；苟此能解决，则凡所以达此目的之政治或经济制度，无论何种，余皆愿承认而不悔。"

他的意思是说中国文化如能不被损伤，凡可以维持其文化的政治或经济制度，俱愿承认而不悔。他唯一的信念即在保持中国文化；为保持文化，什么政治制度经济制度都行，可是不要为解决政治问题或经济问题而牺牲了中国文化。这个意思与我不同。我告诉大家不要有成见，我们就拿眼前的问题来求解决；或者说我们只看见政治、经济两个问题，凡可以解决政治问题、经济问题的，无论什么制度，即反乎中国民族精神，我只承认而不悔。我起初是如此，后来慢慢地找到了一个办法。这个办法确是中国的，绝不曾反乎中国民族精神。所以我批评罗素不应先怀成见，使政治问题、经济问题没法子讨论。照我自己的经过，只要不存成见，是自然可以找出来的。《中国民族自救运动之最后觉悟》九八页我曾说："中国之政治问题、经济问题，天然的不能外于其固有文化所演成之社会事实、所陶养之民族精神，而得解决。"现在极其破烂的中国社会里，虽然几乎找不出中国的固有文化，但是我还要告诉大家：此破烂的中国社会中也含了不少的中国文化。它这个破烂法，就与众不同。它这个破烂法，含有很大的巧妙；让西洋人、日本人想有这个破烂法也不可得。这个破烂法只能我们有；而且解决这个破烂的办法，必须与其所以破烂者相关系。换句话说：它必须是中国的一套，一定不会离开中国社会的事实及民族精神而得到一个办法。在政治上、经济上如果有办法，那一定是合乎中国文化的，所以文化问题不必别作研究。这就是刚才的话：我们不必太聪明，就是这样很笨的去寻求，自然会找回来的。我们多费点事来讨论中国社会问题，认真来谋政治问题、经济问题的解决，则自然得到乡村建设的方向。得到这个方向，跟着再过细去想，则不难发现中国民族精神。这个道理，就是由浅入深，从用显体（体是本身，用是方法）。从找办法自然可以发见其本体——民族精神；一超直入地去找寻本体，怕不容易发见其价值。我常常自己喜欢我自己笨，庆幸我自己笨。如果当初我太聪明了，也许我有先见之明，可以很早的看见屡次政治改革的不对；那末这个我就与社会变迁的历程相远了。中国社会经过若干变化才到这一步，我如一下子就看到，则我与社会相离者远；离得远就没有办法。社会无先见，是一个笨的；我也笨，所以我与社会很近。凡社会变迁的经过，我都有其经过；我经过几次变迁之后，稍微能比社会早一步，看得出我们的前途，所以转回头来对大家说话，就是因为我统统尝到了。把我尝到的对大家说，大家才会懂；否则你尽管有先见之明，你说的大家不懂，岂不是无用！惟因我笨,所以能启发大家。比如现在中国事实的推演,使大家注意到乡村建设,我们从乡村建设指明民族精神则可,因为大家已寻求到这里了;如果丢开乡村建设一超直入地讲民族精神,则一定没人理会。上边的话都是说早了不行。底下再说不早又不行。老不早岂不是至死不悟!当然要早点才好。因为想法子早,所以为大家讲精神陶炼。不然的话,就要等到大家碰得焦头烂额的时候再讲精神陶炼;那样又未免太晚,我们还是曲突徙薪的好。这两面意思都要明白:前边是说早了不行,早了不切实;后边又说我们不能不早明白一点。在我是想叫大家早觉悟,所以早向大家说;可是大家要笨一点,在大家不明白的时候就作为不明白,不要很快的就承认中国民族精神。很快的承认,就等于不承认;惟能不求早明白,而后可以得到真明白。

我们讲精神陶炼,包括合理人生态度的指点、中国历史文化的分析、人生实际问题的讨论。这三部分在乡村建设理论中也都要讲到;在那时候去讲,大概会更切实一点。我现在要求大家虚心听各位班主任讲精神陶炼,就是要帮助大家早一点明白,早一点认识中国民族精神,早一点锻炼自己的精神,好为中国社会服务。我想我是可以向大家作这个要求的,因为我不是一个早明白的人而现在要让大家早明白,这个可以。随便早明白的人就不配作这个要求。笨的过程没有经过,就拿中国古人的精神对大家讲,即令大家接受,那是传统的。先生没经过这个转变,就随便的传给学生;这个很近于传统的往下传,这个顶不中用。所以我不愿意落到传统的往下传，而要求大家多费点事，再由我来帮助启发，庶可不至于耽误大家。

　　所谓合理人生态度的指点、人生实际问题的讨论，乃至历史文化的分析，三者皆以"中国民族精神"为核心。指出中国文化的特别处（长处短处），从而领会其民族精神，这是历史文化分析的意义。合理人生态度的指点，是正面的讲明民族精神。人生实际问题的解决，是指点如何应用民族精神。中国民族精神，照我的认识，就在"人类的理性"。我常说：除非中国人几千年都白活了，除非中国人没有贡献，否则就是他首先认识了人类之所以为人类。我的意思：中国民族精神彻头彻尾都是理性的发挥。中国古人很早就认识了人类，而现代学术界对于人类仍无认识！间或有认识的，亦未能在现代学术界占一地位，加以发挥。现代学术界中的心理学家，对人类都无认识。心理学是什么学问呢？就是讲人的学问，不是单讲感觉、意识、本能、情绪的。虽然心理学是回答人是什么的问题，可是现代心理学界对人类无有认识。世界的心理学，我知其大概，对人类心理都无认识。我觉得有两个人尚有认识，但他没有从科学的心理学上表达出来，在心理学上占一地位。据我所知道的，罗素对人类有点认识。他虽然也讲心理学，可是他在心理学界没有地位。泰戈尔对人类有认识；可是他又不能说，因为他是文学家，不能用科学表达其意见。本来心理学界应当先认识人类，惜乎心理学界至今尚无认识。中国古人对人类已有认识，惜乎尚无人去用科学方法为之表达。此即讲精神陶炼之大困难！人类心理在今犹属疑问，人类活动的法则是如何，心理学家都没有找清楚；而我们的根据又在人类心理——理性——所以比较难讲。虽然如此，可是我在人类心理学上用过工夫，可以给大家讲。讲乡村建设理论时有一部分是讲人类心理，因为我是从人类心理来讲明人类社会的。可惜没有多时间，如果让我单讲人类心理，大概讲一年半年也不算多。我告诉大家：我对于这个问题研究过，即不能把我所知道的完全告诉大家，也总要指给大家一条路，让大家承认中国古人对人类有认识；这是在我的研究上可以保证的。关于中国古人所发见的人类理性，我能指给大家看，并不是拿一个纷纭无定的哲学议论来领导大家。现在举一个例子来说明我不是这样：

前几个月，我看见一篇叫做《性教育的先决问题》的文章（载4月30日《大公报》副刊"明日之教育"栏）。作者是袁敦礼先生。袁先生是国内知名的体育家。他这篇文章写得很好，很清楚，很透亮，很明白，简直无疵可指。其大意是说：性教育，今已至困难时代。你不能把性教育视为性卫生；单从生理卫生上来讲性教育，是不够的。从前还有许多事实可以从卫生方面去讲明性教育；现在医学方法较前进步了，它无所怕，所以你讲性教育已不能从生理卫生的观点说话，必须找到性教育的社会根据。有社会的标准与理想，方可指点青年，让他谨慎。所以讲性教育的时候，没有理想的标准的婚姻制度、家庭制度，即无从讲起；故必于自然科学之外找社会科学的根据。其所谓先决条件者指此。可是说到婚姻制度、家庭制度的标准,简直没有人敢说。本来不同的社会之婚姻制度、家庭制度就没有一致过,从来没有标准。越是观察民族社会,越会虚心,越没法讲性教育。袁先生的意思是要求先解决社会标准、社会理想(即确定婚姻制度与家庭制度),再来谈性教育。我想告诉他:你的话都对,别的谈性教育的人也许尚未见到;可是你错了!你错在想从社会科学来解决社会标准、社会理想,从社会科学来确定婚姻制度、家庭制度。这个问题诚然是社会科学中之一部,然非从自然科学的生物学与心理学中找出根据,便无从确定。他曾露出一句话:"家庭婚姻制度,自一面说是反乎自然的办法,而另一面亦即人之异于禽兽而有今日的文化的原因。"袁先生的这种话,是现代一般心理学家的见解。他们看婚姻制度和家庭制度是文化的、人为的、后天的、反自然的。社会上所有的道德标准、制度礼俗,都是反乎自然而强为的。因为人类想要社会有秩序,所以他自己想法子抑制其自然的冲动来牵就社会;及至抑制成习惯,就形成了礼俗制度、道德标准。普通的见解都是如此。袁先生有这么一个见解,对社会制度是这么一个看法,故不想从心理学找根据,从自然科学求解决;而要在社会科学中去寻求。我想告诉他一句话:你要在这里找是找不着的,你还须从自然科学上、生物学上找;社会在"人",除"人"之外无社会,你不从生物学、心理学上发现人类心理的真相,不能够解决社会问题,不能够确立社会理想与社会标准。我常常说:我们想认识人类,还得从人类在生物界的地位上去认识,不能抛开生物学的见地来认识人类。虽然人类在生物中是超群出众的,然而究竟还是生物,所以非从生物界中认识了人类,便无从确立社会制度。此问题之核心,在人类心理;而人类心理的表现则在中国民族精神,所以民族精神是我们讲精神陶炼的核心。

> 录自《梁漱溟教育论文集》,64—95页,
> 1945年6月,开明书店。
> 《乡村建设》旬刊,4卷7、8期合刊,
> 1934年10月11日。

理性与理智之分别[1]

一 理性与理智的分别

"理性"、"理智"的字样,只在近三十年中国书里面才常常见到;习惯上是通用不分的。就如在前章讲"理性与宗教之相违",亦是浑含用,未定偏指一面。但今却有分别的必要。

有何必要呢?假如中国文化和西洋文化有分别的话,我以为就在中国长于理性而短于理智;西洋长于理智而短于理性。为了指明中国文化的特征,首先要分别理性和理智才行。

从前中国人常爱说"读书明理"一句话。在乡村中,更常听见指某人为"读书明理之人"。这个"理"何所指,中国人不须解释都明白的。它绝不包含物理的理,化学的理,一切自然科学上的理;乃至社会科学上的理,亦并不包括在内的。却是同此一句

---

[1] 1942年春在桂林所撰。

话，在西洋人听着，亦许发生不同的了解吧！

中国有许多书，西洋亦有许多书；书中莫不讲到许多理。但翻开书一看，却似不同。中国书所讲的，不外人世间许多情理如父慈、子孝、知耻、爱人、公平、信实之类。若西洋书，则所谈的不是自然科学之理，便是社会科学之理，或纯抽象的数理与论理。因此，当你说"读书明理"，他或以为是明白那些科学之理了。

科学之理，是静的，是一些知识。知其"如此如此"而止，并不立即发动什么行为。而中国人所说，却正是行为上的理。它就在指示人们行为的动向。它常常是很有力量的一句话，例如："人而无信，不知其可也！""临财勿苟得，临难勿苟免！"它尽可是抽象的，没有特指当前某人某事，然而是动的不是静的。科学之理，虽亦可与行为有关系，但却没有一定方向指给人。如说："触电可以致死"，但触不触听你了。想自杀的人，亦许去触的，没有一定。大致科学上所说，皆是"如果如此，则将如彼"的这种公式。它始终是静的。

所谓理者，既有此不同，似当分别予以不同名称。前者为人情上的理，不妨简称"情理"；后者为物观上的理，不妨简称"物理"。假如大家承认可以这样分开的话，我们再来看人类对此不同之两种理的认识，是否亦出自两种不同之认识力。我以为在认识上是有分别的。即后者的认识，不容稍存主观之爱憎迎拒；而前者则离却主观之爱好与憎恶，便无从认识。现时流行有"正义感"的一句话，正义感是一种感情：对于正义便欣然接受，对于不合正义的便厌恶拒绝。正义感，即是正义之认识力。离开这种感情,正义就不可得。一切是非善恶之理,皆同此例。善,就在乎崇敬悦服赞叹的心情上;恶,就存乎嫌恶愤嫉不平的心情上。反之,我们若不为求善而意在求真,则非屏除一切感情极其冷静不可。

必须屏除感情而后其认识乃明切锐入者,我谓之理智;必须藉好恶之情以为判别者,我谓之理性。

二　人类的两种错误

我常说:人类之所以可贵,就在他极容易错误,而不甘心于错误。至若动物生活则几无错误可言,更无错误之自觉。错误只是人的事,然人的错误却有两种不同。

譬如学校考试,学生将考题答错,是一种错误——知识上的错误。若舞弊行欺,则又另是一种错误——行为上的错误。前一错误,在学习上见出低能,应属智力问题;后一错误,便是品性问题。事后他如果觉察自己错误,前一觉察属理智,后一觉察属理性。——我们从这里亦可见出理性理智的分别。

两种错误,人皆容易有,不时地有。然似乎错在知识者问题小,错在行为者问题大,试看社会上发生的纠纷,你责他错了,我责你错了,所互相责的率以后者为多,而自错误所引生的祸害,亦每以后者为严重。在纠纷中,你说你有理,我说我有理,所彼此争辩而各自表白者,亦多在情理上。——即此亦见理性如何重要了。

三　儒家之理性主义

日本学者五来欣造说：在儒家我们可以看见理性的胜利。儒家所尊崇的不是天，不是神，不是君主，不是国家权力等，并且亦不是多数人民（近代西洋要服从多数）。只有将这一些（天、神、君、国、多数）当作理性的一个代名词用的时候，儒家才尊崇他。其言甚是。儒家假如亦有其主义的话，应当就是"理性主义"。前说孔子专作启发理性的功夫，又说"儒家独具之精神，就在他相信人有理性，而完全信赖人类自己"（见前章）。那正指这不同乎理智的理性。

最能切实指点出理性给人看的，是继承孔子精神的孟子。其言之明爽警辟者，如：

> 所以谓人皆有不忍人之心者：今日乍见孺子将入于井，皆有怵惕恻隐之心；非所以内交于孺子之父母也，非所以要誉于乡党朋友也，非恶其声而然也。由是观之，无恻隐之心，非人也。（下略）
>
> 恻隐之心，人皆有之；羞恶之心，人皆有之；恭敬之心，人皆有之；是非之心，人皆有之。恻隐之心，仁也；羞恶之心，义也；恭敬之心，礼也；是非之心，智也。仁义礼智非由外铄我

也,我固有之也。弗思耳矣!(下略)

(上略)故曰,口之于味也,有同嗜焉;耳之于声也,有同听焉;目之于色也,有同美焉。至于心,独无所同然乎?心之所同然者何也?谓理也,义也。圣人先得我心之所同然耳。故理义之悦我心,犹刍豢之悦我口。

可欲之谓善。(下略)

生,亦我所欲也;义,亦我所欲也。二者不可得兼,舍生而取义者也。生亦我所欲;所欲有甚于生者,故不为苟得也。死亦我所恶;所恶有甚于死者,故患有所不辟也。

无为其所不为,无欲其所不欲,如此而已矣!

人能充无欲害人之心,而仁不可胜用也。

人能充无欲穿逾之心,而义不可胜用也。

其后继承孟子精神的,为王阳明;就说"只好恶便尽了是非"。他们径直以人生行为的准则,交托给人们的感情要求,真大胆之极!我说他"完全信赖人类自己",就在此。这在古代,除了中国,除了儒家,没有谁敢公然言这样主张的。

我说:在中国,人类理性开发的早,即指此。

四　儒家的教条

径直以人生行为的准则,交托于人们的感情要求,是不免危险的。在中国的西北如甘肃等地方,回民与汉民相处,恰可得一对照。回民都没有吸鸦片的,生活上且有许多良好习惯。汉民或吸或不吸,而以吸者居多数。吸鸦片,就懒惰,就穷困,许多缺点因之而来。彼此相形,全然两样。其故就为回民是有宗教的,其行为准于教规,受团体之监督,不得自便。汉民虽读儒书,却没有宗教规条及组织。

这种失败,孔孟当然没有看见。看见了,他仍未定放弃他的主张。他似乎彻底不承认有外面的准则可循。固然制礼作乐,从外面影响到生命亦是必须的;然制作必本乎人情。孟子总要争辨义在内而不在外,就为此。勉循外面标准,只是义的袭取,只是"行仁义"而非"由仁义行"。——论调之高如此;然这是儒家精神,不可不知。

因此儒家没有教条;有之,便是教人反省自求的一条而已。他没有旁的,只是说:在你心里清明之时,好自想想吧!例如:

> 己所不欲,勿施于人。
>
> 曾子曰,吾日三省吾身:为人谋而不忠乎?与朋友交而不信乎?传不习乎?
>
> 见善如不及,见不善如探汤。
>
> 毋友不如己者;过,则勿惮改。
>
> 三人行必有我师焉;择其善者而从之,择其不善者而改之。
>
> 见贤思齐焉,见不贤而内自省也。

子曰,已矣乎!吾未见能见其过,而内自讼者也。

子使漆雕开仕;对曰,吾斯之未能信。子说。

司马牛问君子;子曰,君子不忧不惧。曰,不忧不惧斯谓之君子已乎?子曰,内省不疚,夫何忧何惧!

君子有九思:视思明,听思聪,色思温,貌思恭,言思忠,事思敬,疑思问,忿思难,见得思义。

子曰,吾与回言终日,不违如愚。退而省其私,亦足以发;回也,不愚。

蘧伯玉使人于孔子。孔子与之坐而问焉;曰,夫子何为?对曰,夫子欲寡其过而未能也。子贡方入。子曰,赐也贤乎哉!夫我则不暇。

子曰,不愤不启,不悱不发,举一隅不以三隅反;则不复也。

以上皆摘自《论语》,可以想见距今两千五百年前孔门的学风。处处教人自己省察,自己去想,养成你自己的辨别力(对于情理之辨别力)。尤要有自己当心容易错误,而不甘心于错误。除了信赖人自己的理性,不再信赖其他。——这是何等精神!人类便再进步一万年,怕亦不得超过吧!

五 人类的特征在理性

一般的说法,人类的特征在理智。这本来不错的。但我今却要说,人类的特征在理性。此一理论,颇未易言。这里只粗陈大旨,其详请俟《人心与人生》一书。

生物的进化,是沿其生活方法而进的。从生活方法上看:植物定住于一所,摄取无机质以自养;动物则游走求食。显然一静一动,从两大方向而发展去。而动物之中,又有节足动物之趋向本能,脊椎动物之趋向理智之不同。趋向本能者,即是生下来依其先天安排就的方法以为生活。反之,先天安排的不够,而要靠后天想办法和学习,方能生活,便是理智之路。前者,蜂若蚁是其代表;后者,唯有人类到达了此地步。综合起来,生物之生活方法,盖有如是三大脉络。

三者比较,以植物生活最省事;依本能者次之;理智一路,则最费事。寄生动物,即动物之懒惰者,又回到最省事路上去。脊椎动物,自鱼类、鸟类、哺乳类、猿猴类以及人类,以次进于理智,亦即以次而远于本能。他们虽趋向于理智,但若在进程中稍有偏违,即不得到达。所谓偏违,就是不免希图省事。凡早图省事者,即早入歧途;只有始终不怕费事者,才得到达;——便是人类。

唯独人类算得完成了理智之路,但理智只是本能中反乎本能的一种倾向;由此倾向发展去,本能便浑而不著,弱而不强。却不是人的生活,就全然和本能不相干。其余者,理智发展愈不够,当然愈靠本能。此所以除人类外,大致看去,各高等动物依然是本能生活。

人类是从本能生活中解放出来的。依本能为活者，其生活工具即寓于其身体；是有限的。而人则于身体外创造工具而使用之，为无限的。依本能为活者，生下来——或于短期内——便有所能，而止于其所能；是有限的。而人则初若无一能，其卒也无所不能。——其前途完全不可限量。

解放始于自身生命与外物之间，不为特定之行为关系，而疏离淡远以至于超脱自由。这亦即是减弱身体感官器官之具体作用，而扩大心思作用。心思作用要在藉累次经验，化具体事物为抽象观念，而运用之；其性质即是行为之前的犹豫作用。犹豫之延长为冷静，知识即于此产生。更凭藉知识以应付问题。这便是依理智作用为生活的大概。

人类理智有二大见征。一征于其有语言；二征于其儿童期之特长。语言即代表观念者，实大有助于知识之产生。儿童时期之延长，则一面锻炼官体习惯，以代本能，一面师取前人经验，阜丰知识。故依理智为活者，即是依重于后天学习。

从生活方法上看，人类特征无疑的是在理智。以上所讲，无外此意。但这里不经意的早隐伏一大变动，超过一切等差比较，就是：一切生物都盘旋于生活问题（兼括个体生活及种族生活），以得生活而止，无更越此一步者；而人类却悠然长往，突破此限了。我们如不能认识此人类生命的特殊，而只在其方法上看，实属轻重倒置。

各种本能都是营求生活的方法手段，一一皆是有所为的。当人类向着理智前进,其生命超脱于本能,即是不落方法手段,而得豁然开朗达于无所为之境地。他对于任何事物均可发生兴趣行为,而不必是为了生活。——自然亦可能(意识地或无意识地)是为了生活。譬如求真之心、好善之心,只是人类生命的高强博大自然要如此,不能当作营生活的手段或其一种变形来解释。

盖理智必造乎"无所为"的冷静地步,而后得尽其用;就从这里不期而开出了无(所)私的感情(inpersonal feeling)——理性。理性、理智为心思作用之两面:知的一面曰理智;情的一面曰理性;本来相连不离。譬如计算数目,计算之心是理智,而求正确之心便是理性。数目错了,不容自昧,就是一种极有力的感情。这一感情是无私的,不是为了什么生活问题。分析、计算、假设、推理……理智之用无穷,而独不作主张;作主的是理性。理性之取舍不一,而要以无私的感情为其中心。此即人类所以于一般生物只在觅生活者,乃更有向上一念要求生活之合理也。

本能生活,行乎其所不得不行,止乎其所不得不止,不须操心自不发生错误。高等动物间有错误,难于自觉,亦不负责。唯人类生活,处处有待于心思的作用,即随处皆可致误。错误一经自觉,恒不甘心。没有错误,不足贵;错误非所贵,错误而不甘心于错误,可贵莫大焉!斯则理性之事也。故理性贵于一切。

人类特征之在理智,易见;人类特征之在理性,不易见。我故曰:人类的特征在理性。

六　中西各有所偏

照上面所说，读者可以明白，通常"理性"、"理智"浑用不分者，我以心思作用一词当之；而于其中分别指出有此不同的两面。这样区分，最清楚而得当。

心思作用，是对官体作用（感官器官）而言。物类生活，心思作用与官体作用浑一不分，直以官体作用掩盖了心思作用。到人类，心思作用乃发达而超于官体之上。故人类的特征，原应该说是在心思作用。在人类中，文化进步如古代中国近代西洋，都将这种特长发挥出来，到很可观地步，却不免各有所偏：理智成了西洋人的特征，而理性则为中国人的特征。

说到此，读者可以明白：西洋之所谓"理性主义"，欧洲大陆哲学所谓"理性派"，史家之指目十八世纪为"理性时代"，要不过心思作用之抬头活跃而特偏于理智之发挥者；却与这里所谓"理性"殊非一事。读者又可以明白：近代欧洲所以受中国思想的刺激影响，如前章所述者，正非无故。因人类理性在中国开发的早，其心思作用之抬头活跃本来先于西洋的。

中西之各有所偏，可于两方学术上看出；因为学术是心思作用的结晶。

第一见出的是西洋详于物理，而中国详于人事。固然较早时期中国亦曾以物质上许多发明传给西洋,那只为中国文化之开发较早于他们;到后来就完全不然了。十七世纪(明末清初)耶稣会士东来传教,中国所欢迎的是他们带来作见面礼的物质文明——天文学、数学、物理学、气象学、地理学、生理学、医学及其他技术等;而却不是那人生方面的宗教。十八世纪为西洋所衷心崇拜的中国文化,全在其人生方面的伦理思想、社会组织、政治制度等;虽将中国文化一切都理想化了的那些德国人法国人,亦知道纯理科学自然科学在中国之不够。从十九世纪中叶,世界交通大开,中国震惊于西洋而亟亟学习者,还是在其物的研究上。而直到二十世纪的最近,美国杜威博士来中国讲演,还说是西洋好为自然的研究,中国好作人事的研究,而致希望于其融合沟通①。

物的研究,必用理智。理智就是对外作静观的数学头脑。或竟不妨说,宇宙本无所谓物质,物质就产生在吾人对外作静观之下②;而科学之精密者,亦没有不是纳研究对象于数学中而驾驭之。所以物质也,科学也,理智也,完全是相连的一回事;而近代西洋人于此贡献较大。

将社会现象当自然现象一般地来作静的观察,是西洋人顺着自然科学的路所作的人事研究,许多社会科学即由此产生。但从前中国人则不出于此。中国人之人事研究,大要从人情出发。人情则非体会不能得。只有自己吃过苦,受过气,方体会到人家吃

---

① 杜威博士应北京大学哲学研究会之欢迎,讲词中特致此意,当时张申府君拟译为"天人合一",似亦未洽。
② 此理柏格森 Bergson 哲学中言之透辟,可参看《创化论》等书。

苦受气是什么味道。这要回省自己的经验;——非复对外。这要设身处地去想;——非复静观。这是理性的事,不是理智的事。老实说,中国从前亦并没有许多人事研究,不过爱讲道理,翻翻复复讲之不已。全然是在理性上,转来转去。

第二见出的是西洋有学有术,中国有术无学。此在旧著《东西文化及其哲学》,言之较详。大意为中国走艺术的路、玄学的路,而缺乏科学。其结语云:

> 虽然书史上面有许多关于某一项某一项——例如经济——的思想道理,但都是不成片段没有组织的。而且这些思想道理,多是为着应用而发;不谈应用的纯粹知识,简直没有。这句句都带应用意味的道理,只是"术",算不得是"学"。凡是中国学问,大半是术非学,成学术不分。离开园艺没有植物学;离开治病的方书,没有病理学,更没有什么生理学解剖学。与西洋把学独立于术之外,而有学有术的,全然两样。(中略)而这个结果,学固然是不会有,术亦同着不得发达。因为术都是从学产生出来的。生理学病理学并非直接去治病的方书,而内科书外科书里治病的法子都根据于他而来。单讲治病的法子,不讲根本学理,何从讲出法子来呢?只就临床经验积累些个诀窍道理,无学为本,亦是完全不中用的。其结果,恰好借用一古语,是"不学无术"。[①]

---

① 《东西文化及其哲学》第2章,"西方化的科学色彩"一节。

前说,心思作用即是行为之前的犹豫作用;犹豫之延长为冷静,知识即于此产生。中国人之不能离开应用而讲求知识,即是忙于行为不能冷静之证。其短于理智,由此全然可见。同时,与我们态度相反的西洋人,其知识成果之丰富与理智作用之发达,亦可表里互证而益彰。

第三见出的是西洋发展到认识论,而中国则产生"王学",恰代表两极端之趋向。学术中之有论理学和认识论,是追穷到极冷静纯抽象地步,达于理智作用之最高点。然在西洋是热闹的学问,不是冷僻的学问。在中国除晚周诸子稍见一点外,两千多年完全无人理会。且正在西洋发展到认识论和科学知识大进之时,中国盛行王学(王阳明之学)。王学讲良知,是看轻后天学识的;尚力行(知行合一),是反冷静的。彼此遥遥相对,各趋向于一极端去。良知之知正是"情味之知",千变万化总不出于好恶。力行之行,唯指好恶之贯彻实践,亦不及其他。换句话说,彻头彻尾在讲理性。理性理智本来相连,不意各自推演下去,竟尔如此相反! 真是所谓由毫厘而千里了。

第四见出的是学术成果在西洋为对自然之征服,在中国为其人事之优胜。近代以至现代之西洋学术,步步向着征服自然利用自然而前进,其成果之伟异可无待言。但中国学术之成果在哪里呢? 似不如西洋之昭然易见。然在中国文化的总成绩上,像是:

1. 国土开拓之广大,并能维持勿失;

2. 种族极其复杂而卒能同化融合，人口极其繁庶而卒能抟结统一，以成一伟大民族；

3. 民族生命之悠久绵长；

4. 社会秩序自尔维持，殆无假于外力（此点说明见后）。

这一一都应当是它（学术）的表见。此其表见者，莫非人事之优胜。心思向外而用制胜于物者，是理智。心思还用诸其身，而于社会人事见其丰亨优裕者，大约皆不外是理性了。

七　中国民族精神

中国民族精神在何处？我可以回答，就在富于理性。它表见在两点上：一为"向上之心强"；又一为"相与之情厚"。

向上心即是不甘于错误的心、知耻的心、嫌恶懒散而喜振作的心、好善服善的心、要求社会生活合理的心，……总之于人生利害得丧之外更有向上一念的便是。我们总称之曰"人生向上"。前说儒家完全信赖人类自己，就为他深见这是人类生命中本有的一极强要求。孟子于此指点最透，而称之曰"义"，曰"理"。后来"理"、"欲"之争，"义"、"利"之辨，延数千年未已，为中国思想史上之所特有，无非为辨明这个。这个心在古中国人亦许早已昭露，所以才产生儒家。而经过儒家一力信赖启发，更开出来中国人好讲理之风,是非观念独明且强。

义理是无穷尽的,人的向上心,亦是无止境的。儒家认为人生的意义价值就要在这里求。外是而求之,无有也已;不此之求,奚择于禽兽?所以说,"德之不修,学之不讲,见义不能徙,不善不能改,是吾忧也"。又说,"食无求饱,居无求安,敏于事而慎于言,就有道而正焉"。于此见出他的心事和其致力所在,既非宗教天国,亦不是现世幸福。

人生的意义价值,在不断自觉地向上实践他所看到的理,故义理高于一切,而为其准绳。俗语如:

有理讲倒人;

什么亦大不过理去;

有理走遍天下,无理寸步难行。

类此者甚多,皆见其已成中国人之普遍信念。由他看出,学问就应当是讲求这个的,舍是无学问;所谓教育就应当是教导这个的,舍是无教育;乃至政治亦不能舍是。其所以寓政治于伦理,合法律于道德,即根于此而来。他不承认"欲望本位"的人生,却又完全不是禁欲。在西洋不是走向禁欲主义(如中古),便翻过来拥护欲望(如近代以来)。中国恰又是中间独立的自成一条路,不落那两极端。——此无他,只为发见了理性而向上心强之故。

人相与之间,是有情的。以孟子所举"乍见孺子将入于井"之例来说,只要见了便是相与,便发生相关切之情,而不禁地奔去援以一手。此情出于情理,不同于高等动物里所表见的情爱。

人类在宇宙,于任何事物均可发生兴趣行为而无所限。反之,物类则极其有限。限于什么？限于与其本能有关系之事物。人是打破了这有限的关系,而得一大解放的。一面他能以平视泛观周及一切——即理智;一面他的生命廓然与物同体而情无所不到——即理性。理性就是从本能中解放出来的感情;而动物的情爱,却发于其本能。——此一问题容俟《人心与人生》一书中论之,此不能详。

人相与之间,就有了伦理关系。伦者,伦偶,正指人们彼此之相与。人一生下来,便有与他相关系的人（父母兄弟等）;人生将始终在与人相关系中而生活（不能离社会）。故伦理关系,始于家庭,而不止于家庭。亲切相关之情,发乎天伦骨肉;乃至一切相与之人,随其相与之深浅久暂,莫不自然有其情。因情而有义。父义当慈,子义当孝;兄之义友,弟之义恭。夫妇、朋友,乃至一切相与之人,莫不自然互有其应尽之义。如前所举,乍见孺子将入于井之人,便有奔去援手之义是也。伦理关系即是情谊关系,亦即相互间的一种义务关系。

集团（如国家）生活中,每课其分子以义务;即是硬性的、机械的,不容你不履行的。这却没有那样硬、那样呆板。因为这里的义务全从情谊而有,在乎各自主观之认识。恩深则义重,情疏则义亦薄。虽对他人而负责,却是自课的,不是他课的。虽有时不免舆论的监督制裁,那是旁观者打抱不平的心理而已。此认识与自课,为理性之事。旁观不平,亦理性之事。这与前说之义理,原同一个义理;但我们为便于指点,别称之曰"伦理情谊"。

中国人特别重伦理情谊;中国社会构成,即建筑于伦理之上。我们后面还要再讲,此不多说。总结上面的话,"向上之心强"、"相与之情厚"是中国人数千年所表见的民族精神。归总起来,只是富于理性。他只是这一点长处,再没有旁的(尽你列举再多,要不过这里面的事)。

八　西洋人短于理性

说了许多中国人富于理性的话,旁人或要问:难道西洋人没有理性吗?真的!我可以指证西洋人之短于理性给读者看。

第一,中古以来的西洋人生,大体上知有罪福不知有是非,知有教诫不知有理义。罗素在他著的《中国之问题》中,曾深深叹异中国人没有"罪"(sin)的观念。又说:在中国"宗教上的怀疑",并不引起其相当的"道德上的怀疑",有如欧洲所习见者①。中国人向来是要凭良心讲理的。凡我们之有所不敢为者,自恶于不合理,知其非也。西洋人则惧于触犯神和教诫,当成是一种"罪"。这个分别很大。一是诉诸自己理性而判别之、主张之;一是以宗教教条替代自己理性而茫无判别,茫无主张。因其理性未经启发,或反遭抑塞,所以不信宗教的人将是任意胡为没有道理

---

① 罗素:《中国之问题》(中译本),35、189页。

的人。直待中国社会文化传播过去(十七八世纪),他们中间具有反宗教精神的人,发现了无宗教而人生依然有道德,无宗教而社会依然有条理秩序之实例,乃大欢喜。——这不是过去的西洋人,短于理性之证吗!

第二,近代以来到现在,诚然不同过去,宗教似一面变质复一面失势,而西洋人生乃转入一新风气。此一新风气是什么?即"自我中心,欲望本位"是也。此一转变,在旧著《东西文化及其哲学》中,曾引证群书,特加指点,读者最好参看。① 简言之:

(甲)这时的人,有了"我",就要为"我"而向前要求。他就要向着世界要求种种东西以自奉享。本来"我"与所处的宇宙自然,是浑然未分的;这时节被打成两截,而"我"与外面世界对立。

(乙)由是,这时的人对于自然界,取对待征服利用的态度,从而产生了灿烂的物质文明。乃至对人亦差不多取如是态度,而在其社会中逐渐开出了"自由"、"平等"、"德谟克拉西"。若对着野蛮或半开化人,更视同自然界一部分,不当是人;则由如是态度,而产生了非美亚澳各洲的殖民地。

此其内容,只是欲望盛,而心思力量向外用,发达了理智。此其关键,就在宗教禁欲主义锢蔽太甚的反动,转而逐求现世幸福。从他们"神圣底不知足"(divine discontent)一句话,其精神亦殊可见②。于是其替代宗教而指导人生的哲学思想,总充满了功利派

---

① 《东西文化及其哲学》第三章,"西方人精神的剖看"一节,可参看。
② 胡适先生曾在《现代评论》为文,称西洋近代文明最大特色在不知足,而引用此语,认为是近代文明之原动力。

气息,如所谓乐利主义、幸福主义、人本主义、工具主义、末后的实用主义等皆是。其必要确立个人自由,保障个人权利,正为划清彼此欲望活动的分限,而各得其活动范围。讲经济,则从欲望以出发。讲法律,则以权益为本位。论到政治,则不过求公(一国一地方)私(一人)欲望的满足。若模仿前面的句法,我们便可说:近代以来的西洋人生,大体上知有利害不知有是非,知有欲望不知有理义。——仍然是短于理性之证。

利害观念和罪福观念,是一脉下来的;变而未变,总缺乏向上一着。自我中心,则与伦理情谊其势相背,容后论之。

第三,讲理与斗力,为理性启发抑理性未启之分判。相尚以力,则理隐;相尚以理,则力隐。二者至不相容。然在西洋,力居显位;贯乎中近古代以至于今,此种情势尚未见大改。何以言之?

(一)中国人讲理,耻于用暴,西洋人反是。往者罗素来中国后曾一再地叹说:

> 世有不屑于战争(too proud to fight)之民族乎?中国人是已。中国人天然态度,宽容友爱,以礼待人,亦望人以礼答之。
>
> 道德上之品性为中国人所特长。……如此品性之中,余以其"心平气和"(pacific temper)最为可贵;所谓"心平气和"者,以公理而非武力解决是已。
>
> 中国人之性质,一言以蔽之曰,与尼采Nietzsche之道相反而已。不幸此性质不利于战争,然实为无上之美德。①

---

① 罗素:《中国之问题》(中译本),192、211页。

盖自己的面目，每不易见；两相对照而后反映出来。罗素此叹，正是自悟他们西洋之所短。近年来，中国少年人口里或笔下不断地亦是"斗争"、"斗争"，全从模仿外国来，在稍有中国夙养的人是感到刺耳刺目不安的。虽然我亦承认，对于中国礼让精神说，斗争亦是西洋的一种精神，不完全是短处。乃至西洋人体魄的武健，中国人身体的文弱，亦未始不由此而来。但理性或优或绌，必即此作征。

中国旧俗，彼此见面各自拱手相揖，是谦敬的意思。今亦渐行相互握手礼，则学于西洋。虽是有相亲之意，然实欧洲人沿其故俗相斗以后彼此和解的表示。表示不复操兵相向了。盖斗争一词，今不过引申其义而用之；真的决斗之风在西洋百余年前还颇有的。如甄克斯《社会通诠》中所说：

> 当夫宗法社会，民之所恃而无恐者，以有种人故，有族姓故，有乡社故，有行社（同业公会）故。凡此皆以族类聚而相保者也。顾其所以相保者，不外挟有众之势力，得以报复仇冤，有若血斗之事，此于群道之所以治安未足也。（中略）此其为俗，终宗法之世沿用之；直至社会转为国家，犹不尽革。虽立刑宪，不能绝也。（中略）讼狱两造相持不下，得请一斗为决；虽或曲胜直败，无后言也。①

---

① 甄克斯（Edwand Jenks）：《社会通诠》（严复译），107、131页。

因为理必从容讲论而后明,一动武即不讲理。此以在中国本来有理之一造,一动武,旁观者便不直其所为。像这个"曲胜直败无后言",痛快是痛快,未免将理性抛在脑后了!

尤可注意者,如会议上之表决,如议员之选举,在今日西洋渐以理性出之者,原亦从哄斗演来。

> 古之民不识从众之义也。有一议,十人之中为七人之所合,古不以是为可用也。此自今观之,若甚怪者。然事在历史固无可疑。(中略)古之人无从众之说矣,然未尝无门户党人也。党人者何?一众之人利益相合,而共为所事者也。闻者将曰,既有党人,其争于外者无论已;假有同气之争,非有三占从二之术其何以定之乎?曰,出占探丸均非所用。一议未决,考于旧章;旧章不足,乃为调停。调停不能,唯有战耳。胜者得之,负者噤若。故古众人之于议也,设非尽同,必出于战。
>
> 凡初民所以决疑定争者,大抵皆出于斗;则选举之争亦犹是耳。斗而胜,则胜家簇拥其所举者,以贡之于有司。有司受之,书其名以传之于国会。今日报章每及议院之选举,所用之成语皆沿于古初,其争选也,无殊其战也。此非仅借喻而已,盖古之事实,流传于文字间也。(中略)故其始出于实斗,浸假乃名为斗,而一党之人胜焉。虽然,何党?曰使他物而平等也,则必党之最众者。此计数多寡以为胜负之所由

> 也。而出占(vote;今译投票——编者)之法,亦从之以始。其始之出占,非若今之书名投匦也。众各呼其所举者之名,为哗噪。所众举者,其声洪以闻;所寡举者,其声微以溺。此其以众蚀寡之道也。其法之粗如此。使举者异,而众寡之数略均,又无以辨也。于是效战阵之行列,而料简其人数,此亦古法也。今日国会选举所不敢以此法行者,恐民将由今之文,而反古之质也。故雍容揖让之术行焉,则出占(投票)是尔。
>
> 吾党由是而知从众之制,所谓以少数服从多数者,其始乃武健忿争之事,而非出于礼让为国之思。使常决于战斗,则战者才力之高下,将者指挥之巧拙,皆将有胜负之异效。唯用从众之制,前之事皆可不计。易而易知,简而易从。是以其法大行,用以排难解纷,至于今不废。①

这于温文尔雅的中国人,窃恐二三千年前(周孔时)早已不会如此。而原书所述,似不过其二百年前的西洋。此不独其理性之启,后于中国甚远,抑所以启之之路亦不同。中国是自内而外的,他们是自外而内的;关系非常重要,容后论之。

往者陈独秀先生论东西民族性根本之差异②,头一条便举出"西洋民族以战争为本位,东洋民族以安息为本位"。又总括地

---

① 甄克斯:《社会通诠》,159—163页。
② 《新青年》,1卷4期。

说"欧罗巴之全部文明史无一字非鲜血所书",自有其道着处。但这个血初时不过是欧罗巴人的血,后来则转而延及五大洲了。

到了近代国家,其武力用于对外,内部秩序或者比中国还要好。但实斗虽无,假名为斗者却常见于社会,如劳资两方之闭厂与罢工,其著者也。杀人流血之凶,固已不见;其不决于理而决于力,依然未见大改于前。Might is right 的话,"有力者就是有理",殆为西洋人所承受而不以为非呢!

（二）中国社会秩序自尔维持,恒若无假外力;西洋社会反是。旧日中国社会秩序之维持,第一不是靠教会的宗教,第二不是靠国家的法律,而主要在其社会自有之礼俗（下章论之）。世称中国文明、印度文明、西洋文明为世界三大文化系统,各有其特异之点。在印度,最使人诧异者为其宗教之偏畸发达,什么都笼罩在宗教之下。在西洋,最惊人的是其征服自然的科学技术。若中国,则其大可异处即此社会秩序自自然然能维持是已。反之,在西洋则出于强力所制。所以辜鸿铭先生尝讥西洋社会不是靠僧侣拿上帝来威吓人,便是靠军警拿法律来拘管人①,而西洋人自己亦说"中国国家就靠着这千千万万知足安分的人民维持,而西欧的国家没有不是靠武力来维持的"②。

---

① 辜鸿铭先生于第一次世界大战而后各有著作发表于欧洲,有英文本,有法文本。战后所作,题曰《春秋大义》(The Spirit of Chinese)。其中有云:西洋人之教人为善,不畏之以上帝,则畏之以法律,离斯二者虽兄弟比邻不能安处也。逮夫僧侣日多,食之者众,民不堪其重负,遂因"三十年之战"倾覆僧侣之势力,而以法律代上帝之权威。于是继僧侣而兴者则为军警焉。此据《东西文化及其哲学》附录。

② 法国 F. Müller-Lyer 著《社会进化史》(陶孟和译本),第62页。

尤其在西洋中世纪,人们全在强制干涉下过活,理性窒息了,不得活动。近代以来,自由著于法律,宗教退处无权,政治思潮经济思潮恰亦同时倾向放任,不主张干涉,一切固不同于前。此时从其社会生活之秩序条理上看去,且优于中国;然核其实,只是势力均衡之结果①。与其说为理性之活动,毋宁说为一种习惯之养成。尤其站在理性立场,否认权势之理性自觉,总少看见。即如服从多数,虽比较近理;然多数所决未必即理之所在。且有时多数亦只是一种权势而害于理,亦说不定。中国人数千年在事实上固无法不在权势下过活,在意识上则不承认权势,孟子书中表示得甚明白。此中曲折,容后申论。

九　余论

孙中山先生晚年讲演,尝以王道霸道分别中西文化;我们同意这说法。更申言之,王道的内容就是理性;而霸道内容则利与力也。中国人以其理性觉醒,故耻言利,耻言力。反之,西洋人尚利尚力,征见其理性还没有抬头。

欧洲宗教家所以建立其不磨之信仰者,即在其宗教之热狂与

---

① 此亦人之公言,汪懋祖先生为某君作《西洋近代文化史》序云:民治主义之产生盖有二源,一曰势力平衡,一曰物欲相应。又云:基督教祸历千余年而未已,相煎相摧至各不能存,于是信教自由之说遂以成立。所谓民治主义者无他,乃由于势力冲突,而跻于平衡之结果已耳。所论足资互证。

不容忍精神,攻击他人,坚信他人皆非而我独是。故曰"基督教不以建立其自身之祭坛为满足,必进于破毁异教之祭坛"。教徒信一宗教为真,必以其余宗教为假。由此宗教上之嫉忌(religious intolerance)致有遍于全欧历千余年之教祸。中国人因理性反省,便无此偏见,且因反省而抑制冲动,无此隘量与暴气。罗素常叹"中国之宽容,恐非未至中国之欧洲人所及料;吾人今自以为宽容,不过较之吾祖先为宽容耳"。

中国因讲理而抽象理解力大进,不复沾滞于各宗教之特殊名象仪式关系等,而理会其道理。所以每有人想把各方宗教融合沟通的,如昔之沟通儒释道,近来之混一佛孔道耶回。他们每喜说"教虽不同,其理则一"。此固不免笼统可笑,然正见其是直接地信理,间接地信教。他们认真说来不是教徒,他们的态度和行动正好与欧洲人的相反。

在中国,人心之最高倾向唯在理。所以说"理直气壮","师曲为老","行有不慊于心则馁矣"。他勇于服善,并最有服善的雅量。虽然无论哪个民族于其不相习的道理都不易接受,中国亦何能独外;然而恐怕没有再比中国人接受这样快,冲突扞格这样少的。——因为他脑中的障蔽最少。有时一道理,在外国始倡之而未遽得到普遍的势力,中国不费力地就接受了,或出于外国之前(如妇女受教育机会、参政机会即其一例)。

理是最能打动中国人心的东西,中国人之革命率以趋赴真理之态度出之；其革命势力之造成，乃全在知识分子对于一道理之确信与热诚的鼓荡。它没有什么经济上的必然性，却含有道德的意味。此关系中国革命性质问题甚大，别有文论之。①

录自《文化杂志》，3卷3号，
1943年1月10日。

---

① 详见《中国问题之解决》一文，及《中国问题决定中国出路》。

我对人类心理认识前后转变不同[①]

人们总认为我是个学者,或说我是个哲学家,是国学家,是佛学家,等等。其实我全不是。我一向拒绝承认这些。我从来无意讲学问,我只是爱用心思于某些问题上而已。我常常说我一生受两大问题的支配:一个是中国问题,再一个是人生问题。我一生几十年在这两大问题支配下而思想而活动——这就是我整整的一生。当我用心思于人生问题时,不知不觉走入哲学,实则曾没有想要去学哲学的。我的学问都是这样误打误撞出来的。对于心理学亦复如是。初非有意研究心理学,但卒于有了我的一套心理学。

我最早的心理学见解,是随着我早期的思想来的。我早期的思想,是受中国问题的刺激,在先父和父执彭翼仲先生的影响下而形成的。

先父和彭先生是距今六十年前的爱国维新主义者。在近百年,中国受到帝国主义的侵略,就激起许多有心人的维新运动。在北京办小学,办报纸,彭先生实为首创。小学和报纸在一处,走

[①] 著者注:1965年11月21日为同人谈其概略。

一个大门。我就是那小学的学生,还曾随着大人们在大街上散发传单,抵制美货。——因那时美国排斥华工,虐待华工。

先父当时认为中国积弱,全为文人——读书人——所误。文人专讲虚文,不讲实学。他常说,会做文章的人,就是会说假话的人。诗词歌赋以至八股和古文等等,其中多是粉饰门面的假话,全无实用。而全国读书人都把全副精力用在其间。这是他最反对的。我所以没有读过旧经书,至今亦不会做韵文诗词即为此。先父因为崇尚实用,一切评价——包涵是非善恶——皆以有无实用为准。其极端便成了实利主义,与墨子思想相近。墨子主张"节葬"、"非乐"等等,实太狭隘。把是非善恶隶属于利害得失之下,亦即近代西洋——特别是英国——功利派的思想。我常常说我一生思想转变大致可分三期,其第一期恰是近代西洋这一路。从西洋功利派的人生思想,折返到印度的出世思想是第二期。从印度思想转归到中国儒家思想,便是第三期了。不待多言,此第一期——早期的思想来历就是如此。

随着功利主义的人生思想,自然带来了一种对人类心理的看法。那即是看人们的行动都是有意识的,都是趋利避害的、去苦就乐的。西洋经济学家从"欲望"出发以讲经济学,提倡"开明的利己心",要皆本于此。以此眼光,抱此见解,去看世间人们的活动行事,确实也很说得通,解释得过去。既然处处通得过,于是就相信人类果真是这样的了。——此即我对人类心理最初的一种认识。

这种对人心的粗浅看法,自己慢慢发见很多疑问,终于被自己否定了。其实若不深究,世上不正有许多人都停留在此粗浅看法上吗?爱用心思的我,不停止地在观察、在思考,终于觉得它不合事实。事实不这样简单。人们许多行事虽表面上无不通过意识而来,——不通过意识的行动是例外,是病态,是精神不健全——但实际上大都为感情冲动所左右所支配,而置利害得失于不管不顾。当其通过意识之时,不过假借一番说词以自欺而欺人。是感情冲动支配意识,不是意识支配感情冲动。须知人类心理的根本重要所在,不在意识上,而宁在其隐藏于意识背后深处的。研究人类心理,正应当向人们不自觉、不自禁、不容已……那些地方去注意才行。西洋心理学家过去一向看重意识,几乎以意识概括人心,以为心理学就是意识之学。后来他们乃转而注意到"本能"、"冲动"、"潜意识"(或"下意识")、"无意识"种种,这实为学术上一大进步。我自己恰同样地亦经过这一转变。此即我在人类心理的认识上第一次的翻案。亦即对人类心理较为后来的一种认识,但还不是最后的。

这里应当说明一句话:第一期的人生思想与第一期的人类心理观固相关联,但如上所说的心理观之转入第二期,却与第二期人生思想没有关联,而是与第三期人生思想密切相关的。——下面讲明。

第一期功利思想以为明于利害即明于是非,那就是肯定欲望,而要人生顺着欲望走。第二期出世思想则是根本否定人生,而要人消除一切欲望,达于无欲之境。因为觉悟到人生所有种种之苦皆从欲望来。必须没有欲望,才没有苦。这在人生态度上虽然前后大相反,却同样从欲望来理解人类心理。不过前者以欲望为正当,后者以欲望为迷妄耳。其详,这里不谈。

虽说前后同样从欲望来理解人类心理,却对人类心理认识的变动已经隐伏于此时,渐渐识得人类之高过动物,虽在其理智胜过本能,本能总像是要通过意识这一道门才行。但理智之发达,不外发达了一种分别计算的能力,而核心动力固不在此。核心动力还在本能冲动上。所谓欲望不是别的,恰是从意识这道门出来的本能冲动。这样,就不再重视意识,而重视隐于意识背后的本能冲动。

刚好,当我深进一步认识到此的时候,看见欧美学者新出各书亦复有悟及此。英国哲学家罗素在第一次世界大战后所写的《社会改造原理》有余家菊译本,民国九年出版。他开宗明义第一章第一节就说他"从大战所获得的见解,就是什么是人类行为的源泉……"。他指出这源泉就在冲动(impulse)。战争就是毁灭,不论胜者败者对谁也没有好处。然而冲动起来,世界千千万万的人如疯似狂,甘遭毁灭,拦阻不住。他说以往人们总看欲望是行为的源泉,其实欲望不过是较开明的,亦即有意识的那一部分而已。他这里是把欲望和冲动分别而对待着说,其实欲望的核心仍然是冲动,只不过表面上文明一些。罗素把人们的冲动总分为两种。一种他名为"占有冲动",例如追求名利美色之类;另一种他名为"创造冲动"。这与占有相反。占有是要从外面有所取得。创造则是从自己这里的劲头、才能、力气要使用出去。科学家、艺术家往往为了发明创造而忘寝废食。革命家为了革命而舍生命。以至人们一切好的行为皆出于创造冲动。他认为资本主义社会鼓励人们的占有冲动,发展了人的占有冲动,而抑制着人的创造冲动,已经到了可怕的地步。资本主义社会之必须改造在此。改造的方向,或其如何改造的原理,就在让人们的创造冲动得以发挥发展而使占有冲动减退。

再如美国心理学家麦独孤所著《社会心理学绪论》一书,亦是一最好之例。他在自序中首先指出社会科学家在讲经济、政治、教育、伦理等等学问时,从来没有认真研究人类心理,而径直在他们各自的粗浅看法那种假设上,去讲经济,讲政治,讲教育,讲伦理,等等。现在这种假设站不住了,那些学问亦将被推翻,从新来过。他的书就意在为社会科学试着先做些基础工作。他在这里说的粗浅看法,即指一般只留意人有意识那一面,亦就是欲望方面。而他则认为人类行为的动力在本能。本能好比钟表的发条。假如把发条抽去,钟表就不走了。人无本能亦将不会动。本能著见于动物生活中,原是生物进化、生存、竞争、发展而来的。本能在人,或者比动物还复杂,还多。每一种本能皆有与它相应的一种情绪。例如斗争,就是一种本能,与之相应的情绪就是忿怒。忿怒与斗争相关连。动物在觅食求偶之时,都免不了争夺。怒气盛、斗争强的自然胜利。这样就从优胜劣败,而将那不善斗的淘汰去,发展了斗争的本能。又其父母抚养幼子,亦是一种本能(parental instinct)。与之相应的情绪,就是慈柔之情。富于这种本能的动物,自然在生存竞争中亦得到优胜传种而发达起来。诸如此类,各种本能皆在生物进化史上有其来历。

我从罗素与麦独孤两家的言论主张得到印证,增加了我的自信。特别是看到他们所认为顶新鲜的道理,我已经掌握而高兴。两家之外,可举之例还很多很多,如心理学界后起的"精神分析"学派,以佛洛伊德为首,特别强调下意识或云潜意识,极注意人的感情方面。还有许多学者提出"社会本能",这一说法,给予我思想上很大助力,其中如克鲁泡特金的《互助论》一书,从鸟兽虫豸生活中罗列其群居互助的许多事实,证明互助实为一种本能,人类社会之所由成正亦基于此。西洋旧说,人们所以结成社会是由自利心的算计要交相利才行。讲到伦理上的利他心,总说为自利心经过理性而推广出来的。所有这些总由只看到人有意识的一面,而没有认识到本能和感情的强有力。现在心理学上新见解出来,旧说悉成过去。虽东欧、西欧、北美各学者之为说不尽相同,着意所在种种不一,然其为西洋人的眼光从有意识一面转移到其另一面则无不同。

为何说我在心理学上所抱见解这一转变,却与我第三期宗尚儒家的思想相联呢?因为我发现孔子和墨子恰好不同。墨子所忽视的人类情感方面恰为孔子重视之所在;而墨子所斤斤较量的实利,恰为孔子所少谈。此其不同,正是代表着两家对人性认识之不同而来。近代西洋社会人生,是从其中古宗教禁欲主义之反动来的,可说是"欲望本位的文化"。其盛行的功利主义于墨子为近,于孔子则相远。同时,在儒书中,你既嗅不出一点欲望气味,亦看不见一毫宗教禁欲痕迹。这证明它既超出西洋近代,又超出西洋中古,不落于禁欲和欲望之任何一边。像前面说过的,我因觉悟到欲望给人生带来种种苦痛而倾心印度佛家的出世。但我一讽诵儒书,就感染一种冲和、恬淡、欣乐情味,顿然忘苦,亦忘欲望。当然亦就忘了出世,于是我看出来儒家正是从其认识人性而走顺着人性的路,总求其自然调畅,避免任何矫揉造作。这样,我就由倾心佛法一转而宗尚儒家了。距今四十五年前(1921年)《东西文化及其哲学》一书就是从这里写成出版的。书中贬低墨子而推崇孔子,是完全基于人类心理认识之深入的,同时,看清楚近代西洋和古中国和古印度三种不同的人生态度,实代表着人类文化发展的三阶段;断言:在世界最近未来,继欧美征服自然利用自然的近代西洋文化之后,将是中国文化的复兴。并指出其转折点即在社会经济从资本主义转入社会主义之时。所有这些见地主张从何而来?一句话:要无非认识了人类心理在社会发展前途上将必有的转变而已。

这话说起来很长,非此所及详。姑举其一点而言之。社会发展的前途,是要从阶级统治的国家,转到阶级消灭而国家消亡的。国家的消亡是什么呢?那即是代表强力统治的法律、法庭、警察、军队的消亡而已。简单说,那亦就是刑罚的废除。此时社会秩序的维持，人们协作共营生活的实现，全要靠社会成员之自觉自律，不再靠另外的强制力。教育势必成了首要之事。但教育只在思想意识一面吗？你必须从根本上调理好人的本能情感才行。质言之，必须以情感上的融和忘我取代了分别计较之心才行。那将莫妙于儒家倡导的礼乐了。未来的文化必将以礼乐代刑罚（或刑赏），是可以断言的。刑罚（或刑赏）不外利用人的计较利害得失心理来统驭人。这一老套子在新社会不唯不中用，而且它会破坏和乐忘我的心理，破坏协作共营生活的。当时孔子并不晓得社会发展前途的需要，但他却深切认识人类心理而极不愿伤损人类那可贵的感情。

关于我在人类心理的认识上第一次翻案的话不再多谈。以下谈其第二次翻案，亦即是最后的认识。

我在《东西文化及其哲学》中曾说"世界上只有两个先觉：佛是走逆着去解脱本能路的先觉，孔是走顺着调理本能路的先觉。"这句话代表我当时（四十五年前）把一般心理学上说的本能当作人类的本性看待了。这是错误的。那本书在人生思想上归宗儒家，而在为儒家道理作说明时，援引了时下许多不同的心理学派所用术语，类如"本能"、"直觉"、"感情"、"冲动"、"下意识"等等，夹七夹八地来说话，实在不对。不但弄错了儒家对人类心理的认识，也混乱了外国那些学派。

这实在因我当时过分地看重了意识的那另一面，而陷于理智、本能的二分法之故。特别是误信了社会本能之说，在解释人类道德所从来上,同意于克鲁泡特金的说法,而不同意于罗素。罗素在其《社会改造原理》一书中把人类心理分成本能、理智、灵性(其原文为 spirit,译本以"灵性"一词译之)三方面,而说人类宗教和道德即基于灵性而来。克鲁泡特金在其《无政府主义者的道德观》一书中,却直接了当说人类的道德出于生来的一种感觉,如同嗅觉、味觉、触觉一样,绝似儒家孟子书中"口之于味"、"目之于色"的比喻。他因而主张"性善论"亦同孟子一样。于是我在旧著中就批评罗素于本能外抬出一个灵性,作为宗教上道德上无私的感情(原文为 impersonal feeling)之所本,未免有高不可攀的神秘味,实不如克鲁泡特金所说之平易近情,合理可信。(见《东西文化及其哲学》第183—185页)这恰恰错了,后来全推翻了。我对人类心理的最后认识,即在后来明白了一般心理学上所谓本能,不相当于人类本性;人类所具有"无私的感情",不属于本能范畴,承认了罗素的三分法确有所见,未可菲薄。

此盖为1921年《东西文化及其哲学》出版后,爱用心思的我,仍然不停地在观察,在思考,慢慢发觉把本能当作人类本性(或本心)极不妥当。事实上有许多说不通之处。像孟子所说"孩提之童无不知爱其亲敬其兄"的话,按之事实亦不尽合。任何学说都必根据事实,不能强迫事实俯就学理。原书错误甚多,特别在援引时下心理学的话来讲儒家的那些地方。为了纠正这些错误,1923—1924年的一学年在北京大学开讲"儒家思想"一课,只是口说,无讲义,由同学们笔记下来。外间有传抄油印本,未经我阅正。我自己打算把它分为两部分,写成两本书。一部分讲解儒书(主要是《论语》,附以《孟子》)的题名《孔学绎旨》,另一部分专讲人类心理的题名《人心与人生》,但两本书至今均未写成。《孔学绎旨》不想再写了。《人心与人生》则必定要写,四十年来未尝一日忘之,今年已开始着笔,约得出十之三,正在继续写。

以下略讲第二次翻案后,亦即现在最后认识的大意。达尔文的进化论泯除了人类与动物的鸿沟,有助于认识人类者甚大。人类生命的特征之认识,只有在其与动物生命根本相通,却又有分异处来认识,才得正确。从有形的机体构造来看,人与其他高等动物几乎百分之九十几相同,所差极其有限,此即证明在生命上根本相通。心理学上所说的本能,附于机体而见,是其生命活动浑整地表现于外者,原从机体内部生理机能之延展而来,不可分离。就动物说,其生命活动种种表现,总不外围绕着个体生存和种族蕃衍两大问题。这实从其机体内部生理上饮食消化、新陈代谢以及生殖等机能延展下来,而浑整地表现于外的就为本能了。生理学上的机能和心理学上的本能,一脉贯通,是一事,非两事。从机体到机能到本能,一贯地为生命解决其两大问题的工具,或方法手段。前面亦曾说过,本能是动物在生存竞争自然选择中发展起来的极有用的手段。人类生命从其与动物生命相通处说,这方面(从机体到本能),基本相类似,若问其分异何在呢?那就是对照起来,只见其有所削弱而不是加强,有所减退而不是增进。

例如鼻子嗅觉人不如狗，眼睛视力人不如鸟，脚力奔驰人不如马，爪牙劲强锐利人不如虎豹。机体的耐寒耐饥人亦远不如动物。在食色两大问题上的本能冲动亦显得从容缓和，不像是有利于争夺取胜的。总结一句话，相形比较之下，人在这方面简直是无能的。

然而世界终究是人的世界，不是动物的世界；那么，人之所以优胜究竟何在呢？这就在作为生命的工具、方法手段方面，他虽不见优长，却在运用工具、方法手段的主体方面，亦即生命本身大大升高了。在机体构造上，各专一职的感官器官不见其增多，亦不见其强利，反而见其地位降低，让权于大脑中枢神经，大大发达了心思作用。他不再依靠天生来有限的工具、手段，他却能以多方利用身外的一切东西，制出其无限的工具、手段。这就是说，他在生物进化途程中走了另外一个方向。

生物进化本来有着几种不同方向的：首先，植物和动物是两大不同方向；其次，动物界中节肢动物和脊椎动物又是两大不同方向。不同的方向皆于其机体构造上见之。说人类走了"另外一个方向"，即是指的脊椎动物这一条路向。脊椎动物这一路，趋向于发达头脑，以人类大脑之出现而造其高峰。为什么说"另外"呢？对于生活方法依靠先天本能、生活上所需工具就生长在机体上，那旧有方向而说，这是后起的新方向。从心理学上看，旧有的即是本能之路，后起的为理智之路。理智对于本能来说，恰是一种反本能的倾向。倾向是倾斜的，初起只见其稍微不同，慢慢越发展越见其背道而驰。节肢动物走的本能之路，以蜂蚁造其极。那些与人类相类近的许多高等动物，原属脊椎动物，其倾向即在理智。在它们身上露出了有别于本能的端绪，本能却依然为其生活之所依赖。必到人类，理智大开展，方取代了本能，而人类生活乃依赖学习。理智本能此消彼长，相反而不相离。在人类生命中，本能被大大削弱，冲淡缓和，减退，却仍然有它的地位。此在食（个体生存）色（种族蕃衍）两大问题上不难见出。

从食色两大问题上不难见出本能仍然在人类身上有其势力。不过对照动物来看，在动物身上毕生如是，代代如是，机械性很大，好像刻板文章的本能，但在人类却像是柔软易变的素材，任凭塑造，任凭锻铸，甚至可以变为禁欲主义如某些宗教，还可以逆转生殖能力，向着生命本身的提高而发展，如中国道家"顺则生人，逆则成仙"的功夫。这些话我们不暇谈它，扼要点出其不同如下：

一、本能在动物是与生俱来的，为着解决两大问题而配备好的种种方法手段。动物之一生，仿佛陷入其中而出不来，于是其整个生命亦就随着而方法手段化，成为两大问题的工具，失掉了自己。本能在动物生活中，直然是当家作主的。

二、感情兴致与本能相应不离，虽有种种复杂变化，要不出乎好与恶之两大方向。此两异之方向，显然是为利害得失之有异而来，而其为得为失为利为害则一从两大问题上看。

三、由于反本能的理智大发展之结果，人类生命乃从动物式本能中解放出来，不再落于两大问题的工具地位，而开始有了自己。从而其感情兴致乃非一从两大问题的利害得失以为决定者。

四、方法手段总是有所为的。与动物式本能相应不离的感情,不能廓然一无所为,不是为了个体,便是为了种族的利害得失。因而无私的感情,动物没有,唯人有之。人类求真之心、好善之心都是一种廓然无所为而为。例如核算数字,必求正确,算得不对,心难自昧。这就是一极有力的感情。这感情是无私的,不是为了什么。求真之心、好善之心,亦或总括称之为是非之心,当在大是大非之前,是不计利害得失的。必不能把求真好善当作营求生活的一种方法手段来看。

五、无私的感情发乎人心。人心是当人类生命从动物式本能解放出来,其本能退归工具地位而后得以透露的。唯此超居本能、理智之上而为之主的是人心,其他都不是。

说到这里,旧著错误便自显然。旧著笼统地讲所谓"本能",动物本能、人类本能混而不分,是第一错误。直以此混而不分的本能当作人心来认识,就错上加错了。

还有旧著误信欧美一些学者"社会本能"的说法,亦须待指明其如何是错误的。

人类夙有"社会性动物"之称,因其他任何高等动物都没有像人这样总是依赖着社会过活。虽然节肢动物的蜂和蚁,倒是过着社会生活,但它们不属高等动物。蜂蚁之成其社会出于本能,那是不错的。因为其社会内部组织秩序,早从其社会成员在机体构造上种种不同,而被规定下来。人类走着反本能之路,本能大见削弱,岂得相比。近代初期的西欧人士便倡为"民约论"之说,说社会国家之组成起源于契约,不免是发乎民主理想的臆说,于历史事实无征。但从有意识地结约之反面,一转而归因什么"社会本能",又岂有当？特别是顺沿着动物的本能来谈人类的本能,混而不分,把人类社会的成因归落到这混而不分的本能之上,错误太大,不容不辩。

人类特见优良之所在有二：一是其特见发达的心思作用,这是无形迹可见的一面；又一面是其随时随地而形式变化万千的社会。此二者乍看似乎是两件事,实则两事密切相关,直同一事。心思作用完全是人(个体)生活在社会中随着社会发展而发达起来的,直不妨说为社会生活的产物,而同时任何一形式的社会亦即建筑在其时其地人们心理作用之上。形式一成不变的蜂蚁社会,当然是由本能而来的；却怎能说形式发展变化不定的人类社会亦是出于本能呢？且以人类之优于社会生活归因于人类所短绌的本能,显然不近理,倒不如归因于其所优长的心思作用,亦即意识作用还来得近理些。然而以意识作用来说明人类社会起源之不对头,却又已说在前了。

如此,两无所可,便见出理智、本能两分法之穷,而不得不舍弃我初时所信的克鲁泡特金之说,转有取于我前所不取的罗素的三分法。罗素在理智本能之外,提出以无私感情为中心的灵性来,自是有所见。可惜他的三分像是平列的三分,则未妥。应当如我上面说的那样：无私的感情发乎人心；人心是当人类生命从动物式本能解放出来,其本能退归工具地位而后得以透露的。正不必别用"灵性"一词,直说是"人心"好了。说"人心",既有统括着理智、本能在内,亦可别指其居于理智、本能之上而为之主的而说。这样,乃恰得其分。

对于人类心理有此认识之后,亦即认识得人类社会成因。人类社会之所由成,可从其社会生活的必要性和可能性两面来看。所谓必要性,首先是因其缺乏本能而儿童期极长。一般动物依本能为活者,一生下后(或在短期内)即有自营生活的能力;而依靠后天学习的人类,生下来完全是无能的,需要很长时期(十数年)在双亲长辈的抚育教导下,乃得成长起来。人不能离开社会而存活是其所以成社会。所谓可能性,指超脱于动物式本能的人心乃能不落于无意识地或有意识地各顾其私,而为人们共同生活提供了基础。在共同生活中,从人身说,彼此是分隔着的(我进食你不饱);但在人心则是通而不隔的。不隔者,谓痛痒好恶彼此可以相喻且相关切也。这就是所谓"恕"。人世有公道实本于恕道。恕道、公道为社会生活之所攸赖。虽则"天下为公",还是社会发展未来之远景,但此恕道公道从最早原始人群即必存于其间。乃至奴隶社会,在某一范围内(譬如奴隶主之间)、某种程度上亦必存在的。否则此不恕不公之奴隶社会亦将必不能成功。在范围上,在程度上,恕道公道是要随着历史不断发展的,直至末后共产社会的世界出现而大行其道。总结一句:蜂蚁社会的成因即在蜂若蚁之身;人类社会的成因却是在人心。

从上所谈，可知克鲁泡特金以道德为出于本能的不对。然而如麦独孤在其《社会心理学绪论》中对此类见解力加非难者亦复未是。他对那些抱持道德直觉或道德本能一类见解者致其诘难说：人们的行动原起于许多冲动，这些冲动乃从生物进化自然选择而发展出来，在进化中并没想到人们将来文明社会里应该怎样生活的，所以人们行动反乎道理是常情，合乎道理乃非其常。今天有待解说的，是为什么人们发乎冲动的行事亦竟然有时合乎理性？在生物进化中并没有发展出一种道德本能来呀？我们可以回答说：作为生活方法手段的那样道德本能确乎没有的。但从方法手段性质的本能（动物式本能）解放出来的人心，却不期而透露出给道德作根据的无私感情。理性不从增多一种能力来，却从有所减少而来，麦独孤固见不及此也。

（1965 年 12 月 9 日写完）

父亲探讨"人生问题"与"中国问题"的一生

——从两本书说开去

先父梁漱溟先生早年所著的两本书,《东西文化及其哲学》(1921)和《中国民族自救运动之最后觉悟》(1930)的出版时间相距近十年。十年不算长,但世界形势有大变化,而国内形势变化更大;共产主义在中国不再是一种学说,而是发展到出现了地区性政权和红军,即早期的苏区,正可谓风起云涌。沉闷了许久的中国正待这一转折的形成。军阀们自己诚然不懂学问,但他们有自知让别人去干,是这种态度奖掖了正待发声的学人;蔡元培先生任北京大学校长期间,更兴起了百花盛开的学术风气。

当年由蔡先生创办的《北京大学日刊》除刊布校政、校令之外,还刊登通信、著述、学术研究、文艺、讲演录,以及预告各类公开讲演的时间、地点,到了日子讲会便形成了,讲会所在的教室或礼堂常常会爆满,不同观点的学生,乃至校外人士、中老年人皆可参加。先父便是以东西文化比较的话题,先开始在北京大学演讲,而后将演讲的记录稿整理出版,引起社会注意。这本书虽为学术著作,竟四年间八次印刷,这一切都与当年北大所开出的风气有关。从这一点上来说,五四新文化运动的影响大于民国发生的政体变革。

《中国民族自救运动之最后觉悟》的写作和出版是在先父辞去北大教职之后,他对中国问题何以仍未解决经过了一番积极而又痛苦的思考,对中国文化有了深一层的认识,同时也对于如何通过文化再造来改变中国现状有了新的认识。说到"民族自救",现在的国人已经很难想象,什么时候中国民族处于危亡状态,竟需要"自救"了?但在当时,凡有血性的中国人看到这句话都会为之一震。认识我们民族的历史,知道我们曾被称为"东亚病夫",知道我们的部分国土曾被当作某些大国的势力范围、差不多就要归那些势力所有,绝不多余。更进一步,还须知道何以我们这样一个古国的文明相较于另外一种文明已经软弱无力了呢?这个问题并非以前没有讨论过,但先父系统地论述了东西文化之间有性质之相异,以及文化进步本有其先认识外物、后认识自己的着重点和重点转移。

《东西文化及其哲学》是先父的成名作,它提出文化何以相异的问题,并给出初步答案;《中国民族自救运动之最后觉悟》则进一步探究了不同文化的本质,它明确了文化是有性质之分的,是有趋往的,有人身和人心两种力量,即向内用力和向外用力。从这一点上说,后一本书实比前者重要。说中国文化早熟,就是说中国人超前用力于内省,而西方是用力于认识外物和利用物;西方合乎顺序,而中国不合乎顺序。我们提前内省,认识自己,管制个人意欲,而停滞了物质开发,即科学技术被放到一边不予重视。

第一本书中有"东土文化凡百年晦塞,卓绝光明唯在佛法"的话,"唯在"两字道尽当时对自家文化的忽略。但是九年后的认识翻转来,完全肯定了孔子的人生态度。正如他自己所说的那样,他的生活态度是,所认知的道理改了,立刻就实际去过这种生活。他又曾对人说,自己没有读许多孔家的书,差不多只是翻阅。

《梁漱溟全集》第八卷刊出了文革后尚存的日记,其中频频出现"悟"和"忽悟"的字样,这再明显不过地显示进入老年期之后,他仍在学习和寻找某些不确知的答案。例如读一本关于英国工党的书,这表明他在注意议会民主最成熟的国家能否通过立法步向去掉私有制。建国次年(1950)曾进行过一次对议会民主制的批判,从理论上确立专政;十年后(1960)对当时的苏共进行激烈批判,再次确认专政的必要性和正当性。政治体制的去留,其背后关系到怎样看待人自己,人能去掉自私吗?平时能,关键时刻仍然能吗?

悠悠百年过去,此为重读两文取得的些许领悟。感谢商务印书馆将先父关于文化反省的专著和散篇文章结集出版,以纪念他130周年诞辰,衷心希望能够引起公众对于比较文化问题的兴趣,乃至引发广泛的讨论。

梁培恕
2023 年秋

选编说明

2023年是梁漱溟先生130年诞辰,为纪念他对中国现代文化所做出的贡献,梁先生家人和商务印书馆决定出版梁漱溟先生论中西文化的专辑,除了《东西文化及其哲学》《乡村建设理论》《中国文化要义》和《人心与人生》这四本书之外,还商议选编一册《中西文化散论》,以补充这四本著作中所未收录却又十分重要的著作。

或许是因为我在商务印书馆出版过《伦理与秩序:梁漱溟思想中的国家与社会》的缘由,商务印书馆的陈小文先生专门致电希望我来选编该书,数次推辞不成,诚惶诚恐地膺此大任。

经过与梁漱溟先生哲嗣梁培恕先生的当面沟通,确定了基本的选编原则和工作程序,选编工作得以展开。

文化问题是近代以来中国知识界所关注的核心问题,受陈独秀、胡适等新文化运动诸公对传统文化负面态度的刺激,梁漱溟开始了他对中国文化特质的深入思考。基于他以人们的"生活样态"来理解文化的动力、心理、类型和社会政治结构的系统性思考,梁漱溟分析了近代中国政治变革和社会重建失败之缘由,提出"认识老中国,建设新中国"的口号。他将乡村建设看作培育新的政治习惯的途径,并以此来完成"建国"的使命。

梁漱溟先生说他是问题中人,不是学问中人。这句话我们或可以理解为他是从问题入手来深入理解中国近代的文化和政治问题的。他甚至以此来点明他与熊十力之间思想方式的差别。他说熊十力多是从经典出发来说明现实问题,而他则是从现实出发来提出自己的见解。也基于此,他开始将他的文化思考更为理论化地总结为《中国文化要义》和《人心与人生》等作品。

从某种意义上说,《透出人心:东西文化散论》一书是对本专辑中四本著作的补充。第一编"中西文化比较"是对梁漱溟文化"三路向"思想的学理性和经验性的文献展开。第二编"文化自觉和乡村建设"则集中了梁漱溟对当时的地方自治、城市化还是乡村化等问题的回应,可以让我们更为全面地理解乡村建设思考的社会政治背景,从而了解梁漱溟乡村建设理论的独特性。第三编"文化特性和社会构造"结合了《中国民族自救运动的最后觉悟》的一些篇章,这些文章强调了照搬西方民主政治道路和苏联政治模式是不可行的,本编也收入了他在1949年之后的一些思想反思的文章。第四编"超越本能与透出人心"是梁漱溟对于文化内在动力的思考。他对于"理性"和"人心"的分析,既是对中国文化特征的概括,也是对多元化的人类文明前景的思考,同时也体现出梁漱溟对人类理想社会的期许。在梁漱溟看来,"透出人心"就是人类克服本能欲望的束缚,使"同情心"和"创造力"得到充分的展现,而这也正是中国文化所能赋予人类文明的重要资源。

由于专辑规模的限制,有一些编者认为很重要的文章,在编辑成书时被割爱。囿于自己对梁漱溟先生认知的局限,所选篇目也许不是该问题的最佳篇目,这些都只能请读者原谅。但若本书能让大家对梁漱溟思想产生持续的兴趣,则将是对编者最好的褒奖。

北京大学哲学系、儒学研究院　干春松
2023 年秋于北京